全球的金融市場

Stephen Valdez著

陳國嘉・田美蕙・陳尚瑜　譯

弘智文化事業有限公司

序　言

　　當筆者向來自歐洲大陸的學生建議用書時，產生了出版「全球金融市場」的想法。

　　因為本課程是關於全球整體市場，所以關於「倫敦市場如何運作」之類的書，並不能充分回答這個問題。當來自前俄羅斯共和國與東歐的學生越來越多時，更加印證了這一點。

　　個人覺得似乎有必要出版一本關於整體全球市場的書，而不只是關於特定國家，如美國或英國的市場。不論如何，金融世界都越來越加整合與全球化，只瞭解一個國家是不夠的。本書的目的就是回應此需求。

　　若想要有系統地涵蓋所有國家的市場，那必定是一本非常厚、或甚至無法閱讀的書！因此筆者強調來自美國、英國、德國、法國與日本的例子。有時也會使用來自荷蘭、西班牙、義大利與瑞士等市場的舉例。目的不僅是提供這些市場如何運作的基本概念，還要顯示在這個共同主題下各國習俗與實務的差異。

　　本書對於準備各種考試（MBA、銀行業、金融業、經濟學與商業研究）、支援銀行業與金融機構的人員（電腦人員、會計師、人事、公關、後勤與交割），以及提供金融市場資訊與電腦服務的供應商人員（電腦製造商與軟體公司，路透社與Telerate等），都有相當大的幫助。

　　在準備第二版時，筆者根據讀者的建議，在每章結束時加入摘要，並且增加對日本市場的說明，也採用加入名詞解釋的建議。

　　第三版的主要特徵是兩個全新的章節。

　　歐洲經濟與貨幣聯盟在1999年1月1日成立，是全球貿易成長與國家市場逐漸消失的絕佳證明。總人口達2億9200萬的十一個國家，改採單一貨幣、單一央行，並且正加速腳步成為真正的單一市場。第十章將討論

歐盟的發展與歷史背景。

在第二版出版後，金融市場被1997年的亞洲金融風暴與1998年的俄羅斯風暴震撼。這不只對全球市場產生嚴重影響，同時也引起國際金融機構與經濟學人進行許多研究。第十五章將說明發生情況、為何發生，與提議及採用的解決方法。

除了這兩個全新章節以外，筆者也更新了所有的統計數字，同時納入如巴賽爾管理者對新的資本適足率規定的提議、1998年針對外匯交易與OTC衍生性商品的全球市場之BIS調查、英格蘭銀行的職責改變、金融機構整體的合併風潮、零售與公司銀行業面臨的挑戰、日本的金融大改革、即將來臨的外匯即時交割系統，最後是電子交易對所有金融市場的交易所之影響以及對行銷與仲介等職業的威脅。

其他主題包括了避險基金的角色、美國股市是否為新典範、信用衍生性商品、股票保管、保險業的災難債券、歐洲的新股市（Euro、NM、EASDAQ），以及1996年以來，英國公債市場的許多改變。

一些主題涵蓋的範圍擴大——資產抵押權證、可轉換公司債、外國選擇權、ADR與指數追蹤。

Stephen Valdez

企管系列叢書—主編的話

　　弘智文化事業有限公司一直以出版優質的教科書與增長智慧的軟性書為其使命，並以心理諮商、企管、調查研究方法、及促進跨文化瞭解等領域的教科書與工具書為主，其中較為人熟知的，是由中央研究院調查工作室前主任章英華先生與前副主任齊力先生規劃翻譯的【應用性社會科學調查研究方法】系列叢書。此外，基於觀照社會與關懷工業文明侵襲下大眾的心理健康，弘智並將致力於推出【大眾社會學叢書】（由張家銘博士主編）與【心理學與諮商叢書】（由余伯泉博士與洪莉竹博士主編），前者包括《五種身體》、《社會的麥當勞化》、《認識迪士尼》、《國際企業與社會》、《網際網路與社會》、《立法者與詮釋者》、《社會人類學》等等，後者包括《人際關係》、《認知心理學》、《身體意象》、、《醫護心理學》、《諮商概論》、《老化與心理健康》、《認知治療法》、《伴侶治療法》、《醫師的諮商技巧》、《教師的諮商技巧》、《社會工作者的諮商技巧》、《安寧醫護人員的諮商技巧》、《家族治療法》等等。

　　弘智出版社的出版品以翻譯為主，文字品質優良，字裡行間處處為讀者是否能順暢閱讀、是否能掌握內文真義而花費極大心力求其信雅達，相信採用過的老師教授應都有同感。

　　有鑑於此，加上有感於近年來全球企業競爭激烈，科技上進展迅速，我國又即將加入世界貿易組織，為了能在當前的環境下保持競爭優勢與持續繁榮，企業人才的培育與養成，實屬扎根的重要課題，因此本人與一群教授好友（簡介於下）樂於為該出版社規劃翻譯一套企管系列

叢書,在知識傳播上略盡棉薄之力。

　　在選書方面,我們廣泛搜尋各國的優良書籍,包括歐洲、加拿大、印度,以博採各國的精華觀點,並不以美國書爲主。在範圍方面,除了傳統的五管之外,爲了加強學子的軟性技能,亦選了一些與企管極相關的軟性書籍,包括《如何創造影響力》《新白領階級》《平衡演出》,以及國際企業的相關書籍,都是極值得精讀的好書。目前已選取的書目如下所示(將陸續擴充,以涵蓋各校的選修課程):

《生產與作業管理》(上)(下)

《管理概論:全面品質管理取向》

《國際財務管理:理論與實務》

《策略管理》

《策略管理個案集》

《國際管理》

《財務資產評價的數量方法一百問》

《平衡演出》(關於組織變革與領導)

《確定情況下的決策》

《資料分析、迴歸與預測》

《不確定情況下的決策》

《風險管理》

《新白領階級》

《如何創造影響力》

《生產與作業管理》(簡明版)【適合一學期的課程】

《組織行爲管理》

《組織行爲精要》【適合一學期的課程】

《全球化與企業實務》

《生產策略》

《全球化物流管理》

《策略性人力資源管理》

《品質與人力資源管理》

《人力資源策略》

《行銷管理》

《行銷策略》

《服務管理》

《認識你的顧客》

《行銷量表》

《財務管理》

《新金融工具》

《全球金融市場》

《品質概論》

《服務業的行銷與管理》

《行動學習法》

　　我們認爲一本好的教科書，不應只是專有名詞的堆積，作者也不應只是紙上談兵、欠缺實務經驗的花拳秀才，因此在選書方面，我們極爲重視理論與實務的銜接，務使學子閱讀一章有一章的領悟，對實務現況有更深刻的體認及產生濃厚的興趣。以本系列叢書的《生產與作業管理》一書爲例，該書爲英國五位頂尖教授精心之作，除了架構完整、邏輯綿密之外，全書並處處穿插圖例說明及140餘篇引人入勝的專欄故事，包括像俱業巨擘IKEA、推動環保理念不遺力的BODY SHOP、俄羅斯眼科怪傑的手術奇觀、美國旅館業巨人 Formule1的經營手法、全球運輸大王TNT、荷蘭阿姆斯特丹花卉拍賣場的作業流程、世界著名的巧克力製造商 Godia、全歐洲最大的零售商 Aldi、德國窗戶製造商Veka、英國路華汽車Rover的振興史，讀來極易使人對於生產與作業管理留下深刻印象及產生濃厚興趣。

　　我們希望教科書能像小說那般緊湊與充滿趣味性，也衷心感謝你

（妳）的採用。任何意見，請不吝斧正。

我們的審稿委員謹簡介如下（按姓氏筆劃）：

1.朱麗麗

主修：美國俄亥俄州立大學哲學博士

專長：教育科技

現職：國立體育學院 教育學程中心 副教授

經歷：國中教師

教育部 助理研究員

台灣省國民學校教師研習會 副研究員

2.尚榮安　助理教授

主修：國立台灣大學商學研究所 資訊管理博士

專長：資訊管理、策略管理、研究方法、組織理論

現職：東吳大學企業管理系助理教授

經歷：屏東科技大學資訊管理系助理教授、電算中心教學資訊組組
長（1997-1999）

3.吳學良　博士

主修：英國伯明翰大學 商學博士

專長：產業政策、策略管理、科技管理、政府與企業等相關領域

現職：行政院經濟建設委員會，部門計劃處，技正

經歷：英國伯明翰大學，產業策略研究中心兼任研究員（1995-
1996）

行政院經濟建設委員會，薦任技士（1989-1994）

工業技術研究院工業材料研究所，副研究員（1989）

4.林曾祥　副教授

主修：國立清華大學工業工程與工程管理研究所 資訊與作業研究博

士

專長：統計學、作業研究、管理科學、績效評估、專案管理、商業
自動化

現職：國立中央警察大學資訊管理研究所副教授

經歷：國立屏東商業技術學院企業管理副教授兼科主任（1994-
1997）

國立雲林科技大學工業管理研究所兼任副教授

元智大學會計學系兼任副教授

5.林家五　助理教授

主修：國立台灣大學商學研究所組織行為與人力資源管理博士

專長：組織行為、組織理論、組織變革與發展、人力資源管理、消
費者心理學

現職：國立東華大學企業管理學系助理教授

經歷：國立台灣大學工商心理學研究室研究員（1996-1999）

6.侯嘉政　副教授

主修：國立台灣大學商學研究所策略管理博士

現職：國立嘉義大學企業管理系副教授

7.高俊雄　副教授

主修：美國印第安那大學 博士

專長：企業管理、運動產業分析、休閒管理、服務業管理

現職：國立體育學院體育管理系副教授、體育管理系主任

經歷：國立體育學院主任秘書

8.孫　遜　助理教授

主修：澳洲新南威爾斯大學 作業研究博士 （1992-1996）

專長：作業研究、生產/作業管理、行銷管理、物流管理、工程經

濟、統計學

現職：國防管理學院企管系暨後勤管理研究所助理教授 （1998）

經歷：文化大學企管系兼任助理教授 （1999）

明新技術學院企管系兼任助理教授 （1998）

國防管理學院企管系講師 （1997－1998）

聯勤總部計劃署外事聯絡官 （1996－1997）

聯勤總部計劃署系統分系官 （1990-1992）

聯勤總部計劃署人力管理官 （1988-1990）

9.黃正雄　博士

主修：國立台灣大學商學研究所 商學博士

專長：管理學、人力資源管理、策略管理、決策分析、組織行為、
組織文化與價

值觀、全球化企業管理

現職：長庚大學企管研究所

經歷：台北科技大學與元智大學EMBA班授課

法國興業銀行放款部經理

10.黃家齊　助理教授

主修：國立台灣大學商學研究所 商學博士

專長：人力資源管理、組織理論、組織行為

現職：東吳大學企業管理系助理教授、副主任，東吳企管文教基金
會執行長

經歷：東吳企管文教基金會副執行長（1999）

國立台灣大學工商管理系兼任講師

元智大學資訊管理系兼任講師

中原大學資訊管理系兼任講師

11.黃雲龍　助理教授

　　　主修：國立台灣大學商學研究所 資訊管理博士

　　　專長：資訊管理、人力資源管理、資訊檢索、虛擬組織、知識管

　　　　　　理、電子商務

　　　現職：國立體育學院體育管理系助理教授，兼任教務處註冊組、課

　　　　　　務組主任

　　　經歷：國立政治大學圖書資訊學研究所博士後研究（1997-1998）

　　　　　　景文技術學院資訊管理系助理教授、電子計算機中心主任

　　　　　　（1998-1999）

　　　　　　台灣大學資訊管理學系兼任助理教授（1997-2000）

12.連雅慧　助理教授

　　　主修：美國明尼蘇達大學人力資源發展博士

　　　專長：組織發展、訓練發展、人力資源管理、組織學習、研究方法

　　　現職：國立中正大學企業管理系助理教授

13.許碧芬　副教授

　　　主修：國立台灣大學商學研究所 組織行為與人力資源管理博士

　　　專長：組織行為/人力資源管理、組織理論、行銷管理

　　　現職：靜宜大學企業管理系副教授

　　　經歷：東海大學企業管理學系兼任副教授（1996-2000）

14.陳禹辰

　　　主修：國立中央大學資訊管理研究所博士

　　　現職：私立東吳大學企業管理系助理教授

　　　經歷：任職資策會多年

15.陳勝源　副教授

　　　主修：國立臺灣大學商學研究所 財務管理博士

專長：國際財務管理、投資學、選擇權理論與實務、期貨理論、金
融機構與市場

現職：銘傳大學管理學院金融研究所副教授

經歷：銘傳管理學院金融研究所副教授兼研究發展室主任（1995-
1996）

銘傳管理學院金融研究所副教授兼保險系主任（1994-1995）

國立中央大學財務管理系所兼任副教授（1994-1995）

世界新聞傳播學院傳播管理學系副教授（1993-1994）

國立臺灣大學財務金融學系兼任講師、副教授（1990-2000）

16. 劉念琪　助理教授

主修：美國明尼蘇達大學人力資源發展博士

現職：國立中央大學人力資源管理研究所助理教授

17. 謝棟樑　博士

主修：國立台灣大學商學研究所 資訊管理博士

專長：資訊管理、策略管理、財務管理、組織理論

現職：行政院經濟建設委員會

經歷：國立台灣大學資訊管理系兼任助理教授（1999-2001）

文化大學企業管理系兼任助理教授

證卷暨期貨發展基金會測驗中心主任

中國石油公司資訊處軟體工程師

農民銀行行員

18. 謝智謀　助理教授

主修：美國Indiana University公園與遊憩管理學系休閒行為哲學博
士

專長：休閒行為、休閒教育與諮商、統計學、研究方法、行銷管理

現職：國立體育學院體育管理學系助理教授、國際學術交流中心執
　　　行秘書
　　　中國文化大學觀光研究所兼任助理教授
經歷：Indiana University 老人與高齡化中心統計顧問
　　　Indiana University 體育健康休閒學院統計助理講師

黃雲龍謹識

目　錄

前　言

銀行業

證券市場

外匯交易與國際貿易

第八章　外匯交易 249

衍生性金融商品

全球危機時代

全球金融市場趨勢

全球的金融市場

前 言

第一章　負債像旋轉木馬

第一章

負債像旋轉木馬

市場存在理由

　　開場白永遠是最好的起點。讓我們直接切入最基本的問題一金融市
場的對象是誰？目的是什麼？存在的理由為何？

　　市場是關於資金的募集，以及撮和想要資金（借方）與擁有資金
（貸方）的雙方。

　　借方如何找到貸方？明顯的，若沒有如銀行的仲介者之存在，將會
非常困難。銀行自擁有資金者取得存款，放款給需要資金的人。

　　比單純的銀行存款更為複雜的交易便需要市場，讓借方及其代理人
可以與貸方及其代理人碰面，而借或貸的現有承諾也可以賣給其他人。
股票交易是很好的例子。公司可以將股票賣給投資人以集資，而現有股
份可以自由的買賣。

　　資金轉來轉去，就像遊樂場中的旋轉木馬（見表1.1）。

貸方

　　讓我們看看哪些人可能成為貸方：

　　個人　　個人可能刻意的在銀行中存款，也可能完全不知道自己是儲

表1.1　負債之旋轉木馬

貸方	仲介	市場	借方
個人	銀行	銀行同業	個人
公司	保險公司	股市交易	公司
	退休基金	貨幣市場	中央政府
	共同基金	債券市場	地方政府
		外匯交易	公共事業

蓄者，每月付保費給保險公司以及提撥資金給退休基金。關於退休金，有許多不同的傳統。美國、英國、荷蘭、瑞士與日本有悠久的退休基金之傳統。將金錢投入私人退休金計畫或是雇主的退休金方案中。在法國，政府管理大部分的退休金，自現有的稅收中予以支付而不是提撥基金。在德國，公司退休金很重要，但是由公司決定投資對象，這意味著極可能就是公司本身。當退休基金存在時，這些資金以及保險公司的資金，是市場動向的主要決定因素。退休基金必須將眼光放遠至長期負債，透過購買政府公債、公司債、公司權益等等援助借方資金。在許多新興經濟體中此類資金的短缺，是當地證券市場成長緩慢的主因。

公司　我們將商業公司視爲資金的借方。然而，即使公司是借方，如果部分資金在短期內不是必須的，公司也可能在稱爲 "貨幣市場" 的短期市場（交易的存續期間少於一年）中從事放款以利用資金。

有些公司具有較佳的現金流量，傾向於成爲貸方而非借方。傳播金融資訊的主要公司是路透社（Reuters）。有時公司會把剩餘的流動資金分配給股東。

借方

那麼，誰是資金的借方呢？

個人　個人可能有家庭採購的銀行貸款或是較長期的房貸。

公司　公司需要短期資金以融通現金流量，同時也需要長期資金以成長與擴張。

政府　政府是典型的大胃王借方。當支出大於稅收時，政府借款以填補赤字。它們一般也代表地方政府、州政府、國營事業與公共事業部門借款。通常總稱爲「公共部門借款需要，（PSBR）」。這些借款自起始日累積的總數稱爲國債。讓許多人非常吃驚的是政府並不償還國債，它只會越來越大。第三章對於這一點有詳細的討論。

　　地方政府與類似的機構　與政府代表各種地方機關借款不同的是，這些機構可以自己的名字借款。可能包括了如巴塞隆納的自治區、英國的波克夏郡、德國如Hesse的聯邦州。

　　公共事業　可能包括了國營事業，如法國的SNCF或德國的鐵路與郵政公司，或是如法國地方信用或德國聯合基金的一般公共部門機構。

　　在經濟體內，上述中有許多涉及了外國人而非本國人，這意味著外匯市場的存在。

權證

　　當資金借出時，它可能只是銀行裏的存款。然而大部分的時候，借方會提供資金的收據，也就是還款的承諾。這些文件廣義來看，就是所謂的權證（securities）。不過對初學者而言，它有許多不同的名稱，國庫券、定存單、商業本票、匯票、債券、可轉換證券、公司債、特別股、歐洲債券、浮動利率本票等等，眞是令人眼花撩亂。不過我們可以安慰自己，它們基本上都是相同的—顯示重要資訊的付款承諾：

- ❏ 欠多少錢
- ❏ 何時支付
- ❏ 報答貸方的利率

　　市場的一個主要特徵就是這些權證可以自由地買賣。讓貸方可以生活的更安心，並且協助借方更輕易的籌資。

　　例如，一個想爲老年做準備的年輕美國人，花了五千美元購買剛發行的三十年期政府公債。五年後他後悔了，想把錢拿回來。他該怎麼做？只要把債券出售即可。這一點很重要，因爲知道這項逃命條款的存在，所以一開始較樂意將資金投資於此。這也給予了「負債旋轉木馬」充分的速度，因爲相同的權證可以買賣許多次。

　　讓我們先解決一些市場術語。資金第一次借出與換手、證券第一次發行，是在初級市場（primary market）。

　　之後所有的買賣都發生在次級市場（secondary market）。

　　次級市場非常重要，因為它提供的彈性讓初級市場可以運作的更好——有了油，輪子才能順利轉動。

　　讓我們看看其他使用的術語（見圖1.1）。

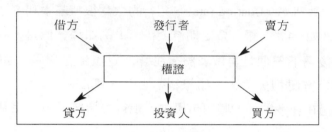

圖1.1　市場術語

　　假設政府宣佈新的債券。我們可以說政府發行（issue）新債券，也可以只說政府出售（sell）新債券。可將其視為是政府需要借更多錢的訊號。

　　若你聽到新債券的發行，你可能告訴朋友你想要投資，也可能說你要買新債券。此時你或許根本不知道自己是不知感恩的政府的債權人。

　　這些術語很簡單，而且都會用到。我們必須提醒初學者，不論誰買了權證，他都直接或間接地貸出資金。

資金募集

　　讓我們看看一個例子。假設一家商業公司需要2億美元來融資新廠房的建造。我們剛剛解釋了金融市場就是關於資金的募集。那麼，公司有什麼選擇呢？

銀行貸款

當我們有需求時，最明顯的資金來源就是銀行。今日的資金需求非常大，銀行可能會聯合放款以分散風險。銀行將存款貸放給商業公司，這是銀行身爲中間者的主要角色。以倫敦爲根據地的國際聯合銀行貸款市場中，資金的貸放並非固定利率，而是隨時盯住市場利率的變動利率，稱爲浮動利率（floating rate）。銀行的放款根據基本利率，再加上特定差額，例如3/4％。銀行會定期修正利率，例如每三個月。利率固定三個月，之後爲下三個月再做調整。注意，這產生了風險。如果利率下跌，那麼貸方便損失收入。如果利率上升，那麼借方就要付出更多利息。（不過在許多歐洲的國內市場中，銀行的傳統是以固定利率放款給公司。）

債券

另一個選擇是發行債券。債券就是一張載明資金還款條件的文件。例如，一個十年期的債券，每年分兩次支付7％的利息。"債券"一詞隱含了利率是固定的。若利率是浮動的，那麼我們必須找到另一個名詞，例如「浮動利率票券」。債券可能被銀行購買，作爲存戶資金的另一種用途，也可能由投資人直接購買，他們在報紙上看見債券公告，於是指示經紀商購買。

債券負有支付利息的法律責任。如果未支付利息，債券持有人便有相當的權力，甚至可以清算公司。

權益證券

最後一個選擇便是出售公司的股份以集資。股份稱爲權益證券。如

果這是公司第一次這麼做，我們稱它爲新上市。如果公司已經有股東了，則必須告知股東有購買更多公司股份的機會，稱爲權利股發行（right issue）。這是因爲，在大部分但並非全部的歐盟法律下，若要發行任何新股以募集資金時，必須先告知原有股東。這些權利在美國或德國並未受到如此強力的保護。

股東收到報酬的方式是透過股利的分配。然而，這項收入通常比不上債券的利息，因此，股東也期待資本利得，相信股價會隨時間上漲。

圖1.2顯示了這三種選擇。

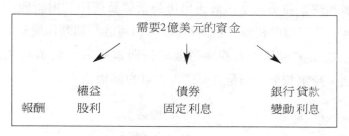

圖1.2　募集資金

我們必須了解權益基本上與其他兩種不同。每個股東都是部分的所有者。因此沒有還款的日期（股票可以在股市中賣給其他人）。股東接受風險─如果公司賺錢他們也賺錢，若公司遭到清算，他們可能會失去部份或所有的錢。當最糟的情況發生時，股東是最後分到剩餘資金的人。此外，如果公司遭遇困難，股利可能縮水或完全沒有。

在債券與銀行貸款的例子中，最終必須償還本金，公司有極大的法律責任支付利息─它們是負債而非權益。權益是負債旋轉木馬的例外，因爲它完全不是負債。

連動

借錢基本上並沒有什麼不對。公司借錢之後所做的交易，比只有股東權益時還要多。但若借入過多資金，尤其是當擴張期後緊接著衰退期（通常是如此）時，危險便產生。公司除了無法償還本金的問題外，因為利潤減少可能也無力支付利息。

因此，股市分析師研究公司的資產負債表與長期負債權益比。當我們談到權益時，並不只是指最初出售股票以及後續的增資股發行所募集到的資金。公司賺取利潤（我們希望），利用這些利潤繳稅給政府以及分派股利給股東。剩餘的利潤將留做成長與擴張用。此項資金也屬於股東。因此，股東資金一詞是用來代表股東的總權益：

原始權益
＋　　增資股發行
＋　　保留利潤
＝　　股東資金

接下來，分析師研究長期負債與股東資金之間的比例。其關係稱為連動（gearing）或槓桿（leverage）。

這個比喻是來自機械學。齒輪（gear）讓固定的力量可以做更多的工作。槓桿（lever）也是類似的想法。記得阿基米德說過「給我一個支點，我可以舉起全世界」嗎？股東們所作的比單單利用個人資金所做的還要多。怎麼辦到的？借別人的錢。連動或槓桿背後的想法是進一步的利用固定資金。套句美國俚語「more bang for your buck，物超所值」！在這裡，我們透過向他人借錢做到這一點，我們也將看到本書中的其他情形。

長期負債與股東資金之間的比例是槓桿比例。哪種比例安全呢？坦

白說，這是個受爭議的問題。一般說來，如果比例達100%，人們會擔心，但這只是大概的標準。例如，如果公司景氣屬週期性，相較於穩定的企業分析師會較為擔心。如果資產可以輕易變現，而非不易處置的資產（例如房地產），那麼分析師會安心一點，在衰退期尤其如此。各國厄然地有不同的文化。JP Morgan訂出法國的公司槓桿為67%，美國為56%而英國為36%。在1998/1999的低利率環境下，公司槓桿正在增加中。

在研究了這三個新資金的選擇—權益、債券與銀行貸款—我們應該留意在西方的金融市場，成長與擴張所需資金大約有50%來自於保留盈餘。盈餘可以是非常敏感的話題，在某些人眼中它是一個輕蔑的用語—例如，"那些人不過是為了賺錢而已"。然而，盈餘不只提供了股東報酬與政府稅收，它也為可創造進一步就業的擴張提供資金以及為員工創造安全的環境。

我們在第六章研究國際市場的概念，簡短地說，就是跨越國界募集的權益，例如，在倫敦發行、以美元計價的債券，出售給全球投資者；或是聯合起來提供大額放款的國際銀行。此外就是在國內市場募集的資金。權益、債券與大型聯合貸款通常屬於長期資金。也有短期資金的募集，目的是滿足現金流量需求而非成長與擴張之用。權益在這裏並不適用，但有各種證券與銀行貸款滿足此需求。

國際市場令人困惑，因為其重點與國內市場相當不同。每個國家有各自的傳統。美國是公司債的龐大市場，也是大型的權益市場。在1988年至1998年的十年間，美國的非金融公司借方經由債券的形式募集了7,850億美元—為銀行貸款的三倍。然而，德國公司與銀行之間的密切關係以及銀行融資的使用由來已久。在英國，權益融資非常盛行而公司債市場相對弱勢。

結論

我們已經了解金融市場存在的理由就是募集資金，針對資金募集方式所做的檢驗顯示了各種金融市場，以及本書研究的主題：

銀行業　在第二至第五章將我們將研究銀行業的各個範疇。

貨幣與債券市場　在第六章我們將研究國內與國際市場。檢視短期（貨幣市場）與長期（債券市場）的資金募集。

外匯交易　全球化的市場與管制解除創造了對外幣的強烈需求，將於第八章討論。

歐洲經濟與貨幣聯盟EMU　EMU於1999年1月1日開始，有十一個國家改變成單一貨幣。這項重要發展將於第十章討論。

貿易融資　全球貿易自是極為重要，支持貿易的資金需求與控制風險的需求產生特別的問題。第九章將予以討論。

權益證券　第七章將解釋股票市場、經紀商、市場創造者與機構。

衍生性商品　利率、匯率、債券價格與股價都會波動產生風險。這些金融商品既要利用風險，也要控制風險，稱為衍生性商品，這或許是今日的金融市場中成長最快速的一個部門。這個複雜但迷人的主題將於第十一至第十三章中討論。

保險　保險市場是歷史最悠久的全球金融市場之一。國內與企業風險創造了對保險的需求。事先支付的保費產生可貸放的資金，直到需要這些資金理賠保險金時。第十四章將予以討論。

全球金融危機　全球市場近年來也產生了全球危機。第十五章將討論發生原因以及如何（如果能夠的話）預防。

主要趨勢　最後在第十六章，我們將分析今日的金融市場之主要趨勢。

摘要

　　市場的目的是便利資金的募集與撮合想要資金（借方）與擁有資金（貸方）的人。

　　借方一般會提供承諾還錢給貸方的收據—也就是權證，可以自由的買賣。

　　可以透過銀行貸款（商業銀行）或發行債券或權益證券（資本市場）來募集資金。前兩者代表負債。資產負債表上負債與權益之間的關係就是槓桿。

　　還有國內市場與國際市場（跨越國界）。

全球的金融市場

銀行業

第二章

銀行業背景

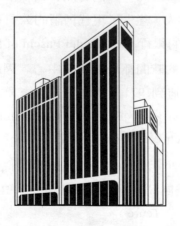

歷史

　　紙鈔及硬幣被當做貨幣使用已有悠久歷史－至少可追溯至西元十世紀時。銀行業則較爲近代。

　　今日的資本主義在許多方面，是源自於13、14與15世紀時義大利的商業與銀行業集團的運作。義大利的州，如倫巴第與佛羅倫斯，具有重要的經濟力量。商人的貿易路線跨越國界，爲了金融目的而使用現金資源。

　　銀行家坐在長椅上，通常位於開放的場所。長椅的義大利文是banco，產生了bank這個字（如果你現在剛好身在義大利的Prato，你可以到聖法蘭西斯的禮拜堂，找一幅繪有貨幣兌換者之長椅或櫃臺的壁畫）。如果銀行遭到清算，那麼長椅也會鄭重地毀去，產生了bancorupto，也就是破產（bankrupt）。早期的組織是合夥人，股份公司直到1550年後才出現。因此，人們可能會寫信給Medici e compagni，意指 Medici與他的合夥人，產生了現代所謂的公司（company）。義大利人宣稱擁有世上最古老的銀行，Monte dei Paschi of Siena（1472年）。

　　佛羅倫斯有很長的時間都是主要的中心。因此，許多硬幣都與佛羅倫斯有所淵源。英國直到1971年實施十進位後，才廢除了florin這種價值兩先令的貨幣：荷蘭幣上面的FL二字，也就是florin的縮寫：匈牙利的貨幣稱爲forint。在1826年，舒伯特以120 florins的代價賣出他的D大調鋼琴奏鳴曲。因此，在1996年於馬德里舉辦的歐盟高峰會中，英國首相梅傑才會提出以florin做爲歐洲單一貨幣的名稱。這項會議最後決定採用一個相當無趣的名稱，歐元（euro）。

　　義大利的銀行家與英國皇室有長遠的關係。第一個在英國放款的銀行家來自倫巴第，在倫敦的金融區域中心有條街命名爲倫巴第街。銀行

家借錢給愛德華一世、愛德華二世與愛德華三世（自然是爲了各個戰爭籌資）。不過，愛德華三世在1345年無力償還貸款，結果使這個位於佛羅倫斯的輝煌家族，Bardi and the Peruzzi，破產而清算。或許這是全球第一宗（但決不是最後一宗）國際銀行危機。

這些銀行家在當代是非常先進的。他們使用匯票（於第五章討論）信用狀，資金予以簿記移轉而不是實際運送，以及複式簿記。複式簿記的第一本教科書是在1494年，由一名聖芳濟會的修道士，路卡·帕西歐理，所出版的，他對海上保險進行實驗並且發展了商事法的主體。Bardi在義大利與海外營運30間分行，並且雇用了350名以上的員工。

S.D.Chapman在商人銀行的興起（Allen&Unwin,1984） 這本書中，寫出了Medici銀行如何協助位於威尼斯的義大利公司，使用匯票出售商品給倫敦的公司。位於倫敦的Medici銀行收款並且負責外幣轉換與風險。商品的發票金額爲97英鎊18先令4便士（這是舊英鎊、先令與便士）。等於大約535個達卡金幣。位於威尼斯的Medici分行見到匯票後，便會付給當地公司500個達卡金幣，7%的金額在六個月後才會支付，大約是面額的14%。日期呢？1463年的7月20日。

上述的匯票以現代的觀點來看並未「折現」，因爲這意味著對資金收取利息，而這是羅馬天主教堂明文禁止的「高利貸」行爲。匯票代表著便利貿易與兌換外幣的服務—它看起來不像是涉及資金的借貸。在存戶方面，因爲相同的理由所以不會支付正式的利息。存戶收到銀行自行決定（at discretion）的部分利潤。因此，資產負債表的借方標示爲「Discrezione」。回教銀行因爲可蘭經拒絕利息的概念，因此面臨類似的問題。今日約有六十個回教銀行，仍舊遵守著存款報酬根據資金使用之利潤而非固定的原則。

義大利人並未發明鈔票。因此我們轉向英國的金匠。當地的商人爲確保資金安全因此把錢存在皇家鑄幣場。關於這些錢的處置方法，查理一世曾經與國會有過數次的爭執，他的解決方法是直接闖進皇家鑄幣場

偷走130,000英鎊！雖然之後這筆錢歸還原處，但大眾對鑄幣場的信心已蕩然無存。這對於擁有堅固金窖可以儲藏黃金與銀幣的金匠而言是個好消息，開始了金匠成為銀行家的時代，歷時約150年。Coutts銀行於1692年以金匠銀行的方式起家，目前仍營運著。金匠發現向金幣存戶發出收據很方便，十個金幣存入發出十張收據。這麼一來，如果收據持有人欠其他人三個金幣，只需償還三張收據。更好的是，如果有人想要借五個金幣，金匠只要借給他五張收據，而不用給他真正的金幣。這已經非常貼近近代的銀行業傳統，除了在今日，鈔票並不是由黃金或白銀作為後盾。到了17世紀末，金匠的收據嚴格說起來已經是鈔票了。瑞典銀行於1661年發行第一張鈔票。

在國際上，因為黃金與白銀從新世界不斷湧入，銀行業的焦點由過去的佛羅倫斯轉向熱那亞。在義大利以外，奧古斯堡的Fugger家族創造了可與義大利人匹敵的金融王朝。他們原先是羊毛商人，但改行至貴金屬與銀行業，在匈牙利與奧地利擁有黃金、白銀與銅礦，並且成為德國的哈布斯堡帝國、低地國（荷、比、盧三國）與西班牙的重要資助者。

之後有兩大競爭對手興起，荷蘭與大英帝國，阿姆斯特丹與倫敦互爭金融中心的地位。阿姆斯特丹擁有歐洲最古老的股市。

我們也看見現代的商人銀行（或投資銀行）開始形成。Francis Baring 是來自愛克塞特的紡織商人，在1762年開始了霸菱兄弟。在1804年，Nathan Mayer Rothschild結束在曼徹斯特短暫的紡織事業後，到倫敦開始銀行業務。在荷蘭，我們看見Mees & Hope（1702年）與之後的Pierson、Heldring & Pierson，兩者目前都是在Mees Pierson品牌下的Fortis集團之子公司。

商人銀行家有兩個主要活動─融通貿易、使用匯票與出售債券為政府集資。霸菱兄弟在拿破崙戰爭後，發行大量的國際債券以籌措法國被迫付出的賠償金（因此，路易三世的首相黎希留將他們封為歐洲的第六個強權！）。在1818年，Rothschild為普魯士募集大筆貸款，36年後還

清。債券持有人的利息收入經安排以當地貨幣計價。債券出售給商人、私人認購者與貴族。普魯士付出$7\frac{1}{2}$%，其中5%付給債券持有人，$2\frac{1}{2}$%用來創造36年後償還債券的償債基金（見Chapman的商人銀行的興起）。荷蘭銀行Mees與霸菱兄弟一起協助美國州政府，於1803年向拿破崙購買路易西安納州。之後，公司融資興起，成為另一個投資銀行業務。在1886年，霸菱兄弟Guinness發行股票甚至需要動用警察擋住人群！

在17世紀末、18世紀初，歐洲人口有大幅的成長（從1800年的一億八千萬成長到1914年的四億五千萬）。這段期間也見證了工業化與都市化的成長。結果造成了銀行業的擴張。當私人銀行不斷興起時，允許合股銀行（也就是擁有股東的銀行）的立法改變，讓具有許多分行以及強大存款吸納功能的大型商業銀行，有機會成長。

在美國，紐約銀行和波士頓銀行（之後變成波士頓第一國民銀行）始於1800年。曼哈頓公司原是一家水利公司，約在同一時間成為銀行（在1955年變成大通曼哈頓銀行）。花旗銀行（City Bank）開始於1812年，之後成為花旗國民銀行，在1955年合併第一國民銀行形成今日的花旗銀行（Citibank）。

在歐洲，比利時的Société Générale銀行於1822年成立；Bayerische Hypotheken und Wechsel Bank 於1822年；奧地利的Creditanstale於1856年；Crédit Suisse也在1856年；瑞士聯邦銀行於1862年；Crédit Lyonnais於1863年以及Société Générale（法國）於1864年（到了1900年他們各擁有200與350家分行）；德意志銀行於1870年而Banca Commerciale Italiana於1894年。

在英國，英格蘭銀行對合股銀行的壟斷權於1826年結束。在1850年有1700家分行、1875年有3300家，到了1900年將近有7000家分行。米德蘭銀行始於1836年而威斯敏斯特國民銀行的前身則創立於1833-36年間。私人銀行受到新股票銀行擁有之廣大資源的威脅，不是被買下就是被合併。其中一個合併形成了今日眾人所知的巴克利集團。私人銀行中歷史

最悠久的一個是位於富立特街1號、始於1673年的Child & Co，現在是蘇格蘭皇家銀行的一部份。到了1884年，倫敦票據交換所清算價值60億英鎊的支票。

在英國有一個發展很有趣，雖然Rothschild在歐洲大陸參與了部分商業銀行（例如Creditanstalt與Société Générale of France）的建立，但在英國，商人銀行忽略了新的發展，努力從事已知的業務（國際債券與貿易融資）。結果，英國傳統上有兩種銀行的存在，一方是商人銀行（merchant bank），一方是商業銀行（commercial bank）（本章稍後將討論這兩種銀行之間的差異）。直到1960年代之後，大型商業銀行才想到需要開一些商人銀行的分公司或是購併一個（例如，米德蘭銀行購入Samuel Montagu）。

在歐洲大陸，尤其是德國、奧地利與瑞士，銀行從事所有的業務，同時是商人也是商業的。這就是綜合銀行的傳統，如德意志銀行與瑞士聯邦銀行。

這些發展帶領我們進入本世紀，同時也是電腦、通訊、自動櫃員機（ATM）、信用卡、銀行合併與銷售點電子化資金移轉（EFT-POS）的時代。

銀行監督

我們以：「誰管理銀行？」這個問題開始。如果你是荷蘭或義大利人，你可能會回答「中央銀行」，答案正確，但並非絕對。的確，監督者通常是獨立超然的。但即使是全能的德國中央銀行在法律上也不負責監督─這是「聯邦銀行監督辦公室」的工作。後者當然會向德國中央銀行諮詢，向全國所有銀行收集詳細的報告。然而，如果要採取任何行動，將是由聯邦銀行監督辦公室動手。

在法國與比利時有銀行委員會，在瑞士有聯邦銀行委員會。

在日本，金融服務局是負責單位。而在美國，因為聯邦準備局、各個州、聯邦存保公司（FDIC）、貨幣監察官，以及向聯邦家戶貸款銀行系統報告的儲蓄與貸款協會等扮演的不同角色，情況非常混亂。例如，當芝加哥的伊利諾州大陸銀行在1984年遭遇困難時，是由FDIC出面拯救而不是聯邦準備局。美國國會曾經承諾將儘早將這些系統簡化，但到目前為止仍未實現。

在英國，過去由英格蘭銀行負責監督，但在1998年中期，工黨政府將權利轉移給新成立的金融服務機關。

決定了監督者以後，他們會制訂什麼通則呢？

通常是下列：

❑ 進入條件
❑ 資本適足率
❑ 流動性規則
❑ 大型風險暴露規則
❑ 外匯管制
❑ 調查權力

（較專業的術語將於第二至第五章中解釋）。

銀行種類：定義

使用的名稱很多，但並非絕對互斥。如下所示：

❑ 中央銀行
❑ 商業銀行
❑ 商人／投資銀行

□ 儲蓄銀行

□ 合作社

□ 抵押銀行

□ 郵政轉帳銀行與國民儲蓄銀行

□ 信用協會

中央銀行 一般說來，經濟體中會設有一個中央銀行，例如美國的聯邦準備局或德國中央銀行（Bundesbank）。中央銀行的角色將於第三章詳細討論。

商業銀行 這是從事典型存放款業務的銀行。還有兩個相關的術語—零售銀行業與批發銀行業。零售銀行業涉及了大量的街頭分行、商店與相當小的營業單位，與一般大眾打交道。支票的使用與票據交換講是非常重要（例如，英國在1998年共開出30億張的支票）。這些是量大但低價值的交易。批發銀行業涉及了量小但高價值的交易。涵蓋了與其他銀行、中央銀行、公司、退休基金與其他投資機構的交易。支票在這裡並不重要，但電子化交割與結算就很重要—例如紐約的CHIPS（銀行同業付款結算所，Clearing House Interbank Payments）、英國的CHAPS（自動化付款結算所，Clearing House Automated Payments）、法國的SIT（Systeme Interbancaire de Telecompensation）、德國的EAF2與歐元地區的TARGET等的系統。第六章描述的貨幣市場交易便是批發銀行業的活動。第四章討論零售銀行與其他的批發銀行活動，如公司貸款。外匯交易可以是零售（個人度假用）或是批發（一家法國公司需要1,000萬馬克以購買德國進口貨品）。第八章將討論外匯交易。

零售銀行的一個特殊子集是私人銀行業。涉及了處理高所得人士的需求—存款、放款、基金管理與投資建議等等。傳統以來是瑞士的重要專長。

商人／投資銀行 商人銀行是典型的英國用語；投資銀行是美國的

類似用語，或許也是最普遍、最常見的用語。我們可以互相交換的使用（但在美國使用商人銀行業一詞時要小心，它指的是利用銀行的資金，積極地參與接管／合併的活動）。如果商業銀行業是放款，那麼商人銀行業就可以總結為「協助人們找到資金」。例如，在第一章我們檢視了集資的三個選擇—銀行貸款、發行債券或權益。有時候這些選擇不是這麼明確。例如在1989年，來自瑞士的Sulzer Brothers發行了1億美元、票面利率為8¾%、三年期的債券。金融時報的評論為：「經紀商認為這項條件非常慷慨，或許Sulzer直接向銀行貸款可以得到更便宜的資金」（見1989年11月28日的金融時報）。引述這段話只是說明選擇並不一定很明顯。同樣的，在1993年9月，倫敦的標準晚報上一篇文章批評公司在當年過度偏好增資股發行，認為債券在長期有更好的價值。商人銀行或投資銀行可以提供這方面的建議。如果選擇債券或權益，就會協助發行者定價與銷售，與其他的同業共同承銷發行，也就是說，如果投資人不買證券，他們就出面買下來。

商人或投資銀行還有其他的活動，留待第五章討論。

在許多歐洲國家中（法國、德國、義大利、奧地利、荷蘭與西班牙），有些銀行沒有外部的股份持有人，而是以某種方式互相擁有。也就是儲蓄銀行與合作社。

儲蓄銀行 我們必須先行區分儲蓄銀行的歷史、傳統角色與今日較為現代的角色。在現代，因為(a)許多過去獨立的儲蓄銀行之合併(b)管制解除，取消對業務的限制，讓銀行可以如商業銀行般運作；因此它們和一般的商業銀行越來越像。儘管有(a)與(b)的存在，但儲蓄銀行的經營結構還是有點不同，通常是互助的，也就是說，會員擁有銀行。

在歐洲地區，儲蓄銀行機構開始進行重要的變革，像是：

❏ Sparkasse　　　　　　　　　德國／奧地利
❏ Cassa di Risparmio　　　　　義大利

❑ Caja de Ahorros 　　　　　　西班牙
❑ Caisses d'Epargne 　　　　　法國/比利時

　　在美國稱爲「儲蓄貸款協會，Savings and Loan Associations」或「儲蓄社，Thrifts」，在英國稱爲（在歷史上而不是今日）「信託儲蓄銀行，Trustee Savings Banks」。

　　在德國大約有600家儲蓄銀行，有19000家分行。因爲德國是聯邦共和國，各個聯邦州或州內的郡保證存款安全，儲蓄銀行也有一家稱爲Landesbank的中央銀行。其中最大的是西德銀行。它是北萊茵西發里亞政府的主要銀行，也是德國的第三大銀行。還有一個中央機構，Deutsche Girozentrale Deutsche Kommunalbank，協調所有活動。管制解限讓Sparkasse擁有很大的市場佔有率。超過60%的德國人有Sparkasse帳號。處理65%的地方機關貸款，60%的小型企業貸款與40%的個人貸款。兩德統一後，因爲來自東德的儲蓄銀行之加入，其數目又增加了。因爲聯邦爲Landesbank提供擔保，因此它們可以更便宜的募集資金，其他的德國銀行認爲這是不公平的競爭，歐盟目前正研究這個問題。

　　對儲蓄銀行而言，擁有某種型式的中央銀行很尋常。在奧地利爲Girozentrle Vienna（後來稱爲GiroCredit Bank，現在是奧地利銀行的一部份）。在芬蘭，在1991年金融風暴前是Skopbank，之後改組爲芬蘭儲蓄銀行。西班牙與義大利興起普遍的合併風潮，甚至是與其他銀行的合併。例如，在義大利，Cassa di Risparmio di Roma併入Banco di Roma與Banco di Santo Spirito，形成一家稱爲Banca di Roma（眞是奇怪的名字）的大銀行。此外，義大利最大的儲蓄銀行，Cariplo，與Banco Ambrovenuto合併，將名稱改爲Banca Intesa。在西班牙，兩家最大的儲蓄銀行合併成爲西班牙銀行界主要的力量，稱爲La Caixa，使用加特隆尼亞的簡稱。不論西班牙或義大利，都沒有像德國般那麼徹底的解除管制。

在英國，儲蓄社始於1810年，目的是吸收小額存款（一般銀行的最低存款還是相當高）。在1817年，政府通過法案，銀行必須由信託人（trustee）來管理以保護存戶，因此產生「信託儲蓄銀行，Trustee Savings Banks」這個字。在1976年，取消管制並且給予一般銀行業務的權利。由許多不同的獨立銀行，最終產生了一家銀行，也就是TSB Bank。在1986年，政府出售股份給一般大眾因此失去了互助性質。在1991年4月，TSB脫離歐洲儲蓄銀行協會，因為不論以何種觀點來看，它都已經不屬於儲蓄銀行了。這是體質改變最極端的例子，最後在1996年被勞依茲銀行合併。

同樣的，在法國儲蓄社也合而為一，成為Caisse National des Caisses d'Epargne et de Prévoyance（Cencep）。這個中央組織推動一個合併計畫，將儲蓄銀行的數目由1984年的468家減至目前的200家以下（超過400家分行）。它們擁有一般的銀行權力，並且已擴充成為保險銀行（bancassurance，見第四章），放款給地方機關、租賃、創業資本、房地產投資與集合性投資銷售（UCIT）。佔法國存款的20％，並且可以經營特別的免稅帳戶（如同國民儲蓄銀行）。和德國的情況一樣，其他銀行抱怨這是不公平的競爭。

在美國，1981年儲蓄與貸款協會的管制解除是造成詐欺與錯誤管理的大災難。引發美國最大的銀行業危機之一。

在日本，相互儲蓄銀行稱為sogo銀行，共有70家。接受小額存款同時也是小型企業的重要貸方。表2.1列出了歐洲主要的儲蓄銀行。

合作社　由會員擁有的銀行，主要的目標不一定是利潤極大化，也可能是提供會員低成本的貸款。

通常，會員身份是根據行業或職業。最常見的是農業，如法國的Crédit Agricole（以資產項來看是歐洲第三大的銀行）、荷蘭的Rabobank與日本的Norinchukin銀行。表2.2為在歐盟地區內合作社佔存款的百分比。由此可見合作社在芬蘭、法國、奧地利、荷蘭、德國與義大利很重

表2.1　歐洲主要儲蓄銀行，1999年

銀行	資產（百萬美元）
*Groupe Caisse d'Epargne	235.7
*Sparbanken Sverige	89.3
La Caixa　（巴塞隆納）	78.0
*Caixa Geral de Depositos	57.2
Caja de Madrid	52.2
Hamburger Sparkasse	32.5
*Banque et Caisse d'Epargne d'Etat	31.5
Stadtsparkasse Köln	20.1
Cassa di Risparmio di Bologna	15.7
Cassa di Risparmio di Parma e Piacenza	15.4
Caja de Mediterraneo	14.6

＊代表中央儲蓄銀行機構

來源：銀行家，1999年7月

表2.2　合作社佔存款的百分比，1997年

國家	%
法國	36.4
奧地利	31.4
芬蘭	31.2
荷蘭	25.0
德國	21.0
義大利	18.0
愛爾蘭	8.9
西班牙	7.0
比利時	6.0
葡萄牙	4.6
瑞典	2.0
英國	2.0
丹麥	1.0
希臘	1.0
盧森堡	--

備註：--代表資料無法取得

來源：歐洲合作社協會

要。

德國很特別，各種行業與職業都有強烈的合作社傳統。例如，在德國有「藥劑師與醫師的銀行」（Apotheker und Arztebank）。有超過2100家合作社，15000家分行，不過這個數字正在減少中，有164家已於1998年被其他合作社併吞。區域合作社與單一中央銀行並存，後者就像是結算所，使用集合性資金於國際活動上，這就是Deutsche Genossen-schaftsbank，亦稱爲DG銀行。合作社在德國佔了19%的存款。

Crédit Agricole（CA）擁有65間地方銀行與一家中央Caisse Nationale de Crédit Agricole。後者原由政府所有，但後來出售給CA。共有5700間分行與67000名員工。有1500萬個客戶，占法國存款的25%，一度擁有對農場貸款的獨佔權。在1990年失去這項權力，但卻贏得了放款給公司的權力。在法國，抵押貸款很重要而CA處理約30%的抵押。在1996年5月購入Banque Indosuez。

在法國還有其他的合作社組織，Banques Populaires與Crédit Mutuel，不過規模小多了。

荷蘭的Rabobank是一個代表800間地方農業合作社的中央機構，是荷蘭第二大的銀行。Rabobank是全球少數幾個具有來自兩大評等機構AAA評價的銀行。有2500間分行，佔40%的儲蓄存款與25%的國內抵押貸款。先後接管了一家名爲Interpolis的荷蘭保險公司與一家名爲AVCB的公司，使集團成爲荷蘭第二大公司。它也以一流的資金管理團隊Robeco，進入創投業。在十個國家有19間海外辦公室，積極參與國際銀行業。在1998年，買下競爭對手，ACHMEA。

在日本，農林漁業都有合作社，農林業有一個稱爲Norinchukin銀行的中央合作社。同時也有許多商業信用合作社。

英國只有一家合作銀行，Cooperative Bank，與零售合作機構合作密切並且擁有一般的銀行功能。不過，它佔英國銀行存款的比例只有2%。

在歐盟之外，芬蘭有許多合作社（略低於300家），其中央銀行爲

Okobank。

　　抵押銀行　有些經濟體有處理抵押的特別部門，其他則否。

　　特別部門中最顯著的例子是英國的建屋互助協會（Building Societies）。起初是聚在一起建房子後便解散的協會。漸漸地變成永久性的互助組織，集合街坊的存款，將這筆錢借給家戶抵押。在1900年超過2000家，但在大型協會主導的合併運動後，今日只剩約70家。1986年的建屋互助協會法案解除許多管制，讓它們可以提供支票存款、無擔保貸款與各種其他的服務。然而此類業務的承做數量有嚴格的限制。此法案也核准若會員同意，協會可以變成上市公司。Abbey National利用這一點，在1989年上市，變成英國資產項第五大的銀行。在1995-1996年期間，這一行經歷了相當的改變。勞依茲銀行購併Cheltenham與Gloucester、Abbey National購併National and Provincial以及合併後的哈利法克斯／里茲協會，再加上Alliance與萊斯特、Woolwich與Northern Rock，都透露了上市與成為銀行的計畫。其餘的，如Britannia，堅守著互助的原則，宣布長期會員的忠誠紅利。然而，在1999年4月末期，僅存的大型互助協會之一，Bradford and Bingley，宣布在經過會員投票後，將轉型為銀行。這又重燃了爭議，許多人相信倖存的大型互助協會終將變成銀行。

　　德國有35個抵押銀行（Hypothekenbanken），通常是其他銀行的子公司，還有少數的建屋互助協會（Bausparkassen）。抵押銀行利用特別的債券─Pfandbriefe─融通抵押貸款。荷蘭有數個抵押銀行，都是其他銀行（例如Rabobank）或保險公司的子公司。丹麥有少數的抵押信用協會，在股市出售債券，將資金交給借方，借方的房地產便是債券的擔保。

　　在美國，儲蓄貸款協會在1981年管制解除後專門從事貸款。不過與英國1986年建屋互助協會法案不同，對新權力未實施審慎的限制，因此使此行業遭受嚴重的問題。

　　轉帳銀行　我們先思考giro這個字，來自「Guros」這個希臘字，意指輪子或循環。金融的循環就是雙方之間付款的路線。

　　我們在早期的義大利銀行業中發現這個術語。在中古世紀，法國與法蘭德斯的服裝業有相當重要的貿易展覽會，商人們在此產生負債，未付清的債務將延至下一次的展覽會。漸漸地，身為銀行家的商人開始提供一種交換系統。你可以將負債循環想成-貿易商A欠B、B欠C、C欠D，D又欠A（見圖2.1）。

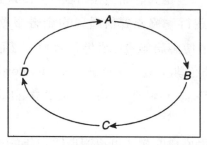

圖2.1　　負債循環

　　銀行家設定一個結算系統─「giro di partita」─分類帳輸入的循環。在1619年，威尼斯省設立了Banco del Giro以加速對該省債權人的付款。銀行也向債權人發行付息債券，並逐步的建立次級市場。

　　在現代，giro這個字意外的出現在兩個關係中。在第一個情形中，它純粹是指資金的轉移，客戶將轉帳單交給銀行，指示將資金付給如電力或瓦斯公司。在德國與荷蘭，這比把支票直接寄給公司還要普遍的多。

　　第二種使用方法是轉帳銀行這個字，利用郵局協助沒有銀行帳號的人支付帳單。這個想法始於1883年的奧地利。沒有銀行帳號的人，可以在郵局支付各種帳單，之後將資金轉帳給收款人。在比利時有Post Office Giro，而英國於1968年設立Girobank，並且在1990年出售給建屋互助協會。將郵政轉帳與一般人想像的郵政銀行區分開來是很困難的。

因此通常自稱為國民儲蓄銀行。在英國，成立於1861年的郵政儲蓄銀行在1969年改成國民儲蓄銀行。用意是鼓勵小額儲蓄而不是致力於放款。法國有「Caisse Nationale d' Epargne」；愛爾蘭有「郵政儲蓄銀行」；在芬蘭我們發現很重要的Postipankki，處理政府大部分的財務，西班牙也有郵政儲蓄銀行。在荷蘭，郵政銀行與國民儲蓄銀行合併成為Postbank，之後又與NMB銀行合併，成為現在的ING銀行。

因為管制解除的趨勢，郵政轉帳銀行正展現實力，利用擴大的權力。在1992年5月，一些德國的商業銀行與Postbank對簿公堂，指控不公平競爭。比利時的銀行家協會聲稱郵局的金融服務得到到補貼，在法國，來自銀行的抗議使郵局無法提供儲蓄帳戶。然而，當地的郵局在基金銷售（SICAV）方面非常成功。西班牙的Caja Postal開始從事租賃、資產管理與房地產諮詢，現在已與其他州立的金融機構合併成為「Argentaria」。

信用協會　信用協會的想法可追溯自1849年的德國，當時一位地方市長組成協會，協助人們處理負債與房地產。到了1900年代初期，這個想法引入澳洲、加拿大、紐西蘭、愛爾蘭、英國與美國。各種信用協會具有一些共同特質或許是教會成員或是工作的地點。會員存錢並且可以借到某數目的金錢，通常是存入金錢的倍數。可能有一些租稅優惠。例如在美國，信用協會不用支付聯邦所得稅。在美國有15,000家信用協會，有7,000萬名會員。最大一家，Navy Federal，資產有100億美元，比許多區域銀行還要大。商業銀行抱怨不公平競爭，正在最高法院提出上訴，聲稱在某些案例中，「共同特質」被忽略了。在英國，有400家信用協會，50,000名會員，包括英國航空公司與倫敦區計程車司機都成立信用協會。在窮苦區域，如Toxteth、Clerkenwell與Strathclyde也有社區信用協會。愛爾蘭有23%的人口是會員。在日本，有大約460家的信用協會。他們也享有免稅的優惠。

其他銀行術語

還有其他一兩個術語可能需要解釋。

結算銀行（Clearing Bank） 從事票據結算系統的銀行，是極度依靠零售銀行業的大型國內銀行。提供支票功能且交易量較小的銀行會委託大型結算銀行處理它們的支票結算。通常，各銀行會自行結算自己的支票，也就是說，一分行客戶開出支票給同銀行另一個客戶。開給其他銀行客戶的支票送交中央結算系統，在那裡支票集合起來再送到各銀行以過帳至個別帳戶。在支票下方已寫入客戶帳號、銀行分行代號與支票號碼。使用電子分類機器後，只要整理支票金額即可。

電子交易對於銀行以電子方式為公司戶處理的直接過帳、常行指示、薪資給付、供應商付款與大額支付越來越重要。

州或公營銀行 此種銀行由州擁有，雖然不是中央銀行，卻執行一些公共部門活動。州營郵局或國民儲蓄銀行是一個例子。有時候會成立其他銀行以放款給工業部門或地方機關或是提供進出口的融資。德國有 Kreditanstalt fér Wiederaufbau，成立於1948年以協助戰後的金融重整，現在是中小型公司的主要發展銀行。法國有Crédit Foncier，提供購屋與房地產發展所需資金。義大利有Crediop，提供公共事業資金與其他工業貸款。在西班牙，目前發生的重大變革已使得以下許多州立銀行合併成單一機構：

- ❏ Banco Exterior   海外貿易之融資
- ❏ Banco Hipotecario   社區建屋的補助貸款
- ❏ Banco de Credito Agricola   農林業貸款
- ❏ Banco de Credito Local   地方機關的貸款
- ❏ Banco de Credito Industrial   工業貸款

❏ Caja Postal de Ahorros　　　　郵政儲蓄銀行

上述於1991年合併成為Corporacion Bancaria de Espana，以
「Argentaria」的名稱行銷。

當完全或部分民營化發生時，州立銀行的地位會有點改變（例如，
Crédit Local de France與Argentaria）。

放款給專門產業的銀行也被稱為工業銀行。

國際銀行業　涉及各種活動，例如對國民的外匯存放款與對非國民
的本國貨幣存放款。也包括了跨國界的營運、貿易融資、外匯交易、通
匯行、國際付款服務、聯合放款與／或歐洲市場工具的國際融資、貴金
屬的交易、以國際基礎提供跨公司建議以及公司風險管理設備。

目前使用的術語顯然並非完全互斥、而是互相重疊的。例如，提供
聯合放款的國際銀行業務是商業批發銀行業。發行歐洲債券的國際銀行
業務是投資銀行業以及相當大的批發銀行業，但銷售對象有時是針對散
戶投資人。

銀行業資產負債表

在進一步地深入本章之前，我們必須先研究銀行的資產負債表與使
用的術語。接下來再解釋如信用創造、流動性與資本適足率的概念。

在本節，我們使用「資產」與「負債」等用語。會計中的負債一
詞，並不像在日常用語般具有負面的意思，是相關個體負有責任的金
錢，例如，如果錢是借來的，那麼借方便有責任還錢，因此就是負債。

銀行的負債表示資金從哪裡來。

有三個主要來源：

❏ 股東權益加上來自保留盈餘的部分

❏ 存款（佔最多數）
❏ 借款（例如發行債券）

因此，負債代表了對銀行的請求權。

第一類稱爲「股東資金」，是銀行資本的主要來源。這是負債中可以依賴的部分，因爲是所有者的錢，所以沒有還款日期。銀行對此可以無限制的使用。如果景氣不佳，甚至連股利都可以不用發放。另一方面，存款大部分可以不經提示就被取出，而借款則必須償還以及支付利息。

資產代表著資金如何被使用，例如：

❏ 紙鈔、硬幣
❏ 貨幣市場基金
❏ 權證
❏ 放款（佔最多數）
❏ 固定資產，例如不動產

因此，資產代表了銀行對他人的請求權。資產與負債永遠相等。
銀行以流動性的遞減順序列出資產：

❏ 現金
❏ 央行存款餘額
❏ 臨時與短期資金
❏ 銀行與貿易匯票
❏ 國庫券
❏ 權證
❏ 對客戶之預付款
❏ 土地與設備

其負債爲：

❑ 一般股東資本
❑ 準備金
❑ 保留盈餘
❑ 客戶存款
❑ 債券發行
❑ 其他借款
❑ 同業債權人
❑ 稅負

資產負債表中，資產位於左方而負債位於右方（見圖2.2）。

損益表顯示銀行在特定期間，如一個月、三個月或一年內的營業情況，例如：「至1999年12月31日為止當年的損益表」。注意資產負債表顯示的是銀行在特定時點的價值，例如：「於1999年12月31日的資產負債表」。

收入與成本是相對的，兩者的差額就是獲利或損失。在支付股利與稅負後，剩下的盈餘轉入資產負債表，加入股東權益中，因此增加資本。同樣的，損失將減少資本。

上述資產之一為「央行存款餘額」。大部分的中央銀行堅持國內銀行必須在央行存有特定的準備金。通常金額相當大，因此幫助央行控制貨

A.N.OTHER BANK的簡要資產負債表，1999年12月31是

資產　　　　　　　　　　　　　負債
（也就是負債如何予以使用）　　（也就是資金來自何處）
現金　　　　　　　　　　　　　股東資金
貨幣市場基金　　　　　　　　　存款
其他權證　　　　　　　　　　　借款
放款

圖2.2　簡要資產負債表

幣政策，也就是「貨幣供給」。我們將於第三章再詳細討論。

　　即使在準備金相當低的國家（例如，在英國只是法定負債的0.15％），主要的結算銀行還是必需維持相當高的有效餘額，而且絕對不能低於此限。這些餘額是用來支付票據結算與國庫券的日常交割，以及銀行本身與代表客戶的債券購買。還有銀行客戶對政府的繳稅總額，政府在央行的餘額將增加—各銀行的餘額將減少。

信用創造

　　因為只有極少部分的存款是以現金方式提領，因此銀行可以輕易的「創造信用」。

　　想像自己走進一家銀行，要求上限2000美元的彈性借款工具。銀行為你開立帳戶並且給你一本支票。接著你走到大街上，開了一張價值2000美元的支票，對方將支票存入他的帳戶，三天後他的帳戶貸2000美元，而你的帳戶借2000美元。銀行創造了一星期前不存在的2000美元支出。商品供應者在銀行帳戶中有2000美元的可處置資金。來自何處？不是你，因為你根本沒錢。它來自讓你可以提領2000美元的銀行—銀行創造了現金。銀行放款＝支出，而過度支出可能意謂著令人無法接受的通膨與該國無法負擔的進口。

　　銀行的信用創造有數個含意：

1. 銀行業需以信用為基礎
2. 因為這對通膨與進口的含意，政府與中央銀行想要予以控制
3. 銀行需要稱為「流動比率」的內部控制
4. 需要由銀行監督者強制執行的外部控制，稱為「資本適足率」

銀行業以信用爲基礎

這套系統得以運作是因爲我們對它有信心，接受支票作爲債務支付工具。這背後的金幣與銀幣呢？完全沒有。貨幣就像其他東西一樣，只是電腦磁碟的一個輸入。經濟學家，Benham，在他著名的經濟學一書中，指出這種紙張貨幣可以被視爲「龐大的信任工具」，只要人們相信，就能運作。

貨幣供給

政府與央行想要控制信用並且評估「貨幣供給」。這個數字是銀行存款的評估，是銀行放款的最佳指引。存款數字聽起來有點像高速公路——M3或M4，視國家而定。另一個評估是M0——在外流通的紙鈔與硬幣，加上銀行的庫存現金與存放央行的餘額，這是M3或M4的基本要素。透過控制這些貨幣數字的通貨膨脹控制，是所謂貨幣學派的一部份，這是由Milton Friedman，一名美國的經濟學家，所創立的經濟學教條。在英國，1979年的保守黨政府在1980年代初期使用貨幣政策作爲相當嚴格的政府政策工具。（Charles Goodhart，曾經是英格蘭銀行的經濟顧問，創立了「Goodhart法則」。他認爲當經濟指標被用做政府政策工具時，其行爲便會改變！）之後政府對此數字的解釋較爲彈性。

因爲擔心無法控制貨幣供給，所以德國中央銀行在1991年12月提高利率，接著在1992年7月進一步提高貼現率。之後利率下跌使得通膨得到控制。

中央銀行有許多武器——提高銀行必須存入的貨幣準備金、提高利率與公開市場操作，例如，出售較實際需要爲多的政府公債以緊縮信用，維持貨幣情況緊俏。也可能協助銀行的流動性，成爲最終的貸方（見第

三章）。

流動比率

銀行有根據流動比率而來的內部控制。他們知道把所有的存款都借給三年期的個人貸款是很愚蠢的。銀行對於有多少比率的存款應該是現金、多少是臨時與短期資金、多少是短期權證（國庫券與匯票）等等都有內部規則。控制也可以是外部由中央銀行規定，就像在西班牙的方法，在當地稱為Coeficientes。這是銀行以流動性遞減順序列出資產的原因，先列出最具流動性的資產（現金）。現金非常重要，因為銀行必須維持特定比率的現金以應付現金提款。在上述開新帳戶總數2000美元的例子中，如果現金提款平均為5％，那麼銀行必須有100元的現金以應付這些交易。

資本適足率

資本適足率是銀行監督者為了審慎原則而制訂的外部控制。它是銀行業的重要主題，所以需要更詳盡的研究。

資本適足率

基本概念

這個基本概念已存在數百年了。銀行家放款出去，但有些人會無力償還。這是否意謂著銀行家無法還錢給存戶？銀行可以依賴的資金，就

是它的資本。因此，資本與放款之間應該有審愼的關係─也就是資本適足率。

　　以上假設了銀行不會愚蠢地把過多資金借給少數主要借方。例如，在1984年，英國的強森‧麥修銀行將大約115%的資本借給兩個借方。這項漏洞在1987年的銀行法案中被大肆宣傳。如果對一個借方的放款超過資本的10%，必須通知英格蘭銀行。若超過25%，必須先獲得英格蘭銀行的允許。對工業部門（例如紡織）與國家的放款也受到監視。所有中央銀行都有「高額風險」的控制。

　　比較資本與放款的古老想法在近代擴充至資本與資產。然而，不是所有的資產都適用此目的──例如，現金的倒閉風險是多少？當然沒有。因此我們得到「風險加權資產」的概念。一般的銀行貸款加權爲100%，也就是說，500,000美元的放款記成500,000美元。然而，現金的加權爲0%，10,00萬美元的現金餘額對風險加權的目的而言變成了0。有擔保放款的權數爲50%（見表2.3）。

　　因此資本適足率便是將比率應用於風險加權資產。如果約定比率爲10%，那麼根據表2.3的數字，資本必須有10%x $ 1260m =$ 126m。

巴賽爾委員會

　　然而，每個央行都有不同的規則。十大工業國（見第三章）與盧森

表2.3　風險加權例子

資產	價值 百萬美元	風險加權 %	風險加權價值 百萬美元
現金	50	0	--
國庫券	100	10	10
抵押	500	50	250
貸款	1000	100	1000
總計	1650		1260

堡一起建立了」銀行業規則與監督實務委員會」，起草統一的規則。在國際交換銀行（BIS）的贊助下，委員會在瑞士的巴賽爾開會。因此一般（但不是正確的）稱爲「巴賽爾委員會」或「BIS」委員會。在1988年，經過數年討論後，委員會宣布了資本適足率的統一規則。

第一個棘手的問題就是資本的定義。委員會最後折衷─最適資本稱爲「Tier 1」，必須至少是所需數字的一半。它包括了：

❑ 股東權益
❑ 保留盈餘
❑ 非累積永久性特別股

其餘是Tier 2資本，包括了：

❑ 累積永久性特別股
❑ 重估價準備金
❑ 未公開之準備金
❑ 到期日超過五年的次順位負債

（關於特別股的討論見第六章。次順位債權人在清算事件中，順序在其他債權人之後）。

自1993年1月1日後，資本適足率爲8%。

風險加權數字得到一致同意，我們也舉出一些例子。無擔保貸款的加權爲100%，而經濟合作暨開發組織（OECD）之政府，有時候還有一些其他的政府，其貸款爲0%。因此對沙烏地阿拉伯的放款雖然不會有100%的加權，但1991年秋天對科威特55億美元的聯合貸款，卻是100%的加權。

風險加權不僅適用於資產負債表，也適用於涉及風險的資產負債表以外的項目─貸款擔保、擔保信用狀、跟單信用狀與衍生性金融商品，如選擇權、期貨、交換與FRA（將於後面章節討論）。

　　銀行非常注意資本適足率的規則，並且調高了關於資本報酬的利潤條件。如果一項交易，在新法之下需要資金作為後盾，那麼此交易的利潤必須符合銀行對資本使用的獲利目標。有些顧問稱這為「RORAC—風險調整資本的獲利」。雖然資產負債表外項目也有資本要求，但卻不像資產負債表內項目那般繁雜，因此增加這類交易的吸引力。例如，有文件背書的跟單信用狀之加權為20%。一個與特定交易無關的一般擔保信用狀的加權為100%，但一個非常相關的擔保信用狀之加權卻是50%。因為資金有成本，所以銀行會確定向客戶收取的費用足以支付資金成本與其他的費用。

　　到了1996年三月，日本銀行終於承認壞帳的現實，開始提列至損益中。三家長期信用銀行、七家信託銀行與前十一家市有銀行中的七家都宣布損失。結果其中部分的資本適足率都接近最小值。1999年的情況也沒變好。

　　在1998年九月，巴賽爾委員會在新主席，William McDonough，紐約聯邦準備銀行的總裁的帶領下，舉行一系列的會議以修正原來的協議。

　　一般皆認為有些規則過於嚴苛。在1998年三月，國際金融機構，一個位於華盛頓、代表商業與投資銀行的組織，要求巴賽爾委員會更改規定。例如，對經濟合作暨開發組織（OECD）國家的銀行之放款比率只有1.6%。所以對奇異電器的放款需要8%的資本比，但是對南韓銀行的放款卻只要1.6%！就好比是對一家AAA評等的公司之放款，與對一家信用品質不佳的公司一樣。此外，當銀行因貸款需要8%的資本作為後盾時，其內部模式卻將其風險計算的很低，將這些貸款當成加權較低的權證，出售至市場。（將於本章稍後與第六章予以討論）

　　信用評等的使用，使得風險計算更為科學，但許多歐洲公司並沒有信用評等-在德國只有70家，英國FTSE 100公司中只有四分之一不到。在1999年1月1日，標準普爾出版了美國2461家公司的債信評等，但英國只

有68家。對於統計信用風險模式的使用也在討論中，但受到質疑。BIS委員會於1999年四月的報告，*信用風險模式*，證實許多管理者尚未準備好接受它。

在1999年六月，BIS委員會發行新論文，提議為期十個月的諮詢期間。

雖然在歐洲缺少信用評等，委員會仍非常依靠信用評等以指示信用風險。建議使用五個級距，AAA/AA類中獨立自主的政府為0%的加權，A類是20%的加權等等，最後是B—類或更差的150%。對銀行與公司的放款都適用類似的規則。較複雜的銀行可以使用內部評等作為暫時的評估，若監督者認為承擔了過多的風險，他們可以要求更多的資本。這對債券與聯合貸款的定價會有影響。

除了一些保留意見以外，新提議一般是受到歡迎的。

上述均與信用風險（credit risk）有關，然而還有市場風險（market risk）—金融工具市場價格的變動會使銀行遭受損失。資本適足率指導方針（CAD）針對此問題並自1996年1月開始生效。不過，在地方中央銀行的監督下，銀行的內部統計模式是可被接受的。這些模式通常稱為風險值（VAR）模式。

最後，CAD引出了Tier 3資本的概念-剩餘到期日超過兩年的無擔保次順位放款。

增加資本適足率

如果銀行沒有足夠的資本以達成新要求，它可以做什麼？基本上只有兩種可能：

（a）找到更多資本

（b）減少資產

找到更多資本　涉及了增資股發行、減少股利（以增加保留盈餘）、

透過其他型式的資本籌措更多資金，例如非累積永久性特別股或永久性變動利率票券。當然，Tier 1 資本必須有4%而特定的Tier 2項目之使用也有限制。上述例子包括米德蘭銀行在1987年的增資股發行，之後出售14.9%的股份給上海匯豐銀行。我們也有來自威斯敏斯特國民銀行、蘇格蘭銀行與蘇格蘭皇家銀行（以美金計價）的非累積永久性特別股。數家德國銀行也發行自家銀行的累積永久性特別股（genusscheine）以列入Tier 2資本。威斯敏斯特國民銀行、NAB、Banco Santander、蘇格蘭皇家銀行、Crédit Lyonnais與其他銀行都發行了永久性變動利率票券以列入Tier 2 資本。

　　減少資產　涉及了出售子公司、將貸款轉售給其他銀行或將資產轉為有價證券—證券化。

　　出售子公司的例子包括米德蘭銀行於1987年出售 Clydesdale，擁有約克郡銀行的數家英國銀行在1990年把它賣掉（他們自1911年便擁有此銀行！）。而花旗銀行也出售數個海外子公司。我們在第六章還會碰到證券化這個字。在該處的含意是國際銀行市場自1982年後強調重點的改變，借方開始發行債券在資本市場上借錢而不是向銀行貸款。此處的用法類似，但卻是將現有貸款轉換成有價證券，移出資產負債表。最好也是最常見的例子是把抵押貸款出售為抵押債券（由美國的所羅門兄弟首創）。其他例子包括將汽貸轉成票券或債券，將信用卡應收帳款轉成債券（花旗銀行常常發行）。另一個可能就是把銀行的個人貸款集合起來，出售為債券或較短期的票券，貸款便是擔保權證的資產。其合法性難以取得，通常需要發行個別用途的工具。牽涉了來自保險公司或其他金融個體的保證，目的是淡化貸方與貸款的連結，使它不再列入資本適足率。發行者通常持續監督貸款，也會因此收取費用。將於第六章進一步的討論。

央行報告

在國內營運的所有銀行都必須向央行送交詳細的報告。

報告以不同的頻率送出—每月、每季、每六個月、每年—包含下列項目：

- ❑ 資產到期日，也就是流動性
- ❑ 大型風險
- ❑ 外匯風險
- ❑ 資本支出
- ❑ 海外地區的資產/負債
- ❑ 以外幣計價的資產/負債
- ❑ 資產負債表
- ❑ 損益表

在一國內營運的外國銀行可以是分行或法人的身份。若以分行身份營運，就不需要做資本的報告，因為資本是由母公司所有。

第二銀行業指導方針

自1993年1月1日起生效。歐洲共同體的最初用意是在歐盟中達成銀行業立法的完全整合，但現在已放棄此念頭。在第二銀行業指導方針下，歐盟境內的銀行將繼續由各自國家的相關當局授權與管理，之後再賦予在歐盟境內自由運作的權利。將發給歐洲銀行業執照或護照，可以從事投資與商業銀行業，因為綜合銀行業一向就是歐洲的傳統。在沒有

這項傳統的國家中，銀行現在可以自由的在歐盟境內從事他們在當地國可能仍然無法從事的活動（第九章將討論特定的投資服務指導方針）。

第三國的銀行可以在歐盟內營運，只要該國提供歐盟成員銀行互惠的對待。原先這意謂著歐盟銀行必須被允許從事第三國銀行在歐盟內可以從事的活動。但美國提出抗議（在該國商業與投資銀行傳統上被區分開來）。為了回應這一點，互惠現在被定義為同樣的「國家對待」—也就是說，在第三國中，歐盟銀行被對待的方式與當地銀行一樣。但在個別情況中，歐盟可能仍然堅持著「相同／類似的管道」。

歐盟的銀行業聯盟列出26個在該國對外國銀行設定營運限制的非歐盟國家。這些國家若是繼續拒絕「相同國家對待」，那麼該國銀行將被拒於歐盟之外。

主要國際銀行

1999年7月的英國銀行家雜誌刊出一篇全球大型銀行的分析。雖然「大」的定義是Tier 1資本，不過資產數目也同時被揭露。

因此，我們首先看看以資產項表示的全球前二十大銀行（表2.4）。

若研究前二十名的國籍，我們發現：

國家	銀行數
日本	6
德國	4
法國	3
英國	1
荷蘭	1
中國	1
瑞士	2
美國	2

表2.4 前二十大國際銀行，根據資產分類，1999年

評等	銀行	資產 （10億美元）
1	德意志銀行	732
2	瑞士聯邦銀行銀行	686
3	花旗銀行	669
4	美國銀行	618
5	東京三菱銀行	599
6	荷蘭銀行	504
7	上海匯豐銀行	485
8	Credit Suisse Group	474
9	Crédit Agricole	457
10	Société Générale	447
11	Sumitomo Bank	440
12	Dresdner Bank	427
13	Sanwa Bank	418
14	Westdeutsche Landesbank	408
15	Norinchukin Bank	408
16	Dai-Ichi Kangyo	397
17	中國商業與工業銀行	391
18	Sakura Bank	389
19	Commerzbank	381
20	Banque Nationale de Paris	379

備註：德意志銀行對信孚銀行的購併於1999年6月完成。若將此納入表中，德意志
銀行的資產將為＄865bn。

來源：銀行家（1999年7月）

　　日本在前二十大佔了六個（其中一個位於前十大）。然而，在1992年的表中，他們佔了十一個，其中有八個位於前十大。股市的崩盤、房地產價值的嚴重縮水、持續的景氣衰退與銀行高壞帳率都造成銀行力量的減少（1992年Tier 1 資本表中排行前四名都是日本）與自全球市場中退出。我們從表2.5中看到日本佔全球銀行業的比率為18.5%，稍微領先德國的17.2%。在1989年，這個數字是37.0%。

　　花旗銀行在1992年排名第20，沒有其他的美國銀行列名表中。現在花旗銀行排名第三，而美國銀行（合併了NationsBank後）排名第四。

表2.5　國際銀行市場佔有率，依銀行國籍分類，1998年底

	%
日本	18.5
德國	17.2
美國	11.5
法國	10.5
瑞士	8.9
英國	6.0
荷蘭	5.0
義大利	4.8
其他	17.6
	100.0

來源：BIS 巴賽爾

　　表2.4讓人比較驚訝的是美國在前20大中只佔兩個。我們必須瞭解美國的銀行業是非常分散的，當地有超過9000家的銀行！不像歐洲，分行業務在美國是前所未聞的。1927年的McFadden法案限制了銀行業活動在單一一州以內，有些州立法局更限制了一州內一城市一家分行！然而這項法案，在1994年被美國州際銀行業與銀行業效率法案所廢除，在1997年允許完全的州際銀行業，除非當地的州法律禁止。許多州不等待國會就自行變更法律，允許與其他州的互惠銀行業設施。這造成了所謂的區域銀行之成長。例子之一便是位於俄亥俄州哥倫布的Bank One，因為各種購併與利用新的州法，目前在12個州營運，最近與First Chicago合併。另一個例子是來自卡羅來那州的NCNB銀行，因為合併與收購，已成為NationsBank，再與美國銀行合併後成為美國最大銀行之一。美國合併數量的增加（見本章的附錄2）正快速改變著美國銀行業的現貌。當我們研究以Tier 1資本表示的銀行（表2.7）時，我們看見美國有四家銀行上榜，相較於以資產表示時的兩家。

　　研究了以銀行國籍分類的國際銀行放款比率後，找出金融中心也很有趣—也就是貸款來自哪裡？（表2.6）

表2.6　國際銀行業市場佔有率，依金融中心分類，1998年底

	%
英國	19.7
日本	13.0
德國	8.6
美國	8.4
法國	6.8
瑞士	6.1
開曼群島	5.6
香港	5.2
盧森堡	4.6
新加坡	4.5
其他	17.5
	100.0

來源：BIS巴賽爾

雖然在表2.5中，英國銀行的比率只有6.0%，但是倫敦佔國際銀行放款的比率卻多於其他金融中心。當地有許多的外國銀行─在1998年底有539家。

最後，我們看看在銀行家雜誌中，以資本分類的原始順序（表2.7）。

依資本（過去是資產）排名造成的順序改變是因為1988年所謂的巴賽爾協議。銀行家雜誌決定對未來而言，資本比較重要而不是資產。

排名順序有很有趣的改變。現在讓我們看看國籍：

國家	銀行
日本	7
德國	1
法國	1
英國	1
荷蘭	2

表2.7　以資本分類的前20大銀行

評等	銀行	資產 10億美元）
1	花旗銀行	41.9
2	美國銀行	36.9
3	上海匯豐銀行	29.3
4	Crédit Agricole	25.9
5	大通曼哈頓銀行	24.1
6	中國工業與商業銀行	22.2
7	東京三菱銀行	22.1
8	瑞士聯邦銀行銀行	20.5
9	Sakura Bank	19.9
10	Bank One Corporation	19.6
11	富士銀行	19.6
12	德意志銀行	18.7
13	Sanwa Bank	17.7
14	Credit Suisse Group	17.6
15	荷蘭銀行	17.5
16	Dai-Ichi Kangyo Bank	17.2
17	Sumitomo Bank	16.2
18	中國銀行	14.7
19	Rabobak Nederland	14.7
20	日本工業銀行	14.5

備註：德意志銀行對信孚銀行的收購行動於1999年6月完成，若將此納入考量，德
　　　意志銀行將由第12名前進至第6名。
來源：銀行家（1999年7月）

中國	2
瑞士	2
美國	4

　　德國與法國在這方面的表現不如以資產表示那般好（之前有七家銀
行），而美國現在有四家而不是兩家，其中有兩個是前兩名，反映了美國
合併的風潮。

摘要

　　銀行的監督可能由中央銀行（荷蘭）或其他監督者（法國、德國、日本、美國與英國）執行。

　　中央銀行、商業銀行與投資銀行是銀行的主要型態。還有儲蓄銀行、合作社與抵押銀行，但是因為許多管制的解除，差異越來越小。最後還有信用協會。

　　在銀行的資產負債表中，負債是股東權益、存款與借款。資產是現金、貨幣市場存款、有價證券、貸款與如建築物的固定資產。

　　股東權益（包括保留盈餘）是銀行資本的中心。

　　銀行的監督者創立的委員會（通常稱為巴賽爾或BIS委員會），設定了許多規定，建議銀行放款的信用風險與銀行持有之金融工具的市場風險所必要的資本。

　　在資金不再受限於黃金或白銀的時代，銀行可輕易創造資金，稱為信用創造。受到流動規則、資本適足率規則與央行的貨幣政策的限制。

　　第二歐洲銀行業指導方針讓歐盟內的銀行，在取得原國家央行的執照後，可以在歐盟境內各地開設分行。

附錄1

國際主要銀行

主要歐洲銀行

奧地利　　奧地利銀行
　　　　　Erste 銀行
　　　　　Raiffeisen Zentralbank
比利時　　Fortis 銀行集團
　　　　　KBC 銀行
　　　　　BACOB 銀行
丹麥　　　Den Danske 銀行
　　　　　UNI 丹麥銀行
芬蘭　　　Merita Nordbanken
　　　　　Leonia 集團
　　　　　Okobank
法國　　　Banque Nationale De Paris
　　　　　Crédit Agricole
　　　　　Crédit Lyonnais
　　　　　Société Général
　　　　　Paribas
德國　　　德意志銀行
　　　　　Hypovereinsbank

Dresdner 銀行

Westdeutsche Landesbank

Commerzbank

希臘　　希臘國民銀行

　　　　希臘商業銀行

　　　　希臘農民銀行

　　　　阿爾法信用銀行

荷蘭　　荷蘭銀行（ABN-AMRO）

　　　　Rabobank

　　　　ING 銀行

愛爾蘭　Allied Irish

　　　　愛爾蘭銀行

義大利　Istituto Bancario San Paolo di Torino

　　　　Banca di Roma

　　　　Banca Commerciale Italiana

　　　　Banca Intesa

　　　　Unicredito Italiano

盧森堡　Kredietbank

　　　　Généérale du Luxembourg

挪威　　Den Norske Bank

　　　　Christiana Bank

　　　　挪威聯合銀行

葡萄牙　Caixa Geral de Depositos

　　　　Banco Comercial Portugues

　　　　Banco Totta e Acores

　　　　Banco Espirito Santo & Commercial

　　　　Banco Punto & Sotto Mayor

西班牙　　Banco Bilbao Vizcaya

Banco Santanter Central Hispano

La Caixa

Corporacion Bancaria de Espaéa - Argentaria

瑞　典　　S.E. Banken

Svenska Handelsbanken

Sparbanken Sverige

瑞　士　　瑞士聯合銀行

Crédit Suisse

土耳其　　Akbank

TC Ziraat Bankasi

Turkiye Is Bankasi

Yapi Kredi Bank

Garanti Bank

英　國　　上海匯豐商銀

威斯敏斯特國民銀行

巴克利銀行

勞伊茲 TSB 集團

Abbey National

哈利法克斯

美國與日本

美　國　　大通曼哈頓銀行

花旗銀行

J.P. Morgan

美國銀行公司

First Union Corporation

Bank One / First Chicago

信孚銀行

Norwest / Wells Fargo

Fleet Financial

日本　東京銀行/三菱銀行

Dai Ichi Kangyo

Fuji

Sumitomo

Sanwa

Norinchukin

日本工業銀行

Tokai

Sakura

附錄2

國際與國內銀行合作與合併

（下列中有些是完全的合併，有些只是合作的安排。範圍介於12年之間，說明了正在發生的大改變）。

1　德意志銀行-Morgan Grenfell

2　Miitsui -Taiyo Kobe（現在是Sakura）

3　Banco de Bilbao - Banco de Vizcaya

4　LaCaixa - 巴塞隆納儲蓄銀行

5　ABN - AMRO Bank（之後購併了Hoare Govett）

6　NBM - Postbank（現在是ING銀行，之後又合併了霸菱兄弟）

7　上海匯豐商銀 - 米德蘭銀行

8　橫濱銀行 - 對Guinness Mahon的主要股權出售給Investec

9　Cassa di Risparmio di Roma - Banco di Santo Spirito；之後與
　　Banco de Roma合併成為Banca di Roma

10　澳洲國民銀行 - 約克郡銀行

11　Bergen Bank - Den Norske Creditbank

12　Den Danske Bank - Copenhagen Handelsbank - Provinsvanken形
　　成Danske Bank

13　Privatbanken - SDS - Andelsvanken形成丹麥UNI銀行

14　Svenska Handelsbanken - Sanska Banken

15　PK Banken - Nordbanken

16　Banco Central - Banco Hispano Americano

17　Crédit Suisse - Bank Leu

18　Swiss Bank Corporation - Banc della Svizzera Italiana

19　Chemical Bank - Manufacturers Hanover形成Chemical Banking Corporation。之後與大通曼哈頓合併，仍使用大通的名稱。

20　NCNB - C & S/Sovran形成NationsBank

21　Banco Exterior、Caja Postal 與Instituto de Credito Oficial形成 Corporacion Bancaria de Expaña（目前以Argentaria的名稱交易）

22　美國銀行 - 太平洋證券

23　Austria - Österreichische Landerbank與Zentral Sparkasse形成 Z-Landerbank（現在是奧地利銀行）

24　Girozentrale - ésterreichische Credit - Institut形成GiroCredit Bank

25　Crédit Lyonnais - BfG Bank

26　Crédit Suisse Group - Swiss Volksbank

27　CCF/BHF Bank - Charterhouse

28　Dresdner Bank - Kleinwort Benson

29　Swiss Bank Corporation - 華寶證券

30　勞伊茲銀行 - TSB

31　First Chicago - NBD

32　First Union - First Fidelity

33　美林證券 - Smith New Court

34　東京銀行 - 三菱銀行

35　Banco Santander - 取得Banesto60%的股權

36　芬蘭聯合銀行 - Kansallis（現在是Merita Bank，之後與 Nordbanken合併）

37　奧地利銀行 - 取得對Bank GiroCredit的多數股權

38　Svenska Handelsbanken - Skopbank（芬蘭）

39　美國銀行 - Continental

40　Fleet Financial - Schawmut National

41 Wells Fargo - First Interstate

42 NationalsBank - Barnett Banks

43 Cariplo - Banco Ambrovenuto（現在是Banca Intesa）

44 Bayerische Vereinsbank - Bayerische Hypobank

45 奧地利銀行 - Creditanstalt

46 Swiss Bank Corporation - 瑞士聯合銀行

47 Banco Santander - Banco Central Hispano Americano

48 NationsBank - Boatmen's Banshares

49 NationsBank - Montgomery Securities

50 信孚銀行 - Alex Brown

51 摩根史坦力 - 添惠

52 Swiss Bank Corporation - Dillon Read

53 Norwest - Wells Fargo

54 美國銀行 - NationsBank

55 Fortis - G n rale de Banque

56 Christiana Bank - Fokus - Postbanken

57 花旗銀行 - 所羅門美邦（Travellers Group）

58 Kredietbank - CERA

59 First Chicago - Bank One

60 Fleer Financial - Bank Boston

61 德意志銀行 - 信孚銀行

62 ING - Banque Bruxelles Lambert

63 Norwest - Wells Fargo

64 First Union - Core States Financial

65 First Bank Systems Inc - US Bancorp

66 Cr dit Local de France - Crédit Communale de Balgique（目前是 Dexia）

67　Banca Intesa - BCI（目前正在接洽）

68　DKB - FUJi - IBJ（目前正在接洽）

69　BBV - Argentaria（目前正在接洽）

第三章

中央銀行角色

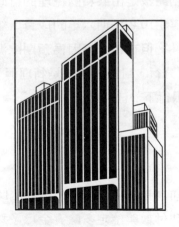

主要中央銀行歷史

我們一開始先簡短看看五個主要中央銀行的歷史背景-法國、德國、日本、英國與美國-還有最新的歐洲中央銀行之資訊。

法國

法國銀行是拿破崙在經歷了法國大革命的動亂年代之後,為了恢復穩定,特別是鈔票,於1800年建立的。它被設定為一家股票公司。拿破崙本身就是股東,前200大股東選出董事,亦即銀行的主要官員。

1808年在政府的控制之下穩定發展,此過程於1836年,政府指派銀行的理事而完成。於1848年給予鈔票發行的獨佔權。在1929-30年財務艱困的時候,插手拯救了Banque de l'Union Parisienne,卻讓Banque Nationale de Crédit解散。在1945年成為國有,而1973法案重新定義其權力與組織。

銀行總裁與兩名副總裁是由共和國總理的行政命令所指派的,任期不一定。這三個人領導由10名任期六年的成員所組成的委員會。銀行原先並非獨立於政府之外,但在1993年因為預期歐洲中央銀行的成立而有了獨立性。有約200間分行,目前的總裁是特理薛(Jean-Paul Trichet),預期將成為歐洲中央銀行下一任的總裁。

德國

德國中央銀行的前身是Reichsbank,創立於1876年,目的是管制市場中的貨幣數量、便利付款與確定多餘資金已予以利用。它是私人銀行但控制權在德國總理手中。

　　1920年代初期恐怖的通膨經歷產生了1924年銀行法案，使得
Reichsbank獨立於政府之外。

　　不幸的是，當希特勒於1930年代取得更多權力後，對於中央銀行獨
立性的想法並不耐煩，此法案於1937年取消，銀行在1939年成為國有。

　　在二次世界大戰之後，舊貨幣Reichsmark被馬克所取代。設立了2-
tier的中央銀行系統。11個聯邦州都各自擁有Land Central Bank，之間又
存在一個中央機構，Bank Deutsche Länder。它負責鑄幣與政策協調。特
別的是，它獨立於政府之外。

　　這項系統被1957年7月的法案所廢除，設立了德意志中央銀行-一個
統一的中央銀行。11個Land Banks變成它的地區辦公室，在各自的地區
執行相關的規定。

　　央行委員會是由來自各聯邦州的11名代表所組成，而央行董事會則
由總裁、副總裁，與聯邦共和國的總統所指派、最多八名的其他人士所
組成。總裁通常任期八年。統一使得委員會增加了五名Länder 代表。因
此決定自1992年11月1日後，16家Länder將有九個代表。Länder大約經營
著150家分行。

　　德國中央銀行在法律上的主要任務是保護貨幣。不受政府命令約束
但必須支援政府的政策，除非與主要任務衝突。曾與各級政府發生衝
突，但通常獲勝。目前的總裁，Ernst Welteke，於1999年8月接替Hans
Tietmayer的位子。

日本

　　仿造英格蘭銀行的中央銀行成立於1885年，到了1889年便成為鈔票
的唯一發行者。內閣指派董事與副董事，五年一期。財務大臣（MoF）
在政府的推薦名單中指派七名行政主管，這九個人形成了執行委員會。

　　技術上來看，銀行是獨立於政府的。但是MoF指派這麼多執行委員

會成員的事實，卻產生某種程度的偏見。而且MoF對於銀行管制與監督負有主要的責任。在1996年4月，董事Yasuo Matsushita催促著檢查央行的法律地位，給予它更多的獨立性。結果在1998年，當日本的金融市場部分改組時，財務大臣失去了要求中央銀行延遲升息的權力，而銀行監督權也轉移給新成立的金融服務機構。新的董事為Masaru Hayami。

票據結算與電子支付的Zengin系統是由東京銀行家協會運作的。

英國

全球第一家中央銀行是1668年的Swedish Riksbank。然而，當英格蘭銀行於1694年成立後，才更明確的顯示出國營銀行的特質。

銀行的設立是為了協助威廉與瑪莉政府籌措資金對抗法國。倫敦和其他地方的商人集資120萬英鎊，此銀行被發給皇家特許。它是唯一一家經核准的股票銀行。在1715年以前，此銀行固定地銷售政府公債為政府籌資，到了1826年的銀行法，英格蘭銀行以外的股票銀行都被許可了，造成銀行數目的大量增加。1844年的法案給予銀行鈔票發行的獨占權，當霸菱兄弟在1890年遇到麻煩時（在對南美做出不明智的放款後），英格蘭銀行使用其他銀行捐助的資金，解救了這家銀行。

此銀行的權力被實際的運用而不僅是法律上的定義，直到1946年以前還是私人銀行。於1946年國有化，而銀行業的立法機關在1979年與1987年的立法中，證實了它的權力。在1984年9月出面解救強森·麥修銀行，用一塊錢英磅買下這家銀行，安插自己的經理人以經營銀行。在第一次世界大戰期間發生的事件，明確的證實銀行是政府的左右手，無法獨立運作。這一點最後在1998年改變了。

1998年6月的英格蘭銀行法案，為銀行的新貨幣政策委員會確定法律基礎，並且將監督權移轉至金融服務局。

現在銀行由一個稱為「法庭」的有趣組織來營運。由總裁、兩名副

總裁與16名非執行理事所領導。總裁由首相指定，任期五年，通常會續
任。目前的總裁是Eddie George，前任的副總裁。

美國

　　在美國，1789年的憲法確定了財政部擁有貨幣管理權，美國銀行於
1791年成立。雖然其記錄是斷斷續續的，不過其設立早於法國與德國的
中央銀行。銀行負責美元鈔票的發行與政府負債的控制。

　　因為國內的對立，銀行的特許證在1811年並未更新，但是在1816年
又重新開始。大家知道美國是聯邦共和國，對於銀行成立之憲法合法性
之質疑，造成1836年撤回特許，將此權力轉給個別的州立銀行。結果美
國銀行於1841年倒閉。1863年的法案區別聯邦政府許可與管制的銀行-全
國銀行-與各州許可與管制的銀行。（這就是為什麼如Citibank的銀行稱
為Citibank NA，也就是全國機構，National Association。）州銀行通常
會放棄鈔票發行權或轉為全國銀行。到了1880年，有2000家全國銀行都
在發行鈔票。

　　到了1913年才設立了聯邦準備系統，由單一的中央銀行控制鈔票發
行，在12個聯邦準備區域中實施。理事會和現在一樣由總統指派。經指
派後，央行透過聯邦公開市場委員會自行決定貨幣政策，不需政府之指
導。在1996年三月，葛林斯潘第三次被指派為聯邦準備局四年一期的主
席。

　　在我們所討論的主要央行之中，聯邦準備局身為央行的職權是最不
明確的。如稍早所述，各州可以通過法案並且執行；還有聯邦存保公司
（FDIC）的存在，所有存款的保險上限為100,000美元；貨幣檢察官
（Comptroller）監督全國銀行而聯邦家戶貸款銀行系統（Federal Home
Loan Bank System）監督儲蓄貸款協會。最後，信用社是由全國信用社
監督者管理。

歐洲中央銀行

歐洲中央銀行（ECB）是1991年12月的馬斯垂克條約所創立的。在1998年1月1日，接替前身歐洲貨幣機構（European Monetary Institute）後開始運作。由一個包括總裁（杜森伯格）、副總裁與四個其他成員組成的的執行理事會，向其他央行下達指示以執行政策。政策本身是由管理委員會決定，由執行理事會與11個會員國之央行董事所組成。通常稱為歐洲央行系統（ESCB）。（四個非歐元區域的央行也包括在內，但無權決定貨幣政策。）

ECB的主要目標是物價穩定，馬斯垂克條款聲明它也「支援歐盟的一般經濟政策」。利率決策是由ECB以多數決的方式決定。各國央行仍然執行大部分的貨幣市場運作與干預，但必須符合ECB設定的政策。

中央銀行活動

以下總結了典型的中央銀行活動：

❑ 監督銀行系統
❑ 向政府提出貨幣政策的建議
❑ 發行鈔票
❑ 作為其他銀行的銀行
❑ 作為政府的銀行
❑ 為政府集資
❑ 控制國家貨幣準備金
❑ 作為「最終貸方」

❏ 與國際機構互動

監督銀行系統

我們在第二章看到，在法律上中央銀行不必爲銀行業監督負責，可以有個別的監督者，例如德國的聯邦銀行業監督辦公室。的確，實際情況通常是如此。不過實務上的日常監督與向銀行收集資料還是由中央銀行執行。送交的資料數量（見第二章）非常多，可能需要數名銀行職員來負責。

通常，中央會發出許可並做出是否解救的決定。在1984年，英格蘭銀行挽救了強森‧麥修銀行。在1991年秋天，芬蘭銀行必須介入並解救有問題的Skopbank，該國的儲蓄銀行之中央銀行。在1992年三月，芬蘭銀行宣布一系列的方法以重建對銀行部門的信心，這是因爲空前衰退的影響。另一方面，當挪威的銀行部門在1991年遭逢問題時，是由銀行保險基金成立國家資金以支援三大銀行-Christiana、Den Norske Bank與Fokus Bank。在瑞典，財政部於1992年解救Nordbanken與Forsta Sparbanken，稍後並保證Gota Bank所有的債務。當芝加哥銀行、伊利諾州大陸銀行困難時，是由FDIC出面協助而非聯邦準備局。

當惡名昭彰的BCCI於1991年倒閉時，產生了特殊的問題。此銀行在許多國家都很活躍，但登記於盧森堡，當地沒有資源予以適當的監督。這個問題在「單一護照」政策適用的歐盟可能很嚴重。這意謂著歐盟的銀行可以在任一歐盟國家設立分行，只要向原國家而非當地國申請許可，不過還是由當地央行負責監督。然而，在BCCI倒閉後，G10銀行業監督委員會在巴賽爾的BIS開會，形成一些新的國際規則。其中特別的是，他們約定如果央行相信某銀行未受到原政府適當的監督時，可以拒絕發給許可。

英格蘭銀行因爲在BCCI事件中扮演的角色遭到嚴厲批評，提出它在

1992年的六年前，已悄悄的撤回16張銀行執照，要求35家銀行調整資本
結構、改變管理階層或合併。然而，在1998年中，其監督權被移轉給新
的金融服務機構。

提出貨幣政策

　　如果央行未獨立，那麼貨幣政策的決定可能由政府做出，如果央行
獨立的話就是由央行決定。不論何種情形，央行對於經濟政策通常會與
政府合作，對於貨幣政策與經濟事務會提供建議，包括所有統計數字。

　　「貨幣政策，（monetary policy）」指的是在第二章中討論的利率與
貨幣供給。央行可以使用各種工具控制貨幣供給—利率、公開市場操作
以及改變銀行存於央行的無息準備金。央行身為「最終貸方」的角色意
味著央行可以控制利率。此機制將於第六章討論。

　　央行的獨立性已成為談論的話題。這部分是因為歐盟設立了單一貨
幣與央行。馬斯垂克條約決定央行為獨立的（比全能的德國央行還要獨
立與不可思議）。結果，11個成員國的央行也都必須獨立。

　　那麼爭論為何呢？問題在於是否應讓受到政治動機與政黨政治動機
影響的政府決定通貨膨脹。例如，在1996年九月，倫敦標準晚報討論可
能的降息，它說到「政黨會議決定降息的機率較高」。是否調降利率的決
策明顯地受到政黨會議開會時間的影響。德國央行對於此種可能性一定
大為驚訝，而1997年五月的工黨政府，決定給予英格蘭銀行在政府設定
的通膨目標內調整利率的充分獨立性。不過，高利率的政治企圖通常代
表著低成長率與高失業率。結果，雖然德國央行的政策受到許多人的推
崇，但是在1992年八月，IG Metall貿易聯盟的首腦仍攻擊德國央行「未
受控制的力量」，認為它過份注意通膨而忽略了經濟成長與增加就業的需
求。

發行鈔票

央行控制鈔票的發行,可能也控制硬幣的發行,但不是必須。今日大部分的支付並不涉及現金,而是支票、常行指示、直接轉帳、信用卡等等。儘管如此,現金還是很重要,因為銀行的現金持有限制了信用創造的能力。

一般說來,如果經濟體的成長率是2%,那麼央行將願意多發行2%的新鈔票以應付需求。另一方面,較不穩定的央行可能會濫印鈔票協助政府。通常是由證券支持而非黃金。印鈔票的成本遠低於面值,而證券也會產生收入。這產生了一個稱為「鑄幣收益(seignorage)」的特殊利潤。這個特殊利潤可能直接流入國庫而不會出現在銀行帳目上。央行也可能以新鈔票取代舊鈔票。這一點有許多地方差異。英國人比德國人還要討厭舊鈔票。因此,德國央行更換鈔票的速度遠低於英格蘭銀行。

每一年,在124個國家中,由186個貨幣發行機構印出大約800億張的鈔票。其中有51個機構擁有國家印鈔工具,有14家私人公司為其餘的135個機構印鈔票。

作為其他銀行的銀行

央行對經濟體中其他銀行扮演著銀行家角色,同時在一些國際機構中開設帳戶,如國際貨幣基金組織(IMF)與世界銀行。央行通常會堅持其他銀行必須在央行內存有與銀行存款成比例的無息準備金。除了協助央行賺取利潤外,這些準備金還是控制貨幣供給的工具,如第二章所示。

不論在哪一種情形中,銀行都必須維持有效餘額以應付日常支付。票據每日結算,產生一銀行欠另一家銀行的淨額。政府國庫券與公債及

稅賦是透過央行帳戶結算。銀行客戶的稅款支付將使得該行在央行中餘額減少，而政府的餘額增加。

在德國，在歐洲經濟與貨幣聯盟之前，銀行必須遵守規定，在德國央行存入無息的準備金。存款分為活期存款、定期存款與特殊儲蓄存款。在舊規則下，4.95%的定期存款與4.15%的儲蓄存款必須存於央行中。對於一般的活期存款，此百分比視存款總數而定。國民與非國民存款的準備金也不同。這些比率設於1987年，直到1993年1月4日才改變。在德國央行宣布改變短期放款利率與貼現率時，他們也宣布了準備金規定的部分放寬。儲蓄與定期存款的比率降至平均2%，但是活期存款維持不變。此舉釋出了320億馬克，但同時德國央行也出售250億馬克，分別為3、6、9個月期的流動性票券。這些票券可以由非銀行的投資者購買，它們也擴大了法蘭克福的貨幣市場。規定的進一步放寬是在1994年3月與1995年8月。

（為了簡化說明，我們只討論存款，但事實上，準備金是根據負債。銀行應償還的債券並不是存款而是列入負債。）

大型國內銀行必須存於德國央行內的有效餘額也是準備金的一部份。實際數字是銀行在特定一個月的期間內，於德國央行持有的平均餘額，而計算是根據銀行持有之各種負債的每日平均。結果便是在月初，銀行持有的保證金可能低於必要數字，之後才補足，因此總平均是要求的數字。這造成銀行同業市場中許多的短期借貸。

歐洲經濟與貨幣聯盟的11個會員國現在已重整所有系統。ECB實施最小保證金要求（類似德國央行，但支付利息）。銀行必須在央行存入等於存款2%的準備金。各國央行會進行公開市場操作以維持利率在期望範圍內。這些將於第六章討論。

相反的，英格蘭銀行在1979年廢除了這種準備金的要求。理由是，如果因為沒有外匯控制，英國貨幣可以不受限制地轉換成任何外幣，反之亦然。因為倫敦是非常重要的國際銀行業中心，利用存於央行、以英

國貨幣爲單位之無息準備金控制貨幣供給的企圖，根本沒有用。持有的唯一準備金是約定負債的0.15%—這不是貨幣政策的工具，而是加入「英國銀行俱樂部」，並且協助英格蘭銀行獲利的方法！然而，主要的國內銀行仍然必須在英格蘭銀行內維持有效餘額。

作爲政府的銀行

央行一般會作爲政府的銀行，接收租稅收入或其他所得，並且支付政府的支出。通常，它不會借款給政府，但會銷售國庫券與公債以協助政府借錢（見下一節）。

一個例外便是芬蘭的Postipankki。或許因爲它是由政府所有，所以他比較像是處理政府資金的銀行而非央行。

當人民繳稅時，透過銀行帳號扣稅，經由銀行在央行開設的帳戶結算。銀行餘額減少而央行餘額增加。這是銀行必須在央行維持有效餘額的原因之一。當然，退稅時政府的餘額減少而銀行的餘額增加。

購買國庫券與公債時，資金轉入政府帳戶；贖回時，資金流回銀行帳戶。如果央行貼現匯票以協助商業銀行的流動性，資金便流入銀行帳戶。當匯票提示付款時，資金存入央行。結果，銀行在央行開設的帳戶與政府帳號之間有固定的資金流動。

爲政府集資

第六章將詳細討論政府的國庫券與公債市場。雖然有時候財政部會處理國庫發行，不過通常是由央行出面控制，並且透過銀行與其他金融機構於央行內的帳戶結算付款。這是這些銀行必須在央行維持有效餘額的理由之一。

我們知道在1694年，英格蘭銀行成立的目的是爲政府集資（不過從

1998年後，這項責任已移轉給財政部新成立的負債管理辦公室）。

　　政府借款積欠的累積數字稱為國債（national debt）。負債隨著時間成長，但不論以任何觀點來看，都不會清償。這很重要嗎？

　　首先，對任何人而言，負債的嚴重程度視個人收入而定，政府也一樣。經濟學者比較國債與國家收入的比率，看看情況是更為嚴重或改善。因此，使用國內生產毛額（GDP）這個數字代表國家收入。

　　在美國，因為1980年代大量的政府借款，比率從33%增加至50%，但因為政府有剩餘，並且計畫買回負債，所以目前正在減少中。在英國，此數字在1960年代大約是100%，目前降至50%。

　　在成為單一歐洲貨幣與經濟聯盟的過程中，國債對GDP的關係成為重要的議題。

　　1991年12月於荷蘭馬斯垂克的會議設定了一國在加入單一貨幣前，必須符合的標準（將於第十章中仔細討論）。標準之一便是國債／GDP比率不能超過60%。

　　通貨膨脹也是一個重要因素。隨著時間過去，通膨侵蝕著負債的價值。1960年代1000億的國債在今日看來是一個相當不同的數字。債務償還成本也很重要。必需支付利息，這可能限制了負債的繼續增加。例如在義大利與比利時債務償還成本總是佔政府稅收的20%以上。

　　最後，到底欠誰錢呢？通常政府公債與票券是由國內市場中的金融法人與個人擁有。外國持有人也是有可能，但有一定上限，如20%。這就是低開發國家的困難處境-他們欠外國人很多錢，而且都是以外幣計價（見第六章）。

　　是否有一個合理或安全的國債水準？經濟學人（1988年2月27日-3月4日）針對此問題有一篇有趣的文章，以下是摘要：

　　經濟理論或歷史都無法提供公共負債關鍵水準的線索。…決定性因素便是投資人持有公共負債的意願。如果他們失去興趣，不是利率必須上升，就是政府必須印更多鈔票以應付赤字，因此提高了通貨膨脹。

控制國家貨幣準備金

每個國家都有由黃金與外匯組成的準備金，由央行持有。如果央行干預市場購買本國貨幣，那就會動用外匯準備金。如果央行干預出售本國貨幣，就會取得外幣。

第八章討論外匯市場。我們將發現主要貨幣的交易量很驚人。例如，英鎊的交易非常大，英格蘭銀行根本無法透過買賣以控制匯率。然而，央行可以透過作為市場操作員的時機選擇與知識影響利率。在歐洲合作的新安排之下，數個歐盟的央行可以共同合作。同樣的，七大工業國的央行也可以合作。

在1992年九月的ERM危機中，法蘭西銀行大約花了40%的準備金捍衛法郎—大約有1500億法郎那麼多。

當貨幣的交易量不是那麼大時，央行或許更能控制匯率。芬蘭的央行控制芬蘭馬克，比英格蘭銀行控制英鎊要簡單的多了。

準備金通常包括了黃金與外匯。黃金的角色視時點而定。今日價格是20年來的新低。許多主要的央行都出售黃金（包括英國，在1999年五月宣布將要出售該國50%的黃金準備金），而IMF將確定出售1000萬盎司的準備金。然而，ECB仍然維持15%的準備金為黃金。

作為最終貸方

不單指央行作為有問題銀行及時解救者的角色，而是當其他銀行碰到流動性問題時，央行暫時幫忙的事實。如我們所見，繳稅與國庫權證的結算，會造成資金持續地流入流出銀行在央行中的帳號。不論如何，他們都必須維持最低的有效餘額，在大部分的情形中，他們也必須在央行存有準備金，不過這些有效餘額可能是準備金的一部份。

央行隨時準備好短期支援其他銀行，因此緩和了高低點。因為銀行都會受央行左右，因此央行收取的利率主導著其他利率。銀行如何執行此角色將於第六章詳細討論。

當然，有時候某些銀行不需被解救。諷刺的是，在1995年2月被取代經營權的霸菱銀行，100年前也出過問題，當時被英格蘭銀行與其他銀行所解救。阿根廷的壞帳是霸菱資本的三倍。

新ECB在解救有麻煩銀行時的精確角色，在馬斯垂克條款中並不明確。將於第十章討論。

與國際機構互動

央行與其他的國際金融機構互動，如國際貨幣基金（IMF）與國際重建與開發銀行，後者通常稱為世界銀行（見第八章）。他們也與巴賽爾的BIS互動並參與討論。BIS成立於1930年。在1929年，德國確定根本無法支付在一次世界大戰後必需付出的大量賠償金，因此必須做出新安排。建議的新計畫稱為「Young Plan」，其中部分涉及了成立BIS以協助賠償金與其他國債的移轉。84%的股份由33家央行持有，其餘則由私人股東持有。然而，在1996年9月9日BIS宣布讓其他九個央行成為正式會員，包括遠東與拉丁美洲區域的央行，它們在1997年六月成為會員。

今日，有90家央行使用BIS，可以視為央行的央行。它處理國際銀行間的付款、贊助合作計畫、討論重要問題並且主持全球銀行家在位於巴賽爾火車站附近的總部所開的月會。它也保管主要國際央行10%的準備金。

今日國際主要勢力的經濟議題合作比20年前多很多。最重要的是七個經濟最進步的國家之定期會議，稱為Group of Seven，或簡稱G7。這七國分別為美國、法國、德國、英國、加拿大、日本與義大利。

G7成員定期開會討論國際經濟與金融事件。央行在準備這些會議資

料、向政治人物做簡報方面扮演重要角色。國際的權力高層在1985年初期發現，外匯市場如此的龐大，只能靠所有主要央行共同干預才能產生任何效果。擔心美金無止盡的上漲，由沃克（Paul・Volker），美國聯邦準備局的主席，帶領央行總裁做了秘密的協議。在1985年2月27日星期三的早上，同時拋售美元。當天結束時，美元從3.5馬克下跌至3.3馬克。外匯市場經歷了一陣大混亂。

之後，在1985年9月，G7的前身（G5），在華盛頓的廣場飯店召開會議（G5就是G7減去加拿大與義大利）。再次協議讓美金貶值，也再次成功。這個自布雷頓森林協議（見第八章）後，對於貨幣的第一次國際協議稱為「廣場協議」。之後還有其他的會議（如1987年二月的「羅浮宮協議」）。通常目的是要推升美元，但都不成功。

國際會議較廣泛的討論廣場是所謂的「Great of Ten」或「G10」。這是G7加上瑞典、比利時、荷蘭與瑞士。讀者不必是數學天才也知道有11個國家而不是10個。答案是瑞士的中立性；瑞士總是身於其中，但官方說法它卻不在內。所以雖然名為G10，但實際上有11個國家參與。

有時候G10成員會與拉丁美洲與遠東區代表，以特別基礎來開會，通常稱為G33（例如在1977年討論亞洲危機）。另一個討論廣場稱為G24。這包括了來自亞洲、非洲與拉丁美洲各八個國家，是與IMF與國際銀行的互動。

今日央行處境

我們在過去十年間看到了央行權力與影響力的增加。高通膨的年代，產生了不能再相信政客的貨幣政策之觀點。央行一個接一個地獨立，在歐洲央行的成立時達到最高峰。

先進工業國家的通膨在1998年降至大約1.5%，是自1950年代以來的

最低點。然而,許多政府現在關心的是成長與失業的成本。低通膨是否必然地意味著低成長與高失業?美國準備理事局的主席,亞倫‧葛林斯潘成功地營造了七年的高成長與低通膨。但歐洲的情況就沒這麼好了,高社會成本與勞動市場僵固性造成高失業 (英國除外)。

如果央行的主要角色是打擊通膨,那麼問題是一我們如何評估通膨?我們有消費性通膨、工業通膨。特別的是,物價指數通常不包括如股票的金融資產。這些資產的價格崩跌也會造成經濟與金融不穩定,如日本。在1911年,一名經濟學家,Irving Fisher,認為價格指數應包括股價與房地產價格。紐約的德意志銀行之經濟學者,Joseph Carson,建構了此類指數,股票佔指數的5%。1996年至1998年間的指數起伏情形是自1980年代以來未曾見過的,道瓊指數在24個月內上漲近50%。貨幣政策應該緊縮嗎?葛林斯潘非常誠實的承認我們身處在新環境中,舊有的經濟規則不再適用。人們談論著「新規範」(見第七章)。

責任是目前另一個問題。儘管有了獨立性,德國央行與聯邦準備局基本上還是對政府有責任,而聯邦公開市場委員會的會議記錄更是公開的典範。然而,對於ECB的地位有更多的關切。馬斯垂克條款明文禁止接受政客的命令,而理事成員的指派是八年一期、不續任的方式。總裁杜森伯格一年只和歐洲會議 (European Parliament) 開會一次以解釋政策。然而,除此之外,他也聲明不提供任何會議記錄,因此ECB較聯邦準備局或德國央行更難以吸引大眾支持。

最後是一個看似愚蠢的問題-我們需要央行嗎?在1900年,只有18個國家有中央銀行,相較於今日的172家。有些經濟學者仍然認為私人銀行應該互相競爭地發行鈔票。這就是1845年以前在蘇格蘭的情形,在當地鈔票以黃金作為後盾且銀行相互競爭。亞當‧史密斯相當推崇這種系統。

但我們真的需要最終貸方這個角色嗎?有些人認為保證解救會鼓勵銀行輕率行事一一個稱為道德危機的問題。這個問題目前正熱烈討論

中，因為國際將注意力放在銀行對拉丁美洲、俄羅斯與亞洲國家過度擴
張信用的角色，造成全球危機。將於第十五章詳細討論。

　　一名智者，**Walter Bagehot**，在他偉大的著作，倫巴第街（1873年）
一書中，評論道德危機：

> 　　如果銀行很爛，它一定會持續的爛，如果政府出面支持與
> 鼓勵，它可能變的更爛。重點便是對現在的壞銀行提供的任何
> 援助，都是阻止未來好銀行建立的障礙。

　　如同亞當‧史密斯，**Walter Bagehot**也推崇老蘇格蘭的系統。然而，
他同意放棄英格蘭銀行的提議，就像拋棄君主制的提議一樣無用。後面
的想法現在在英國是難以想像的，我們對央行或許也可以多點尊敬。

摘要

　　法蘭西銀行創立於1800年；德國央行於1957年；日本銀行於1885
年；英格蘭銀行於1694年；聯邦準備局於1913年而歐洲中央銀行則是於
1998年。

　　央行的活動有：

　　監督銀行系統　就算有另一個監督機關，這還是央行的主要角色。

　　提出貨幣政策　控制利率與貨幣供給。不過，有些央行在這方面較
為獨立，其他則否，但世界各地的央行，對於貨幣政策有越來越多的獨
立性。

　　印鈔票與鑄幣　必需與經濟成長配合，否則通膨將隨之而來。

　　作為其他銀行的銀行　國內銀行必須在銀行存有一些資金，供各種
結算與交割系統用途。在某些國家（例如歐元區域），央行實施最小準備
金做為貨幣政策的一部份。

作為政府的銀行 為了替政府集資，央行控制資金流入的帳號。繳稅時，政府餘額增加而商業銀行的餘額減少。當政府支出資金時，情形相反。

為政府集資 通常涉及了出售短期國庫券與中、長期的政府公債。未清償的所有負債累積總數就是國債。通常以國內生產毛額的百分比來顯示，看看情況變差或變好。然而，隨著時間過去通膨會侵蝕債務負擔。

控制國家準備金 央行隨時都會買賣本國貨幣以影響匯率。如果買入本國貨幣，央行將使用國家的黃金準備金與外匯。

作為最終貸方 有時候這意味著解救有麻煩的銀行，但普遍是指央行協助銀行解決流動性問題的意願。通常這意味著銀行存於央行的餘額無法達成必要水準（這也是央行政策的直接結果！）。與交易相關的利率讓央行可以控制利率。

國際接觸 涉及了與國際機構，如IMF、世界銀行與BIS的合作。也涉及了支持稱為G7與G10的國際會議。

第四章

商業銀行

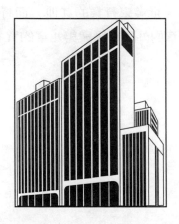

前言

　　商業銀行是從事存放款等典型銀行業務的主要銀行。如花旗銀行、大通曼哈頓銀行、Dai Ichi Kangyo、巴克利與威斯敏斯特國民銀行都是商業銀行。其他銀行，如德意志銀行與瑞士聯合銀行，則屬於綜合銀行；也就是涵蓋了所有種類的銀行業，包括商業與投資銀行業。在英國，如果商業銀行要從事投資銀行業，必須透過子公司，例如巴克利銀行-巴克利資本公司。在德國與瑞士（法國、荷蘭與西班牙的程度較輕），可以在同一法人內從事兩種業務。在美國與日本，商業銀行依規定不得從事投資銀行業（見第五章）。

　　如第二章所見，商業銀行可以是零售或批發的。大型商業銀行在當地國家，可以同時從事批發與零售的銀行業，在海外則集中在批發市場。

　　本章將討論零售銀行業，同時也會解釋批發銀行業的一些領域，主要是銀行貸款的問題。批發銀行業的其他方面將於稍後幾章討論—第六章的貨幣市場、第八章的外匯市場與第九章的貿易融資。

零售銀行業

服務種類

　　零售商業銀行提供客戶的服務範圍越來越大。有些是關於資金的處理-各種存款與放款。其他則關於服務—建議、保管、股票購買、股份與

保險等。銀行為了回應競爭的增加與獲利的減少，試圖利用各種服務賺取收入，因此拓寬了產品範圍。我們越來越常聽到「金融超市（financial supermarket）」這個字了。

零售銀行業傾向於由少數幾個國內銀行主導。根據美林的資料，經濟體中前四大銀行控制了荷蘭75％的銀行資產，法國為60％而英國為28％。

美國是一個例外，主因為銀行的數量龐大（見第二章），前十大銀行只佔20％的存款。在德國與義大利，儲蓄銀行是存款的競爭對手，在英國則是建屋互助協會。

貨幣銀行業—存款

付款　最重要的零售銀行服務（對銀行而言也是最昂貴的）就是透過支票方式的資金轉移。一般的活期帳號，可以讓客戶利用存入支票或開支票給他人以存取資金。也可以填寫轉帳單，將表格交給銀行，使資金移轉給債權人以支付帳單（這在荷蘭、德國、奧地利與瑞士非常普遍）。需要組織票據結算的機構，稍後將予以討論。

另一個取款的方式是使用自動提款機（ATM）。插入一張附有磁條的塑膠卡，讓帳戶所有人可以提出某限額以下的金額。全球共有50萬部ATM，美國有165000部，歐洲有14萬部。英國有23200部ATM，有60％的用途是個人現金提款。法國、德國與義大利也有許多ATM。同一張卡也可以做為支票保證卡。有這張卡，零售商便會接受特定上限以下的支票。對零售商的好處是銀行保證付款，即使交易是詐欺的。美國沒有這種系統，而零售商不太願意接受支票（你沒有信用卡嗎？）。在法國也沒有這種系統，但零售商較樂於接受支票，沒有現金的時候開支票，並不一定是犯罪行為。

東歐地區第一次的ATM網路是由捷克 Komercni Bank創立的。但是

因為通訊線路不良以及許多國家的貨幣不能自由兌換，因此有許多問題，不過捷克共和國的貨幣在1995年變成可自由兌換。

在零售店以支票付款的另一種選擇是利用轉帳卡（debit card）。就是一張附有磁條的塑膠卡。銷售點的機器以電子方式讀取客戶的帳號，並且利用電話線傳輸資料，向客戶帳號扣取適當的金額，轉入零售商帳戶中。如果消費者從事高額購買，他們可以在零售商的機器所附的小鍵盤輸入特別的辨識碼，進入銀行帳號以授權交易。在英國，轉帳卡的使用日益增加，自1991年以來，支票的使用量從38億張降至30億張。1998年以轉帳卡購買的件數為17億件，英國的結算組織估計這個數字到了2007年將成長兩倍（付款結算服務協會，1999年年報）。

法國的轉帳卡概念有一點不同，交易一個月後才扣款。不過與信用卡不同的是利用活期存款來支付，預期帳戶持有人有存款可供扣款。

表4.1顯示了來自BIS、關於ATM與銷售點終端機數量的有趣數字。

活期帳戶　銀行向客戶提供活期帳戶功能收取的費用都不同。在目

表4.1　1997年底，現金吐鈔機、自動提款機與銷售點電子資金移轉系統終端機的數量

	現金吐鈔機與自動提款機		銷售點電子資金移轉系統終端機	
	機器裝設數量	每100萬人口機器裝設數量	機器裝設數量	每100萬人口機器裝設數量
比利時	5007	492	85700	8421
加拿大	19608	645	330530	10873
法國	22077	461	560000	9540
德國	41397	504	162794	1983
義大利	25500	443	281526	4896
日本	140639	1115	19499	155
荷蘭	6401	409	120417	7692
瑞典	2370	268	68800	7774
瑞士	4809	678	82682	5803
英國	23200	393	530000	8983
美國	165000	616	1300000	4853

來源：BIS對11個已開發國家之付款系統的統計數字（1998年12月）

前競爭激烈的環境中，銀行有兩個選擇，收取費用但支付帳戶餘額利息，或是完全不收費但可以自由使用帳戶餘額。法國銀行依法不得收取費用，但可以更改支票結算的時間，最多可以到5天。在英國與西班牙，激烈競爭造成破天荒對帳戶餘額支付利息。

其他的存款帳戶通常支付較高的利息但不提供支票功能。有些則是支付好一點的利率，但提供有限的支票功能作為折衷。定期存款帳戶也很普遍。可以是7天、一個月或3個月。付利息的理由是因為事先已協議會先行告知銀行再取出存款。相較於未經提示便提領的存款，此種存款對銀行的好處是比較能夠依賴。

貨幣銀行業——放款

有四種貸款很常見：

☐ 透支
☐ 個人貸款
☐ 抵押貸款
☐ 信用卡

在某些經濟體中，**透支**（overdraft）是受歡迎的借錢方法。帳戶持有人在某一特定期間，如六個月，可以透支到某一上限。利息的收取是根據任何透支餘額的每日基礎（變動利率）。

從消費者的觀點，透支是非正式的，可以快速的完成；因為借款金額不同所以具有彈性的，它也可能是划算的，拿到薪水後就可以減少透支餘額，或甚至完全還清，至少在幾天內是如此。

從銀行的觀點，透支是非正式的；在約定期間內得以查核此貸款，若有需要，可以要求還款——這是許多借款人都不知道的事實。

透支在英國與德國非常普遍，在法國就沒那麼普遍，在美國是不被

允許的。

個人貸款（personal loan） 是在特定期間，借出特定金額的協議，每月償還約定金額。可能貸款1,000美元，為期2年，利率固定，並且是針對所有金額來收取。如果上述貸款的利率為10%，那麼2年1,000美元的貸款之10%為200美元。因此每月償還金額為50美元。因為每月都償還部分的本金，所以銀行並不是真的在兩年內借出1,000美元，平均說來，是一個小的多了的數字。結論是10%的利率只是名目，實質利率可能高達兩倍以上。

抵押貸款（mortgage） 雖然有許多專業的抵押貸方，商業銀行也可以提供抵押服務。抵押有房地產作為擔保，而有擔保的貸款利息會低很多，因為銀行的風險較少。在某些經濟體中，銀行和其它的抵押貸方不會借出房地產價值的50%或60%以上。1984至1988年間的輕率放款，造成英國房價的暴漲，之後當衰退來臨時又暴跌。英格蘭銀行的季報（1992年8月）估計，約有100萬的屋主，其房價實際上已低於抵押金額——一個稱為「負權益（negative eqyity）」的概念。

另一個借錢的方法是信用卡（credit card）。兩個主要的國際品牌名稱是Visa與MasterCard。由銀行、零售商和其他機構提供。這張塑膠卡，其磁條中寫入加碼資訊，在銷售點使用，然後向信用卡帳戶收取購物金額。每月寄出明細表與付款金額。消費者可以選擇完全繳清，或是只還一部份以後再還清全部，借用金額便產生了循環利息。因為信用卡持有人可以選擇借多少錢或是何時還錢，所以信用卡相當有彈性。當然，他們可以選擇完全不借錢，每月支付總額，可能4或5個星期後才要繳錢，而且不需成本。

因此，大部分的發卡銀行都會收取年費。我們應知道銀行也向簽帳商店收取費用。近年來我們看見發卡商與信用卡種類大量增加。有些發卡商是零售商，如AT&T、通用汽車、奇異電器（美國）與共同基金。在英國，甚至連工會都發行信用卡！

（注意美國運通與大來卡並不是信用卡，因為他們不提供信用。消費者每個月都要完全繳清。它們通常稱為「旅行與娛樂」卡）。美國運通有一個稱為Optima的個別信用卡。

一般說來，信用卡現在被廣泛地使用。其他國家對Visa與Master Card的高接受度，讓它們成為出國旅遊時解決外匯問題的一個有用工具。德國的信用卡使用並不普遍，在1995年底，只有600萬張信用卡，相較於英國的2900萬張。主要是因為銀行的反抗。不過現在已經改變了，銀行和零售商開始發行信用卡，例如擁有62家分店的Hertie，還有郵購公司，如Quelle有3000萬個消費者。這項改變部分是回應一個外國銀行—Banco Santander，德國最大的信用卡發卡銀行—在德國造成的信用卡風潮。1995年600萬的信用卡持有人到了1997年底已成長至1420萬人。儘管如此，德意志銀行 1999年6月的月報仍顯示在德國，信用卡僅佔無現金交易的4%（以數量來看），相較於歐洲的平均18%。

家庭銀行業

提供銀行客戶在家裡使用的設備，值得特別的注意。家庭銀行業的舊有種類涉及了和電視連結的終端機或是特殊終端機之使用。只要輸入帳號就可以查詢帳戶餘額與付款。在法國的發展最進步，有一種稱為「Videotex」的服務。這是因為政府決定提供使用電視機的免費「Minitel」終端機，刺激通訊連結。早期的使用是電話目錄查詢。有500萬名Minitel用戶。銀行提供的軟體，可以顯示餘額、歷史資料查詢與移轉存款至他人帳戶。更先進的軟體則提供了投資組合管理與各種財務計算。

最近，有數家銀行設立了無分行服務，使用家用電話作為通訊工具。銀行提供查詢服務，或許一天12個小時（米德蘭銀行的 First Direct 是24個小時！）。一般供應商（如瓦斯、電力、電話等）的名稱與銀行帳號存在檔案中，利用特別的安全密碼，只要用電話就可以得到完整的銀

行服務。可以在原銀行的ATM上利用塑膠卡取出存款。對銀行的好處便是減少分行網路的成本,帳戶餘額也會支付較高的利率。

此種系統的例子有:

- ❑ 德國　　　　　　Bank 24（德意志銀行）
- ❑ 英國　　　　　　First Direct（米德蘭銀行）
- ❑ 西班牙　　　　　Open Bank（Banco Santander）
- ❑ 法國　　　　　　Banque Direct（Paribas）

米德蘭銀行在 1989年10月開始了First Direct的服務,到了1999年5月,有86萬名客戶。

電子錢包

銀行正在試驗的另一項發展稱為電子錢包（electronic purse）。這就是所謂的智慧卡（smart card）,資訊儲存在微晶片上,包括事先寫進卡片的現金餘額。其構想是卡片可用於廣泛的零售交易,其中有許多對信用卡而言過於瑣碎。

或許最進步的發展是在葡萄牙,所有銀行都可以發行卡片,用來支付任何服務。此卡片的使用不需要與中央電腦系統持續連線,並且可以使用ATM存入現金。

在英國,威斯敏斯特國民銀行與米德蘭銀行發展了Mondex,這是於1995年至1998年間,在斯文頓進行試驗的一種電子錢包。從旁協助此構想的是米德蘭銀行的所有者,HSBC控股公司,它在香港及亞洲進行試驗,而加拿大皇家銀行與加拿大帝國商業銀行則在該國試驗。Mondex現在行銷於53個國家,並且透過Sanwa Bank與LTCB引入日本。

雖然智慧卡在美國已有數次的試驗（包括亞特蘭大的奧運會）,最具野心的是花旗、大通曼哈頓銀行、Visa與MasterCard的合作。1996年末

期在紐約的上西城進行試驗，於1998年11月喊停。一般說來，銀行業的智慧卡進度緩慢。

在此同時，Visa、MasterCard與Europay正合作協議晶片卡的國際標準。這讓零售商與銀行得以創造可全球使用的產品。

其他服務

銀行還提供許多的其他服務。

證券購買　在某些國家，如德國與瑞士，綜合銀行的傳統意謂著銀行主導股票市場，而商業銀行的分行可向客戶提供完整的服務。但在其他地方，經紀商對股票交易擁有獨佔權，銀行就像是客戶的代理人，替他們向經紀商下訂單。今日這種情形可能還是存在，但在歐洲，管制都已解除，從英國1986年10月的「金融大改革（Big Bang）」開始。結果，銀行可以擁有經紀商，或是設立經紀商部門，提供分行客戶證券服務。

證券保管　通常債券和股票是持票人形式而未經登記。股票憑證會載明持票人擁有賓士汽車公司的股份，或許是2000股。但問題是，若是證券遭竊，小偷就變成了持票人！而且，因為沒有登記，必須自行聲請利息與股利，還有後續的投票權等等。因此，銀行通常會保存這些憑證、為客戶聲請利息／股利、以委託書方式投票、通知客戶股東會之召開、增資股發行、權力股發行和其它的公司事務。不用說，這項服務是要收取費用的。

共同基金　共同基金是集合資金由投資經理人操作，讓小型投資人享有分散的風險。銀行通常也經營共同基金，而他們部分的證券服務，就是建議客戶與其直接投資不如購買基金。我們不難發現，銀行推薦的基金，通常就是銀行經營的基金。在法國是SICAV與FCP、在英國是Investment Trusts與Unit Trusts，在美國是Mutual Funds。這個想法已延伸至西班牙，銀行現在提供「Super Fondos」。在歐洲單一市場開始後，

可以看見「UCIT」這個字,將於第十章中討論。

　　建議　銀行經理可以提供建議。可能是關於投資、子女信託基金、遺囑與類似的議題。的確,經理可以是遺囑執行人或留給子女資產的信託人。顧問這個角色,讓經理處於推銷銀行產品的絕佳地位。在英國,因為1986年金融服務法的實施,引起了許多煩惱。現在的規定是,銀行經理只能是銀行產品銷售員,或只能是獨立的投資顧問。如果是前者,他們必須告知客戶這件事實,不能對各種產品提供廣泛的建議。如果是獨立的顧問,他們也必須讓客戶知道這一點。如果他們建議銀行的產品,那麼必須確定這對客戶是最好的選擇,否則就會遭到起訴。所有英國銀行和前十大建屋互助協會(除了一家以外)都決定銀行經理是銀行產品銷售員。

　　保管箱　銀行提供保管箱,儲存珠寶、其他有價物品與現金。若銀行遭闖入而保管箱被迫打開,那些擁有稅捐機關不知道的財富的人,若提出聲請可能會有大麻煩。

　　外匯　除了銀行的批發外匯業務外,他們也為客戶提供度假所需資金,涉及了旅行支票與現金。可能也涉及了將資金匯至海外戶頭的要求。近年來因為歐洲支票系統的產生變的容易的多了。位於德國的銀行客戶,現在可以開出一張以法郎計價的歐洲支票,寄給旅館做為訂金或是到了旅館後當場用來付帳單。歐洲支票有歐洲卡作為擔保卡。它也可以在ATM提領現金。為了在MasterCard的品牌下,以標準的歐洲轉帳卡統一歐洲支票與歐洲卡,並且控制Visa在歐洲的擴張,因此形成了一個稱為Europay International的新組織。三大德國銀行處於此項新發展的最前線。

　　保險　大部分的銀行,目前都透過與保險公司的結合,或是自營的分公司,提供保險服務。當我們討論零售銀行業主要議題時將更深入的討論。

結算系統

　　銀行間的結算系統涉及了文件結算（也就是支票）與電子結算。央行通常涉入此系統，但程度視國家而有很大的不同。

　　在美國，聯邦準備局經營48個票據結算中心。也有銀行同業共同經營的私人交換中心與協議。30%的支票在銀行內部結算，35%的支票透過私人中心與共同協議結算，還有35%是透過聯邦準備局結算。

　　對於薪資、常行指示、直接扣帳與供應商付款，資料以電子方式編碼，交給自動交換所（ACH）。例如，以電腦處理完薪資、並為員工列印薪資單後，公司將儲存於磁帶上的資料寄交ACH（或透過資料通訊網路傳送）。在ACH，資料以電子方式分類，並且過帳至相關員工的銀行，將其薪資入帳。聯邦準備局經營了33個ACH，還有少數是私人經營。

　　所有的聯邦準備系統辦公室，都透過一個稱為Fedwire的系統連結，以移轉會員銀行間的帳款支付。紐約結算所協會經營CHIPS，這是紐約的銀行間資金移轉系統，由大型國際公司使用而非國內小額美金付款。

　　在法國，有超過數百間的省營結算所，位於有法蘭西銀行分行的城鎮。如果提示支票的地區和開票地區相同，通常在提示後第二個工作天就可以結算支票。若地區不同，則是提示後第五個工作天結算。

　　有六家銀行，有自己的雙邊結算協議。

　　透過SIT（Système Interbancaire Télécompensation），產生了電子結算。由法蘭西銀行管理，經營了九個中心，但政策是由銀行家協會決定。

　　在英國，自1985年以來，所有的結算都由一個稱為「付款結算服務協會（APACS）」的組織控制。APACS運作三個主要的系統：

❏ 一般支票結算（通常總共需要三個工作天）
❏ CHAPS
❏ 銀行間的自動結算服務（BACS）

CHAPS就是「結算所自動付款系統」，是電子輸入的銀行間同日結算系統。自1999年1月後，也有CHAPS—Euro。

BACS適用於薪資、常行指示、直接扣帳與供應商付款，就像美國的ACH。

跨國界結算是備受注目的議題。在1990年9月，歐盟針對跨國界現金與電子付款提出一份報告，認為缺少一個共通的系統，將成為單一市場的障礙。

一群歐洲的合作社銀行設立了一個稱為TIPA—NET的系統（Transferts Interbancaires de Paiements Automatisés）。

有14個國家的轉帳結算組織設立了一個從1992年11月開始、稱為Eurogiro的跨國界轉帳系統。歐洲的儲蓄銀行也成立一個稱為Eufiserv的網路，連結十個國家。

Commerzbank、Société Générale、Credito Italiano與威斯敏斯特國民銀行開始自己的跨國界轉帳系統，稱為Relay。

蘇格蘭皇家銀行與Banco Santander開始了聯合系統—IBOS。這讓擁有西班牙幣的皇家銀行客戶，可以在同一天內將資金轉入西班牙客戶的帳戶內。這項系統也出售給其他的銀行，Crédit Commercial de France、Banco de Comercio e Industria、ING銀行與First Union/First Fidelity這家合併後的美國銀行，都加入了。

最後，連結如CHAPS（英國）、SIT（法國）、SIS（瑞士）、EAF（德國）各國的ACH系統是可能的。

過多的獨立與不相容的系統，無法為一個跨國界付款之有效系統的未來帶來信心，現在已經有人開始失望了，在歐洲的新貨幣聯盟中，以歐元為單位的跨國界付款既不簡單、也不便宜。

主要零售銀行業議題

在所有的西方金融市場中，商業銀行面臨了一系列的挑戰。主要是：

1. 競爭增加
2. 成本控制
3. 非銀行業產品的銷售
4. 資訊科技的使用

競爭增加 銀行面臨的競爭來自於：

❑ 其他的金融組織
❑ 零售商
❑ 保險公司
❑ 公司內部的貸款機構

管制的大量解除，意謂著來自過去無法提供全面銀行服務的其他金融組織的競爭增加了。包括了位於美國的儲蓄貸款協會；英國的建屋互助協會；整體的儲蓄銀行；有些地區的郵政銀行；和一些也提供儲蓄帳戶的共同基金。對存款的競爭非常激烈，我們看見西班牙與英國的銀行首次對存款給付利息。

美國的銀行與儲蓄貸款協會估計佔金融服務市場約28%，這是20年前的一半。

零售商越來越活躍。在德國，一大型郵購商，Quelle，提供各種金融服務，包括信用卡。在義大利，班尼頓是一大型金融集團，Euromobiliare，的一部份。在瑞典，一傢俱公司，IKEA，提供了活期存款的功能。在英國，Marks and Spencer提供未擔保貸款、共同基金與壽險。大型超商，如Tesco與Sainsbury，都提供了銀行帳戶。不過他們都不

提供支票簿，因此避免了零售銀行業的主要支出之一。

保險公司透過將壽險與儲蓄產品結合的方案，積極地爭取存款。這通常涉及了使用共同基金以改善資金報酬率。近年來的競爭日趨激烈。有些組成銀行。瑞典的Trygg Hansa在1995年10月中成立銀行，並在1999年合併丹麥第二大的銀行。英國最大的壽險與投資集團，保誠公司，在1998年末，以賠錢的利率推出了自己的銀行，在六個月內吸收了500,000名客戶，有50億英鎊的存款，但卻造成了1億7,500萬英鎊的損失！公司的計畫是向這些客戶推銷許多其他的金融商品。不過，當利率降至和他人相同的水準時，這些客戶是否會流失呢？

公司內部的「銀行」現在相當普遍—福特汽車信用中心、雷諾國際信用中心、ICI金融中心、Gemina（飛雅特金融服務集團）與奇異電器金融服務，這只是一小部分而已。雖然受影響最大的通常是銀行的批發業務，不過其中也有許多積極參與零售金融。例如，奇異電器的子公司，便從事消費者貸款與信用卡，以及租賃、房地產與公司貸款。其年收入超過300億美元，佔了母公司總收入的40%。

成本控制　競爭的增加，使的成本控制愈加重要。銀行的年報，便是銀行是否成功地減少成本/收入比率、增加權益資本報酬率的指標。

改善的空間很大。美國銀行的成本/收入比平均為58%，但是法國、德國與義大利的平均約為70%。因此，美國的權益報酬率為16%，相較於法國、德國與義大利的10%，也不會讓人意外。英國的平均大約25%。

在零售銀行業中，主要的成本是分行網路。近年來我們看見了合理化與分行自動化。合理化就是將分行分成：只和公司戶交易的分行、全面服務分行（提供完整的產品）與主要負責現金存提的地方小分行。「分行自動化」涉及了將文書作業移至區域中心，讓分行更可以面對客戶，成為「前線辦公室」。英國的米德蘭銀行設立了八個主要中心，內設有每小時可處理60,000項的支票分類機器。這些中心的1,200名員工，取

代了地方分行的3,000名員工。英國的TSB採用有點不同的方法,利用70
個處理中心負責分行的文書作業。在那些勞工法許可的經濟體內,對於
業務量降低的普遍回應,便是無情地裁員。這在歐洲大陸是非常困難
的,嚴格的勞工法、強勢的工會、以及某些國家富有同情心的政治人
物,阻礙了成本刪減。雖然很緩慢,但情況還是會改變。例如,在瑞
士,自1990年中期以來,有五分之一的分行結束營業。另一方面,在德
國與法國,儘管有數起合併案,分行與員工的數目卻幾乎沒有改變。在
德國,每人分配到的銀行分行數目是美國的兩倍。

　　在美國,超過1,400家超市有公司內部分行。芝加哥第一國民銀行在
麥當勞和其他賣場設置ATM。在芬蘭,Merita發展了「客戶服務中心」,
可以處理常行指示、轉帳與銀行明細表,設置於分行、量販店、超市與
書報攤。在義大利,San Paolo Bank在Olivetti的協助下,設計出
「Bancomat」。這是自動化的分行,備有ATM與銷售保險及提供股票報價
的影音光碟機。Banca Commerciale Italiana有類似的方案,Banca Non—
Stop。英國的合作社機構計畫在全英各地的合作社商店內,裝設先進的
ATM機器,由衛星連結。在英國,銀行與建屋互助機構的數目由1987年
的20,000家,降至十年後的16,500家。

　　英國仍相當依賴昂貴的支票,因此不像其他國家一樣,在電子銀行
業的協助下有長遠的進步。不過情況正在改變中,圖4.1顯示了英國交換
機構APACS目前的預測。

　　分行的未來,對銀行而言是個重要的問題。現有的分行與其重組,
耗費了許多資金,但是十年後,會需要多少分行呢?所謂的「資訊高速
公路」,何時才會開始發揮影響力?

　　Deloitte顧問公司在1999年4月做了一份報告,預測英國到2005年
時,將有3,600家銀行是多餘的,這是因為銀行使用線上服務、電話銀行
業與其他降低成本的分配模式。另一方面,在1997年出版、針對六個國
家內45家銀行所做的KPMG調查發現到2002年為止,銀行交易的數量預

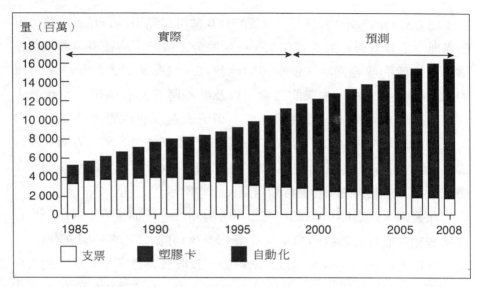

圖4.1　英國的支票、塑膠卡與自動化的交易量，1985-2008

來源：付款結算服務協會，英國，1999年7月

期不會有太大的改變。年輕人樂於使用電腦、電話銀行與網路，但老一輩的人卻還沒準備好改變。令人訝異的是，有25％的受訪者使用分行而不是ATM，有40％的人無法想像自己使用電腦或任何互動式服務取得銀行資訊。

　　在美國，過去禁止在不同州設立分行的McFadden法案的撤銷，加上合併案的增加，產生重大的改變。1980年代中期14,000家的銀行現在減少至約9,000家。前十大銀行現在佔銀行資產的三分之二，相較於1970年代的二分之一。合併後的Bank America—Nationsbank佔了7％的總存款，在23個州都很活躍。銀行現在比較不易受地方衝擊影響（例如德州的油價）。

　　合併或與其他銀行合作的風潮越來越盛。第二章附錄2的列表顯示近年來大量的合併案。其中有許多是大型公司—Dai Ichi Kangyo、Juji與IBJ、東京銀行與三菱銀行、瑞士銀行與瑞士聯合銀行、Chemical Bank

與大通曼哈頓銀行、美國銀行與Nationsbank、花旗集團與Travellers集團
（全球有1億個帳戶）、德意志銀行與信孚銀行、Banco Santander與BCH、
BBV與Argentaria、Bayerische Vereinsbank與Bayerische Hypo Bank。在
本書出版時，收購英國威斯敏斯特國民銀行的大戰正要開打。

Chemical、Manny Hanny與大通銀行的合併帶來每年25億美元的節
省，這是成本減少的例子。（我們之前提及，銀行在1999年4月的報表顯
示成本增加了12%，但收入只增加10%！）

當然，不是所有的合併都順利進行。Wells Fargo，一度是高評等的
銀行，購入First Interstate後。受到服務問題的打擊，許多客戶解約，因
此股價大幅滑落。

除了這些合併以外，我們也看見日益增加的合作案。合作社和其他
國家的合作社協議，當客戶出國時也可以提供服務。一個稱為「Unico」
的集團，串連荷蘭、法國、德國、芬蘭與奧地利的合作社。此集團在這
六個國家共擁有37,000家分行。在1990年，有15家歐洲的儲蓄銀行機構
聯合推出三個共同基金，涵蓋了貨幣市場、債券與證券。

Banco Santander與蘇格蘭皇家銀行互相持有小額股份。為彼此的客
戶群提供共同服務，在直布羅陀開一家銀行並且設立了電子資金移轉系
統。其他合作的例子包括勞伊茲銀行與Banco Bilbao—Vizcaya、TSB集
團與Cariplo，葡萄牙的BCP與西班牙的Banco Popular聯合在法國開設一
家銀行（Banco Popular Comercial）。

非銀行業產品的銷售　減少分行成本的另一個方法是提供更多服務
以增進生產力。其中部分是過去未被視為典型銀行業產品的保險或共同
基金。其他活動則包括了旅行社與房屋仲介。

如果銀行業獲利變少，而且成本增加，那麼銀行必須增加銷售與行
銷能力，推出較以往更為廣泛的服務。分行自動化的部分目的，就是透
過終端機，讓客戶可以取得關於銀行整體服務的資訊。例如，TSB裝設
了彩色螢幕的電腦終端機，可提供所有銀行產品的細節與優點，甚至可

以列印申請表格。

　　銀行經理與員工都接受行銷的課程。位於比利時的BBL（Banque
Bruxelles Lambert）任用一名過去擔任聯合利華行銷工作的員工。在
1987年，Kevin Gavaghan成為米德蘭銀行的行銷督導。他的經歷包括
Marks and Spencer與Thomas Cook。他很快地設計不同的帳戶，滿足不
同客戶的需求。行銷的重點之一便是市場區隔—分成不同的部門並因此
鎖定客戶。

　　銀行現在將客戶群分成各個社會部門，分別有各自的需求：

❑ 兒童—我們是否能夠利用小豬撲滿讓他們習慣銀行的品牌？

❑ 青少年—高花費。銀行提供儲蓄帳戶、提款卡與購物折扣。

❑ 年輕夫妻—還沒有小孩，高收入，但當小孩出生後會有改變。

❑ 高所得群—有高收入的年輕專業人士—值得特別的方法。

❑ 50歲以上人士—小孩都已長大，妻子重返工作，房貸也都繳清—
　　但即將退休！

❑ 退休人士—通常自個人退休計畫與儲蓄享有高收入。這一群有特
　　殊的需求。

　　上述分類吸引了許多國家的銀行之注意，開始設計新銀行帳戶，與
過去用來推銷消費性產品的郵購行銷。

　　支援這項努力的是儲存在電腦中的大量客戶資料庫，它不只包含了
會計資訊，還有讓銀行可以隨時推銷新服務的詳細背景資料。在零售銀
行業，「交叉銷售（cross-selling）」已成為現階段的重點。

　　英國的哈利法克斯（前身是建屋互助協會）宣稱有77%的業務來自
抵押貸款，23%來自壽險與消費性貸款。計畫在十年內將抵押佔業務的
比率降至50%。在美國，各種手續費收入現在約佔銀行收入的40%。

　　明顯相關的產品是保險—壽險、養老保險單、擔保抵押的保險產
品、房屋保險、建築物保險、疾病險等等。我們看見三個主要的趨勢。

一個是和保險公司的完全合併；一個是密切合作交叉銷售彼此的產品；第三個是銀行成立保險子公司。

在荷蘭，ING集團與NMB-Postbank合併，稍後又購入BBL與霸菱銀行；Trygg Baltical與Unidanmark與SE Banken合併；哈利法克斯買下Clerical與Medical；Kredietbank/Cera與ABB保險公司合併。

合作則包括了瑞士銀行公司與蘇黎世保險之間交叉銷售的協議；Dresdner Bank與安聯；Bancö Popular與安聯；BNP與法國的保險公司UAP；Banco Santander與大都會人壽。

成立保險子公司的銀行包括了TSB、威斯敏斯特國民銀行、德意志銀行、巴克利、Crédit Lyonnais、Banco Bilbao Vizcaya、Monte Dei Paschi di Siena 與Crédit Agricole。Crédit Agricole的子公司，Predica，自1987年成立後，已成為法國前三大的保險公司。Monte Paschi Vita，成立於1991年中期，在前六個月就有兩千億的保費收入。至1997年底，估計法國銀行佔有60%的壽險市場。

關於合作投資可能產生一些不信任。實證指出銀行在銷售保險產品方面，遠比保險公司銷售銀行服務成功的多！銀行與保險之間的連結，造成「銀行保險（Bancassurance）」這個法國用語、「Allfinanz」這個德國用語的廣泛使用。

銷售共同基金、保險、股票、證券和其他產品的努力，使得手續費與佣金的收入增加，而利息則相對減少。改善獲利與控制成本的期望，也使的銀行逐漸對如安排貸款/透支、拜訪銀行經理、寄送銀行明細表影本等服務收取費用。

資訊科技的使用　若沒有資訊科技（IT），現代化的銀行業根本無從產生。若沒有IT，銀行業需要做的計算數量，將使過去三十年的成長難以發生。上述的許多發展都以IT為核心。分行自動化、新帳戶資料庫、電話與家庭銀行業、EFT-POS、自動化電子結算─對銀行的新策略都很重要，也都涉及了相當大的投資。看看中歐、東歐與前蘇聯的新興市

場，建立現代化銀行系統的第一步，都需要電腦與通訊基礎設備的龐大支出。如花旗集團主席，John Reed，所言，「財源在於改變中的資訊」。

一個以IT為核心的領域就是網路。總有一天，它對銀行業的影響將相當可觀，但問題是沒有人知道「總有一天」是哪一天，因為科技不斷地改善，而且還要克服消費者的惰性。

由15家美國銀行與IBM組成的協會，設立一個稱為Integrion的系統，為網路上的電子銀行業發展安全平台。Unisys也和許多銀行共同發展Open Banking Consortium。Intuit（Quicken）與微軟（Microsoft Money）提供個人電腦軟體。銀行可以連結至這些軟體以完成付款說明。在1999年4月，美國銀行與Bank One使用Integrion，推出線上帳單列示與付款系統。

英國最近的改變，包括了Market Harborough建屋互助協會在網路上首次推出的抵押貸款，較標準利率有1%的折扣。保誠銀行虧本推出的「Egg」帳戶，於1999年5月以後，除非客戶使用網路服務，否則不再接受新存戶。

Booz-Allen & Hamilton針對美國類似交易成本所做的調查，估計出下列的數字：

個人電腦銀行業	13分（¢）
電話	26分（¢）
分行	1.08美元（$）

英國的建屋互助協會也在英國產生類似的估計：

網路	8便士（p）
電話	35便士（p）
分行	70便士（p）

　　威脅是否可能被誇大了？　　以上都是零售銀行業面臨的問題，但威脅是否可能被誇大了？例如，Marks and Spencer之財務部門經營十三年後的獲利約為6,500萬英鎊。Tesco，英國的超市，耗資5,000萬英鎊設立銀行部門。假設利潤有20％，也就是1,000萬英鎊。將這些與勞伊茲 TSB 1998年32億9,000萬英鎊的利潤相較，似乎是小巫見大巫。網路銀行業將會來臨，並且可能由非銀行的組織提供（例如，電腦與通訊公司），但進展相當緩慢。目前，零售銀行業仍相當穩定而且賺錢。商業銀行面臨的其他問題在於批發銀行的領域，也就是下一個主題。

批發銀行業

　　批發銀行業包括現在將討論的整批貸款，其他的活動將在稍後的章節討論：第六章貨幣市場；第八章外匯交易；第九章貿易融資。

銀行貸款

　　我們可以將銀行貸款分成不受約束貸款與受約束貸款。

不受約束貸款

　　此種貸款只有少數正式文件，辦理時也不用付給銀行各種手續費。銀行同意通常是短期基礎的放款，但並未承諾展期。此貸款通常是循環基礎，也就是說，客戶可以償還貸款後又提領資金。有三個種類：
　　透支　　這是英國的小型公司之最愛。客戶可以透支至某一上限的金額。利息根據每日透支餘額計算，通常是銀行的基本利率（不是LIBOR）

加上特定的差額。此協議可能為期六個月。銀行未被限制展延協議，但通常會展期。不像正式貸款一樣有正式的還款協議。此外，透支在法律上是一經要求（若有必要的話）便需清償。

信用額度（lines of credit） 銀行同意讓客戶於特定期間，如一個月、三個月或六個月，借款至某一上限。利率與銀行同業利率相關。客戶可以清償，若有需要也可以再借出。

銀行承兌 銀行同意承兌匯票至某一上限—承兌限額（acceptance credits）。銀行承兌匯票，也可能予以折現，客戶也可以向另一家銀行貼現。如果匯票為一個月，客戶預期屆時將會清償，但可能會利用貼現另一張匯票的方式來清償。如果銀行折現匯票，那麼銀行可能留下匯票或在貼現市場中出售。最好的匯票是銀行匯票或合格匯票。這些匯票：

(a)由央行認可為最高品質。

(b)必須代表真正的貿易交易，並且是未被排除在外的種類，例如，房地產與保險。

合格匯票，可以銷售給扮演最終貸方角色的中央銀行。因此具有高度的流動性。

有些匯票是由非央行清單上的銀行簽發的，因此稱為不合格匯票。也有匯票是由貿易商簽發，稱為商業匯票。然而，貿易商可能比一些央行清單上的銀行還要可靠！不過，央行還是不會重貼現這些匯票。

上述三種貸款是未受約束的，而且通常是自動清償的。例如，匯票一個月後到期並清償。貸款通常是為了支援債務或／與原料所需的流動資金。一家泳裝廠商在季節來臨前開始生產—必須進原料與付薪資。當泳衣銷售時，現金便流入，清償貸款。

受約束貸款

此種貸款通常是一年以上。銀行必須放款，有固定的貸款協議與費

用架構。有三個主要種類和一個特殊的案例—專案融資。

　　定期貸款（term loan） 定期貸款通常是五年，但也可以是七年。貸款逐年攤銷，也就是說，借款人分階段清償，不過還是有寬限期。有時候貸款是期末一次還清—期末整付。利息是盯住銀行同業利率的浮動利率。不得再動用已清償的部分。

　　備用貸款（standby credit） 貸款可分階段取出，不過還是可使用未動用的部分。但一旦清償以後，就不能再借出資金。通常比定期貸款要來的短，可能是支援其他預期的借款，例如商業本票。如果正式的借款方法成功的話，可能根本不會動用備用貸款。

　　整個計畫可以區分成總承諾金額、動用金額與未動用金額。因此，2億的計畫可以分階段取出，但已清償的部分不得再借出。表4.2所示爲銀行的計畫表。

　　循環貸款（revolving credit） 貸款不只可以分階段取出，如果借款人想要清償的話，也可以清償至一定限額，也就是說，資金可以再使用。因此，貸款是循環的—只要未超過承諾金額，借方可以繼續要求貸款。客戶給銀行適當的提示，然後在協議條件內再借款。如果總金額是2

表4.2　分階段的貸款金額

		總承諾金額 百萬美元（＄m）	動用金額 百萬美元（＄m）	未動用金額 百萬美元（＄m）
1/1	協議	200	—	200
2/1	借\$75m	200	75	125
31/1	借\$25m	200	100	100
12/2	清償\$50m	200	100	100
1/5	借\$100m	200	200	—
1/7	清償\$100m	200	200	—
1/10	清償\$50m	200	200	—
1/1	到期	—	—	—

備註：利率是盯住銀行間利率的浮動利率，在歐洲爲LIBOR、EURIBOR，在美國則爲基本利率。

表4.3　貸款／清償計畫

		總承諾金額 百萬美元（＄m）	動用金額 百萬美元（＄m）	未動用金額 百萬美元（＄m）
1/1	協議	200	—	200
2/1	借$75m	200	75	125
31/1	借$25m	200	100	100
12/2	清償$50m	200	50	150
1/5	借$100m	200	150	50
1/7	清償$100m	200	50	150
1/9	借$75m	200	125	75
1/10	清償$50m	200	25	175

注意：利率是盯住銀行同業利率的浮動利率。

億美元，利用表4.3類似的貸款/清償計畫，可以發現這和備用貸款的差異。

　　通常這些貸款是未擔保的。如果銀行想要保證，可以是：不動產、應收帳款、廠房/設備、債券/股票、提單、存貨。

　　如果資金是在倫敦市場募集的，那麼貸款的利率是盯住LIBOR的浮動利率─什麼是LIBOR呢？首先我們要說明的是，LIBOR（倫敦同業拆放款利率）整日都在起伏。在貸款協議中，LIBOR是參考銀行在上午11點的牌告利率。如果貸款是雙邊的，LIBOR就是在每季或每六個月貸款以新利率展期時，貸款銀行於上午11點的利率。如果是聯合貸款，那麼將指定三個參考銀行，LIBOR就是三者的平均。也可以使用BBA提供的利率，就是俗稱的「螢幕利率」。英國銀行家協會（British Bankers' Association，BBA）列出16個參考銀行。Telerate從16個報價利率刪去4個最高的和4個最低的，將剩下來的8個平均。Telerate每天上午11點在交易螢幕上顯示此利率─因此稱為螢幕利率。LIBOR當然可以是英鎊、美金、日幣或任何其他的貨幣。如果貨幣是歐元，就稱為EUROLIBOR，千萬別跟EURIBOR搞混了，後者是歐洲貨幣聯盟11個會員國的銀行同業歐元市場。

備用與循環貸款文件中常使用的一個術語是「即期信用額度貸款（swingline facility）」。有時候借款人必須在某一天償還投資人美元，但在當天突然發現無力償還。即期信用額度就是保證當天在紐約會有足夠的美元滿足此緊急需求。（不一定是美元，但美金似乎比較普遍。）一名銀行家認為這過份謹慎了，只是讓研究發行者貸款的信用評等組織安心。

當銀行承諾放款時，不論使用者是否全部動用或是否有正式的協議，都會產生費用。

簽訂貸款會有預約佣金（front end）或貸款費用（facility fee）。還有承諾費用（commitment fee）。例如，銀行提供5,000萬美元、為期三年的備用貸款，但從未動用。銀行提供部分的放款能力，在資本適足率規則下佔用了資本。因此，承諾費用通常針對未動用的金額收取。一般是借款利差的50%。利差（margin）是動用金額部分收取利率與LIBOR的差異，例如LIBOR加碼50個基點（基點=1/100%或0.01%）。例如，在1999年4月，希臘的電訊商，OTE，辦理一個10億、為期五年的循環貸款，利率為LIBOR加碼30bp，承諾費用為15bp。

承諾費用有很多種，可能對整個貸款或動用金額收取費用，還有對未動用金額收取（但利率不同）。沙烏地歐洲石化公司最近的貸款，其動用餘額的利率為25個基點，未動用餘額則為12.5個基點。

如我們在第三章中看見的，央行要求所有銀行將部分的合法負債，存於央行，但不支付利息。當銀行再借出其存款時，他們將此視為貸款成本，會努力尋求補償。

專案融資（project finance） 這是定期貸款的特殊情況。特殊的原因是，專案一般比傳統的定期貸款來的久，通常組織起來也非常複雜。它們是大規模的開發或建造專案（例如，英法隧道、博斯普魯斯大橋與類似專案），需要複雜與耗時的貸款安排。特別是，當銀行想要看見完整的收入預測以確保可以清償債務，很可能無法取得來自政府或母公司的

保證（銀行的追索權是針對來自專案的現金流量，稱為有限追索權融資）。銀行想看到建造專案本身的穩定契約，可能的話，也想看到完善服務銷售的穩定契約。

最近的專案包括了Nesté石油10年期、4億美元的貸款，這是由芬蘭的州營石油公司完全擁有的子公司；BP挪威用來開採石油的11億美元貸款；Agip（英國）和部分義大利州營石油集團的北海石油開發計畫的6億元貸款，以及Teesside發電廠專案，貸款金額7億9,500萬美元，將持續至2008年。

在Nesté的個案中，雖然沒有明確的保證，但彼此心照不宣地知道母公司將支援子公司。母公司將支持Agip貸款兩年，但之後此貸款將恢復成有限追索權。

Teesside Power是位於威爾頓的大型發電廠。主要股東是美國的Euron 電力公司。融資最初是由14家承銷商擔保，之後成為聯合貸款。當發電廠完成時，與LIBOR的利差為125bp，接下來八年的利差為112.5bp，之後則為137bp。不過這些加碼可能會減少，視達成績效目標的表現而定。自1994年4月開始半年一次的還款。這是最大、最複雜的有限追索權專案之一。

聯合貸款

因為銀行不想獨自承擔所有貸款金額，因此產生了聯合貸款（syndicated loan）。許多銀行樂意在第二階段接手部分貸款風險的事實，讓聯合貸款的任務變的較為簡單—這些銀行和大型公司可能沒有密切的關係，或者可能沒有足夠的資源完成初步階段。

聯合貸款（有時候可能涉及高達100家的銀行）在1970年代很普遍，在當時我們看到重複利用「石油美元（petro-dollars）」放款給重要的借方與跨國公司。在1982年8月墨西哥政府的倒閉後，產生了低開發國家負

責危機（見第六章）。大型國際聯合貸款的數量在接下來數年間減少，但之後又恢復了。許多銀行發現不良的資產負債表與資本適足率限制，使得貸款擴張更爲困難。結果造成了自1982年以後，新的聯合貸款種類的興盛—NIF與RUF。

NIF與RUF 1980年代是縮寫的時代—NIF與RUF、還有之後的MOF與許多其他的。它也是激烈競爭的時代，尤其是來自日本銀行的競爭。在1986年，巴克利銀行總裁控訴日本人「傾銷資金」，就像人們在1920、1930年代控訴他們傾銷商品一般。NIF是「票券發行融資（Note Issuance Facility）」，而RUF是「循環承銷融資（Revolving Underwriting Facility）」（如果你問六個銀行家兩者的差異爲何，你會得到六個不同的答案！）。

此時我們也看見銀行增加投標方法的使用，相互競爭議價以爭取貸款業務或承兌匯票。例如，一家頻繁使用匯票融資的公司，可能定期的舉行投標議價來承兌匯票。這又產生了另一個縮寫—RAFT，「投標方式之循環承兌貸款」。

NIF與RUF是銀行同意支援公司發行票券以集資的貸款。票券通常稱爲歐洲票券，一般爲期一個月、三個月與六個月。事實上，他們可說是短期的歐洲債券。主辦行會定期地採用招標方式購買客戶的票券。當票券無法以約定的放款利率出售時，就會有承銷銀行團支援放款。因此此貸款是承銷的，是商業與投資銀行業技術的混和。可以賺取費用，而且美國的商業銀行可以加入而不會違反1933年的Glass-Steagall法案。NIF、RUF與歐洲票券在1982-1986期間風靡一時。

今日，正式的1、3與6個月期的歐洲票券已消失，變成歐洲商業本票或是中期票券。（英格蘭銀行使用歐洲票券作爲短期歐洲本票的同義字，不論是ECD或是ECP。）

MOF 自1986-1987年間，一個較爲彈性的貸款—MOF—出現了。它是多重選擇貸款（Multiple Option Facility）。銀行的承諾不再只是支援

一種借款（例如，歐洲票券），而是更大的範圍。多重選擇可能是：

❑ 銀行貸款（多重貨幣）
❑ 承兌
❑ 商業本票—國內
❑ 歐洲商業本票

　　主辦行會定期地讓銀行團，對銀行貸款或承兌業務的價格投標，以滿足客戶的需求，例如需要貸款1,000萬美元三個月。在此同時，主辦行會接洽商業本票經紀商，詢問相同交易的利率。接著銀行回報給客戶，使用最吸引人的選擇。然而，如果最佳的選擇仍高於特定的放款利率，那麼承銷銀行團可能會同意放款，或以協議數字同意承兌。乍看之下這似乎是市場需要的彈性貸款，而MOF也風行了數年。不過問題產生了。

　　首先，銀行監督者認為這顯然是資產負債表外的風險，因此要求資本涵蓋。例如，假設承銷銀行團保證放款的利率是LIBOR加碼50bp。監督者認為若市場的利率更高，這可能意味著客戶其實不值得信賴。承銷銀行團將被迫放款給信用水準已下降的客戶。英格蘭銀行決定為了資本適足率的目的，50％的未動用餘額將被視為實際上已貸放。德國央行採取較不嚴格的觀點。之後，透過巴賽爾協議，此規則一致化。因此，第一個缺點就是銀行必須提供資本以支援MOF，雖然一開始他們並沒有。

　　景氣衰退產生了其他的問題。首先，許多客戶的信用品質惡化了，使得承銷銀行被迫接下爛攤子。其次，因為交易量減少，許多客戶不遵守貸款條約。如果違反條約，那麼整個協議就必須重新協調，但必須所有銀行都同意修正後的條款。有時候，一或兩家承諾較少的銀行可能不同意。在1989年著名的事件中，Laura Ashley（一家服裝公司）在此情況下幾乎瀕臨清算。

　　最後，市場變的較不具競爭性—現在是貸方的市場而不是借方的市場。部分是因為日本的退出。日本股市在1990年1月崩盤，不動產價值暴

跌。日本已自身難保。在1989年，他們佔國際銀行外匯放款的37%。到了1998年，這個數字變成18.5%。日本的退出、資本適足率限制與衰退都使得銀行愈加謹慎。它們不再願意參與投標與不吸引人的交易。在倫敦，其結果是與LIBOR的利差增加了。公司也看到了這個問題。向銀行殺價壓低利差是一件事。當生意難做時期望銀行富有同情心又是另一件事。稍後將討論「關係銀行業」。OECD在1992年6月的金融市場趨勢中，對聯合信用市場的改變與聯合貸款數量的減少之評論爲：「對於許多可能借方的信用之不確定，讓金融機構更仔細地致力於利潤增進與資產品質強化的過程」。

　　當西方的衰退結束時，銀行於1995年再次擁有充沛現金，雖然MOF的概念已消失，貸款的利差再次減少。之後，1997／98年的全球金融危機使得利差再次增加！例如，英國的PowerGen在1998年中，以LIBOR加碼50bp的利率，辦理24億英鎊、五年期的貸款以購買中部電力公司。然而，過去的聯合貸款是LIBOR加碼22.5bp。同樣的，Bass買下洲際飯店的資金，是來自30億美元的聯合貸款，利率是LIBOR的加碼（視貸款期間而定）。範圍介於22½bp至27又½bp之間；過去的貸款利差爲15bp。

　　由上我們可以看到許多貸款的目的都是收購。除了上述以外，還有Vodafone貸款140億美元收購AirTouch、Olivetti貸款225億歐元以收購激烈反抗的義大利電信、銀行也承諾410億歐元讓Elf Aquitaine收購TotalFina。

　　爲了更具彈性，銀行組成一個正式的次級市場，讓貸款承諾可以出售給其他銀行。銀行貸款在美國的交易頻繁，但歐洲直到最近還是相當落後。這尤其適用於所謂的「危險負債（distressed debt）」。

　　「貸款市場協會」是由七個國家，於1996年12月在倫敦創立的。現在正式會員有100家銀行，準會員有43間機構。根據巴克利資本公司的資料，交易量於1998年達到300億美元，相較於1992年的30億美元。

　　1997年ICI 85億美元的聯合貸款是個分水嶺，其中10億美元在六個

月內交易完畢。

在1999年三月，為了處理危險負債而發佈了管理規則。這一類包括歐洲迪斯奈樂園、英法隧道與Queens Moat Houses等。這個風險高的貸款變成另一個產品！

聯合貸款通常比債券發行更具彈性。資金視需要募集，可以更快速的安排。後者在收購情況中較為重要。

術語 稍早談論的貸款─定期貸款、備用貸款與循環貸款─通常是聯合貸款。這造成了各種術語的使用：

1. 主辦行（arranger/lead manager） 一開始，主辦行與客戶交涉，討論貸款安排的可能條件，針對貸款結構、到期日與條約，給予借方建議。主辦行協調其他貸方的參與。然而，也可能指派「送報員」，負責組合銀行團的跑腿工作。一旦產生銀行團，送報員的工作便告結束。不論方法為何，一旦與客戶的初期討論產生結論後，就會向合辦行發出參與的邀請。

2. 合辦行（co-managers） 和主辦行一起同意承銷貸款，保證客戶可以得到資金。各個合辦行都分攤部份的貸款─例如，2億美元。

3. 參加銀行（participating banks） 現在才加入銀行團。合辦行可能會邀請四家參加銀行，各分攤2,500萬美元的貸款。

4. 代理銀行（agent） 代理銀行這個角色非常重要，因此可以得到特別的費用。代理是監督的角色。代理銀行向各個參與者收取貸款，交給借方。同樣的，借方的付款也是經由代理銀行，按協議比率交給銀行團。代理銀行根據協議的每三個月或每六個月，通知借方關於銀行同業利率的新利率。代理銀行負責書面記錄，通知借方與貸方所有關於貸款安排的資訊。雖然沒有信用風險，還是有其他風險。如果代理銀行疏失弄丟銀行團的資金，它必須負責。

在雙邊貸款的情況中，有各種費用：

1. **貸款費或先付費用**　為了達成貸款協議，所有相關銀行都有先付費用或貸款費。可能是固定費用或是相關資金的百分比。主辦行還因為特別的工作而收取額外的費用，稱為praecipium。

2. **承銷費用**　這是支付給在擴大銀行團前，負責最初承諾的承銷銀行團的費用。有一定的風險。例如在Magnet Joinery的管理買回案例中，一群以信孚銀行為首的主辦行，發現可能的銀行團成員因為察覺風險令人無法接受而都退出了，只剩下他們自己，事後證明退出是明智的決定！

3. **代理費用**　這是付給代理銀行扮演上述角色的費用。

4. **承諾費用**　稍早在雙邊貸款的例子中曾提到。此費用以基點為單位，支付給需要資本作為後盾的承諾。如我們所看見的，可以根據所有貸款、已動用部分或未動用部分（或上述混和）。通常費用是根據未動用部分，一般是利差的50%（見第五點）。

5. **貸款利差**　這是對貸放資金收取的利率與銀行同業利率的實際利差，例如，LIBOR＋50bp。可能不是固定的數字，而與銀行團採取的貸款期數有關。

雖然承諾費用通常是利差的50%，不過各種變化都是可能的。例如，德國的Thyssen集團安排了12億美元、為期七年的循環信用貸款。先付費用為8bp，隨著貸款使用的多寡，與LIBOR的利差便不同。例如，如果使用少於33%的貸款，利差便為10bp，如果使用多於66%，利差便為20bp。

NIF、RUF與MOF都是循環信用貸款。一般說來，定期貸款、備用貸款、循環貸款與專案融資較可能涉及聯合貸款，除非它們的規模不大。

然而，1980年代的激烈競爭，使得人們開始討論「關係銀行業」與

雙邊協議。

關係銀行業（relationship banking） 指的是公司積極與少數銀行建立密切關係，並且雙邊協議。

不過，除非銀行的數目真的非常少，否則雙邊協議只有擁有大量資源的財務部老手才能使用。代理銀行在擬定貸款時所做的工作不應被低估。30家銀行組成的銀行團對公司而言只是一次的溝通—代理銀行負責其他的工作。30個雙邊協議代表著30次的溝通——一次一家銀行。

貸款協議

如果貸款是聯合的，那麼將有一份貸款協議，一組契約條款，但是欠各家銀行的金額是個別的負債。

1. 說明（introduction） 涵蓋了貸款金額與目的、劃分情況與參加銀行的細節。
2. 貸款（facilities） 貸款可能劃分成各個期間，對於利率與償還都有不同的條款。此處涵蓋了劃分的程序。
3. 還款（payment） 涵蓋了利息計算、銀行同業利率的計算、還款安排、費用、或任何類似的收費。
4. 條款（provisions） 為了保護銀行，所以會有契約、無力償還情況列表、以及基本情況改變時的程序。

在提領資金前，會將最終的文件送交給代理銀行。代理銀行必須確定文件涵蓋了同意的事項。

契約（covenant） 這是當借款人的體質改變時，設計來保護銀行的。如果違反契約，銀行的承諾即終止。貸款將會重新規劃。常見的契約包括：

❑ 利息保障倍數（interest cover）這是盈餘（稅前息前）與利息間

的關係，用來確保公司有相當餘裕可支付貸款利息。如果沒有的話，借款人如何償還本金？有時候會使用現金流量而非盈餘。畢竟盈餘不等於現金。

❑ 淨值（net worth）假設所有資產均售出，負債均清償，還剩下什麼？這通常是股份資本與保留盈餘±當期損益，減去商譽、稅金與應付股利所得的數字。協議將約定最低的淨值。

❑ 總借款（total borrowing）將有所限制，並且必須涵蓋分期付款購買、融資租賃與「可賣回」的資本設備（見第六章）。

❑ 連動（gearing）將載明長期負債對資本—如上述淨值中所定義的—的最大比率。

❑ 流動比率（current ratio）將約定流動資產對流動負債—流動性的評估方法—的最低比率。

無力償還情況（event of default）這是貸款被視為無力償還的情況之列表，例如破產、經營權易主或類似的情況。連帶拖欠條款很重要。這意謂著其他貸款或債券的無力償還，將造成此貸款也無力償還。

反面保證（negative pledge）客戶保證不會提供證券作為任何來自其他銀行的貸款之擔保。

轉讓（assignment）銀行團之一可能將部分的貸款承諾轉讓給其他銀行。若沒有借款人的同意是不能這麼做的，但是貸款協議通常會說「此種同意不會無理的拒絕」。不過，出售任何的貸款可能在初期有所限制。例如，1991年秋天科威特55億美元的貸款，便約定180天內禁止轉讓給其他銀行。

移轉參與（sub-participation）指的是一家銀行將銀行團的部分貸款配額轉給另一家銀行，利息支付也一起轉讓。與客戶的貸款協議則不受影響。

若發生移轉或轉讓的情形，貸款文件也會改變，借款人會發現此改

變，而讓受人現在在法律上是這一部份的貸方。借款人擔心如果之後遭遇困難，公司與讓受人可能沒有密切的關係。

為什麼出售部分的貸款？資本適足率規則讓銀行難以從事新貸款。移轉可以釋出部分的貸款，轉向更具獲利性的地方。或者，為了改善資本適足率，資金也可能不會再借出。如果資本沒有問題，資金可以利用更具獲利性的機會。透過參與，我們可能向客戶收取LIBOR＋22bp，付出20bp，賺取些微的利潤。

在英國，移轉參與與轉讓受到詳細法規的限制—BSD 1989/1，「貸款移轉與書面記錄」。

批發銀行業議題

商業銀行的主要問題是公司放款的利潤越來越低，市場越來越小。競爭迫使貸款收費降至難以獲利的水準。國際資本市場的成長，使得過去十年間債券與證券的發行增加而犧牲了銀行貸款。歐元的來臨使得情況更為惡化。11個國家以歐元計價的公司債單一市場，可能加速歐洲大陸以債券發行取代公司貸款，歐洲大陸到目前為止，傳統上銀行貸款仍是較債券發行受歡迎的融資來源。

其結果之一是轉向較具風險，但也潛藏較高獲利的貸款。在1993年，有35%的國際聯合貸款放給低於投資評等的公司，到了1998年底，這個數字變成了62%。公司貸款一般正在增加。受到低利率的吸引，公司借款買回權益—受到宣稱貸款現在比權益還要便宜的財務理論家之鼓舞而風行一時（儘管正統的財務理論—Modigliani-1958年米勒的研究—證明了不論公司以貸款或是權益來融資，公司的價值都不會改變）。

另一個結果是接受高品質但低利差、資產負債表以外的負債，以證券方式出售—將於第六章討論此過程。

最後一個結果是商業銀行買下投資銀行—德意志銀行與信孚銀行、

Swiss Bank Corporation與華寶證券、ING與霸菱。這些改變不一定都成功。英國的巴克利與威斯敏斯特國民銀行都因為投資銀行子公司損失大筆資金，必須縮減支出。商業銀行業與投資銀行業是非常不同的文化，將兩者合併會產生嚴重的問題。一般相信銀行應該提供客戶完整的服務，但客戶真的在乎嗎？客戶常常使用一家銀行來發行債券，另一家銀行辦理公司貸款，不覺得有任何特定的缺點。

全球在同等規模銀行中最賺錢的一家是勞伊茲TSB──一家非常集中的零售銀行。

摘要

商業銀行從事存放款的傳統業務。業務有零售（一般大眾、商店與非常小型的企業），也有批發（其他銀行、公司與機構）。

零售銀行業涵蓋了活期存款、支票簿、儲蓄存款、信用卡，以及如透支、個人貸款與抵押的貸款服務。通訊發展加速了家庭銀行業的普及。

付款結算可能涉及了支票或電子付款系統。支票非常昂貴，銀行試圖透過家庭銀行業與轉帳卡的使用以減少支票的使用。

今日零售銀行業的主要議題包括競爭增加、成本控制、非銀行業產品的銷售與資訊科技的使用。尤其是銀行與保險公司之間的聯繫增加，產生了「銀行保險（bancassurance）」這個字。

批發銀行涵蓋了對象較零售銀行業大的機構之銀行貸款，以及其他章節將討論的活動──貨幣市場、外匯與貿易融資。

貸款可能是受到約束或不受約束的。

未受約束貸款包括了透支、信用額度與銀行承兌。

受約束貸款包括定期貸款、備用貸款、循環貸款與專案融資。

聯合貸款對於大額的國內與跨國界業務非常普遍。有主辦行、合辦行、參加銀行與代理銀行。

涉及各種費用—貸款費或先付費用、承銷費用、代理費與承諾費用。最後,還有貸款利差。

貸款協議包含了貸款金額、目的、分期貸款、利率計算與條款。

條款之間會有契約。這是當借方的財務狀況惡化時,設計來保護銀行的。包括了利息保障倍數、淨值、總貸款、連動與流動比率。

其他條款涵蓋了無力償還情況。還有反面保證—客戶承諾不會將證券作為向其他銀行辦理貸款的抵押品。

銀行可能轉讓或移轉部分的貸款給另一家銀行,或者可能是較不正式的移轉參與。

公司貸款的利潤減少,使得許多商業銀行從事風險較高的貸款。另一個回應是進入投資銀行業以擴充服務範圍。

第五章

投資銀行

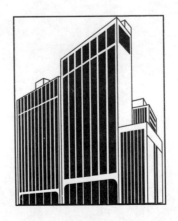

前言

「商業」與「投資」銀行業並不是完全分離的。有些活動會互相重疊，兩種銀行都會從事，例如，匯票的承兌與貼現、外匯交易與一些貿易融資。儘管如此，某些活動仍被視爲完全的投資銀行業（例如，承銷股票發行），我們將在本章討論這些完全的投資銀行業，同時也提及一些重疊的業務。

（商人銀行一詞，在英國是用來指投資銀行，但在美國有更爲狹義的含意。）

投資銀行業

投資或商人銀行的活動可歸納如下：

- ❏ 承兌
- ❏ 公司理財
- ❏ 證券交易
- ❏ 投資管理
- ❏ 貸款安排
- ❏ 外匯交易

承兌

雖然今日的商業銀行也承兌匯票，但在歷史上這是投資銀行的業

務。第二章提到了在1463年，Medici銀行協助一家威尼斯公司利用匯票與一家倫敦公司交易。在英國的工業革命期間，全球各地的公司都提出此要求。英國（與荷蘭）的商人銀行，在協助匯票交易時扮演的角色非常重要。的確如此，英國商人銀行俱樂部直到1987年12月之前，都被稱為「承兌行委員會」。

　　雖然匯票也可以由內地企業使用，但主要是用於進出口業務。出口商向進口商銷售100,000美元的貨物，協議將在三個月後付款，假設是1999年2月2日。出口商做成匯票然後寄給進口商簽字。圖5.1顯示了實際的訊息。

1998年11月2日
因為貨物交易，你欠我100,000美元，請在1999年2月2日付款。

簽名處：A.N. 出口商

是的，我同意

簽名處：A.N. 進口商

圖5.1　匯票概要

　　如你所預期的，實際的文件要比上述正式的多。不過儘管如此，圖5.1仍傳達了基本的想法。請注意，出口商做成匯票，也就是草擬匯票。（在國際貿易中還有一個類似的文件，稱為約定支付單，由進口商做成文件，因此出口商比較不能控制用字。）

　　進口商在付錢之前有三個月的時間處理貨物。而出口商有一份國際接受的債權表格。他讓出口商三個月後才付款（非必要，但很普遍），另一個選擇是寄出發票，樂觀的寫上「付款條件30天」，但不能保證貨款會及時支付。

　　如果出口商沒辦法等三個月，需要資金維持現金流量呢？出口商可以找銀行貸款，準備一堆的文件證明現金已經在路上了。或者出口商也

可以把匯票賣給銀行。因為銀行借出100,000美元三個月，不可能交給出口商100,000美元，而是較低的金額以反映風險與資金成本—可能是97,000美元。匯票折現出售，這個過程稱為匯票貼現（discounting the bill）。

讓我們看看此過程的圖示（圖5.2）。

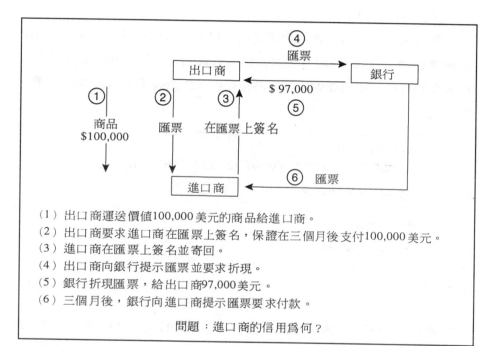

（1）出口商運送價值100,000美元的商品給進口商。
（2）出口商要求進口商在匯票上簽名，保證在三個月後支付100,000美元。
（3）進口商在匯票上簽名並寄回。
（4）出口商向銀行提示匯票並要求折現。
（5）銀行折現匯票，給出口商97,000美元。
（6）三個月後，銀行向進口商提示匯票要求付款。

問題：進口商的信用為何？

圖5.2　匯票：I

問題是，銀行可能不確定貿易商的信用狀況，不願意折現匯票。因此，實務上可能會要求貿易商在當地找一家商人銀行簽發匯票。在19世紀，若匯票是由霸菱兄弟、Rothschild's或Bank Mees簽發，那麼銀行會毫不猶豫地予以貼現。這項服務，也就是承兌匯票，自然地會收取費用。（不論誰簽發匯票、承諾付款，都可說是承兌匯票。不過當人們談論「承兌」時，他們通常是指銀行的簽發。）事實上，銀行提供匯票自己的信用狀況，而不是貿易商的信用狀況。這也就是銀行在工業革命中

的重要性。（因為1890年流通在外的匯票中，有許多的承兌銀行都是霸菱兄弟，因此該銀行當年在對拉丁美洲的不明智投資後，英格蘭銀行會伸出援手。不過在1995年，就沒有第二次解救機會了。）

我們看到Josiah Wedgewood在1769年寫給一名義大利客戶的文件，

My foreign correspondents name me a good house, generally in London, to accept my draft for the amount of the goods.

或是1795年Boulton 與Watt，

We undertake no foreign orders without a guarantee being engineers not merchants.

（摘錄自Chapman 商人銀行之興盛，Allen＆Unwin,1984年）

之前的圖現在做了一點修正（見圖5.3）。

今日，貿易融資的整個過程，就在出口商銀行與進口商銀行之間的合作中完成。通常會涉及跟單信用狀，將在第十章討論。

到目前為止，我們討論特定一筆交易的匯票。今日銀行承兌市場已達到高度精密的新水準，尤其是倫敦的市場。信用良好的大公司會要求銀行（不論是投資或商業）承兌承諾在未來某期間償還特定金額的匯票。公司現在將匯票在地方貼票市場中折現，目的是籌措整體貿易所需資金，而不是為了特定一筆交易。的確，在倫敦，如哈洛德或Marks and Spencer的公司，即使完全不以信用方式銷售、零售商收到現金，也會這麼做！

商業銀行相當熱衷於承兌匯票，這也是英國的「承兌行委員會」於1987年解散的原因之一。此委員會並未包括商業銀行或外國銀行。這似乎非常不合實際。在任何情況中，承兌都不再是英國商人銀行獨佔的業務。

匯票在英國的使用非常廣泛，在歐洲大陸也相當普遍，但在美國則

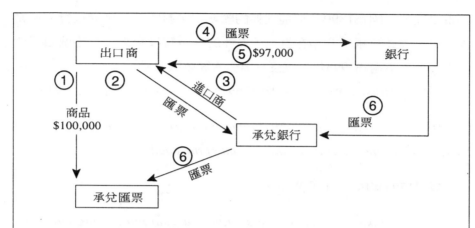

（1）出口商運送價值100,000美元的商品給進口商。
（2）出口商要求銀行「承兌」匯票，保證三個月後支付100,000美元。
（3）銀行承兌匯票並寄回。
（4）出口商向銀行提示匯票，要求折現。
（5）銀行折現匯票為97,000美元。
（6）三個月後，銀行向承兌銀行提示匯票，要求100,000美元的付款。後者向
　　進口商，或進口商的銀行要求付款。

備註：由貿易商簽發的稱為商業匯票。
　　　由央行認可之銀行承兌的匯票稱為銀行匯票或合法匯票。央行本身也
　　　會貼現匯票，這是「最後的貸方」角色的一部份。

圖5.3　匯票：Ⅱ

不太常見。通常使用於對亞洲、印度、澳洲與紐西蘭的出口。

公司理財

　　公司理財很可能成為投資銀行中，極為重要的一個部門。此部門負
責：

❏ 新發行—股票／債券
❏ 增資股發行

❑ 合併與收購
❑ 研究

新發行　不論股票或債券的新發行，都涉及了證券定價、向投資人銷售、承銷，與關於必須遵守法規之建議。與律師及會計師的密切合作是必須的，而他們的費用就像銀行的費用一樣，高的驚人。

承銷，是無法說服投資人時，購入所有證券的承諾。收取費用（這是當然的），而風險則與其他的商人銀行及投資機構一同分攤。近代發生最戲劇性的事件，是英國政府將剩餘的BP股份公開出售時。在價格敲定後、出售結束前，不幸地於1987年10月發生市場崩盤。這次的發行失敗，承銷商必須買入所有股份，產生鉅額的損失。

在股票的情況中，承銷商將購買投資人不願認購的股份。另一方面在歐洲債券市場中，承銷銀行團向發行者購入所有債券，然後再出售給投資人。

增資股發行（於第七章討論）　也需要定價，當市價低於認購價時，便需要承銷。就技術面來看，BP算是增資股發行，因為有些股份已經存在，但要創造新的股份，政府開放讓大眾購買這些股份。

中歐、東歐與前蘇聯的新興自由市場中許多的私有機構，為美國與歐洲的投資銀行家創造許多工作。因為缺少先例，所以急需建議與協助。市場上名聲最響亮的通常是美國的公司—美林、所羅門美邦、摩根史坦力與高盛。但開啟大門的卻是瑞士／美國的公司，波士頓第一信貸。

合併與收購　計畫收購的公司，會向投資銀行尋求關於價格、時點、策略等協助與建議。相對的，被收購的目標也會向投資銀行要求擺脫這些掠奪者的協助。在英國，Guinness在漫長、惡毒的爭鬥後，收購了蘇格蘭威士忌公司的蒸餾廠。不幸的是，Guinness和顧問公司，Morgan Grenfell，之員工，被控不正當行為之罪名而必須接受審判。在

審判期間，據透露Morgan Grefell及同事拿到6,500萬英鎊，律師
Freshfields拿了200萬英鎊。這是相當大的數字。在類似此案的大型收購
中，雙方可能都有三家以上的投資銀行。

　　現在，收購或合併很可能跨越國界—克萊斯勒／賓士：BP/ Amoco
；安聯／AGF：福特/VOLVO：Astra/Zeneca。表5.1所示為主要的顧問公
司。

　　在美國，惡名昭彰的「垃圾債券」時代（第六章）見證了小型公司
利用債券募集大筆資金以收購更大的公司。（在「華爾街」這部電影
中，Gordon Gecko向他計畫中的受害公司之股東所做的演講，據說就是
根據Ivan Boesky所做的真實演說。他創造一個無恥的口號，「貪婪是美
好的」。）

表5.1　全球交易的主要財務顧問公司，1998年

顧問公司		（1997年的排名）
1	高盛	（3）
2	摩根史坦力添惠	（1）
3	美林	（2）
4	所羅門美邦	（6）
5	波士頓第一信貸	（4）
6	李曼兄弟	（10）
7	JP Morgan	（8）
8	Lazard Houses	（5）
9	華寶證券	（7）
10	大通曼哈頓銀行	（25）
11	Donaldson, Lufkin & Jenrette	（11）
12	德意志銀行	（16）
13	美國銀行	（—）
14	Rothschild Group	（15）
15	Bear Sterns	（9）

　　Drexel Burnham Lambert 在這段期間，靠債券發行與收購議價賺取的費用，讓它快速地成為華爾街最賺錢的公司之一（在公司存續期間一直如此）。

　　一些關於收購戰爭的術語產生。如果收購勢在必行，商人銀行可能會找一個較原先掠奪者更好的競爭對手。這個較能被接受的對手稱為「白色武士（White Knight）」。例如，在1999年4月，義大利電信在面對來自Olivetti的惡意收購時，轉向德意志電信公司要求充當白色武士（不過，這個戰略並未成功）。有時候可以發現一或兩個人，持有重要的少數股份因而阻止收購。這稱為「善意第三人（White Squires）」。當勞伊茲於1986年試圖收購渣打銀行時，因為一些位於亞洲與澳洲的企業家持有的股份而阻止收購。不過後來證明這對勞伊茲銀行反而是一項善舉，因為渣打後續的問題，嚴重的打擊一個素有高報酬美名的銀行。

　　有時候，善意第三人可能變成特洛伊木馬！當Britannia Arrow於1985年面臨惡意收購時，找到Robert Maxwell這個善意第三人。但之後他趕走董事會的人，安插自己推薦的人。

　　喜歡玩電腦遊戲的人可能對小精靈防禦感到興趣！反過來吞食追逐你的怪獸！TotalFina，一家法國—比利時集團，於1999年7月打算收購Elf Aquitaine，一家法國石油集團。兩週後，Elf Aquitaine 反收購了TotalFina！

　　有時候，公司可能以高價買回股票以說服購併公司退出。這稱為「綠色信件（greenmail）」，相對於勒索（blackmail）！在1986年，英裔的法國企業家，James Goldsmith爵士向美國的固特異輪胎與橡膠公司，提出不受歡迎的收購。最後，在一串惡毒的爭鬥後，公司買下Goldsmith及其合夥人的股份。他們在幾週的時間內就賺了9,300萬美元。雖然他不斷否認綠色信件的指控，不過這個事件卻讓他在美國的名譽受損。

　　在美國，一個對抗惡意收購的受歡迎抵抗方法稱為「毒丸法（poison pill）」。這是由一名頂尖的收購律師，Martin Lipton，於1980年

發明的，S＆P500指數超過中三分之二的公司都採用此法。

一旦某個股東的股份超過特定百分比時（通常是20%），即啓動毒丸機制。這讓公司可以提供所有股東一除了擁有20%股份的股東以外一低價購買新股票的權力，通常是50%的折價。這讓收購變的非常昂貴。

毒丸法在歐洲並不陌生。在1999年，LVMH與Gucci之間有激烈的爭鬥。Gucci將公司40%的股份出售給Pinault—Printemps—Redoute，這是由善意第三人，M.Pinault，所控制的公司。將LVMH原先34.4%的持股（花了14億美元取得的），稀釋成20%。Gucci在阿姆斯特丹註冊，到目前為止丹麥法庭拒絕LVMH的上訴，不過這種輕視現有股東權益的手段，在大部分的司法中都是不被允許的。

整體建議　大型公司的財務部門永遠都需要此建議。他們定期地與商人銀行開會討論匯率、利率、風險管理的預期，一般而言，可以協助他們確定公司政策。有時候客戶可能是政府或是準政府機構一例如沙烏地阿拉伯貨幣機關（SAMA）。

研究能力　如果銀行想要提供好建議、在籌措新資金時扮演主要角色，那麼研究能力對於公司理財部門顯然非常重要。公司可能非常創新，發明標準方法的新變化，例如可轉換資本債券、永久性變動利率票券、永久性拍賣市場特別股（AMPS）與類似的工具。研究可發現收購的可能目標，或及早提供潛在掠奪者的辨識。

得到良好的研究聲響很重要。許多調查會定期地要求基金經理人指出最佳的研究機構。這些調查其中之一是每年七月在英國所做的Extel調查。在最新的調查中（1999年），最佳的機構為美林、華寶證券、波士頓第一信貸、BT Alex Brown與匯豐。各部門的分析師也是調查對象，他們和小組成員通常變成挖角的目標。

證券交易

在公司理財中，我們看到了初級（primary）市場活動—股票上市與增資股發行。證券交易帶領我們進入次級（secondary）市場，處理相同的股票與債券。

交易發生在某一個交易室中，此交易室擁有電腦與通訊設備，提供每分鐘的報價，並且和全球各地的經紀商與投資人接洽。

交易涵蓋了國內的債券與股票以及國際的債券與股票。國際債券於第六章討論。當公司位於投資銀行所在市場的國家以外時，其股票稱為國際股票。

許多國家（法國、比利時、英國、西班牙與義大利）的舊傳統是將國內的債券與股票保留給非銀行的股市成員。自1986年10月倫敦的金融大改革以後，開始產生改變，並擴及上述所有市場。銀行可以進入這些市場，打破過去的壟斷。銀行可以是單純的投資銀行、商業銀行的子公司，或是綜合銀行（見第二章）。

在這些經紀商身旁的是精通衍生性商品—選擇權、期貨、遠期利率協議等等的專家。我們將於稍後章節討論，它讓經紀商及其客戶以較實際買賣證券為低的資本，預測未來的價格波動，或是規避風險。如果商業銀行擁有投資銀行的子公司，那麼可以在該子公司內發現精通衍生性商品的專家。

此部門的經紀商扮演雙重角色。他們代表客戶（其中有些可能是公司內部的部門），也可以自己操作—通常稱為「自營商交易」。

投資管理

這些經紀人可能控制銀行本身的資金，也可能管理他人的資金。包

括了：

- ❏ 高收入人士
- ❏ 公司
- ❏ 退休基金
- ❏ 共同基金

高收入人士　他們可能利用商業銀行處理所有事務，包括投資。在第二章，我們稱此為「私人銀行業」。他們也可以利用投資銀行處理多餘資金（但會約定最小金額）。股票經紀人也可以處理這種業務，不過最低金額較投資銀行要求的低的多。

公司　公司可能擁有良好的現金流量，想要付錢給某人代為管理投資，或是建立將來收購活動所需的大額資金，目前暫時由投資銀行來管理。

公司並未限制是傳統的公司，SAMA便是一例。

退休基金　在退休金計畫存在的經濟體中（例如美國、英國、荷蘭、瑞士與日本），他們可能覺得自己缺少管理資金的技巧，因此付錢給他人代為管理。在這些經濟體中，退休基金通常是投資管理部門最大的客戶。

共同基金　將於第七章討論，是從事貨幣市場工具、債券或權益的集合性投資。銀行可能經營自己的基金，並且向小型投資人宣傳其優點。此外，銀行也會為他人管理共同基金。一些獨立的組織會提供基金表現的定期統計資料，如果經理人的表現低於同等級的基金，可能會被開除，因此造成經理人決策的短視近利。不過，一位大型基金經理人對本書作者評論道：「長期是短期的加總。如果短期做對了，長期也會對。」

基金經理人會針對管理的資金收取小部分的費用，客戶也會碰到如經紀商手續費的費用。投資銀行面臨的競爭，可能來自獨立基金經理人

的公司，他們非常專精於這一行，或是來自大型退休基金，後者也會尋找較小額的資金。

第七章將討論影響股市活動的基金經理人與投資機構的角色。

貸款安排

當特別的專案需要複雜的聯合貸款時，常常可以見到主辦行就是投資銀行。銀行使用專業的技巧，決定貸款條約與資金籌措最便宜的方法。可能涉及了使用第十三章將討論的交換市場。通常會有數個小組爭取這些專案，例如，英法隧道、赤臘角機場、伯斯普魯斯大橋。在英國的Teesside發電廠一例中，銀行團提供資金但主辦行卻是美國的投資銀行，高盛。

除了大型、複雜的專案，投資銀行也會協助客戶籌措國際貿易所需的資金。這就和主要的商業銀行活動重疊了。此時關鍵便在於知道出口商或進口商所需的便宜資金來源（例如，發展銀行），或甚至充當代理人或中間人─出口公司或保付公司。這些活動將於第九章「貿易融資」中討論。

外匯交易

第六章將討論外匯市場。通常我們將此視爲商業銀行的活動。然而，被許可從事商業銀行活動的投資銀行，也會爲客戶及銀行本身的需求從事外匯交易，這可能是重要的獲利來源。因爲各種國家有不同的管制（將於本章最後討論），所以我們提出上述關於「被許可從事商業銀行活動」的論點。

一般說來，美國與日本的投資銀行擁有適度的外匯交易部門。不過英國的商人銀行已得到銀行業的全面許可，通常將外匯交易視爲主要的

活動，同時也擁有提供客戶存款功能的銀行業部門。

雜項活動

投資銀行還有許多雜項活動，可能透過個別的子公司來執行。例如，商品交易（包括衍生物的交易）便相當普遍，美國所羅門兄弟與Phibro之間的連結便是一例。其他活動包括了保險仲介、壽險、租賃、應收帳款買賣（見第九章）、不動產發展與創投資金。最後一項活動，包含了為新成立或成長中的公司融資，因為它們的發展還不足以吸引透過股票、債券或傳統銀行貸款取得的資金。創投公司提供股票與貸款，希望公司在當地股市上市後，可以得到更大的資本利得。

這些雜項活動中，有許多與商業銀行的活動重疊—例如租賃、應收帳款買賣與創投資金。

管制

我們看到許多商業銀行擁有投資銀行的子公司，綜合銀行從事所有種類的銀行業。我們也看到許多活動涉及商業與投資銀行業，不是每次都能畫出明確的界線。因此，可能有人認為這兩種銀行業的區別不是那麼顯著，直到他發現這兩種類型在世界最大的兩個市場中—美國與日本—受到法律的特意區隔。

當華爾街在1929年大崩盤時，美國的相關單位歸納，商業銀行可能利用存戶的資金參與冒險的股市活動。通過1933年的Glass-Steagall法案（根據參、眾議會相關委員會之主席的名字來命名）移除此風險。引入了存款保護方案，給予聯邦準備銀行更大的監督權以及區分商業銀行與投資銀行。商業銀行可以接受存款但不能承銷任何證券。投資銀行可以處

理證券承銷但不能接受存款。結果，一邊是商業銀行（花旗、大通曼哈頓銀行、Chemical、J.P.Morgan），另一邊是投資銀行（所羅門美邦、高盛、美林）。J.P Morgan仍是商業銀行，將投資銀行業務移給摩根史坦力，後者現在是獨立的銀行。在倫敦，和Morgan Grenfell之間原本就薄弱的關係，之後也中斷了。

不過，這整個事件是基於對情勢的誤判。亞特蘭大Emory大學的財金教授，喬治·班森，發現證券交易拖垮銀行的論點，「幾乎沒有任何根據」。

當美國在二次大戰後佔領日本時，將相同的限制加入日本的證券交易法第65條中。因此，產生了商業銀行（Dai Ichi Kangyo、三菱銀行、Sumitomo、櫻花銀行），與相當獨立的證券商（Nomura、Daiwa與Nikko）。

義大利在1930年代初期通過類似的法案，產生一家主要的投資銀行，Mediobanca（部分州營）。但在1988年廢除此法。

近年來有過數次將Galss-Steagall廢除的嘗試。其中之一是1987年11月的Proxmire-Garn議案，另一個是1990年2月，由財政部長，Nicholas Brady，提出的全面改造法案，其中一部份便是關於廢除Glass-Steagall。兩個法案都沒有獲得成為立法必須的支持。1995年的新國會雖然信心滿滿地預期可以廢除Glass-Steagall，但還是沒有採取任何行動。

聯邦準備局因為等不及了所以開始採取行動。在1989年1月，給予五家銀行—J.P.Morgan、花旗、大通曼哈頓銀行、太平洋證券與信孚銀行，承銷市政債券、抵押債券與商業本票的權力。然而，必須由獨立的子公司處理業務，而且不能超過子公司業務量的5%（稍後增至10%）。在1989年6月，J.P.Morgan得到承銷公司債的許可，在1990年9月後又放寬承銷證券（限制與之前相同）。接著，在1991年1月，信孚銀行、加拿大皇家銀行、加拿大帝國商業銀行也擁有受到限制的類似權力。之後，在1997年3月，聯邦準備局將上限由10%提升至25%，到了4月，信孚銀

行購入一家投資銀行，Alex Brown。Glass-Steagall法案就此瓦解！然後在1998年，花旗銀行宣布與Travellers 集團合併，包括了所羅門美邦與保險公司——後者是Glass-Steagall所禁止的。聯邦當局核准此合併案，但聲明除非Glass-Steagall法案在兩年內廢除，否則合併後的集團必須出售所有的保險公司股份（約佔總收入的20%）。有一項但書是聯邦準備局可以選擇將期限由兩年延至五年。

上述合併案讓所有人相信Glass-Steagall即將終止。雖然1999年在國會，關於新銀行業法案仍有激烈的爭論，但到了11月時，這些問題似乎都已解決，Glass-Steagall的結束就在眼前。

在日本，財政部發行數份文章，說明類似管制解除在日本的可能性。1993年出現第一次的積極改變。一些商業銀行可以從事有限的債券交易，到了1994年11月，可以從事這些交易的商業銀行變多了。結果，許多大型銀行，如Dai-Ichi Kangyo、東京銀行—三菱銀行、富士銀行、IBJ與LTCB成立子公司處理債券交易。1993年的改變也讓經紀商可以從事投資信託、土地信託與外匯交易。Nomura、Daiwa、Nikko與Yamaichi都成立信託銀行的子公司。最後，在1997年6月，財政部宣布到2001年時，完全管制解除的計畫。

完全的管制解除，被描述成日本的「金融大改革」。其時間表為：

❑ 1997　個別股票的選擇權交易。
　　　　證券公司可以擁有資產管理部門。
❑ 1998　經紀商對於超過5000萬日圓的交易可以減價競爭。
　　　　外匯交易運作自由化。
　　　　日本銀行可以自行決定利率。
　　　　非銀行的貸方可以發行純粹債券。
　　　　解除對證券衍生性商品的限制。
❑ 1999　經紀商所有的費用都自由化。

市銀行可以發行純粹債券。

解除對經紀商與信託銀行子公司的限制。

❏ 2001　銀行可以銷售某些種類的壽險。

銀行和保險公司可以透過子公司，從事彼此的業務。

結果我們看到了許多新的聯盟。Travellers集團在1988年中期購入Nikko證券25%的股份。美林買下遭清算後的Yamaichi證券30間的辦公室，並且雇用1000名的員工。德意志銀行和日本人壽簽約銷售共同基金。IBJ與Nomura結合。Sanwa Bank持有寰宇證券30%的股份，Daiwa Bank擁有宇宙證券大部分的股權。Sumitomo與Daiwa證券成立聯合投資銀行營運。

摘要

投資銀行的活動可以歸納如下：

承兌　銀行在匯票上簽名以提供更好的信用品質。匯票是支付貿易負債的承諾。如果此銀行是央行認可的銀行，那麼此匯票稱為銀行匯票。其他的稱為商業匯票。匯票通常折現出售。商業銀行也會承兌匯票，但這傳統上是投資銀行的活動。

公司理財　包括股票與債券的新發行、增資股發行、購併與研究。

證券交易　交易包括了貨幣市場工具、股票、債券與衍生性商品。

投資管理　管理的資金來自高收入人士、公司、共同基金與（最重要的）退休基金。

貸款安排　有時銀行不會放款，可能協助組成銀行團提供大規模金融產品。

外匯交易　主要的外匯經紀商是商業銀行，但投資銀行仍需要維持

外匯部門。

在美國，Glass-Steagall法案區隔投資與商業銀行，但聯邦準備局的行動已削弱此條款，當本書出版時此法案可能已廢除。

在日本，過去關於商業銀行、投資銀行與保險的證券交易法第65條，已經廢除。

在歐洲，銀行從事商業與投資銀行業務，稱為綜合銀行。

全球的金融市場

證券市場

第六章

貨幣與債券市場

利率

到目前為止，我們將與存放款相關的利率視為理所當然。該是仔細研究的時候了。

利率就是貨幣的價格。我們常無意地使用「利率」一字，不過市場沒有單一的利率。不同的借方適用不同的利率，不同的期間也有不同的利率。一家製造機器工具的中型公司，預期將比政府付出較高的利率。政府借三個月與借十年付出的利率也不同。

利率受何影響？我們剛剛已觸及兩個主要因素-風險與到期日。

風險

讓我們先看看風險。貸方在借錢給一家製造機器工具的公司時，自然會預期比借給政府獲得更大的報酬。畢竟，公司有可能會遭到清算與倒閉。我們不會預期政府倒閉，雖然墨西哥政府和許多拉丁美洲國家在1980年代倒閉時曾經引起國際市場的恐慌（之後的恐慌更大）。俄羅斯在1998年8月無力償還國庫券也引起廣泛的反應。

在經濟合作暨開發組織（OECD）國家，如美國政府，其經濟體中政府適用最低的利率，因為他們被視為最安全的。因此政府利率成為其他利率的標竿。例如，希望借款三個月的美國公司，可能被建議支付「國庫券利率加碼1％」，也就是說，較美國政府國庫券利率多1％。這比用絕對利率來表示還要方便，因為批發市場中利率都不同，每天都在改變。例如，若三月期國庫券利率為$3\frac{7}{8}$％，那麼美國公司的利率為$4\frac{7}{8}$％。然而，明天的國庫券利率可能變成$3\frac{3}{4}$％，那麼公司利率就變成$4\frac{3}{4}$％。因此，我們發現用「國庫券利率加碼1％」來表達更為簡單。當然，當獲利

增加，資產負債表改善時，公司可能變的更為安全，其投資銀行現在可能認為其最適利率為「國庫券利率加上90bp」。bp是什麼？基點（bp）是很常見的術語，在表達相當小的利率差異上很有用。它是1%的1/100。因此，50 bp等於1/2%而100bp等於1%。任一利率與美國政府利率的差異稱為「與國庫券的差額」。在上述例子中，公司發現它與美國政府國庫券的差額由1%降至9/10%。

到期日

　　到期日是另一個重點，但在實務上並不總是成立。經濟理論告訴我們貸方借出資金五年時要求的利率，將高於借出三個月的。利率與時間之間的關係稱為「收益線（yield curve）」。如果長期貸款利率高於短期貸款利率，我們便可以預見如圖6.1的收益線。

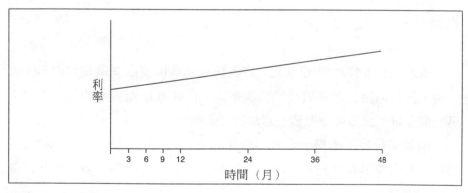

圖6.1　收益線

　　收益線是上揚的，也就是斜率為正。雖然這很合理，但在現實生活中卻常常不是如此。有時候短期利率高於長期利率，也就是我們稱為斜率為負，或下降的收益線。這可能是政府政策導致的。政府改變短期利率，不是為了刺激經濟，就是減緩經濟。例如，在英國，自1989年10月

至1990年10月，因為政府試圖減緩超過10%的通貨膨脹率，因此短期利率為15%。不過，投資10年期政府公債的報酬大約只有11%。相反的，在1992年中期，美國政府不顧一切地企圖要推動經濟。短期利率略高於3%，而30年期政府公債的價格隱含之利率為7½%。

預期

市場也受到預期影響。假設所有人都堅信利率水準將下跌。將有許多人想要提供長期資金，享受較高的利率。沒有多少人想要借用長期資金-他們寧願等到利率下降時再借。因此，長期利率相較於短期利率將開始下跌。相反地，如果利率預期將上升，那麼所有人都想提供短期資金，希望稍後可以享受高利率。借方偏好長期資金，在能力範圍內鎖住較低的利率。為了滿足借方的需求，長期利率將上漲以吸引資金。

流動性

流動性也影響利率-也就是貸方多快可以收回資金？這和到期日不太一樣。三月期與五年期資金的利率不同，但在五年期資金的例子中，有另一個考量：貸方可以改變心意拿回資金嗎？

儲蓄銀行對「未提示」或活期帳戶支付的利息低於「三月期定期」帳戶。若希望享有在任一時點，均能夠取回資金的彈性，就要付出代價（較低的利息）。

在批發市場中，如果資金的借放是以權證表示，那麼在約定還款日前取回資金的方法之一，便是將權證賣給他人。

供給與需求

　　當然，我們無法忽略在不同市場部門中，供給與需求的整體問題。例如，自1988年至1990年的2年中，英國政府有剩餘，因此不需要發行債券來借錢。不過還是有來自英國與外國退休基金、保險公司與其他投資人的需求。造成政府公債的利率下降。我們在美國看到類似的效果，政府處於剩餘而公債發行減少。當我們研究1996年4月至1999年5月間，英國政府公債的收益線和奇特的曲折（見圖6.2）時，最能瞭解供給／需求因素。此圖也顯示收益如何逐年改變。

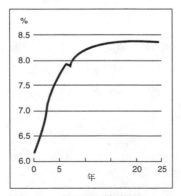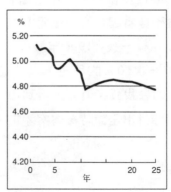

圖6.2　英國公債收益，1996年與1999年

　　5年以下，有許多的貸方，如銀行與英國的建屋互助協會。10年以上也有許多貸方—退休基金與保險公司。但是5年至10年間卻有短缺，因此利率稍微爬升（約10bp）以吸引貸方。

通貨膨脹

　　最後，任一利率是否物有所值，視通貨膨脹率而定。經濟學家所謂的實質利率，也就是名目利率減去通貨膨脹率。

在1989/90年間的英國，當政府積極地想要控制高達11%的通膨時，利率為15%。在1992年，利率降至10%，但通膨降至低於4%。因此，雖然名目利率由15%降至10%，但實質利率卻由4%增至6%。在1999年，名目利率為5%，而通膨為2½%，實質利率處於2½%的新低。

收益

收益是金融市場中最重要的一個術語。「收益（yield）」是以每年百分比表示的投資報酬。當市場亟需資金時，收益便非常重要。但不幸的是，收益不像看起來的那麼簡單！

假設你有一張在1996年發行，25年後—2021年—到期的債券。債券每年支付一次10%的利息。其收益為何？一開始，答案似乎很明顯，10%。「如果我買了債券，得到10%，還有什麼問題呢？」，問題是只有當你為債券付出全額時，答案才正確。

票面價值

債券有票面價值或名目價值，通常是1,000美元、100英鎊、1,000馬克等等。這是利息支付的基礎以及到期日將償還的金額。若購買25年期、10%的債券，付出1,000美元的票面價值，那麼你的收益率便是10%。不過，當次級市場交易開始時，投資者可能為票面價值1,000美元的債券，支付多或少於1,000美元的代價—這就影響了收益率。債券價格是以票面價值的百分比來表示的。例如，若價格是90，那麼票面價值1,000美元的債券定價為900美元。在英國，票面價值為100英鎊。價格90意味著票面價值100英鎊的債券定價為90英鎊。

假設上述25年期債券是英國政府公債，而你在發行時購買了5,000英

鎊：畢竟，政府公債是最安全的，不是嗎？兩年後，你需要資金並且決定出售，不過利率水準已經改變。長期政府公債的收益現在是 $12\frac{1}{2}\%$。如果你想要拿回10%公債的所有價值，不會有人感興趣。當他們可以花100英鎊，購買每年支付12.5英鎊的新債券時，他們為什麼要付你100英鎊，得到每年支付10英鎊的債券呢？他們可能會付給你80英鎊，因為你的債券每年只付10英鎊，而80英鎊的投資每年取回10英鎊的利率便為 $12\frac{1}{2}\%$。因此，當利率走揚時，債券價格下跌。雖然名目利率為10%，但以低價購買債券可以使收益增至 $12\frac{1}{2}\%$，因為10英鎊是80英鎊的 $12\frac{1}{2}\%$。

假設你拒絕出售。兩年後，你失去工作，生活變得艱苦不論如何必須出售債券。不過，現在情況又不同了。長期政府公債的收益現在只有8%。當你試圖出售10%的債券時，將會發現有許多買方樂於支付高於票面的價值，因為目前的利率為8%，因此10%的收益相當吸引人。結果，因為利率下跌，債券的價格便上揚。在理論上，買方可能支付125英鎊，因為125英鎊的8%報酬便是10英鎊的收入。也就是說，125英鎊的8%就是10英鎊。

利息收益率

債券的票面利息稱為息票（coupon，其原因將於稍後解釋）。上述導出收益的計算是：

$$\frac{\text{息票}}{\text{價格}} = \text{收益率}$$

$$例如 \quad \frac{10\text{英鎊}}{80\text{英鎊}} = 12.5\%$$

$$或 \quad \frac{10\text{英鎊}}{125\text{英鎊}} = 8\%$$

此收益率的計算稱為利息收益率（也稱為簡單收益率、固定收益率、連續收益率或年收益率等術語）。它並不困難，但幫助也不大。

贖回收益毛率

讓我們回到當收益上揚至12½％的影響的例子。我們認為他人可能以80英鎊的代價購買你的債券，理由是：

1. 以100英鎊購買12½％的新債券-收益為12½％
2. 以80英鎊購買10％的現有債券-收益為12½％

不幸的是，我們忽略一個非常重要的因素一贖回。當債券贖回時，政府支付100英鎊。在例子1中，沒有資本利得。在例子2中，資本利得為20英鎊。因此，如果考慮這個因素，收益大於12½％。同樣的，如果任何人付出125英鎊，在贖回時也會面臨25英鎊的損失。市場將根據債券持有至到期日的基礎來計算。

因此，我們需要一個包括利息收益率，並且修正任何贖回收入或損失的整體計算方法。所得的數字便是贖回收益毛率（gross redempton yield）或到期收益率（yield to maturity）。（毛，gross，意味著忽略稅賦。因為我們不清楚投資人的租稅級距為何，所以不考慮針對利息或資本利得收取的任何租稅。）公式本身非常複雜，因為必須根據貼現的現金流量。我們利用未來的收入—利息與贖回—計算使此數字與今日的債券價格相等的收益率。或者，我們可以將收益率套入公式中，計算達成此收益率必須付出的價格。這就是這個公式之所以重要的原因-它是債券經紀商計算債券價格的方法。

假設，債券支付10%而市場收益為12½％，但贖回不是在2018年而是兩個月後。這會造成任何差異嗎？債券會不會以80英鎊的價格出售？當然不會一現在這是一份兩個月後價值100英鎊的文件。在原先例子中，為

什麼債券的價格這麼慘呢？這是因為債券提供10%而市場要求12½%，但如果只剩兩個月，利息支付就不重要了。重點是100英鎊的贖回就在眼前。

結論是越接近贖回日，次級市場的價格越接近100英鎊，利率改變也越不重要。因此，長期債券對利率變化非常敏感（利率上揚、債券價格走低，反之亦然）但短期則否。考慮兩個10%的債券。對買方的基本報酬是利息支付與贖回價值。假設一個債券一年後到期，另一個債券20年後到期。

		利息支付（英鎊）	＋ 贖回（英鎊）	＝ 報酬（英鎊）
1	一年後到期	10	＋100	＝ 110
2	20年後到期	200	＋100	＝ 300

在例子1中，大部分的報酬是贖回價值，不會受利率變動影響。

在例子2中，大部分的報酬是利息支付。如果利息與市場收益不同，那麼它對價格的影響會很大。

我們可以圖表方式呈現這一點，如圖6.3。

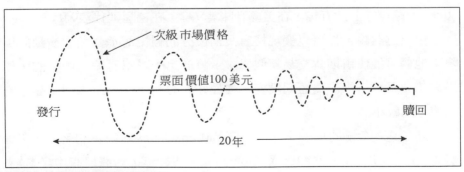

圖6.3　長期債券的波動性。

讓我們用一些實際的價格證明這一點。以下是1999年五月英國政府公債的價格：

	債券		價格
1.	10½%	1999年	100.13
	6%	1999年	100.24
2.	12%	2013/17年	174.02
	6%	2028年	120.39

注意在例1中有兩個債券，一個支付10½%，另一個6%。你可能覺得支付10½%的應該比較貴，但事實上兩個價格幾乎一樣—它們都即將贖回。

在例2中，一個債券支付12%另一個支付6%，此差異充分反映在兩種價格中。此處，贖回是15-30年後的事。

（順帶一提，上述2013/17年的贖回期間指的是在2013年至2017年間，政府可自行決定何時贖回。如果在2013年，利率爲10%，我們可以確定政府將儘早贖回，再以10%利率借款。不過，如果利率爲14%，此時爲什麼要停止支付12%，開始支付14%的代價呢？）

你可以發現美國的債券市場使用1/32的分數，歐洲大陸使用較敏感的十進位制。最小的價格波動，一邊是1/32另一邊是0.01，稱爲檔（tick）。國庫券上升五檔，在美國意味著5/32，在德國則代表0.05。

由上述討論，你可以發現持有長期債券的經紀商承受利率變動的風險。他們可能使用期貨交易規避風險，將於第十二章討論。同樣的，如果你想要購買債券作爲短期投資，你最好買短期債券，市場利率變化的風險會比較小。

關於這些危險的舉例，你可以閱讀Michael Lewis精彩的著作，*王牌騙局*（Liar's Poker，Hodder & Stoughton，1989年，台灣已有中譯本）。他敘述美林證券的營業員，Howie Rubin，於1987年一次致命的交易中，如何在長期債券損失2億5000萬美元的有趣故事。（因爲你不是Howie Rubin，所以這是有趣的故事！）

應計利息

在結束這些技術性問題前，還有一個因素要考慮。這就是利息支付時點的問題。假設利息每年在1月16日與7月16日支付兩次。你在1月16日於次級市場以90英鎊的代價購入10%的債券。你剛剛錯過了一次利息支付，必須等六個月才能得到下一次的利息。假設你必須在三個月後出售債券，此時債券價格未改變。如果你只能以90英鎊的價格出售，這似乎非常不公平，因為你已經持有債券三個月，這項投資一點報酬都沒有。同樣的，買方將得到5%的利息，雖然他僅持有債券三個月。

實際情況當然不是如此。當你出售債券時，將會收到至當日為止的應計利息。如果你持有名目價值100英鎊，利率10%的債券三個月，你可以得到一年兩次的利息的一半，也就是2.5英鎊（此計算就是將每100英鎊半年一次之利息支付—在本例中是5英鎊—乘上持有債券的天數佔半年天數的比例）。應計利息幾乎總是個別報價（在某些市場有例外，如可轉換債券）。無應計利息的價格稱為淨價（clean price）。你在電腦螢幕或金融報紙上看到的價格一定是淨價。出售時，會得到應計利息。購買時，必須付出應計利息。分開計算應計利息的理由之一是，這方面的收入在許多國家都要課所得稅。淨價的收入則為資本利得。

有一點很複雜。市場有截止點，在此時點持有債券的人將得到利息。之後債券被標為XD（已除息）。假設半年一次的利息支付是在6月10日，債券可能在6月3日除息。不過，利息是從12月10日到6月10日。在6月3日賣債券的人將得到至6月10日為止的利息，雖然他們在最後七天並未持有債券。任何在6月3日買債券的人，都不會得到當日至6月10日為止的利息，雖然他們已提早七天投入資金。因此，當債券於XD期間出售時，賣方（獲利者）將付給買方（損失者）應計利息。這是應計利息處理方式的一個例外。

信用評等

　　借方的信用水準越高，利率越低。有些市場（例如美國）希望借方的信用評等可以正式地評估，指示他們風險與適當的利率。有數家公司從事信用評等業務，其中最重要的兩家是標準普爾（S＆P，McGraw-Hill）與穆迪投資者服務公司（Dun and Bradstreet）。至於銀行，有一個位於英國的組織，稱為IBCA。此公司於1992年10月與法國的Euronotation合併。在1997年，又與美國第三大的評等組織─芬奇投資者服務公司合併。有些人將此視為泛歐洲體系挑戰對手標準普爾與穆迪的第一步。信用評等業開始於1909年，當時約翰‧穆迪出版了對公司負債的第一次評比─200家美國的鐵路公司。

　　這些組織研究債券發行與商業本票發行（將於稍後討論），根據風險予以評比。以標準普爾為例，評等是根據下列因素的不同程度而定的：

1. 無力償還之可能性-債務人遵守負債協議，準時支付利息與償還本金的能力與意願。
2. 負債的本質與條款。
3. 在倒閉、重組時，負債提供的保護與相關地位，或者在破產法與其他影響債權人權益之法律下的其他協議。

　　風險最佳的債券，在標準普爾被評等為AAA，在穆迪則為Aaa。標準普爾的完整列表為：

AAA

AA

A

BBB

BB

B

CCC

CC

C

C1

D

被評為D的債券，不是已經無力償還，就是預期將無力償還。

進一步細分，各等級還可以用加（＋）或減（-）來調整，例如AA＋或AA-。一債券在發行時可能被評為AAA，但若發行者的狀況惡化，則可能減至A。這會增加其借款成本。假設AAA債券的適當利率為10%，A債券的利率可能為10.75%。

在BBB這一級以下似乎有條看不見的線。評為BBB以上的債券是「投資等級（investment grade）」——可供選擇的高級品質。許多投資基金只投資BBB以上的等級。若低於BBB，引用標準普爾的話：

被評為BB、B、CCC、CC與C的負債，在支付利息與償還本金方面，被視為擁有極為投機性的特質。BB代表最低程度的投機，而C代表最高程度的投機。雖然此種負債也可能具有一些品質與保護特質，但巨大的不確定性與負面情況的風險暴露卻更重要。

垃圾債券就是非投資等級的債券。這背後有很長的故事，我們留待稍後再討論。

穆迪的系統類似，但用字稍微不同。

對於三個月貸款的風險觀點，可能與五年期貸款的相當不同。因此，兩種組織對於較短期的商業本票都使用較簡單的系統。標準普爾的分類是：

A1

A2

A3

B

C

D

　　無力償還的範圍自未履行一次利息支付到破產。穆迪的研究指出在超過15年的期間，只有1.1%原先被評為高等級的債券，變成無力償還。對於評為CCC以下的債券（在穆迪例子中則為Caa），無力償還率則為41.1%。

　　明顯地，非投資等級支付的利息必須高於投資等級以彌補風險。1997年與投資等級負債的利率差額是300個基點，但當1998年俄羅斯風暴產生後，又大幅增加（見第十五章）。

　　我們只要研究銀行，就可以發現組織喪失評等的例子。在1990年，有八家銀行（非國有銀行）被兩個機構評為AAA-Rabobank、德意志銀行、Morgan Guaranty、巴克利銀行、瑞士銀行公司、瑞士聯邦銀行、Crédit Suisse與日本工業銀行。因為衰退期後的商業壞帳，到了1992年中，八大銀行團縮減至四家—Rabobank、德意志銀行、Morgan Guaranty與瑞士聯邦銀行，之後到了1997年1月，只剩下一家-Rabobank！

　　標準普爾與穆迪的動作並不總是一致的。例如在1992年，穆迪將瑞士銀行公司由AAA調降評等。標準普爾直到1995年初才同步調降。

　　信用評等在美國國內市場與歐洲市場（於稍後解釋）廣泛地使用。它在歐洲還不是普遍的習慣，但英國的Polly Peck商業本票之無力償還，造成英國市場評等使用的增加。事實上，評等在歐洲的使用正日益增加。評等不僅適用於公司發行，也適用於政府發行。例如，在1998年6月，標準普爾將俄羅斯負債的評比降至B＋，這是問題即將來臨的明顯徵兆。

　　當1997年亞洲金融風暴來臨時，評等機構因為未能預見問題而遭到相當的責難。這些機構跟隨市場，而非主導市場。南韓在該年1月1日的

評等爲AA-，到了12月變成了BBB-。這些機構強調對外負債佔出口的比率，低估了無力償還的可能性。短期負債較先前顯示的高出許多。不過穆迪在1996年五月的確針對短期負債的逐年增加發出警告。

當然，信用評等機構擁有相當的權力。穆迪出版未經請求的評等而遭到批評。因爲此評等是根據不完善的資訊，使得公司爲了得到較佳的評等，被迫付費以得到完整的評等（債券發行人付錢而不是投資人）。在1996年3月，穆迪發現自己成爲美國司法部的調查對象，因爲公司違反反拖拉斯法。

關於「誰控制評等人員？」的問題，經濟學人在1996年4月6日的一份文章中總結：

> 理論上，評等機構有充分的理由堅持循規蹈矩，甚至要優於會計師與律師，因爲他們利用聲譽來做生意。如果債券投資人喪失對評等機構公正性的信心，他們將不再注意其評等…公司與政府也不會付費。

國內貨幣市場

我們之前提到有些市場是國內的（也就是說，以當地貨幣交易，並且受當地央行的控制），有些是國際的（例如，透過國際銀行團，在倫敦發行以日幣計價的債券）。

還有短期的貨幣市場（資金的借貸爲一年以下），與債券市場，此市場處理中長期的借貸。

本章我們先處理國內市場，涵蓋貨幣市場的各種工具與實務，之後是債券。

接著我們研究短期與長期的國際市場。

　　當我們研究國內貨幣市場時，我們發現沒有像證券交易所一般的單一市場所在地。在西方所有的金融市場中，有許多人每天都在買賣各種形式的資金。大量的資金被借用或貸放，有時僅僅是隔夜而已。

　　涉及一般大眾與小型企業，如商店，的交易，稱為零售市場。

　　大型參與者之間的交易一般稱為批發市場。參與者有央行、其他銀行、金融機構、公司與專業人士，如資金仲介。

　　本章大部分將關注於批發市場。

短期貸款

　　此種市場中的資金借貸都非常短暫，無法由市場工具或證券來代表。銀行稱其為「短期貸款（call money）」與短期貸款市場。資金由一家銀行借給另一家銀行，可以隨時要求還款。還有一家銀行借給另一家銀行的隔夜資金。「隔夜（overnight）通常指的是一天的中午12點至隔天的中午12點。有時候資金的借放，附帶了在3到7天的通知後，取回資金的權力。結果產生了資產負債表上「臨時與短期資金」這個科目。在大部分的市場中，隔夜拆款利率是平均值，適用於各種用途。例如在巴黎，在歐洲貨幣聯盟之前隔夜拆款利率是TMP（Tauz Moyen Pondéré）。現在這11個國家的利率為EONIA（歐元隔夜指數平均）。例如，法國的公用事業，Crédit Immobilier de France，發行兩年期的債券，利率每晚重設為EONIA。在倫敦，類似的利率為EURONIA，這是歐元在倫敦交易的隔夜指數型利率，相較於歐元在11個國家的交易。英鎊在倫敦的隔夜交易利率為SONIA。

銀行同業市場

　　除了上述非常短期的資金以外，還有一個非常大的銀行同業市場讓

銀行互相借放資金，期間自數周到一年。

在商業銀行業的討論中，我們強調銀行自存款取得資金，放款給他人的想法。銀行也會向流動性充裕的銀行借款以補足資金。因為這是銀行籌措新資金的邊際成本，因此其批發放款利率便是根據銀行同業放款利率。

在證券市場中通常會碰到買入價與賣出價等術語。買入價（bid rate）是經紀商的購買利率，而賣出價（offer rate）是經紀商的出售利率。因為經紀商購買的成本將低於出售的成本，因此賣出價顯然高於買入價，其差異稱為價差（spread）。

應用於批發資金，銀行提供的存款利率稱為買入價，而放款利率稱為賣出價。因此，倫敦的銀行同業利率稱為LIBOR—倫敦銀行同業拆放利率，與LIBID—倫敦銀行同業拆借利率。在東京可以看到TIBOR，在歐洲貨幣聯盟的11個成員國可以看到EURIBOR。美國是個例外，銀行同業利率稱為「聯邦資金利率（Federal Funds Rate）」。

我們已經知道利率隨著時間而改變，因此一個月、三個月、六個月與12個月的銀行同業利率也都不同。市場最常使用的到期日是三個月。如果有人問「今天英鎊的LIBOR為何？」他們指的是三個月期的LIBOR。當然，倫敦的銀行同業市場也會處理美金、日圓、馬克與其他貨幣，因此雖然LIBOR指的是倫敦，但不一定指英鎊。這些批發利率再次的隨時間而不同，各個銀行的利率也會不同。如果我們說英鎊LIBOR是$10\frac{1}{16}\%$，指的是市場中主要銀行的平均值。

買賣價之間的價差出乎意外的小。讓我們看看1999年5月，時代雜誌顯示的倫敦各貨幣三個月期資金的利率（表6.1）。

因為倫敦是大型的國際市場，所以我們最常聽到的利率是LIBOR。因為LIBOR是新資金的邊際成本，批發市場的放款利率可能是「LIBOR＋1/4」、「LIBOR＋35bp」、「LIBOR＋1/2」。同樣地，在倫敦發行的浮動利率票券也會定期地調整利率（通常是每三或每六個月）為LIBOR加

表6.1　倫敦的銀行同業三個月利率

	買入價 %	賣出價 %
美元（＄）	$4^{23}/_{32}$	$4^{31}/_{32}$
英鎊（£）	$5^{7}/_{32}$	$4^{9}/_{32}$
歐元（€）	$2^{15}/_{32}$	$2^{19}/_{32}$
日圓（¥）	$^{25}/_{32}$	$1^{1}/_{32}$
加幣（CS）	$4^{7}/_{32}$	$4^{15}/_{16}$

來源：倫敦的時代雜誌。

上特定利差。若貸款或浮動利率票券的利率每三個月調整一次，但是LIBOR每天、每一時點都不同，所以需要精確地定義。通常是指定銀行在特定一天上午11點的LIBOR利率平均值。

當歐洲貨幣聯盟來臨後，產生了11個會員國的歐元銀行同業市場，與參考利率EURIBOR，不過倫敦也有一個歐元銀行同業市場與參考利率，EURO LIBOR。因為LIBOR一直是債券發行、衍生性商品與其他交易的主要參考利率，所以問題產生了，哪一個利率比較好呢？答案似乎是EURIBOR。就連倫敦的衍生性商品交易所LIFFE都在1999年2月承認失敗，將契約改成EURIBOR。

貨幣市場權證

上述市場—活期貸款市場與一般銀行同業市場—處理銀行與金融機構之間的批發性借貸。此類交易沒有可供買賣的權證。我們現在要看看產生權證交易的貨幣市場。

典型的工具有：

❑ 國庫券
❑ 地方政府／公用事業票券

❑ 定存單
❑ 商業本票
❑ 匯票

國庫券

政府靠租稅的收入並不固定，支出也不固定。除了透過中長期公債集資以外，若是能夠利用較短期的借款平衡現金流量，將更爲便利與有用。選擇的工具便是國庫券（英國、美國）；bon du trésor（法國）；Schatzwechsel（德國、奧地利）；與俄羅斯的GKO（目前無力償還）；或類似的用語。

國庫券並不一定會銷售給購買政府公債的相同組織。在美國，3個月、6個月或1年期的國庫券，是透過一週一次的拍賣，出售給購買聯邦票券與債券的相同初級經紀商。在英國，3個月與6個月的票券每週五透過拍賣方式賣給銀行。在法國，所有在央行設有帳戶的人都可以購買3個月、6個月或1年期的國庫券，每週出售一次，貨幣市場經紀商通常稱爲「opérateurs principaux du marché」（OPMs）。在德國，德國央行每季出售六個月期的票券，稱爲Bubills。

對一個只存在三個月的票券支付利息實在不方便。貨幣市場工具通常是折現出售（at a discount）。例如，假設目前手上是一年期的美國國庫券，價值100美元，以拍賣方式出售。一經紀商可能出價94美元。若成交的話，對方支付94美元，一年後向政府拿回100美元。他們將100折現6%，而投資94美元卻賺取6美元，也就是6.38%。因此，市場將其區分成折現率與收益率。

我們剛剛提到的拍賣出售（或招標）有兩種形式。一種是所有人各自支付提出的價格，稱爲投標價拍賣（bid price auction）。另一個是所有

人支付相同的價格，通常稱為定約價格（striking price）。投標價等於或高於定約價格的人，會得到配額，但不一定是他們要求的。

　　這兩種拍賣種類都在金融市場中使用。例如，英格蘭銀行每星期都將國庫券出售給出價最高的人—投標價方法。政府公債也根據投標價基礎銷售，除非是與指數連動的股票，後者使用定約價格。

　　更糟的是，現在在我眼前的一份德國刊物上寫著，以投標價基礎拍賣出售的貨幣市場工具是美式的，而定約價格拍賣則是荷蘭式拍賣（Dutch auction，亦有減價拍賣之意）。另一份法國刊物則認為以投標價基礎出售的貨幣市場工具是荷蘭式拍賣。個人認為德國人是正確的。現在讓我們避免提到荷蘭式拍賣，當所有人支付投標價格時，便是投標價拍賣，當所有人支付相同價格時，便是定約價格拍賣。兩種方法都被使用。投標價方法似乎是最常見的，不過聯邦準備局的拍賣目前使用定約價格。

地方政府／公用事業票券

　　可能來自市政府、行政區、聯邦州，或如鐵路、電力、瓦斯的公用事業。在法國與德國，公共部門的票券和債券同樣有非常大的市場。票券來自於SNCF或法國電力公司，或是德國的鐵路與郵局（Bundesbahn and Bundespost），還有個別的聯邦州。在英國，地方政府票券的市場非常小，但在美國則非常大。

定存單

　　定存單（CD）這是當銀行募集大額存款時發出的憑證。貸方可能是其他銀行或公司或投資機構。對借方的好處是資金可以借用特定期間，例如三個月。對貸方的好處是，如果他們要提早把錢收回，此憑證可以

輕易地賣給任何人。在美國與歐洲有相當大的CD市場,不過德國除外。
定存單通常有一個活潑、有效率的市場。因此,收益率將略少於即期存
款,這是流動性好處的代價。

商業本票

　　到目前為止,我們研究了政府、地方政府、公用事業與銀行的短期
借款,現在只剩下公司了。商業公司可以在批發市場上借錢,提供稱為
商業本票(CP)的權證,這是另一種的還款承諾。因為這是一種集資的
活動,因此必須受到控制。有些規則規定著哪些公司可以使用CP來借
錢,哪些公司不能。例如,在英國,公司的資本負債表上必須擁有2500
萬英鎊的資本,並且在股市中公開交易(不過不一定要在英國的股市),
最小單位是10萬英鎊。

　　商業本票在美國是歷史悠久的市場了(這個大型市場未清償的借款
金額超過1兆)。近15年才引入歐洲,德國是最後一個允許CP發行的國
家,時間是1991年1月。在之前,因為證交稅與事先告知證管會的需要,
因此是不可行的。表6.2是一些主要金融中心國內商業本票市場的數字。

　　德國的市場成長非常快速,1992年中未清償的金額已達到320億馬克
(約210億美元),但之後就沒那麼流行了。商業本票也進入一些較新的市
場。在捷克,Pilsen於1991年11月發行1億克朗的CP,VW-Skoda在1992
年1月發行了3億克朗的CP。

　　CP的發行是另一種借錢的方法,提供了向銀行借錢的另一種選擇。
在1990年初期,西班牙銀行(央行)努力地想要控制信用擴張的情況與
限制銀行放款的能力。結果因為公司出售CP來借錢(在某些個案中銷售
對象是不能放款給公司的相同銀行),因此CP(pagares de empresa)的
發行遽增。

　　商業本票市場如同其他市場也解除了管制。法國現在允許非法國公

表6.2 商業本票的國內市場

市場	市場開始時間	1998年底未清償之金額（十億美元）
美國	1960年以前	1161.0
日本	1987年底	97.0
法國	1985年底	43.6
澳洲	1970年代中期	23.4
加拿大	1960年以前	20.2
英國	1986	16.5
瑞典	1983	14.7
比利時	1990	8.7
西班牙	1982	8.0
愛爾蘭	1986	5.4
德國	1991	4.1
總計		1402.6

來源：BIS 巴賽爾

司發行國內CP，德國在1992年8月以後也同意了。到了1995年底，外國發行者在德國未清償的CP已高於本國發行者。

　　CP發行者如何找到貸方？他們可能設立一個方案（或許是五年的方案），宣布一家銀行或數家銀行為經紀商。如果方案金額5億美元，發行者目前並不想募滿5億美元資金（若是債券發行便需募滿），那麼可以在特定上限以內時借時還。如果他們想借5,000萬美元兩個月，會通知銀行經紀商，經紀商再通知貸方（其他公司、銀行與投資機構）聯手處理此交易，只收取少數的仲介費。銀行並不保證一定會找到貸方，但如果貸方人數不足，銀行通常會買下CP以維持商譽。直接向貸方借款而非向銀行借款，意味著利率可能會低於銀行同業利率。

匯票

　　公司籌措短期資金的另一個方法是出售短期貿易負債（我們在第五

章已經看過了）。賣方草擬一份承諾在三個月後為收到貨品付款的文件，並要求買方簽字，這就是匯票。商品的賣方現在可以將匯票折現賣給銀行或是一般的金融市場經紀商。我們知道銀行的付款承諾優於貿易商的付款承諾，而附貿易商簽名的匯票（商業匯票）與附銀行簽名的匯票（銀行或合法匯票）是非常不同的。匯票在短暫的生命中可能換手數次。關於哪些種類的交易可以使用匯票通常有所限制，因此不是所有的公司都可以使用匯票。匯票在美國並不受歡迎，但在歐洲則普遍使用，尤其是英國。在法國，匯票稱為「lettre de change」，在德國則是「wechsel」。

我們之前已經認識了公司籌措短期資金的一些方法—銀行透支、未受約束的銀行信用額度、循環信用方案、發行商業本票或是使用匯票來融資。

央行角色

央行在國內的貨幣市場扮演一個重要的角色。他們具有「最終貸方」的功能，這在第三章討論過了。央行已準備好協助其他銀行（尤其是商業銀行）的流動性問題。

銀行為什麼會碰到流動性問題？首先，主要的商業銀行必須在央行維持有效餘額。當央行堅持必須存入特定的準備金（第三章），就會有準備金充足與不足的時候。準備金通常是根據每個月的平均餘額。在月底以前，銀行都不太確定實際數字為何。有剩餘的銀行可以借給其他銀行；不足的銀行會向其他銀行借。有時候，所有的銀行都不夠，例如需要支付大額稅金時。政府的餘額增加，銀行存於央行的餘額減少。央行將資金再借給銀行，以維持穩定基礎與避免貨幣市場利率的大幅波動。央行伸出援手時設定的利率可協助央行控制利率。當利率改變時，這是

央行為了協助其他銀行而改變的。

央行伸出援手的方式通常有兩種：根據特定利率的直接協助，如貼現率與短期融通利率，或是所謂的公開市場操作。

這些利率是什麼？貼現率（discount rate）是央行為其他銀行折現合法匯票（也就是高品質的匯票）時使用的利率。（匯票到期日不得超過三個月。）若此利率低於其他利率，那麼各家銀行就會有配額。如果銀行可以用$9\frac{1}{2}\%$的利率折現客戶的匯票，然後再以$8\frac{3}{4}\%$的利率向央行融資，那很快就可以大撈一筆了。

短期融通利率（lombard rate）是高級權證（合法匯票、匯票或政府/聯邦公債）的緊急放款利率。通常，因為短期融通利率高於貨幣市場利率，因此不需限制數量。然而有時候因為此利率低於貨幣市場利率，就需要設定臨時的限制。

公開市場操作（open market operations）意謂著央行購買匯票、國庫券或類似權證以協助銀行之流動性，或是出售匯票以協助多餘資金回流。

目前一個受歡迎的方法是「出售後再買回協議」（一般稱為附買回，repo）。央行向其他銀行購買指定權證，期間事先約定，如7天、14天、28天。到期後，銀行必須以包括資金利息的利率買回權證。銀行將權證賣給央行但之後必須買回。這在歐洲是非常普遍的方法。在英國，過去常見的方法是英格蘭銀行一次買斷所有合法證券，但之後附買回更為普遍。

這些操作，不只可以協助商業銀行的流動性問題，也可以影響貨幣供給與市場情況。央行可能讓銀行缺少流動性，以維持信用與利率的緊縮。

例如，當附買回到期時，通常會有另一個附買回以協助銀行籌資，但第二次附買回的金額可能比第一次少的多。

當歐洲貨幣聯盟來臨時，過去11個會員國各自不同的系統也統一

了。由歐洲中央銀行（ECB）決定政策，但卻以分權的基礎，由各會員的央行執行。在1998年12月22日宣布的利率為：

- ❑ 主要轉融通操作的固定利率3%之招標。
- ❑ 4.5%的邊際貸款利率（類似舊有的短期融通利率）。
- ❑ 自銀行系統接收多餘資金的2%存款工具。

　　主要的轉融通操作是每週招標為期2週的資金。還有每月招標為期3個月的資金。這些投標主要是附買回。

　　在1999年4月8日，三大利率分別降至2.5%、3.5%與1.5%。

　　相對的，英格蘭銀行使用附買回與權證全數購入的混合方法進行市場操作。（一些記性好的人可能記得央行透過稱為「貼現所（discount house）」的專業人士融通市場操作，此方法目前已廢除。）決策是由貨幣政策委員會制訂，委員會由總裁、兩名副總裁、兩名銀行主管與四名業外人士所組成。

　　在美國，聯邦準備局透過影響隔夜拆款聯邦資金利率與存款利率控制市場。由聯邦公開市場委員會宣布這些利率，此委員會包括了7名理事會成員與12名來自區域聯邦準備銀行的會員。例如，在1998年9月29日，聯邦資金利率調降0.25%。在1998年10月15日，聯邦資金利率再降0.25%，成為5%，此時貼現率也調降0.25%，成為4.75%。

國內債券市場

前言

　　債券一字，適用於中、長期的工具。有些市場也使用票券一字。例

如，美國有2、5、10年期的國庫券，還有30年期的公債。在英國，相同的五年工具稱為債券。

因為各國都不一致，因此語言在這裡成了一個問題。例如，法國將五年以內的工具（但1992年以前則是七年以內）稱為「bons du trésor」，七年以上的稱為「obligations du trésor」。西班牙對於五年以內的稱為「bonos del estado」，但五年以上的稱為「obligaciones del estado」。另一方面，義大利將十年以上的稱為「buoni del tesoro」。

讓我們研究債券的一些特質。如第一章所示，債券就是償還借款的收據或承諾。此處我們不討論短期資金，只討論中、長期借款-超過一年以上，也可能長達30年以上。

一般特質為：

❑ 債券名稱

❑ 計價貨幣的名目或票面價值

❑ 贖回價值—通常是名目價值，但還是有其他可能性（例如與指數連動）

❑ 以名目價值百分比表示的利率；稱為息票（coupon，或稱為票面利率）；將載明付息次數

❑ 還款日期

利率稱為息票的原因是不記名債券未登記持有人。債券載明欠款給持票人，不論持票人為何。因此債券有一個稱為息票的附件，持票人才能在必要時撕下息票以請領利息。既使在債券需註冊、利息寄給持票人的市場中，仍使用息票一詞。

在利率定期地隨市場利率變動的情況中，票面利率可能是變動的。因為債券這個字，隱含了固定的利率，因此上述工具通常稱為浮動利率票券。若是在倫敦發行，票面利率可能定義為「LIBOR +45bp」，每六個月變動一次。

有些證券沒有還款日，稱為無限期（undated）或永久性（perpetual）。如果持票人需要資金，必須在次級市場中賣給其他人。

債券通常根據剩餘的到期日來分類。分類標準如下：

❑ 短期—五年以下
❑ 中期—五年至十五年之間
❑ 長期—十五年以上

注意這是剩餘的到期日。一個20年期的債券一開始是長期的，但十年後就成了中期，再過六年就變成短期的。

債券剛發行時，可能採取公開發行（offer for sale），或是直接賣給少數專業投資人，後者稱為私下募集（private placing）。

在公開發行中，由一家銀行擔任主辦行的銀行團向發行者買入所有的債券，再賣給投資人。因此銀行團承銷了債券發行，如果投資人不願購買，銀行將被迫持有債券。不用說，這項服務要收取費用。

如果主辦行買入所有債券，銷售給銀行團，通常稱為包銷（bought deal），銀行團成員之後可以不同價格出售債券。近年來較常見的方法是主辦行與銀行團同時購買債券，並協議在特定期間內以固定價格出售-固定價格再售（fixed price reoffering）。這在美國和目前所謂的歐元市場非常普遍。債券不經過銀行團，直接以競標方式拍賣則較不常見（除了政府公債以外）。

依照發行者來分類的債券種類有：

❑ 政府公債
❑ 地方政府/公用事業債券
❑ 抵押與其他有資產作為擔保的債券
❑ 公司債
❑ 外國債券

❏ 垃圾債券

公司債可能是：

❏ 信用債券，或
❏ 可轉換公司債

還有一種混合種類；優先股或參與分紅股。

政府公債

這似乎主導了債券市場。大部分的進步國家都有預算赤字，造成了大規模的債券發行。有時候次級市場就是股市（法國、德國、英國），有時候次級市場在股市以外（美國）。

關於債券的種類與發行方法，有數種變化：

❏ 債券可能由央行（美國、德國、法國）或是由財政部（荷蘭、日本），或是負債管理局（英國、愛爾蘭、瑞典、葡萄牙、紐西蘭）發行。

❏ 在每個月的特定日期出售。

❏ 可能向專業經紀商銷售（美國、英國、法國、德國、義大利）或是以協議比例銷售給銀行團（瑞士）。

❏ 債券可以是不記名或記名的。例如在英國，政府公債記名的，而登記代理處每年經手500萬次的利息支付與100萬次的所有權轉移。在德國，批發市場中最重要的政府公債是不記名債券，沒有憑證，而買／賣都輸入電腦化的Bundeschuldenbuch。

❏ 有些市場一年付息兩次（美國、英國、義大利、日本）其他則是一年一次（法國、德國、荷蘭、西班牙、比利時）。

❏ 美國政府公債以分數定價（1/32），其他的債券則以百分比定價。

讓我們看看一些例子：

在美國，兩年期的國庫券每月出售，而5與10年期的國庫券與30年期的公債則每季出售。在固定日子，透過拍賣方式出售給40家初級經紀商。

在法國，政府公債稱爲OATS（Obligations Assimilablede Trésor），固定每月拍賣出售（在每個月第一個星期四）。出售給協助拍賣的初級經紀商。他們必須認購3％的年度債券發行，處理次級市場中3％的交易量。初級經紀商被稱爲「spécialistes en valeurs du trésor」（SVTs）。然而，每次拍賣中，提供的大多是現有債券，而非新債券。值得注意的一點是2到5年的發行稱爲國庫券而非債券，稱爲BTAN（Bons du Trésor à Interât Annuel）。（短期的國庫券是BTF-Bons du Trésor à Taux Fixe。）BTANS在每個月的第三個星期四出售。

過去，曾經發行一些固定利率，稍後可以轉換成浮動利率，與一些浮動利率可轉換成固定利率的債券。也曾發行一些零息債券（將於稍後解釋），稱爲「Felins」（但近年來沒有）。

數年未發行浮動利率債券，法國銀行於1996年宣布發行新的浮動利率債券，利息每季支付，利率則根據新標準—十年期OATS的收益利率，稱爲TEC10（Taux de 1'Echéance Constante）。

在德國，原本有二、四年期的中期票券-Bundesschatzanweisungen，但這些到期日在1996年中減至兩年，改稱爲Schätze。還有五年期的政府公債-Bundesobligationen與10-30年期的債券-Bundesanleihen。10年期的發行是最受歡迎的（相較於更長期的），大部分是固定利率，不過偶爾也有浮動利率債券。

在德國，聯邦州（Länder）、鐵路與郵局都會發行債券。還有來自德國統一基金（Fonds Deutsche Einheit）的債券發行。以上皆由德國央行代爲發行。

德國政府的Bundesanleihen發行通常由銀行團分攤，僅保留20％給外

國銀行。不過在1990年7月,部分的發行透過拍賣出售給標價最高的。在1991年10月,20％限制的法規被廢除,在1997年底廢立銀行團,於1998年以「聯邦貸款投標團」取代。有70個成員,相較於美國的40名初級經紀商。Bundesschatzanweisungen的出售都是透過拍賣,但自1995年中就沒有新的發行了,在1996年底被新的二年期國庫券取代。

　　Bundesobligationen是一系列的發行。視需要在4-6週的期間內,連續地提供一系列的債券。目標鎖定散戶買方,和國庫融資票券(Finanzierungschätze)一樣。此期間結束後,未賣出的債券供拍賣銷售用。不過,對儲蓄者而言,主要的零售債券是Bundesschatzbriefe。這是所有銀行與金融機構持續銷售的債券,為期6或7年。債券可以隨時以票面價值售回,但持有人握的越久,利率就越高。

　　所有法國與德國的債券現在都以新貨幣,歐元,來發行,所有流通在外的債券也都轉換成歐元。

　　在日本,政府公債是由財政部主辦的拍賣來出售。40％以協議比例銷售給銀行團,60％透過拍賣方法出售。2、4、5、6、10年期的債券每月銷售一次,20年期的債券每季銷售一次。利息半年支付一次。政府、地方政府與公用事業債券佔了60％的發行量,主導著市場。

　　在英國,政府債券稱為「gilts」或「gilt-edged」,意謂著非常安全的投資(這個用語在1930年代才廣泛使用)。債券在固定日子發行,賣給稱為「金邊市場經紀商(gilt-edged market makers)」的專門經紀商。拍賣中未售出的債券由負債管理局購買,作為經紀商想要購買時便可以出售的現成股票。到期日一般介於5到25年。

　　公債可以分成三大類:

1.限期
2.無限期
3.指數連動

　　目前不再發行新的無限期公債，不過現在還存在八個無限期公債，此債券沒有贖回日。在債券市場中，無贖回日的債券可能稱為無限期、永久性或不贖回。批發市場很少交易無限期的公債。

　　指數連動公債根據同一期間內零售物價指數的變化，支付利率與贖回價值。其他提供指數連動債券的政府包括澳大利亞、加拿大、冰島、以色列、紐西蘭、瑞典，與最近的美國與法國。英國是其中最大的。指數連動公債之發行始於1981年。在1996年五月，美國的財政部長宣布將首次發行指數連動國庫券與債券，自1997年1月開始。法國政府跟進，於1998年9月首次發行。

　　（在1973年，法國政府發行與該年至1988年間金價連動的債券-Giscard債券。當金價上漲時，便造成了財政困難。）

　　政府為什麼發行指數連動債券？有三個原因：

❑ 風險趨避投資者，例如退休基金與退休人士，喜歡這個想法。

❑ 貨幣政策較讓人信服─政府有誘因維持低通膨。

❑ 收益利率協助政府與他人估計市場對未來通膨的觀點。指數連動證券與一般股票之收益差異應等於預期的通膨率。

　　此想法也不是完全新創的。在1780年，麻薩諸塞州發行的債券，其利息與本金的支付，便與由玉米、牛肉、羊毛及皮革組成的一籃商品連動。

　　西班牙的政府公債，若到期日為3或5年，稱為「bonos del estado」，若到期日為10年則稱為「obligaciones del estado」。央行每個月在固定一天出售債券。

　　義大利的政府公債若利率固定則稱為BTP（Buoni del Tesoro Poliennali）。到期日介於2-10年。但類似到期日的浮動利率債券稱為CCT（Certificati Credito del Tesoro）。兩者均由央行在每月固定一日出售給20家初級經紀商。還有一個六年期的債券，購買者可以在三年後售回，稱

為CTO（Certificati del Tesoro con Opzione）。

現在，似乎某些政府有發行到期日較以往為長的債券之趨勢。在1999年初，日本與希臘發行第一次的30年期債券，瑞士發行50年期的債券（自1909年後，瑞士首次發行）。

如本章稍早所解釋的（見國庫券），有些政府證券的拍賣是投標價，有些是定約價。投標價拍賣似乎是最佳答案。不過定約價的論點在於它避免了「勝利者的詛咒」的問題，也就是一些買方可能支付較高的價格，卻得到無法銷售的債券。有人相信定約價可以吸引更多買方加入。不論理由為何，實證似乎並不明顯。美國過去使用投標價，但現在使用定約價；英國過去使用定約價，現在使用投標價（除了指數連動以外）。（本章附錄1將顯示投標價拍賣結果之例子）。

大部分的政府公債市場都允許交易在拍賣前幾天開始-灰市（grey market）或發行時交易市場（when issued market）。法人可以約定價格向初級經紀商購買債券，減少經紀商的風險。

在1999年初，歐洲貨幣聯盟11個會員國在外流通的公債價值約等於3兆美元，相較於美國的2.7兆美元與日本的2兆美元。

地方政府／公用事業債券

我們之前提到在德國，由鐵路、郵局、聯邦州與德國統一基金發行的債券。公用事業的債券發行在法國也很普遍，如SNCF、法國電力公司與法國瓦斯公司。還有如Crédit Foncier（建屋貸款）與Crédit Local de France（地方政府融資）的公共部門機構。當然，債券也可能由城市如紐約，或地區如Basque Country，來發行。

地方政府與公用事業的債券發行在英國非常罕見，雖然一些在1970年代發行的長期債券仍在交易中。在美國，地方政府債券是非常大的市場。

抵押與資產擔保債券

　　在某些經濟體中，抵押債券有廣大的市場。例如在美國，多年來的傳統是將抵押貸款集合起來，作為抵押債券的擔保。抵押可能由名為Ginnie Mae、Fannie Mae與Sallie Mae等機構來保證。（這些名稱指的是非常正式與無趣的機構，例如美國政府國民抵押協會-GNMA，因此產生了Ginnie Mae。）美國的抵押債券市場非常龐大——未清償金額超過1兆美金。

　　在德國，有40家銀行，包括八家國有抵押銀行，有權發行抵押債券，稱為Pfandbriefe。在丹麥與芬蘭，銀行也可以發行抵押債券。不過這和美國的抵押債券不同。後者涉及了將原始抵押移出資產負債表之外，另外成立個別的特殊用途工具（special purpose vehicle，SPV），利用抵押一系列的本金與利息收入以融資債券的發行（見圖6.4）。德國的Pfandbriefe就只是銀行募集抵押貸款所需資金的方法（是相當安全的投資）。

　　在美國使用的方法稱為資產證券化（securitisation of assets），我們

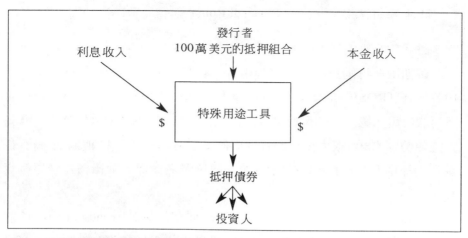

圖6.4　資產擔保證券的發行

將其稱爲資產擔保證券（ABS）。你可能也會看到擔保抵押負債（CMO）的用語。雖然到目前爲止我們只提到美國，但這個方法也在日本與歐洲使用（而且逐漸增加）。

　　同樣地，迄今我們只提到抵押，但這個方法也可以用來取得收入（或收入與本金），提供ABS發行所需資金。（將簡短解釋銀行這麼做的原因。）市場越來越精密，可由下列利用收入提供ABS發行所需資金的列表中看出：

　　□ 汽車貸款　　　　　（福斯汽車、通用汽車等）

　　□ 唱片版稅　　　　　（大衛鮑伊、洛史都華等）

　　□ 通話費　　　　　　（Telemex、Mexico）

　　□ 未來的出口收入　　（巴西鐵礦公司）

　　□ 美式足球季票　　　（Real Madrid、Lazio、Fiorentina）

　　□ 房屋租金　　　　　（大英地產等）

　　□ 鐵、公路設備租賃　（英國的Momura）

　　□ 信用卡應收帳款　　（花旗銀行、MBNA）

　　□ 銀行的公司貸款　　（威斯敏斯特國民銀行、Hypovereinsbank）

　　□ 未履約貸款　　　　（Banca di Roma）

　　讓我們看看兩個例子。

　　威斯敏斯特國民銀行的發行相當受歡迎。首先於1996年11月使用，1997年在「ROSE」（Repeat Offering Securitised Entity Funding）的縮寫下再次使用。第一次的發行價值50億美元，代表了NatWest對英國、歐洲大陸與美國的300家大公司的貸款價值之三分之一。以11種類別發行-各類別均提供了不同的風險/報酬比率。銀行匿名擔保，並繼續監督原有貸款。

　　大英地產債券於1999年5月發行，根據位於倫敦Broadgate中心12個房地產之租金收入。它是歐洲目前爲止最大的房地產證券化，價值15.4

億英鎊。如同NatWest，此發行由數個介於中期與長期之間的歐洲債券所組成。

我們只要集合同性質的資產，如抵押、應收帳款、汽貸等等，就可以產生此種債券。資金集合在相同的SPV中，SPV和原始發行者之間存有防火牆。有時候（但並非總是）會保證支付，通常此種債券的信用評等也較高。

那麼，此種方法對發行者的吸引力為何呢？

銀行關心的，是美化資產負債表與善加利用資金的能力。巴賽爾委員會的資本適足率，使得持有資產負債表上低報酬項目的成本相對昂貴。資金若釋放出來，可以用於較具獲利性的投資。對NatWest而言，這是ROSE一例中最重要的誘因。在大英地產的例子中，資金可以用來償還較為昂貴的銀行貸款，得到更便宜的融資。資金的一般成本據說從8.49%減至7.4%，在1999年節省了至少2000萬英鎊。

美國一直就是ABS的最大市場，其次是日本。不過歐洲的市場成長也很快速，主因是德國、西班牙與義大利的管制解除（德意志銀行在1998年5月首次發行德國的抵押擔保債券）與歐元時代來臨的協助。美林估計在1999年第一季產生了價值189億美元的ABS發行，相較於1998年第一季的138億美元。他們預測該年度的總發行為570億美元。ABS在歐洲的最大來源是房地產，國內抵押佔了41%，商業抵押佔了14%。

公司債

當然，債券也會由公司發行，這在美國是相當大的市場。不過在歐洲，一般說來，公司債市場較政府與公共部門債券市場弱勢。在德國，傳統上較依賴銀行融資而非債券或股票。非常大型的歐洲公司可能覺得在倫敦發行歐洲債券，比在當地國家發行債券容易的多（見本章稍後）。迄今最大宗的公司債發行由Olivetti於1999年6月發行，價值94億歐元

（相當於97.8億美元）。

不過，公司債的期間可以非常長。在英國，一家地產公司（MEPC）在1988年發行的債券，於2032-44年贖回。還有，大英地產也在1995年9月發行40年期的債券。房地產公司爲長期租賃與契約作準備。除此之外，我們也看到如迪斯奈、可口可樂與IBM等公司發行的100年期債券，不過，發行者有權在30年後贖回債券。這些債券的期間這麼長，已近似於股票，但利息可以扣抵稅額。IBM100年期的債券，只比30年期的債券多10個基點。哪些投資人的眼光放這麼遠呢？答案是必須配合長期負債的退休基金與壽險公司。

公司債有許多變化：

信用債券（debenture）是有擔保的公司債，例如土地與建築物。如果發行者遭到清算，這些資產必須出售以償還債券持有人。不過因爲較具保障，因此利率較低。有些投資基金只投資信用債券。此處語言又再次成爲問題，這裡使用的是英國的定義。在美國與加拿大，「debenture」可以用來描述任何債券。只要記住，公司債可能是無擔保的（大部分）或是有特定資產作爲擔保的。雖然擔保債券可以讓公司更便宜的融資，但資產也因此受到約束。在處置、替換資產前，必須經過冗長的法律程序。MEPC與大英地產（上述公司）在市場中同時有未擔保的債券與信用債券。在MEPC的例子中，無擔保債券支付的利息較信用債券高1.1%，大英地產則是高70個基點。

可轉換（convertible）指的是債券之後可以轉換成另一種債券（例如，可轉換公債），或是權益。權益的隱含轉換價格與市價之差異稱爲溢價（premium）。例如，債券提供三年後將100美元的債券轉換成50股的權力。轉換價格是每股2美元；如果當時市價爲1.6美元，那麼最初的溢價爲25%。如果轉換價格一直高於市價，那麼債券將以正常方式贖回。

吸引投資人的是風險與報酬的混和-債券帶來的穩定收入與股票帶來的可能資本利得。對於發行者而言，因爲這項賣點所以利率較低，融資

較便宜。如果投資人想要轉換的話，股票從何而來？發行者創造新的股票。假設債券爲5億美元。發行者希望與其籌資5億美元贖回債券，不如發行5億美元的新股票。的確，雖然權益將因此稀釋，但差異可能不會太大。在歐洲（在美國並未如此明確），可轉換公司債的發行必須得到原股東的同意，因爲任何爲了籌資的新股票發行，現有股東都必須同時享有。

　　有時候可轉換公司債會碰到意想之外的問題。自1990年以來日本股市的下跌，意味著許多股票的市價低於轉換價。在1999年初，日本公司債有大約2.4兆日圓的可轉換公司債未轉換至權益（例如東芝，有1,500億日圓的10年期債券於1999年到期，但股價較1989年發行時低了47%）！因爲日本當時的風險較高，融資贖回這些可轉換公司債將很昂貴。雖然到了1999年中，日經指數較1月1日上漲約30%，但還是有83%的日本可轉換公司債其轉換價高於市價。

　　有時候轉換權是轉換至另一家公司的股票（但是由發行公司擁有的）。例如，德意志銀行在1999年初發行15億歐元的債券，以協助融資對Banker Trust的收購。然而債券可以轉換爲德意志銀行擁有的安聯人壽之股票。這是德意志銀行爲了減少安聯持股，但避免因爲直接出售股票造成股價下跌的一種方式。溢價爲30%。德意志銀行之前也發行過可轉換至銀行擁有的賓士汽車股份之公司債。（德國的銀行正慢慢地減少對國內大型公司的持股。）

　　可轉換公司債的另一種選擇是發行債券，但稍後以特定價格購買股份的權力附在個別的認股權證中（warrant）。這較可轉換公司債更具彈性，因爲稍後可以較爲便宜的價格購買股票，但同時仍持有債券。認股權證通常與債券分離，可以個別的出售。

　　有時候，發行者可能不是認股權證之標的公司。例如，所羅門兄弟提供對英法隧道的認股權證。這通常稱爲已避險的認股權證市場（covered warrants market），因爲所羅門爲了避險必須持有股份。如果英

法隆道發行附加認股權證的債券，公司有權在必要時發行新股份。自然地，所羅門兄弟沒有此項權力，必須依慣例取得股份。認股權證可以（通常也是）提供不同股票的組合。這些已避險的認股權證（近年來相當受歡迎）就是交易式選擇權市場的一部份，並因此定價（見第十一章）。例如，在1996年2月，James Capel發行一系列的組合型認股權證，結合公司在1996年間，於五個不同市場的收購對象之股份-保險、銀行業、一般金融、公共事業與綜合。

優先股（preference shares）通常支付固定比率的股利。如果資金短缺，其股利必須先於其他股利支付。當公司遭清算時，優先股較一般股東有優先權。通常沒有投票權。如果股利無法支付，在法律上將成為公司對股東的負債。因此股利是累積的。在歐洲大陸，通常稱為參與憑證，在德國與瑞士，則稱為genusscheine或participationsscheine。

美國使用特別股這個字，而法國對於此主題有數種變化：

❑ Certificats d'investissement

❑ Titres participatifs ─專指公共部門，而股利可以部分固定，部分與獲利連動。

❑ Actions à dividende prioritaire （ADP）─股利是原始股利加上特定百分比。

上述的共通特質是沒有投票權、在清算時享有優先權與股利累積。它們是結合債券與權益的部分特質之混和工具。銀行曾經多次發行以募集資金作為Tier 1資本（威斯敏斯特國民銀行，1991年9月）或是Tier 2資本。若要列入Tier 1資本，則必須是無限期與非累積的。在1996年4月，TB金融公司發行了1000億日圓的優先股，可轉換成Tokai Bank的普通股。因為強制要求在某些時點轉換，此發行被列入Tier 1 資本。

外國債券

外國債券是由非本國人發行的-在英國稱爲「鬥牛犬（bulldog）」，美國稱爲「洋基（yankee）」，西班牙的「matador」，東京的「武士債券」，甚至澳洲的「袋鼠（kangaroo）」！（在1999年4月，Rabobank在澳洲國內市場發行五年期，3億5000萬澳幣的債券。）

注意債券是以當地貨幣計價的國內債券，只不過發行者是外國人。不應與國際債券（亦稱爲歐洲債券）混淆，後者是在原市場以外發行的債券。

例如，尋找美金挹注的非美國公司可以在倫敦發行歐洲債券，或是在美國發行洋基債券。兩個市場的投資群是不同的。雖然美國的散戶投資人對於歐洲公司可能認識並不深，但法人機構本身卻有相當複雜的信用評估小組。在缺少正式信用評等的情況下，他們將自行決定。歐洲債券市場對於正式信用評等則是百依百順。但兩者的市場情況都不斷地改變。有時候紐約比較容易籌資，有時候是倫敦。例如，如ICI與Diageo等著名的英國公司便曾在紐約發行債券。

在日本，雖然市場不是那麼流通，但對於亞洲債券的接受度卻優於倫敦。在1992年8月，財政部宣布放寬外國政府發行BBB等級債券的規定（過去至少必須爲A）。這一點非常吸引如匈牙利、土耳其與希臘等BBB級發行者，因爲倫敦的BBB級歐洲債券發行者支付的票面利率高於武士債券。另一方面，其成本高於倫敦。銀行（必須是日本銀行）充當保管人與歐洲地區的付款/財務代理，因此必須支付佣金。接著，在1996年初期，財政部宣布允許非投資等級的發行。產生大量的武士債券發行-1996年前7個月的2兆2000億日圓，相較於1995全年的1兆7000億日圓。

外國債券可能有不同的租稅制度或其他限制。例如，洋基在前兩年

只能出售給合格的法人投資者。

垃圾債券

這是在1970與1980年代，在美國國內市場發生的現象。之前在信用評等一節中提到，評等低於BBB的債券基本上是投機的，因此提供非常高的利率。

Drexel Burnham Lambert的一位聰明絕頂的研究人員，Michael Milken，針對70年代初期垃圾債券的行為作了一份研究。他證實了既使減去因倒閉造成的損失，此種債券的投資報酬仍優於投資等級的債券。他不是首次發現這一點的人-其他學術研究也得到相同的結論-但他是第一個加以利用的人。首先，他的公司在次級市場中經營垃圾債券中定價偏低的債券。接著開始尋找可能的新發行。當時有90％的美國公司發行的債券不屬於投資等級。Drexel（與Michael Milken）開始從事初級發行，宣稱評等機構的判斷過於嚴苛。

之後債券被用來籌措收購所需的大筆資金。市場開始將其稱為「垃圾債券（junk bond）」（Drexels將其稱為「高收益債券」，一個較值得尊敬的名稱）。

因為企業利用這些債券募集的資金，用來收購更為大型的公司-也就是槓桿收購-例如，Nelson Peltz/National Can；Ronald Perelman/Revlon；Carl Icahn/TWA，因此垃圾債券漸漸變的惡名昭彰。

每一年，Drexels都會在比佛利山舉辦「高收益債券會議」，經紀商與可能的投資人坐在「垃圾債券之王（Michael Milken）」的腳下，奢侈地享樂。此會議的非正式名稱為「掠奪者舞會」。（詳細的故事，見Connie Bruch所著，*掠奪者舞會*，Simon＆Schuster出版，1988年）。

之後，美國證管會決定Drexels與Michael Milken在活動期間已違法。此外，銀行與其他投資者也發現自己已經過頭了，尤其是衰退期的

到來，泡沫終將破滅。Drexel Burnham Lambert的公司於1990年初期倒閉，而垃圾債券大王，Michael Milken因為違反各種法律被判刑10年，不過之後被減刑。

相信Milken恢復美國公司生機的人，與認為他的刑期不夠長的人，之間仍存有分歧的意見。

有一段很長的時間，倫敦的歐洲債券市場都沒有垃圾債券的發行。不過，在1997年4月，一家英國的創投公司，Doughty Hanson，發行了一個非投資等級、十年期、價值1億5700萬馬克的債券，用以募集收購一家瑞士公司所需資金。其他發行跟進。因為預期貨幣聯盟的來臨，許多歐洲國家的利率都下跌，投資者樂於見到高收益，既使風險較高。1997年的亞洲金融風暴與1998年俄羅斯的無力償還，讓市場遭到嚴重打擊，使得投資人亟欲降低風險！市場目前已恢復，在1999年1月，一家美國公司，Tokheim，發行第一個以歐元計價的非投資等級債券。

國際市場

背景：歐洲貨幣

有些市場被稱為國際（international）市場，或是令人誤解的歐洲市場（Euromarket）。

此處討論的是在交易原市場以外的交易。例如，1996年12月發生的有史以來第二大的民營化—德意志電信（日本的NTT是最大的）。股票分別在德國、英國、其餘歐洲地區、美國與亞洲出售。

在1991年末期，科威特向倫敦的銀行團貸款55億美元，以修復在波灣戰爭中遭受的損害。這就是國際貸款。

各個國家的銀行團頻繁地在倫敦發行以美元、日圓、歐元與其他主要貨幣計價的債券。我們稱其爲「歐洲債券（Eurobond）」或更正確的「國際債券（international bond）」。例如，SNCF（一家法國的鐵路公司）可能決定在倫敦發行以美元計價的債券，而非在巴黎發行以法郎計價的債券。

這一切是如何開始的？源自二次大戰後的期間，持有美元的俄羅斯和所謂的鐵幕國家，擔心美國政府可能以政治理由沒收美元。俄羅斯在法國經營一家銀行，Banque Commercial pour l'Europe du Nord，將其持有的美元集中於此。此銀行將美元借給歐洲非美國的銀行。有人認爲歐洲美元（Eurodollars）一詞的使用，是因爲此銀行的電傳編碼是Eurobank。其他人則相信這是美國以外美元交易的自然名稱。

在戰後，有許多美元握在非美國人的手中。因爲馬歇爾計畫股勵美國人在歐洲花費是一個成因。1957年的羅馬條約，使得美國的跨國企業進入歐洲—賺取並花用美元。一家歐洲公司可能因爲賣東西給美國公司而賺取2000萬美元，之後可能存入公司在Banque Nationale de Paris的帳戶中。這些錢現在變成了歐洲美元，可以借給歐洲其他的機構。這些是美國政府無法控制的美金。例如，多年來對利率有嚴格的控制，稱爲「Q管制（Regulation Q）」。規定提供存戶的利率上限。如果上述的假想歐洲公司選擇不要將美金換成法郎，而是存入BNP作爲放款用，BNP的利率不受到Q管制的限制—因此增加非美國人持有美金的交易量。

（1972年的牛津英語字典認爲歐洲美元一字，最早經紀錄的使用是在1960年10月24日的The Times之財政評論。）

在1963年7月，甘乃迪總統決定對洋基債券課稅。還記得洋基債券嗎？這是由非美國人在美國發行的美元債券。其想法是這些債券可以在歐洲發行，在那些持有美元帳戶的非美國人之中尋找投資人。在1963年，華寶證券爲義大利的高速公路，Qutostrade，在倫敦發行價值1500萬美金的債券，一般相信這是第一個歐洲債券（Eurobond）—在歐洲而非

美國發行的美金債券。倫敦因為沒有貿易保護政策與擁有悠久的傳統，成為此新興事業的市場。引用Al Alletzhauser在他有趣的*The House of Nomura*一書中所言（Bloomsbury，1990）：

　　一夜之間，全球的金融中心移至倫敦。前四大的日本股票經紀商，隨即在此設立辦公室。如果他們無法將日本股票賣給美國人，他們就賣給歐洲人。這些年已證明了這是日本經紀商在海外做過最賺錢的改變。

　　在1950年，倫敦有140家外國銀行；到了1973年，數目增加至340家，今日共有541家。這是英國在戰後經濟力量衰退後，倫敦金融市場握有的一個重要武器。

　　我們之前說到「歐洲（Euro）」一字會令人誤解。例如，交易可能發生在東京，將亞洲機構持有的美元再貸放出來。對於發生在原國內市場以外（因此在原市場的控制以外）的貨幣交易，雖然國際市場是較為正確的用語，不過歐洲市場與歐洲債券等用語已根深蒂固。現在歐洲債券與用歐元計價的債券之間又產生了混淆。歐洲貨幣是廣泛的用語，提醒我們貨幣可能不是美金，而是日圓、希臘幣等等。

　　因為下述原因，歐洲貨幣的交易量自1959年估計的10億美元，成長至1992年的6兆美元（BIS的數字）。

　　諷刺的是，這些市場成長的原因是美國的管制，但當管制解除後，市場並未消失。

聯合貸款市場

　　1973-74年間發生的事件使得非美國人持有的美元大幅增加，那就是OPEC國家的油價上漲。石油在1973年10月的價格是一桶三塊美元，到了1974年1月變成一桶10.5美元。造成OPEC會員國持有的美元餘額大幅增加，許多國家的美元餘額減少，此時需要國際銀行的服務，將有剩餘的國家之美元借給不足的國家，其中許多是未開發的國家─大部分位於

非洲與南美。

　　歐洲美元最初用於短期的銀行同業市場。之後我們看見銀行團集合美元餘額，作為對墨西哥政府七年貸款的一部份。因為資金來源視短期美元餘額而定，因此貸款都是浮動利率，利率隨倫敦的LIBOR利率做調整。銀行可能宣稱（當我們回顧這段期間時）自己受到擔心全球金融系統之瓶頸的金融與政治當局的鼓勵而放款。

　　為了分散風險，銀行透過銀行團分散各個貸款，一個銀行團可能有高達100家的銀行。這些貸款的承銷廣告，出現在倫敦的金融時報與其他相關的刊物—「不過就是紀錄而已」。當時的佈告為何？也就是相關銀行的廣告—承銷廣告（tombstone），這是一個貿易術語（有人認為這是因為19世紀的金融佈告都放在出生與訃聞的旁邊）。

　　不論銀行是否被鼓勵放款，它們都做了，而且規模龐大—大量的美元、許多借方與高利率。說句公道話，銀行一定研究過一些借方，例如墨西哥或奈及利亞政府，心裡想「它們有這麼珍貴的石油，這些放款怎麼可能出錯呢？」

　　最大的貸方是花旗銀行，其總裁Walter Wriston，以著名的一句話鼓勵同業，「政府借方是不會倒閉的」。他的想法是政府有起有落，但國家一定總是存在，他們擁有的資產在必要時可以清算。

國際負債危機

　　Walter Wriston實在是錯的離譜。的確，有一陣子，如同詩人拜倫所言，「當婚禮鐘聲響起時，每件事都如此愉悅」。不過他的下一句是：「但是安靜！聽！那深沈的聲響就像是喪鐘在敲打！」

　　這裡的深沈聲響，就是墨西哥財政部長於1982年8月20日，在紐約告訴一群銀行家聽眾的聲音，銀行貸款的本金償還將延後三個月。巴西、阿根廷與其他國家迅速跟進。

　　油價的下跌、商品價格的普遍下跌與美元利率的上漲（記住，貸款是浮動利率）都是禍首。墨西哥在這項宣布後，制訂全面的外匯控制與國有化所有銀行。

　　為了理解銀行對此的反應，我們必須先明瞭南美前三大債務國共積欠商業銀行1,500億美元，其中單單墨西哥的負債就佔了美國前九大銀行資本的44%。眾人議論著這些全球最大的銀行能否存活，而這意味著整個國際金融系統都有麻煩。

　　當IMF於1982年9月在多倫多開會時，銀行面臨了恐懼與驚慌。一名智者將此會議描述為「重新排放鐵達尼號甲板上的躺椅」。主要人物—IMF的常務董事，Jacques de Larosière、聯邦準備理事會主席，保羅・沃克、英格蘭銀行總裁，Gordon Richardson、BIS主席，Fritz Leutwiler-擬定新策略。重點是爭取時間—要求債務國實施經濟政策以減少造成最初問題的赤字，並要求銀行給予新政策運作的時間。貸款被重新安排，利息支付也延遲了。

　　在某些方面，這看起來有點像貓捉老鼠的遊戲。J.M.凱因斯曾說，「如果你欠銀行1,000英鎊，你可能會有麻煩，但如果你欠100萬英鎊，那銀行的麻煩就大囉」。

　　銀行就像債務人一樣在冒險。如果切斷新的資金供應，這些國家再也無法購買西方商品。要求他們遵循嚴格的經濟方案，可能挑起對抗與共產政府。美國絕不想讓腳下的墨西哥，變成一個共產政府。

　　在1985年，IMF暫緩對巴西與阿根廷的放款，因為他們未達成經濟目標。秘魯宣布債務償還上限。到了12月，油價從一桶30美元腰斬為15美元—墨西哥的情況更加惡化。

　　一般稱此為「LDC負債危機」（LDC就是低開發國家）。1987年是充滿危機的一年，巴西暫緩利息支付，花了一年的時間與銀行爭論。

　　在1987年以前，銀行的壞帳準備金只有大約5%。Walter Wriston在花旗銀行的接班人，John Reed，於1987年5月決定挑戰逆境，將獲利的壞

帳準備金提高至30億美元（30%），並提列損失。其他銀行迅速跟進。英國前四大銀行中兩個最小的，米德蘭銀行與勞伊茲銀行，有最大的風險暴露，並於1987年宣布該世紀第一次的損失。之後是1989年的第二次損失，所有銀行都增加了壞帳準備金，範圍介於花旗銀行的40%，至J.P.Morgan的中、長期LDC負債的100%之間。

LDC負債危機對這些國家的國民而言是個悲傷的消息。如果這些錢（總共約3000億美元）是用來強化這些國家的基礎建設也就算了，但大部分的錢是浪費在浮華誇大的政權象徵建設。更糟的是，許多都流入海外帳戶。此時，位於祖國的貧窮人民承擔後果。

有數個解決LDC問題的企圖：

❑ 銀行將LDC負債便宜賣給其他銀行，用來分攤風險。

❑ 用負債換股票交換權—些LDC負債可以交換（打折）該國的一些股票。例如，美國運通銀行將1億美元的墨西哥負債，打折交換墨西哥飯店的股票。另一個比較怪異的例子是一部份的巴西負債，被一支荷蘭足球隊，Einfhoven，用來簽下巴西的一名主力前鋒。其他的巴西負債被用來保護雨林。

❑ 在1985年，美國財政部長，James Baker，提出「貝克計畫，Baker Plan」—結合商業銀行增加的放款來改善LDC國家成長的經濟改革計畫。

❑ 在1989年，新任的美國財政部長，Nicholas Brady，推動了「布來迪計畫（Brady Plan）」。根據貝克計畫得到的經驗，此計畫鼓勵債權銀行允許負債減免。例如，LDC負債可能便宜交換由30年期美國零息公債作為擔保的30年期LDC政府公債，因此可保證最終將償還本金。或者，貸放新資金的銀行將得到不用打消現有負債的獎勵。

第一個案例是1989-90年間的墨西哥。90%的銀行將420億美元的負

債，以35％的折扣轉成債券。10％的銀行貸放新資金。之後，布來迪計畫推動至菲律賓、烏拉圭、委內瑞拉、哥斯大黎加、秘魯、巴西與阿根廷。這些債券仍在次級市場中交易，一般稱為布來迪債券（Brady Bond）。

今日，拉丁美洲又重現於全球金融市場，新資本正快速流入。不幸的是，歷史又重演了。過多的銀行貸款造成1997年與1998年的危機，我們將於第十五章仔細討論。

不論最終結果為何，對相關的銀行而言，LDC危機是個災難。標準普爾與穆迪不樂於見到這種情況，因此調降信用評等。對銀行而言，這不僅代表著新資金的成本增加，而且優良客戶的信用評等通常都高於銀行。在1982年，如大通銀行、美國銀行與Manufactures Hanover的銀行都是AAA級。到了1990年，運氣好才能勉強維持A。Manny Hanny是BBB，幾乎等於垃圾債券了！在1986年6月，著名的英國零售商，Marks and Spencer，發行價值1億5000萬美元，兩個評等機構均評為AAA等級的歐洲債券。M＆S何必在1986年向勞伊茲銀行或米德蘭銀行貸款呢？它自己的信用評等都比這兩家銀行要來得好。

資本也受到壞帳準備金與變化中的情況所打擊。因為資本適足率限制，銀行難以擴充放款，但還是需要賺錢。在第四章，我們看到新方法的使用-NIF、RUF、RAFT與MOF。然而不幸的是，許多公司可以使用股市，向其他貸方借錢而跳過銀行。例如，高品質的借方可以將商業本票賣給貸方以籌措資金，銀行的角色限定於收取仲介費。銀行的傳統角色是中間人，向存戶集合資金再放款給借方。借方跳過銀行直接接觸貸方的方式通常稱為削減金融機構作用（disintermediation）。另一個用語是證券化（securitisation），也就是借方將證券賣給貸方，而不是向銀行借錢。削減金融機構作用或證券化的最好例子就是1982年以來歐洲債券發行的增加。

歐洲債券市場

自1982年以來，國際聯合貸款市場的規模逐漸縮小，歐洲債券發行量卻不斷增加。受到資本適足率限制而無法擴張放款的銀行，可以承銷債券發行另闢財源。對於提供短期存款市場的歐洲貨幣，借方發現現在可以說服其持有人購買以相同貨幣計價的債券，創造較長期的市場。如同以往，倫敦成為這些債券發行的主要市場。

歐洲債券的期間通常是介於3到25年（迄今最長的是50年，由大英瓦斯公司於1994年發行）。由一家銀行擔任主辦行的銀行團承銷發行，將債券出售給投資人與經營次級市場。

交割（次級市場）需要三個工作天，也就是說，星期一買債券，星期四扣款，星期二買債券，星期五扣款等等。有兩個結算與交割組織-Cedel（歐洲貨幣市場結算系統）與Euroclear。兩者均由銀行所有，前者位於盧森堡，後者位於布魯塞爾。他們的工作就是確定債券的所有權移轉至買方，而資金由買方帳戶扣款給賣方。利用一個局外人可能認為相當奇特的技術，券商可以安排將債券借給賣方，而賣方出售他們未曾實際擁有的債券。賣方可以使用這些債券來交割，之後再從市場買回債券以還給券商。這就是融券（stock lending），這在世界各地的債券市場都非常普遍。券商賺取小額費用，而賣方的生活也會好過些。

國際初級市場協會（IPMA）與國際證券市場協會（ISMA）將協助次級市場的發行。

銷售這些債券的方法是投資銀行業的技術，相對於聯合貸款使用的商業銀行技術。1982年後歐洲債券市場活動的興起大大增加了投資銀行業，犧牲了商業銀行業。

此市場的借方是政府、準政府（例如歐盟）、國際金融組織（例如世界銀行）、銀行與大公司。若債券沒有擔保，良好的信用評等是必要的。

　　貸方有散戶投資人（經濟情況相當好的個人）、銀行與投資機構。

　　債券的利息按毛額支付，因此散戶投資人具有向地方稅捐機關申報的責任。另一方面，債券是無記名債券（也就是說，沒人知道誰擁有債券）。當然，把每個人都看成是壞人是不對的，不過，在這裡卻總是成立。散戶買方有很強烈的誘因逃稅與享受債券的收益卻不繳稅。市場通常稱此種散戶為「比利時牙醫（Belgian dentist）」。因為他們只要穿越國界到盧森堡（付款銀行銀行通常位於此），出示息票，將錢存入該地的銀行帳戶（盧森堡的銀行和瑞士一樣，擁有保密的傳統）。歐盟決定要終止此種行為，目前正討論著統一15個國家的預扣稅額。

　　法人投資者無法避稅，但因為利息按毛額支付，因此還是享有現金流量優勢。自年底審查人員同意應付的稅額，到真正繳稅時可能已經過了18個月。

　　因為這項租稅優惠，歐洲債券提供的收益可能低於一般市場利率。

　　歐洲債券初期的一個變化是浮動利率票券（FRN）。支付變動、不固定的利率。這一點吸引了金融機構，因為它們以浮動利率放款，最好可以浮動利率借款。如果利率下降，收入下降，但成本也下降。資產與負債良好契合。

　　讓我們看看一些歐洲債券的發行以找出市場的偏好，包括了債券種類與貨幣種類（見表6.3）。

　　你可能質疑為什麼這些發行者希望特定的貨幣，還有如英國Abbey National的金融機構想要以固定利率借款。答案是它們或許根本不想要這種貨幣，Abbey Nationals也不需要固定利率的承諾。這全都是因為交換（swap），將於第十三章完整討論。投資銀行家會建議你在目前的市場情況下，哪一種貨幣比較易於集資。接著將此貨幣交換成你真正想要的貨幣。它們也會建議你市場最能接受的是固定利率債券還是FRN，之後再幫你交換利率。

　　以Abbey National為例。首先有一份貨幣交換：

表6.3　歐洲債券發行例子

發行者	剩餘年數	貨幣
世界銀行	3	希臘幣
EIB	10	美元
Crédit Local de France	5	瑞典幣
Abbey Naitonal	3	瑞士法郎
Bayerische Vereinsank	10	紐西蘭幣
加拿大安大略省	10	美元
義大利共和國	12	瑞士法郎
EBRD	3	波蘭幣
Commerzbank	2	加拿大幣
EIB	5	南非蘭特
GECC	1	歐元

協議在到期日時再交換回來，以使AN可以償還債券。

接下來是利率的交換：

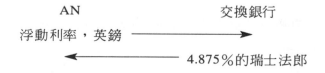

交換銀行提供AN一系列的瑞士法郎資金以支付利息。AN提供對方一系列的浮動利率英鎊。AN對債券持有人的責任不變。

注意在上例中，不只交換了固定利率與浮動利率的貸款，而且英鎊是固定利率，而瑞士法郎是浮動利率，這稱為CIRCUS（混和利率與貨幣之交換）。

結果是發行者在最輕易、最便宜的地方集資，之後投資銀行再將其轉換成發行者真正想要的安排。

雖然關於交換的討論在第十三章，但這裡不得不提及的原因是估計約有70％的歐洲債券使用交換。

市場是非常創新的。在初期發現有些專業投資人把息票撕去，留下一張不支付利息的債券。或許他們出於租稅觀點比較希望資本利得而非收入。因此，市場在初級市場發明了零息債券（zero coupon bond）。

如果債券不支付利息，為什麼要買？答案是投資人可以非常低的價格購買債券。假設五年期債券的市場收益為10%。投資人可以票面價值購買10%的債券。或者，他們可以62.09美元的代價，購買票面價值100美元的零息債券。投資62.09美元，五年後得到100美元—收益一樣是10%。

例如，大英瓦斯公司在1993年提供30年期的零息美元債券。票面價值100美元的債券出售價格只有8.77美元。

從租稅觀點來看，投資人可能偏好資本利得而非收入。例如在日本與義大利，債券價格的增加被視為資本利得來課稅，而不是收入（不過在英國並非如此）。此外，如果債券是外國貨幣，匯率風險可限定於本金，不包括票面利息。這些債券對利率變動較一般債券還要敏感。這可能適合相信利率將下降的投機客。記住—利率下降，債券價格上升。

以一個利率10%的10年期債券為例。當市場收益降至9%時，債券價格上漲至106.4美元（增加了6.4%）。假設投資人購買了10年期的零息債券。票面價值100美元的債券，若價格為38.55美元，則提供10%的收益。然而，當收益降至9%時，價格上揚至42.24美元（增加了9.6%），這是因為連動效果（gearing effect）。當投資人以38.55的價格，購買票面價值100美元的10年期債券時，便增加了對市場的風險。這是第一章提到的連動效果之另一面。

當然，如果債券收益上揚，那麼零息債券的損失也會更大。（之前提到的倒楣的美林證券營業員，不只持有零息債券，而且還是經由分別賣出所有息票使債券變成零息。）

在1992年初期，一般認爲歐洲債券市場（尤其是西班牙、葡萄牙與義大利）的收益將緩慢下降至馬克債券的水準。因此，有數個零息債券的發行以享受當利率下跌時價格的上漲。

息票分離

我們之前提到，創新的投資銀行將一般債券的息票撕去，變成零息債券的作法很常見。這種行爲稱爲「分離（stripping）」債券，這在美國的公債發行中很普遍（見圖6.5）。

例如，以一個1億美元、五年期、10%的債券爲例，假設市場收益爲10%，債券出售價格爲100.0。利息支付被分離成爲五個各值1000萬美元的零息債券，在1-5年間各自到期。1億美元的本金支付本身也是零息債券。在三年後需要1000萬美元的人，可以用751萬美元購買三年期的零息債券。這讓投資機構可以更密切地結合未來資產與負債。

美國政府公債第一次的分離是在1982年，到了1995年底大約有2250億美元的美國公債是分離的。分離在加拿大始於1987年，在法國是1991

	一般債券	息票分離之債券						
		息票					本金	總計
		1	2	3	4	5		
現在付出	100	9.09	8.26	7.51	6.83	6.21	62.1	100
收到：								
第一年	10	10						10
第二年	10		10					10
第三年	10			10				10
第四年	10				10			10
第五年	10					10		10
第五年	100						100	100
總計	150	10	10	10	10	10	100	150

圖6.5 息票分離

年，英國與德國是1997年，而義大利與西班牙是1998年。

其他變化

　　歐洲債券市場還有許多許多的變化—多到無法在此完全涵蓋。讓我們看看一些變化以得到各種可能性的概念：

　　可買回／可賣回債券　若是可買回（callable），發行者可在約定的較早日期贖回債券。投資人可享有較高的收益以彌補此種不方便。若是可賣回（puttable），投資人可在約定的較早日期賣回債券。投資人享有好處，因此收益較低以做為代價。英國政府在1986年發行的40億美元FRN便是可買回與可賣回的。

　　可轉換　在國內市場中，公司債轉換成權益是很常見的。不過，轉換也可以是從固定利率轉成浮動利率，或是浮動轉成固定。

　　認股權證　這又是可轉換的另一種選擇，個別的認股權證讓投資人可以在稍後購買權益。在1990年以前當日經指數上漲時，日本的可轉換債券與附有認股權證的債券非常受歡迎，佔市場的20%。但當日經指數下跌、泡沫經濟消失後，造成1990年歐洲債券發行的減少。

　　雙貨幣　這是利息支付為一種貨幣，贖回時又是另一種貨幣的債券。

　　上升／下降的票面利率　一個10年期的債券可能前五年是3%，後五年是10%（或是其他的變化）。

　　以上兩種變化均於Banca Nationale del Lavoro的債券發行中使用。此發行以日幣計價，贖回時支付60%的日幣，40%的美金，匯率固定為¥163日圓。此外，票面利率前五年為4.7%，之後則為7.5%！

　　利率上下限（collar）　在1992年中期，由Kidder Peabody為首的數家銀行，發行了設定利息上下限的FRN。這個概念曾於1985年使用，當時稱為「mini-max」。重現江湖是因為1992年中美國空前的低利率。雖然利

息支化有最高上限，但是提供下限（floor）這一點卻相當吸引人。

　　反向FRN　當利率上升時，FRN的利率便下降，反之亦然。在1997年12月，世界銀行發行了以里拉計價、複雜的12年期反向浮動利率票券。在前四年，利率由12％逐漸減至7％。在接下來的七年間，利率計算的公式為：15.5%-2xLIBOR。因此，當LIBOR走高時，利率便下跌，反映了義大利的利率將因歐元到來而下跌的看法。FRN的另一個變化是Aegon，一家荷蘭的保險公司，在1992年發行的12年期票券，前兩年是FRN，接下來10年卻固定為8¼%。

　　全球債券　由世界銀行於1989年首創，全球債券是設計來同時在歐洲債券市場與美國市場銷售，因此增加債券的流動性。這兩個市場有不同的慣例-歐洲債券不記名、每年支付利息毛額；美國債券記名、每半年支付利息淨額。不過，歐洲債券的發行已向美國的證管會（SEC）登記，因此可以銷售給美國各類別的投資人。最初，歐洲債券需在SEC144a規定下登記才能進入美國，不過當時也只能賣給合格的法人投資人。

　　龍族債券（dragon bonds）　龍族債券類似歐洲債券，但是在亞洲掛牌（一般是新加坡或香港），目標針對此區域的投資人。亞洲開發銀行在1991年底推出第一次的發行。奇異資本公司與歐洲投資銀行也推出過，最有趣的一個是中國大陸在1993年底推出的10年期債券。所有的發行都以美金為單位。

　　市場的競爭很大，各家投資銀行都想盡辦法以一些創新方法超越對手。

中期票券

　　在1991-92年間變的相當受歡迎，一直持續到現在，是相當彈性的方案。在同一方案與法律文件中，發行者可以發行數量、到期日與貨幣均

不同的債券，甚至利率也可以是浮動或固定的。中期票券（MTN）設計的部分原因是用來滿足投資者要求的交易。換句話說，投資人可能要求1000萬美元之前發行的債券，發行者將釋出更多債券以滿足此需求。因此發行者可能發行新債券、更多的現有債券、或是創造債券以滿足投資人的要求。此結構對於發行小額票券/債券特別有用。的確，一投資銀行家曾建議目前最實用的發行應降至500,000美元左右。

對貸方而言，MTN讓他們可以規避與發行獨立債券相關的昂貴與耗時的書面記錄。可以快速地跟上市場，相較於獨立發行需要延遲數天。因此可以快速地回應機會。

如IBM International、Abbey National、歐洲重建與發展銀行、GMAC Europe（通用汽車的財務部門）、Monte dei Paschi di Siena、芬蘭出口信用社與奇異資本，都發行過此種票券，奇異資本是市場最頻繁的發行者。

有時候此種票券如同債券發行是承銷的，有時則否。

貨幣市場

我們已經看過了聯合貸款與歐洲債券。歐洲貨幣的短期交易不只是存放款，而是由歐元定存單（ECD）與歐洲商業本票（ECP）等權證代表。這些短期交易的通用詞是歐洲票券（Euronote）。我們在第四章提到的受約束貸款，如NIF/RUF與MOF，多半已消失。

倫敦的歐洲貨幣銀行同業市場的強盛，增加了歐洲美元LIBOR、歐洲日圓LIBOR與其他貨幣之類似用語的使用。

附買回

本章稍早，我們提過中央銀行在扮演最終貸方角色時，可以使用附

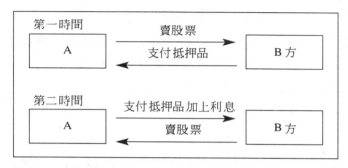

圖6.6　附買回

買回協助其他銀行。附買回是售後附有再買回條件的協議。A方可能把股票賣給B方，得到抵押品。之後某一時點（可能固定或是變動的），A方必須買回股票，交還抵押品與利息給B方（見圖6.6）。

　　附買回方法除了被央行使用外，也廣泛地被運用。任一經紀商都可能發現自己的股票部位不足，也就是他們已賣出股票但並未回補。買回股票的另一個選擇是，經紀商可以使用附買回方法暫時持有這些股票。股票先用來交割，之後在附買回的第二時間再買回來交還對方。為什麼這麼麻煩呢？經紀商可能覺得在當時難以用吸引人的價格買回股票。或者經紀商相信股票在幾天後會變的更便宜。有時候經紀商還是會買賣股票，但買的部位不足交割，因此交割部門將使用附買回以填補不足。這當然提供市場更大的彈性與刺激流動性。因此，此方法通常被稱為「股票的借貸」。（傳統的附買回和股票的借貸並不十分相同，但我們盡量簡化一些！）

　　通常附買回是基於相反的理由-不是為了持有股票而是為了持有抵押品。經紀商必須調動頭寸。如果購買的債券一時並不需要，他們可以透過附買回出售獲取現金。因為此借款有擔保，因此利率將低於未擔保的借款。此處的附買回就只是借錢的一個方法而已。

　　因此附買回適合所有人。債券經紀商可以用它來放空或是以最佳利率借錢。選擇出借股票的法人可以賺取少許的費用，以增進投資組合的

收益，並且因為收到抵押品因此此項交易很安全。

　　附買回在美國的國庫市場中廣泛的使用；英格蘭銀行於1996年核准英國公債市場的附買回；在日本，自1996年4月的新規定解決了過去造成相當無力的附買回方法的問題後，市場開始蓬勃發展。

參與者與重要經紀商

　　以下參與者代表了相當大的批發市場與交易：

- ❑ 政府
- ❑ 地方政府
- ❑ 公用事業
- ❑ 國際金融機構
- ❑ 商業銀行
- ❑ 投資銀行
- ❑ 投資機構
    - 1.退休基金
    - 2.保險公司
    - 3.共同基金
- ❑ 大公司

　　還有充當中間人的經紀商，在電腦上匿名顯示市場上最佳的價格，仲介資金，只收取小額費用（只有2bp）。

　　關於歐洲債券的交易，1999年春的Euromoney調查產生了表6.4所示的前十大經紀商（以交易量來評估）。

　　在1999年上半年結束時，以貨幣來看的話，有90％的發行是美元或歐元。

　　根據國際初級市場協會的資料，大約有1兆美元的歐洲債券在1998年

表6.4　重要的歐洲債券經紀商，1999年春

評等	經理人
1	德意志銀行
2	華寶證券
3	荷蘭銀行
4	Banque Paribas
5	摩根添惠
6	美林
7	所羅門美邦/花旗銀行
8	第一波士頓信貸
9	巴克利資本公司
10	JP Morgan

來源：Euromoney

發行，其中約有75％是在倫敦。

　　歐洲市場是近三十年來最重要的金融發展。集合了大量的國際資金，盡可能尋求最佳的投資機會，對任一市場都沒有特別的忠誠。

　　引用花旗銀行1970至1984年間總裁，Walter Wriston的話結束本章似乎非常恰當（摘錄自Adrian Hamilton，金融改革，Penguin，1986年）：

　　　　資訊本位已取代黃金本位成為全球金融的基礎。通訊讓資金可以回應最新的資訊流向最佳地點，取代了過去根據政府規則建立的系統，如黃金本位。政府不再能透過貶值或控制資金流向來干預。新秩序形成了，一個創意、資金、商品與服務都沒有國界的全球市場。

摘要

　　利率是資金的代價。隨著風險、到期日與流動性而不同，最後還有供給與需求。

　　債券有面額或票面價值。其出售價格可能高或低於面額，投資人得到的報酬稱為收益率。如果我們忽略贖回時的利潤或損失，那麼就是利息收益率，否則就是贖回毛收益。當利率上漲時，債券價格走跌，反之亦然。這種波動性對長期債券的影響最大。如果債券在分派股利前出售，買方需付出應計利息。

　　各債券都有信用評等（如AAA或BB），指示投資人債券的風險與必要的收益。

　　貨幣市場涉及的交易到期日為一年以內。包括了：

　　臨時與短期資金　借貸時間相當短的流動資金。

　　銀行同業市場　一銀行將資金借給另一家銀行的利率就是資金的賣出價，因此產生了倫敦銀行同業拆放利率（LIBOR）或東京銀行同業拆放利率（TIBOR）。

　　國庫券、地方政府與公用事業票券　這些代表了這些機構的短期借款，通常是3、6、12個月。

　　定存單　銀行的短期借款。

　　商業本票　公司的短期借款，在美國非常興盛。

　　匯票　見第五章。

　　央行使用如短期融通利率、貼現率、附買回利率等主要利率控制短期利率。

　　債券是超過一年的交易，票面利率稱為息票，可能是短、中、長期的。可能透過公開發售或配售等方式銷售。

　　一般而言，政府與公共部門的債券是最重要的，通常在每月固定日期賣給專業經紀商。

　　抵押與以其他資產做擔保的債券使用利息與資本支援債券發行—也就是資產擔保證券（ABS）。

　　信用債券（英國用語）是以資產做擔保的公司債。

　　可轉換公司債　是可以轉換成其他債券或權益的債券。之後以特定

價格購買權益的權力，可能附在附加的認股權證之中。

　　優先股　通常支付固定利率的股利。在分派股利與清算事件中，優於其他股東，但沒有投票權。

　　外國債券　是在國內市場中，由非本國人發行的債券。

　　垃圾債券　是低於投資等級的債券，提供高收益。

　　國際或歐洲市場　指的是在該貨幣當地市場以外的初級市場活動（貸款、債券或貨幣市場工具），例如在倫敦募集的美元貸款、在新加坡發行的美元債券。倫敦是此類活動的主要中心。

　　息票分離　將息票自債券撕去，分開出售本金與息票。現在變成了零息債券。

　　中期票券　可以任何貨幣、到期日、任何數量、利率固定或浮動等方式發行票券的彈性計畫。

　　附買回　是售後附有再買回條件之協議。可以用來借用短期債券或是融資長期部位。

附錄1

英國政府公債投標價拍賣結果之告示

United Kingdom Debt Management Office

Cheapside House
138 Cheapside
London EC2V 6BB

Tel. 0171-862 6500
Fax. 0171-862 6509

26 May 1999

SALE BY AUCTION OF £2,500 MILLION OF 6% TREASURY STOCK 2028

The Debt Management Office announces that the auction of £2,500 million of 6% Treasury Stock 2028 has been allotted in full:

1   All bids which have been accepted at the lowest accepted price have been allotted approximately 22% of the amount bid for.

Competitive bids made at prices above the lowest accepted price have been allotted in full. Competitive bids made at prices below the lowest accepted price have been rejected.

2   The range of bids accepted was as follows :

	Price	Yield
Highest accepted	£121.01	4.68%
Non-competitive allotment price (i.e. the rounded average accepted price)	£120.59	4.70%
Lowest accepted	£120.20	4.72%

3   The total amounts allotted and bids received were as follows:

Amount allotted to competitive bids	£	2,311.2	million
of which CRND:	£	20.0	million
Amount allotted to non-competitive bids			
- Gilt-edged market makers	£	187.5	million
- Others	£	1.3	million
	£	2,520.0	million
Total bids received	£	5,605.1	million
Times covered		2.24	times

4   Cheques will be presented for payment. Refund cheques, where appropriate, will be sent as soon as possible by post. Stock allotted to members of the CGO Service will be credited to their accounts by member-to-member deliveries tomorrow if they so requested.

備註：非競爭性投標（non-competitive bid）是不輸入投標價，根據拍賣平均價格分配的拍賣。

CRND-國債減少委員會專員

附錄2

1996-99年間英國公債市場的改變

❑ 公債市場的控制權於1998年4月由英格蘭銀行移轉至負債管理局

❑ 交割時可選擇Cedel/Euroclear

❑ XD期間由35天減至7天

❑ 1997年底允許息票分離

❑ 事先宣布定期拍賣的日期

❑ 每季宣布接下來三個月出售的公債

❑ 一般說來,將逐步減少直接發行

❑ 自1998年11月後改採十進位制的定價(非1/32)

❑ 公債附買回不再限於金邊證券經紀商(1996)

❑ 英格蘭銀行的日常援助包括了公債附買回與匯票及國庫券(1996)

❑ 法人的資本利得與收入均需支付所得稅(1996)

❑ 對法人的付款為稅前(1996)—三個月後繳稅

❑ 所有公債都開放供外國買方購買(1996)

❑ 半年一次的利息計算將根據該期間的確定日數(1998)

❑ 自1999年5月起公債的交割將由英格蘭銀行的中央公債辦公室移轉至CrestCo(英國的證券交割機構)

第七章

股票交易

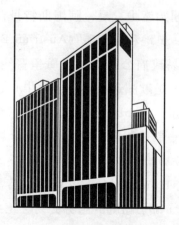

貿易組織歷史

　　早期的貿易組織不是獨資就是合夥。第一個現代的股份公司一般公認起源於英國探險家，Sebastian Cabot，他建議組成一企業尋找到中國與東方的北東貿易路線。

　　在1553年，有250名商人每人出資25英鎊，為此旅程購入三艘船，因此分攤所有的成本與利潤。其中有兩艘船沈沒，但一艘抵達了天使港，船員們被帶到所謂的恐怖伊凡大帝之皇宮。英格蘭與俄羅斯遂展開貿易，公司簡稱為Muscovy Company。因為股份是聯合持有的，因此是「股份公司（joint stock companies）」。著名的東印度公司成立於西元1600年，在1850年前都主導著貿易。在這些初期的貿易公司中，有一些目前仍存在，其中最有名的是Hudson＇s Bay Company（1668年）。因為荷蘭帝國的重要性，我們也看到荷蘭的聯合東印度公司於1602年成立，荷蘭西印度公司於1621年成立。

　　這些公司的股票開始產生交易。阿姆斯特丹在1611年創辦證券交易所，這是歐洲最早的。奧地利交易所（Austrian Bourse）在1771年於維也納開辦，主要是交易政府公債以籌措戰爭費用。到了19世紀末，有2500家股票在此掛牌，是歐洲最重要的金融中心之一。在倫敦，經紀商與場內股票自營經紀商（jobber）在咖啡館碰面（見狄更森的Little Dorritt一書第24章，阿弗列先生往來於其他的會計室、碼頭、海關、蓋勒威咖啡屋與耶路撒冷咖啡屋）。為了規範市場，新強納森咖啡屋（New Jonathan＇s Coffee House）於1773年轉為證券交易所（Stock Exchange）。說來奇怪，關於紐約的證券交易之正式開始不是非常清楚。一份名為「The Diary」的報紙，其1792年3月的刊物指出經紀商每天中午在華爾街22號碰面（華爾街這個名稱的由來，是建立紐約的荷蘭商

人，爲了防止牲畜跑出去、印地安人跑進來而蓋的圍牆）。大部分的交易
是政府公債與銀行股票。受到費城的經紀商創辦組織的成功所激勵，紐
約證券交易所（New York Stock Exchange and Board）於1817年成立（摘
錄自F.L. Eames與Thomas G.Hall所著的紐約證券交易所，第五版，John
Wiley出版社，1987年）。在1850年，美國共有250家證券交易所，不過到
了1900年，因爲電報及自動股票行情揭示板錄音的問世，紐約躍居主導
地位。

　　在法國，最早的股票公司是位於土魯斯的「Société Des Moulins Du
Bazacle」，有96個可以自由買賣的股份。這家公司在19世紀變成了地方
的電力公司，在1946年以前都在土魯斯證券交易所掛牌。這家公司雖然
早於Muscovy Company，但算是一個比較特別的個案。1540年在里昂出
現了某種型式的證券交易所（Bourse），1639年公布的法案將經紀商稱爲
「agents de change」。巴黎的證券交易所成立於1724年，但似乎沒有特別
活躍。大革命後，agents de change在1791年廢除，證券交易所於1793年
關閉。拿破崙掌權後，證券交易所於1981年重新開始，給予agents de
change交易的獨佔權，但不提供有限責任的特權。

證券交易所角色

　　或許我們應該先思考證券交易所的角色。證交所提供公司掛牌的規
定、價格形成的機制、交易的監督、會員的授權、交易的交割與交易資
訊及價格的出版。

　　然而，有時候掛牌的規則是由政府贊助的機構制訂的，例如美國的
證券交易委員會（Securities and Exchange Commission）。獨立的結算與
管理機構也可能扮演此角色，例如英國的CREST有限公司（有60名股東）
便自倫敦證券交易所接收了交割任務。現在，交易所以外的電腦化撮合

系統開始爭食大餅（例如美國的Posit與Ireland，倫敦的Tradepoint），如Instinet的經紀商/自營商也開始處理交易，許多人質疑證券交易所的未來。網路時代來臨後線上交易也是可行的。微軟可能是未來的交易所嗎？

股票與股份

當我們說股票和股份時，似乎兩者之間存有明顯的不同。嚴格說起來，股份（shares）是公司的權益，支付變動的股利。股票（stocks）是支付利息的工具，例如債券等。不幸的是，雖然股份單指公司的權益，但股票卻是日常生活中非常籠統的用語。在美國，股份指的是普通股，而股東（shareholder）就是股票持有人（stockholder）。在英國，股票一詞通常用來指股份或債券，我們將使用此定義。

一般說來，交易所總是將固定利息證券與權益證券的交易量分開。雖然大部分的交易都屬於權益證券，但因為交易量龐大的專業投資人日漸重要，債券之交易量也越來越大。例如在英國，國內權益證券交易平均金額約60,000英鎊，但政府公債交易平均金額則約300萬英鎊。一般說來，債券佔倫敦交易量的55％，佔德國的75％，佔巴黎的80％。不過在紐約幾乎所有的交易量都是權益證券，只有少數債券在交易所買賣。

表7.1顯示了全球大型交易所的數據（數字由倫敦證券交易所彙編，以英鎊為單位）。NASDAQ是「美國券商協會自動報價系統（National Association of Securities Dealers' Automated Quotations）」的縮寫。NASDAQ從未有過正式的交易場，所有交易都在電腦螢幕上，以技術面來看是屬於店頭市場（OTC），但在此交易的公司卻比在OTC交易的一般公司要大的多，包括許多高科技公司，如微軟、英代爾與蘋果電腦。

表7.1的備註說明在某些市場中交易量需除以二。有些交易所重複計

表7.1 國際股票市場的交易量比較，1998年底

股市	交易量 10億英鎊	國內權益證券市值 10億英鎊	掛牌公司數目，1998年底 本國	外國
紐約	4398	6529	2722	392
NASDAQ	3485	1562	4627	441
倫敦*	1796	1426	2399	522
德國*	945	657	741	-
東京	519	1466	1838	52
瑞士	426	414	232	193
馬德里	404	208	474	5
巴黎	367	589	784	178
義大利	300	339	239	4
台灣	277	156	437	-
阿姆斯特丹	254	361	214	145

備註：*表示因為比較的目的，所有交易量均除二，在倫敦的例子中，非SETS的交
易量將除二。

來源：倫敦證券交易所，Fact File 1999

算交易，也就是買入賣出各計一次，其他的交易所只計一次。倫敦的
SETS系統只計算一次，但倫敦的其他系統卻計算兩次。

仔細研究表7.1，哪一個是全球最大的證券交易所？大的定義為何？
可以是市場價值、總交易量或權益證券交易量，這些問題沒有絕對的答
案。

市場價值是現有股數乘上股價，也稱為總市值（capitalisation）（注
意，這和資產負債表上的資本無關）。股價起起落落，而總市值則是計算
當時的數字。這只是問題之一，如果你在1989年底在東京做計算，當時
東京股市尚未崩跌，東京可說是全球最大的交易所。其他的問題是我們
應該以個別交易所為單位還是以國家為單位。德國證券交易所聯盟把八
間交易所的數字相加，其中法蘭克福就佔了約80%。如果我們把德國所
有交易所的數字相加，我們是否也要把美國、日本與瑞士的所有交易所
相加呢？

　　在倫敦1兆7960萬英鎊的權益證券交易量中，有1兆910萬英鎊是外國權益證券，這是全球最高的。

　　以1998年底的總市值為標準，得到的順序為：

- ❑ 紐約
- ❑ NASDAQ
- ❑ 東京
- ❑ 倫敦
- ❑ 德國
- ❑ 巴黎

　　若以交易量為標準，接下來的問題便是只採用權益證券或是包含債券的總交易量。如果是後者，對於債券在股市外交易的市場似乎並不公平。

　　若只以權益證券交易量為標準，前六大交易所為：

- ❑ 紐約
- ❑ NASDAQ
- ❑ 倫敦
- ❑ 德國
- ❑ 東京
- ❑ 瑞士

　　我們將NASDAQ算在內，雖然這不是交易所，而且其他交易所的數字也都未包含OTC的交易。

　　由上你可以發現，「全球最大的交易所為何？」這個問題引出有點複雜的反應！統計數字本身就是受爭議的。有些交易所因為法規因素，堅持由地方經紀商處理的交易只能在地方記錄，既使這項交易實際上涉及了外匯。因為這個原因，倫敦的外國權益證券交易量被許多人抨擊為

誇大了。一家法國的學術機構在1996年2月出版的研究中認為，倫敦宣稱
處理了52%的法國權益證券交易量，其實實際數字只有8%。

國際權益證券

在1980與1990年代，跨國公司在數個外國的交易所上市已是常態。
或許是為了吸引更多的投資人，又或者是因為當地的交易所無法滿足公
司的雄心（例如，斯德哥爾摩與Electrolux）。結果造成了初級市場發行
與次級市場交易量大量增加的非本國權益證券。

例如，雖然德國的會計規則並不像美國那麼嚴格，賓士汽車仍在紐
約掛牌上市，接受財務更加透明的規定。法國的保險集團，Axa，在
1996年中成為首次在美國交易所掛牌的法國金融服務公司。

大型的新權益證券現在向國際各市場發行，而其中有許多是國際電
話公司。歷史上第二大的民營化是德意志電信，在1996年底向全球各市
場發行。其發行被分成：

- ❏ 德國　　　　　　46200萬股
- ❏ 美國　　　　　　9800萬股
- ❏ 英國　　　　　　5700萬股
- ❏ 歐洲其他國家　　3800萬股
- ❏ 全球其他國家　　3400萬股

1999年6月又進一步的釋出股份，同樣對全球發行，使得德意志電信
宣稱公司國際股東人數多於國內股東人數的幅度，領先其他所有公司。

此處的重要關鍵，是美國的共同基金與退休基金漸漸地將眼光放
遠，增加海外的投資。

指數

股票指數通常是根據上市總市值。如果指數由前五十大公司構成，那麼「前（top）」指的就是上市總市值最大者。有時候指數為加權，這意味著當指數中最大一家公司的股價變動1％，對於指數的影響大於最小公司股價1％的變動。因為股價總是在改變，因此最大的公司也不總是相同。有一項移除某些股票、加入其他股票的規定，可能是一季做一次調整。例如，在1999年6月，Next（零售商）與Sema（軟體商）便被UK FTSE 100除名，由Anglo America與Blue Circle頂替。還有一項規定是設計來防止當公司在指數中的排名在99至101名徘徊時，會不斷地被加入、除名。不過這項規定不怎麼有用。Sema在1998年9月加入FTSE 100，1998年12月被剔除，1999年3月又加入，1999年6月被剔除，1999年9月又加入。這可不是理想指數應有的表現！

在現代，因為選擇權與期貨交易（見第十一與十二章）使用指數作為標的，因此創造了數個新指數，每天每分鐘都會重新計算。

嚴格地說起來，我們應該區分平均（averages）與指數（indices），雖然這兩個術語似乎交錯著使用。例如，在1884年，Charles Dow（華爾街日報的出版人）開始出版11家鐵路公司股票的平均值。今日的道瓊工業平均指數由1896年的12家公司平均值，在1928年增加成目前的30家平均。

因為是平均值，道瓊指數就只是平均股價（股票分割的情況將於稍候解釋），將30檔股票的股價加總後除以30。然而股票分割將使股價由100美元減至50美元，必須把這一點納入考量。使用的方法稱為「固定除數（constant divisor）」。道瓊過去是每小時計算一次，現在改成每分鐘計算一次。

在倫敦，金融時報一般股價指數始於1935年。其平均方法更為複雜。將30個股價相乘，開根號第三十次後得到的數字就是指數。

現代的指數以股數乘以股價為基礎。讓總市值較高的公司得到適當的權數。例如，在1957年，標準普爾推出S&P 500。在1983年，芝加哥選擇權交易所，對由100檔股票組成的指數開始選擇權交易，該年七月將名稱改為S&P 100。這兩個指數都是根據上市總市值。

同樣以上市總市值為基礎的還有於1966年推出，現在包含1500檔股票的紐約證券交易所指數。美國證券交易所在1973年推出美國證券交易指數，包含了800檔股票，也是總市值指數，不過一個有趣且不尋常的特色是將股利納入指數中，因此指數評估總報酬（德國的DAX也是）。

為了對抗道瓊指數，美國證券交易所在1980年推出由前20大股票組成的「主要市場指數（Major Market Indes；MMI）」。其結構和計算方法類似道瓊指數，兩者有90％的相關性。

其他重要的美國指數還有：NASDAQ綜合指數（1984年）、NASDAQ工業指數（1984年）、NASDAQ 100（1985年）、費城證交所價值線指數（包含1700檔股票，1985年）。

在日本，主要指數是日經225（Nikkei Dow 225），由225檔股票組成。不過它是根據平均價格而非總市值，因此在1984年又推出日經300。還有一個根據總市值的指數，東京證交所股價指數（TOPIX），由東京證交所的第一類股票所組成。

倫敦需要一個比原始30檔股票指數還要令人滿意的指數，因此產生了1984年1月的金融時報股價指數100。也就是FTSE 100，在當地稱為「Footsie」。它也是根據總市值，從上午八點半到下午四點半每十五秒計算一次（盤前指數從早上八點開始計算）。指數從1000點開始。代表了整體市場77％的總市值。

在1992年10月，決定放寬指數，並且增加兩個新的。FTSE 250是次於FTSE 100的兩百五十家公司，而FTSE精算350是FTSE 100加上FTSE

250。每分鐘計算，並且包含各市場部門的資料。一個較舊、較大型的指數是金融時報精算指數，始於1962年，在1992年12月放寬納入超過800檔的股票。涵蓋了97%的市場資本額。

在法國，CAC 40始於1987年，以總市值為基礎，每三十秒計算一次。佔所有交易所60%的總市值，不過前七大公司就佔CAC 40的43％。有趣的是，CAC 40的選擇標準是股票需代表所有的市場部門。FTSE 100是前百大公司而不論部門為何。在巴黎，較舊的指數是根據開盤價的SBF 240，每天計算一次。在1993年9月，被SBF 250取代，每分鐘計算一次並且納入股利。同時也推出新指數-SBF 120，根據CAC 40中的40檔股票還有80檔其他股票，每分鐘計算一次。在1995年5月，為中型市值股票推出另一個指數-MIDCAC。

德國較早的指數是FAZ 100（源自一份商業報紙，Frankfurter Allgemeine Zeitung）和由杜塞多夫交易所的六十檔股票組成的 Commerzbank指數。兩者均始於1950年代，每天計算一次。在1987年12月，推出了由三十檔股票組成、較受歡迎的新指數DAX（Deutscher Aktienindex）。這不只是現代化的指數、隨時計算，同時將股利納入，因此計算總報酬。這對於我們在十三章中討論的某些交換交易特別有吸引力。它代表了80%的上市總市值，涵蓋了國內所有交易所。其他七十檔股票則產生了MDAX。

其他主要的指數有：

阿姆斯特丹	CBS Tendency
	EOE 25
布魯塞爾	General Return Index
	BEL 20
哥本哈根	SE All Share
	KFX 25

香港	恆生指數
馬德里	馬德里 SE
	IBEX 35
米蘭	Comit All Share
	BCI
	MIB 30
奧斯陸	OBX 25
新加坡	海峽時報指數
斯德哥爾摩	Aff?rsv?rlden General
	OMX
維也納	WBK-Index
	ATX
蘇黎世	瑞士市場指數
	瑞士績效指數

　　至於歐洲整體，有來自倫敦證券交易所的FTSE Eurotrack 100（不包含英國股票）與FTSE Eurotrack 200（包含英國股票）、阿姆斯特丹與倫敦合作的FEST 300、由道瓊公司與法國、德國與瑞士交易所合作的歐洲股票STOXX、S&P Euro指數與MSCI Euro指數（摩根史坦力）。

　　歐洲面臨的問題是，歐洲的定義爲何？是由11個國家形成的貨幣聯盟，排除英國這個重要市場；還是由15個國家組成的歐盟，但排除瑞士這個重要市場；還是一些更廣義的地理區域定義。這些因素都造成歐洲指數的激增！1999年6月，FTSE國際公司彷彿是擔心指數還不夠多，又推出了以29家在歐元區域中交易的最大、最重要公司構成的指數，包括了西門子、荷蘭皇家石油與佳樂福。指數稱爲E Stars，目標針對成長中的散戶投資人。

誰持有股份？

散戶vs法人

不同的國際市場，持有人的型態也不同。美國一向有散戶投資者擁有權益證券的傳統，比例為50％。德國則只有13％，在這之間有法國的31％，英國的25％。

德國在過去一直遠遠落後其他市場。它是歐洲最大的經濟體，但是股票交易的總市值卻不到倫敦的一半。德國股票機構，DAI，計算德國在1986-96年間新股發行次數為200，相較於英國的1847與美國的7179。然而情況正在改變，德國的新發行數目增加快速。上述13％的數字代表了直接持有或透過共同基金持有的股份，已經較1997年的9％大為增加（此數字來自DAI）。

散戶投資人通常與法人投資人形成對比，後者指的是退休基金、保險公司與共同基金。在某些市場中，私人的退休基金管理個人的退休金，不論退休金提撥金是來自公司或個人。壽險公司收取數年的保費以提供死亡時的保險金支付。一般的保險公司也會將預收的保費用於投資，但卻面臨了更大的不確定性。暴風、颶風，或如Exxon Valdez的石油災難，都造成了無法預期的巨大支出。共同基金將於稍候解釋。

有時候人們以上市總市值佔GDP的百分比來做比較。主要金融中心在1997年的數字為：

❑ 紐約　　　　　120％
❑ 倫敦　　　　　160％

　　☐ 法蘭克福　　　39%

　　☐ 巴黎　　　　　50%

　　☐ 東京　　　　　55%

退休金計畫：有提撥基金與未提撥基金

　　股市的活躍程度通常視法人而定，特別是退休基金，正確的說法是，視退休基金對於權益證券與債券的投資資產配置政策而定。

　　現在的基本問題是：退休金計畫的錢從哪來？第一個重點是，退休基金主要由私人資金或是由國家提供。第二，退休金計畫是否設有基金，或是由目前的稅收與提撥金支付。

　　美國、英國、荷蘭、日本與瑞士，是由私人提撥基金投資退休金以支付退休金。

　　表7.2列出了1998年底資產的規模。在某些地方退休基金由國家管理。

　　在德國，員工的退休金提撥由公司處理，存在公司帳戶中，可用於

表7.2　退休基金，資產規模以及佔GDP的百分比，1998年底

國家	退休基金資產（10億英鎊）	佔GDP百分比（％）
美國	6730	79
日本	2200	50
英國	1230	88
荷蘭	410	104
瑞士	286	103
德國	286	13
義大利	195	16
法國	95	6
西班牙	26	4

來源：Phillips & Drew，退休基金指標，1999年

公司的一般用途，退休金由公司資金支付。有趣的是，在英國引起恐慌的情況-Robert Maxwell可以動用退休金-在德國卻是稀鬆平常。雖然有一些投資基金但數量不大，可由表7.2中看出。

在瑞典，退休金計畫主要由國家管理，但資金用於投資，因此系統可以視爲設有提撥基金。另一方面在法國，雖然國家透過Caisse de Retraite管理大部分的退休金計畫，但未設有提撥基金，而是由目前的稅收支付。私人的退休基金嚴格限制需經政府管制。

因爲人口因素，未設有提撥基金的方法很可能會改變。目前在歐洲（與日本）人口逐漸高齡化。舊系統中，六到七名的勞工供養一名退休者。但未來可能是二到三名勞工供養一名退休者。圖7.1顯示人口高齡化的預測。

世界銀行估計到了2030年，60歲以上的人口將成長三倍至14億人。

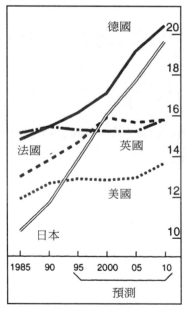

圖7.1　高齡化的人口，年齡65歲以上人口的百分比

來源：聯合國

一份英國刊物，Federal Trust，在1996年初出版的報告—歐洲的退休炸
彈。計算依賴比率，也就是65歲以上的人口與15至64歲年齡層人口的比
率。在歐盟的12個會員國（在1995年以前）中，此比率預計將從1990年
的21%，成長至2040年的48%，義大利和荷蘭甚至高達48%（見表7.3）。
荷蘭至少還有設有提撥基金的退休金，義大利卻沒有。在德國，到了
2030年，每位勞工的收入中，將有30%將提撥給退休者做為退休金。

表7.3　年齡依賴比率，65歲以上人口與15-64歲人口的比率

國家	1990	2040
比利時	21.9	41.5
丹麥	22.2	43.4
德國	23.7	47.1
希臘	20.5	41.7
西班牙	17.0	41.7
法國	21.9	39.2
愛爾蘭	18.4	27.2
義大利	20.4	48.4
盧森堡	20.4	41.2
荷蘭	17.4	48.5
葡萄牙	16.4	38.9
英國	23.5	39.1
所有歐盟成員	21.4	42.8

來源：Federal Trust報告，歐洲的退休炸彈

　　各國在這方面的進展很慢。我們如何說服人民將今日的納稅，優先
作為今日退休者的退休金，剩餘資金才用於他們自身的退休金計畫？法
國將私人企業員工若要得到完整退休金支付的必要工作年限從37.5年增
加到40年。但將公營員工比照辦理的企圖卻遭到抗爭，因此撤回！儘管
到了2040年，每100個介於20到59歲的人口，就要負擔70個60歲以上的
老人，是現在的兩倍！德國在1992年通過立法，在65歲前退休領到的退
休金會比較少。不過這些措施的用處不大，德意志銀行在1996年4月宣布

將設置有提撥基金的退休金計畫，這個似乎幫助比較大！

在日本，退休基金相當龐大，但因為過去的保護主義限制競爭，因此表現很差。不過自1996年4月以來的管制解除，正開放市場讓海外投資顧問公司全面參與。

單一市場的來臨，應該可以讓許多退休基金投資限制被廢除。這些限制如：義大利的退休基金對私人公司的持股不得超過20%；葡萄牙與丹麥的退休基金無法投資其他國家的股票；德國的退休基金持有的外國債券不得超過5%；在比利時，退休基金必須有15%投資於國內政府公債。

企圖廢除這些限制或至少放寬一些的退休基金指導方針，在經過一陣激烈爭論後於1995年被撤回了！

布魯塞爾仍然積極地建議放寬歐盟退休金市場的管制。目標是放寬投資限制允許更大的競爭。不幸的是，指導方針無法解決整體稅制的問題。改變稅制的提議需要共識決。

一些跨國企業開始感到不耐。在1998年6月，由Zeneca（英國的製藥商）、Kvaerner（英國／挪威，工程設計）與英國的律師事務所，Eversheads共同召開會議。目的是提出判例，挑戰因各國稅賦減免與昂貴官僚體系使得跨國退休金系統無法運作的當前體制。各國政府擔心若是給予退休金稅賦減免，當發放退休金時可能無法課稅。

至少四年後，判決才會出來。

權益證券投資

當然，退休基金的影響視資產配置的決定而定。主要選擇是權益證券與債券，又可進一步細分為國內與國際。不動產在某些市場是相當受歡迎的投資，不過還是會有存款與投資於貨幣市場工具（如定存單）的流動性資金。

表7.4   國際資產配置,1989與1998年

	美國 %		英國 %		日本 %		荷蘭 %	
	1989	1998	1989	1998	1989	1998	1989	1998
國內權益證券	37	52	52	51	25	29	7	17
國際權益證券	2	12	20	20	4	12	7	24
國內債券	48	29	11	15	50	42	72	36
國際債券	0	1	2	4	10	11	3	15
現金	10	3	6	5	7	3	2	2
不動產	3	3	9	5	4	3	9	6
	100	100	100	100	100	100	100	100

來源:Phillips & Drew,退休基金指標,1999年

　　表7.4顯示退休金計畫有提撥基金的四個主要國家的資產配置。

　　因為退休基金通常是股市交易的大戶,由此可見它對權益證券與債券市場的重要性。我們也可以發現權益證券的流行。比較1989與1998年的數字,美國在權益證券方面的百分比從39%增加至64%,日本從29%升至41%,荷蘭從14%增至41%,英國一直以來就以權益為主,部分是因為英國控制物價的能力太差。一般人相信權益證券提供的保障優於債券-也就是說,當通膨發生時公司可以漲價以賺取更多的名目獲利。

　　數據也顯示國際交易的增加。退休基金在國際權益證券與債券方面的投資,在美國已由1989年的2%增加至1998年的13%,在日本則由14%增加至23%,荷蘭則由10%增加至39%—非常驚人的改變,同時說明了現在大量跨國界交易的原因。德國央行在1999年6月的月報中,說明德國投資人自1995年底至1997年底之間,對於海外公司的投資已增加了三分之一。

　　若研究整體的投資組合管理而不只是退休基金,表7.5顯示了權益證券投資組合管理的主要中心。

表7.5 投資組合管理的主要中心，1998年12月，以法人權益證券持股評比

城市	權益證券（＄10億美元）
倫敦	2178
紐約	2008
波士頓	1469
東京	1117
舊金山	615
蘇黎世	491
洛杉磯	436
巴黎	420
費城	313
芝加哥	312

來源：湯姆森投資人金融機構

共同基金

如果一個小投資人手上有3,000美元可以投資，他有兩個選擇。可以只買一或兩家公司的股票，或是可以分散投資於十家公司。在第一個選擇中，如果公司的表現不佳那麼風險也很大。在第二個選擇中，各股票分別投資300美元，但交易成本高的嚇人。他也可以把錢投資在共同基金。共同基金是集合性的投資，由基金經理人管理。可以投資在貨幣市場工具、股票或債券。現在還有一些基金投資金融性期貨（見第十二章）。

若投資於權益證券，基金將投資許多公司；因此3,000美元投資於許多公司而分散風險。基金由專業經理人操作因此收取費用。有兩種基金：

開放型基金（open-ended fund；英國稱為單位信託，Unit Trust）基金募集資金投資於各種股票，例如5,000萬美元。簡單地來說，基金區分成5,000萬個單位，一單位價值1美元。之後投資人可以向經理人申購單位或是贖回單位。如果投資人花了500萬美元申購基金那麼經理人就可以買更多股票，基金現在的資金有5,500萬美元。如果持有單位價值

1,000萬美元的投資人將基金贖回，那麼經理人就要賣股票求現，基金現在就只值4,500萬美元了。因此，產生了開放型基金的名稱。當股票價格上漲時，基金的單位價值也會上漲，這就是投資人的獲利來源。在實務中，投資人需要支付管理費用與基本成本。因此每單位就有買/賣價，如同一般的股票。

封閉型基金（closed-ended fund；英國稱為投資信託（Investment Trust） 基金就像是持股公司。募集5,000萬美元後，將資金投資於權益證券的投資組合中。如果之後有投資人想要花500萬美元購買基金，可以在公開市場中向想要賣出基金的人購買股份；也就是說，基金本身不會得到任何多餘的資金，還是維持5,000萬美元因此是封閉型基金。如果三年後持有股票的價值加倍，那麼基金的市場價值也會加倍。投資人可以把基金賣出賺取利潤。有時基金的每股市價低於每股資產價值，此時就需要分析師與有潛力的投資人細心研究。這種現象是因為封閉型基金的每股價格反應的不只是資產價值，還有供給與需求。

美國、英國、荷蘭、法國、德國、義大利與西班牙的共同基金都發展地非常完善。共同基金在法國非常受歡迎，部分是因為租稅優惠。開放型基金稱為SICAV（Société d'Investissement á Capital Variable），封閉型基金稱為FCP（Fonds Communs de Placement）。投資貨幣市場工具的SICAV與FCP就像權益證券基金一樣受歡迎。

如同讀者所預期的，英國的基金集中投資權益證券，德國則集中於債券。在英國1,000億英鎊的開放型基金中，不到20億英鎊投資於債券。義大利在1983年開放共同基金，但自1987年10月的股市崩盤後，權益證券基金不再受歡迎。今日，有55%的資金投資於國庫券。

美國是共同基金投資的龐大市場。在1998年底，有4.5兆美元投資於5800檔共同基金，有45%的美國人擁有共同基金。美國最大的基金集團為富達（Fidelity），管理的資產超過3,000億美元。單單這個數字就大於英國的市場總值。50%投資於權益證券，50%投資於債券與固定收益工

具。之中大約有15億美元投資於歐洲，權益證券佔了30%，但比例正在增加中。美國股市的持續成長是因為美國共同基金的驚人增加。上述4.5兆美元的數字可對照4.7兆美元的銀行總資產。

正在規劃中的確定提撥退休計畫，預計將會增加共同基金的動能。

1989年10月開始的歐盟指導方針產生了UCIT這個名詞，全名是「Undertakings for Collective Investment in Transferable Securities」。指導方針規定開放型基金的最低標準（封閉型基金則無）。例如對單一證券的投資金額得超過10%，但不包含對商品、不動產與貨幣市場工具的投資。UCIT的經理人管理的基金只需在一國登記，即可在整個歐盟境內銷售，但必須得到基金銷售地相關單位的許可。然而，雖然銷售由各地管制，但投資者得到的保障卻來自基金原登記國家。

盧森堡因為股利可以總額支付，因此成為歐洲境內銷售的UCIT的主要中心。例如，英國的UCIT會針對股利先行課稅，雖然外國人可以退稅，但法國與德國的投資人，將被迫填寫一堆的英國境內收入表格。

積極與消極管理

解釋資產配置與證券定價的各種理論已超過本書的範圍，不過我們應該討論積極與消極的基金管理。積極管理可以解釋為「挑選優勝者」，也就是主動地選擇特定證券，頻繁地調整投資組合。通常有複雜的電腦模式作為後盾，稱為「程式交易（programme trading）」。（不過，相同的用語也代表著股票指數套利與動態投資組合保險策略）。另一方面，消極管理則投資於著名指數的所有股票，例如S＆P100，讓基金隨S＆P100的表現而變化。其論點是因為統計數據顯示不到一半的基金可以擊敗指數，而且指數追蹤（消極管理的另一個名稱）的交易成本較少。這一點自然還有許多爭議。在美國，約有50%的退休基金為指數型，但在英國大約只有15%到20%。

第一個指數追蹤基金是在1973年由Wells Fargo推出的，但直到1980年代中期這個想法才推廣開來。美國的公共部門退休基金中約有53%以指數追蹤作為基礎。英國的退休基金評比公司，CAPS，指出雖然英國的FTSE100指數在1998年上揚了14%，但積極基金的平均表現卻只有10.4%——這是十年來最大的差距。積極基金中只有21%擊敗FTSE 100。英國的退休基金國家協會估計在英國有39%的私人退休基金與49%的公共部門退休基金其投資組合有部分使用指數追蹤方法。至於成本，積極基金通常收取50基點的費用，相較於指數型基金5到10基點的費用。

不過，積極與消極管理並沒有徑渭分明的界線。許多所謂的消極基金，也使用量化模式改善其績效而不只是追蹤指數。

在一些大公司的合併案後，指數型基金的行動扭曲了一些指數的表現，例如Vodafone/AirTouch、BP/Amoco、Zeneca/Astra。少數公司變的越來越重要。在英國，前十大公司現在佔FTSE 100指數總市值的45%。在1998年，FTSE100指數上漲了14.5%，但FTSE 250指數（排名101至350的公司）卻只上漲1.4%。在美國，道瓊指數在1999年3月16日上漲12%，但羅素2000（一個較為廣泛的指數）卻下跌11%。

當指數剔除某公司時，指數型基金會馬上出脫此公司股票；當指數納入某公司時，又立即買進。當荷蘭的保險集團，Aegon，在1999年初納入MSCI泛歐洲指數時，公司股價在一天內上漲10%。

保管機構

本處還應該說明保管機構（custodian）的角色。保管機構替退休基金、共同基金等，保管證券、負責交割、處理股票借貸事宜（如果相關規定許可的話），以及告知基金經理人如股票發行、股利通知、股東會等公司消息。同時也會收付股利與退回預扣所得稅。

近年來這已經成為相當龐大的事業，由大型全球保管機構所主導，

如紐約銀行、大通曼哈頓銀行、State Street、德意志銀行、花旗銀行、Mellon Trust與Northern Trust等。例如，紐約銀行在1998年底管理的資產就有5兆6100億美元。

交易系統

證券交易所買賣股票的系統，通常為以下三種模式中的一種：

❑ 委託驅動系統
❑ 自營報價系統
❑ 上述兩者綜合

委託驅動系統 (Order Driven System)

歐洲大陸大部分的系統都是委託驅動。也就是透過中間人（通常是經紀商）以特定價格撮合買單與賣單。經紀商不承擔任何風險，除非有交易數量相同的交易對手，否則股票不會買賣。經紀商收取手續費賺取利潤。法國、德國、比利時、義大利、西班牙與瑞士的系統屬於此類。

早期的系統，在交易廳裡可以看到某股票的經紀商旁邊繞著一堆人，大喊著買單與賣單，然後經紀商再撮合委託單宣布成交價格。今日通常使用電腦系統，至少大型股票是如此。在歐洲一個受歡迎的系統就是來自多倫多交易所的CATS（電腦支援交易系統）。有時候會改成地方化的名稱，例如巴黎的券商工會 (CAC，Cotation Assistée en Continu)。

法國將此系統改寫成Nouveau Système de Cotation (NSC)，或是Supercac，並將此賣回給多倫多，目前使用於巴西聖保羅、布魯塞爾、理斯本與華沙。

以巴黎為例，委託單直接輸進系統傳給會員公司，或由會員公司輸

表7.6　**開盤價**

XYZ股

買方		賣方	
數量	限價	限價	數量
500	市價	市價	400
200	156	150	250
250	155	151	400
500	154	152	500
750	153	153	600
1000	152	154	1250
3000	151	155	1700

來源：巴黎交易所

進CAC系統中。

委託單可以設定價格限制，例如買方準備好在154法國法郎以下的價格買入500股，或者賣方要出售400股，價格不得低於151法國法郎。有些委託單則是市價。這些委託單從早上九點到十點輸進系統中。十點鐘交易開始。電腦計算可撮合最多買賣單的開盤價（見表7.6）。

在本例中，市場在153法國法郎的價格達到均衡，買方有1700股（也就是200+250+500+750-這些都願意付出153法國法郎），賣方有1750股（也就是250+400+500+600-這些都願意接受153法國法郎）。

所有市價委託單都盡可能成交。未成交的市價委託單將以153法國法郎做為限價，繼續交易。

從早上十點到下午五點不斷有交易發生，新委託單輸入後，只要有對應的委託單存在就會產生交易，同時顯示詳細資料。

倫敦的SETS系統（證券交易所電子交易系統）使用於FTSE 100的股票、Eurotop 30指數中的股票，和LIFFE中附有選擇權的股票。在1997年10月問世，是類似法國NSC的委託單撮合系統。可以限價或最佳價格方式下單。還有進一步的選項，讓使用者決定是否接受部分成交、未成交的委託單是否繼續等等。圖7.2顯示輸入取消前有效之委託單後，螢幕上

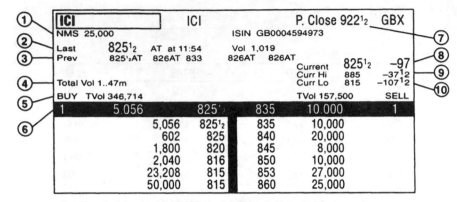

1.NMS ：標準市場規模。當交易為8xNMS時，此筆交易會延後揭示。

2.上一筆交易 ：在11:54，有1019股在825$\frac{1}{2}$的價格自動交易。

3.過去的交易 ：AT＝自動交易，相對於SETS系統以外交易的數量。

4.今日到目前為止的總交易量。

5.總買單，總賣單。

6.最高價的買單（825$\frac{1}{2}$），買入5056股；最低價的賣單（835），賣出10000股。

7.昨日收盤價。

8.目前最新一筆成交價-較昨日收盤價跌了97。

9.今日最高成交價-37$\frac{1}{2}$。

10.今日最低成交價-107$\frac{1}{2}$。

圖7.2　TOPIC系統中的SETS螢幕

來源：Primark （formerly Datastream / ICV）

顯示的資訊。左邊顯示ICI的最佳買入價是8.25$\frac{1}{2}$，而最佳賣出價是8.35英鎊。總買單有5056張，總賣單有10000張。然而交易所成員仍然可以在SETS系統以外交易，再經由系統通報。這就是有些價格為AT（自動交易），其他則否的原因。

　　鉅額委託單是個問題，可能需要很長時間才能成交，而其存在往往使股價暴漲暴跌。若有對應的價格，經紀商就可以撮和法人間的大筆交易，但是印花稅（stamp duty）卻讓巴黎的市場創造者（teneur du marché）無法買入大量股票（不知道可以賣給誰）或是賣出大量必須馬

上回補的股票。倫敦對鉅額委託單的交易流動性吸引了來自巴黎、法蘭克福、米蘭、布魯塞爾與馬德里的業務，這是因為倫敦的經紀商向來慣於承擔風險，也因為過去使用的唯一系統便涉及了市場創造。

德國的官方市場有官方價格固定者（Amtliche Kursmakler），在第二市場則有獨立的經紀商（Freimakler）。整個系統由銀行主導，處理自身與客戶的委託單。因為利益衝突的因素共有三個相互競爭的電腦系統—使用IBIS的銀行、使用MATIS的Kursmakler與使用MIDAS的Freimakler。不過，IBIS最後變成主要股票的唯一系統，本身也在1997年12月被Xetra所取代。維也納交易所也使用Xetra。

日本有八家交易所，東京、大阪與其他六家。東京交易所大約有1800家公司掛牌，約佔日本總交易量的70%，大阪為18%。（另一方面，大阪在衍生性方面則較為重要。）投資人向交易所成員下單。專業會員，名為才取（saitori），透過人工喊價撮合委託單。交易細節透過電腦螢幕揭示。

自營報價系統（Quote Driven System）

在自營報價系統中有一個稱為市場創造者（market maker）的角色。他們不停地提供股票的買入／賣出價。之間的差異稱為價差（spread），也就是市場創造者的獲利來源。

因此，他們以買入價（bid price）購買股票，不確定這些股票可以賣給誰。他們也常常賣空（sell short），也就是賣出未實際擁有的股票，不過賣出之後就必須回補這些股票。這個角色顯然涉及了風險而且需要龐大資金（更別提要有多強的心臟了）。

因此，此系統通常由自營商的報價所驅動。價格，特別是開盤後第一個價格，不一定反映真正產生交易的價格，因為市場創造者可以隨意更改報價。通常這些價格適用於特定的數量，如下所示：

XYZ股	買入價	賣出價	買入數量	賣出數量
	100	102	50	50

若上表出現在英國的電腦螢幕上，便意味著市場創造者將以1.00英鎊買入股票，或以1.02英鎊賣出股票，數量上限為50,000股。若是更高的數量，經紀商會代表客戶出面協商。

主要的自營報價系統有NASDAQ（美國）與倫敦的SEAQ（證券交易所自動報價系統），後者以NASDAQ為範例。雖然倫敦前百大的股票都在前述的SETS系統交易，不過SEAQ仍然處理其他的股票。在此種系統中，會有兩種交易人員—經紀商與市場創造者。

經紀商代表客戶接洽市場創造者，替客戶買賣股票。透過收取手續費賺取報酬，不承擔風險。在倫敦，若價格比市場創造者提供的更好，經紀商可能自行撮合客戶的買賣單。這就有點複雜，同時產生了經紀自營商（broker dealer）一詞。不過，經紀商的角色一般說來是屬於中間人，特別是對於小型散戶而言。

如投資機構的大型客戶，不會使用經紀商而是直接接洽市場創造者。如果使用經紀商，也會基於互償（quid pro quo）基礎—也就是說，經紀商將提供免費的股票研究報告。因此提供高級的股票研究對於吸引生意非常重要。

市場競爭激烈，可能有15-20個市場創造者爭取特定股票。承擔風險的能力對於鉅額交易特別有用，因為市場創造者的買賣可以維持流動性。委託單驅動系統若碰到非常大量的交易就會產生問題。另一方面，市場創造者不太願意碰觸交易量不大的小公司股票。買／賣價的價差非常大，因此又進一步地妨礙了交易！

為了克服這個問題，倫敦證券交易所在1992年10月推出一個新系統，名為SEATS-證券交易所選擇式交易系統。這是混合系統，類似下述紐約使用的系統。指定單一的市場創造者負責流動性較低的股票，持續

提供買入／賣出報價。在此同時投資人可以輸入限價的買入／賣出委託單。當市場創造者交易時，他們必須先成交價格相同或更好的委託單。此外，在經紀商自行撮合任何委託單之前，必須先將委託單送交官方的市場創造者，市場創造者可能以更好的價格成交。

　　NASDAQ與SEAQ系統非常類似，圖7.3檢視如Hanson的大公司在SEAQ的圖示。

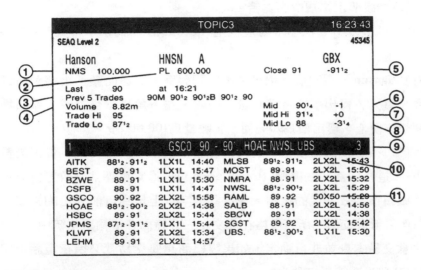

1.NMS：標準市場規模
2.揭示水準
3.前八筆交易的價格；M＝市場創造者對市場創造者；B＝經紀商對經紀商
4.到目前為止總交易量，下方是今日最高最低價
5.昨日收盤買賣價差
6.目前的中間價，較昨日收盤價低
7.目前最高的中間價，與昨日收盤價相同
8.今日最低的中間價，較昨日收盤價低$3^1/4$
9.最佳買入價、最佳賣出價與提供這些價格的市場創造者
10.確定價格適用的數量：L＝100,000
11.規模較小之市場創造者，可以提供較小數量的報價

圖7.3　TOPIC系統的SEAQ螢幕

來源：Primark（formerly Datastream／ICV）

首先要解釋一些術語：

標準市場規模（NMS） 這是確定報價（firm quotation）適用的最低交易數量。（較小型的市場創造者可以登記為「規模較小之市場創造者」，處理此數字一半的交易量）

揭示水準 上一筆委託單的價格出現在最佳價格的上一行。不過較大委託單的價格揭示會延後60分鐘，讓市場創造者有時間反應。此處，「大」定義為標準市場規模的六倍。

因此在圖7.3中，標準市場規模是100,000股，揭示水準為600,000股。

對於Hanson，有19個市場創造者互相競爭。主畫面顯示市場創造者的縮寫、買入／賣出價與買賣數量。例如，左下角是華寶證券，報價為買入價$88^{1}/_{2}$便士，賣出價為$90^{1}/_{2}$便士，數量為100,000股。

我們毋須尋找最佳價格，因為主畫面就顯示了最佳買入／賣出價為90-90$^{1}/_{2}$。這些稱為「觸碰價（touch price）」，通常會評估其價差並記錄下來，做為市場效率性的指標。在這些數字以上是到目前為止的累積交易數量與最新成交價。所有價格在成交後三分鐘內必須輸入系統中。

注意交易本身並非自動化，如果經紀商想要交易就必須在電話上完成。只有SETS系統是自動化的。

混合系統

在紐約與阿姆斯特丹，可以看到結合了委託單驅動與自營報價特徵的混合系統。

在紐約，每家股票都分配給所謂的專業會員（specialist）。專業會員就像是經紀商，為其他經紀商撮合委託單，收取手續費。不過他們也可以自行交易（如同市場創造者），當缺少買方時自行買入股票，缺少賣方時自行賣出股票，價格均接近或等於上一筆交易的價格。換句話說，當

市場上有許多買方與賣方時，專業會員就負責撮合交易，但當市場缺少買方或賣方時，專業會員便自行買賣以促進市場的動能。紐約證券交易所大約有60名專業會員，這個系統自第一次世界大戰前就開始了。

對於某一檔股票，專業會員可能有 $45\frac{1}{4}$ 美元的買方與 $45\frac{1}{2}$ 美元的賣方這些是最佳價格，也就是最高的買入價與最低的賣出價。若經紀商詢問報價，將得到「$45\frac{1}{4}$美元／$45\frac{1}{2}$美元」的回答。若經紀商的客戶想要買100股，經紀商會先喊出$45\frac{3}{8}$美元，因為搞不好專業會員旁圍繞的人群裡會有人想要以此價格成交。如果不成的話，再把買入價提高到$45\frac{1}{2}$美元，此時專業會員大喊「賣了」，然後就交給經紀商填入此價格的成交單。

每天開盤前，專業會員手上都有許多的委託單-有些是昨日收盤市價、有些是限價。他的工作就是設定一個價格，儘可能使交易雙方價格接近（維持市場秩序），同時成交最大數量的委託單。有時候系統可以安然度過危機，有時則否。1955年9月26號星期一，在艾森豪總統心臟病發作的隔天，市場湧現瘋狂性賣壓。專業會員手上持有的股票價值5,000萬美元，又吃下了5,000萬美元的股票以穩定市場。不過在1987年10月19號的黑色星期一，專業會員被龐大的賣壓淹沒，兩檔主要的股票，IBM與通用汽車，在數個小時內沒有任何的交易。此時在倫敦雖然市場創造者正常運作，不過卻有人指控市場創造者不接電話！

在紐約有一個重要的自動化電子委託單成交服務，DOT（Designated Order Turnaround），於1976年問世，傳送特定數量以下的委託單，並回報委託單成交訊息。在1984年被SuperDOT所取代，後者可以處理更大的交易量。之後又與每天收集並儲存開盤委託單的OARS（Opening Order Automated Report Service）整合。此系統比較買單與賣單，專業會員可以快速地發現之間的不均衡以決定當天的開盤價。

在阿姆斯特丹，市場分成零售與批發。零售委託單由「hoekman」經手，負責撮合委託單或是扮演類似市場創造者的角色。批發委託單則

透過委託單撮合系統，AIDA，處理。銀行與經紀商也可以透過名為ASSET的系統，公告買賣股票的意願。

雖然倫敦的SETS系統基本上屬於委託單撮合系統，但事實上比較像是混合系統。使用者不一定非要利用系統輸入委託單才行。倫敦的傳統就是創造市場。因此許多法人仍然致電給交易所成員，詢問他們是否願意買、賣股票與承擔風險。有時候經紀商願意以優惠價格接受較大的委託單，然後透過系統分批釋出或是賣給其他法人賺取更多報酬。這些非常大量的委託單稱為加工委託單（worked principal order），交易細節延後揭示。既然目前只有一半不到的委託單是透過委託單撮合系統自動執行，我們可以稱SETS系統為擁有委託驅動與自營報價系統特徵的混合系統。

媒介經紀商

在某些市場中（如倫敦），媒介經紀商（inter dealer broker，IDB）可以促進市場自營商之間的交易。其功能類似貨幣市場或外匯市場的經紀商。提供（在螢幕上）大筆交易的匿名買入賣出價。其他的自營商看到這個報價後可能決定進行交易。由經紀商負責交易，交易雙方都不會知道對方的身份。自營商確認交易表示願意成交並支付手續費，稱為「攻擊者」（有趣的名字）。不過如SETS的匿名委託單撮合系統，正嚴重地打擊IDB。

股票借貸

自營商可能賣出未持有的股票或債券，稱為做空。除了在交割前買入股票以外，還可以向收取手續費借貸股票的機構借用證券，並繳交資金（或其他證券）作為擔保品。通常當自營商真正買入股票並交還後，

就會退還擔保品。這項工具大大地促進了市場的流動性。

另一方面，自營商必須籌措多頭部位的資金。方法之一是貸出不需要的股票，利用收取的資金融通其他的部位。

因此股票貸出通常是法人機構為了增加獲利，或者自營商為了融通多頭部位而從事的。

雖然所有人都稱之為股票貸出（lending），不過事實上股票已暫時賣出。換句話說，這一整個安排可說是出售後買回協議，也就是第六章提到的附買回。在第六章時，這是銀行將股票暫時賣給央行以融通流動性的工具。

債券的證券借貸市場相當龐大，不過權益證券也有部分的借貸。

此處使用的術語相當鬆散。當自營商想要補足空頭部位時就會借入股票，因此由借方需求主導著市場。當交易目的為滿足融資需求時便使用附買回。股票貸出與附買回的法律協議是不同的。

包銷／鉅額交易（Bought Deal/Block Trade）

有時候交易的數量相當龐大，稱為包銷或鉅額交易。相關的投資銀行使用自有資金買下股份，希望可以賣給投資人賺取利潤。獲利可能很豐厚，但風險也很大。

通常會有競價過程。例如在1995年12月，NM Rothschild為英國政府對BP的剩餘持股舉辦拍賣會。華寶證券提供每股5.08英鎊的價格得標，之後出售金額為5.13英鎊，獲利約500萬英鎊。銷售總額為500億英鎊。

法國政府可能受此激勵，也選擇NM Rothschild為法國政府對Total的剩餘持股舉行拍賣會。此拍賣會在1996年3月的某個週二晚上舉行。Crédit Lyonnais與理曼兄弟以每股326法國法郎得標，較市價折價2.4%。新股在星期三一早釋出，一般相信手續費應介於0.5%至0.7%之間。總金額為3.1億法國法郎。

在1999年3月，德國的能源集團，Veba，出售對Cable and Wireless 10.2%的持股，這是歐洲股市最大的鉅額交易。荷蘭銀行以較最新市價折價11.5%的每股價格7.35英鎊承銷2億4600萬股，募集了18億英鎊的資金。據說荷蘭銀行每股支付了7.24英鎊，獲利為2,400英鎊，約為1.5%。

不過，這也不總是賺錢的生意。Kleinwort Benson曾經嘗試出售 Burmah Castrol對Premier Consolidated 29.7%的持股，共損失了3,400萬英鎊！

股票買回

這是很有趣的議題，公司買回自家的股票。在英國與美國非常普遍。例如，在1996年7月，威斯敏斯特國民銀行銀行買回價值4億5000萬英鎊的股票，巴克利銀行買回價值4億7000萬英鎊的股票。用意是減少股數以提升每股獲利與股利。然而在法國，股票買回通常屬於防禦性動作，不是為了穩定股價就是防止收購。在1998年通過的新法規定下，股東會（AGM）可以授權在接下來18個月內買回公司股票，上限為10%。一旦買回後，股票可以註銷（需得到特別股東會核准）或是配給員工。

股票買回在德國是不合法的，直到1998年3月通過新法允許公司在18個月的期間買回公司股票，上限為10%。BHF銀行就利用這次機會買回3.4%的股票。

股票買回在日本並不普遍，傳統上被視為操縱股價的行為。不論如何，公司都不能買回超過3%的股票。為了復甦經濟，許多公司相信資金應該花在研發上，儘管如此豐田汽車仍買回1.2%的股票、Komatsu買回2%、朝日啤酒買回1.9%。之後在1997年底，新法放寬了股票買回上限為10%。

交割

　　交割，就是扣除股款換取股票，或是股款入帳付出股票的基本問題。若未扣款則無法取得股票，稱爲「銀貨兩迄（Delivery Versus Payment，DVP）」，是最理想的系統。這是G30報告中推薦的另一種交割方法。

　　有時候交割系統是「循環交割（rolling settlement）」，例如循環五個營業天的交割。這代表星期二的交易必須在下週二交割，星期三的交易必須在下週三交割等等，稱爲「T+5」，也就是「交易日+5」。G30報告推薦循環交割系統，「T+3」是較爲理想的。美國爲T+3，德國爲T+2，法國在新的RELIT系統（Reglément Livraison de Titres）下爲T+3。

　　另一種選擇是付款期間（account period）系統。例如，巴黎有一個名爲Réglement Mensuel的系統，若有需要仍可用來交割。「月」的計算方法是當月的最後五個營業日，加上下個月最後五個營業日之前的其他營業日。本月的所有交易都在本月最後一個營業日交割。不過還是有現金市場（marché au comptant），適用於交易量較少的股票與第二市場、OTC及所有債券。

　　在紐約，集保公司（Depository Trust Corporation，DTC）保管大部分在此登記的股票。在紐約證券交易所與DTC之間是國家證券結算公司，爲交易所執行結算功能，將股票與資金移轉給DTC。每日自經紀商結算淨額。

　　倫敦有一個雙週付款系統。交割日從一週的星期一持續到下週的週五。所有會員公司的交易都以淨額結算。系統由證券交易所處理，稱爲Talisman。之後計畫由名爲Taurus的新系統取代，Taurus涉及了循環交割與廢除股票憑證。然而在新系統三度宣布展開又取消後，整個計畫在

1993年3月廢除了。其後繼者廢除股票憑證的使用，不過僅限於法人機構。散戶可自行決定是否持有股票憑證。新系統稱為CREST，由一個新公司-CREST CO-負責經營，證券交易所是此公司的股東之一。自1996年下半年開始運作，此時書面憑證不復存在，所有權的移轉是在電腦系統上，此過程稱為「無實體移轉，dematerialisation」。法國的RELIT系統即屬此類。

義大利在1996年2月廢除每月交割系統，改成T+5循環交割。

一般說來，市場的趨勢是朝向新的循環交割系統與無實體移轉。

新發行

處理新公司的股票上市，幾乎就是證券交易所的基本工作。

或許我們應該先提出一個基本問題-公司為什麼要上市？

理由很多。

首先，公司的擴張計畫可能需要新資金。這種集資方法比銀行貸款或尋找更多私人股東還要吸引人。（如果公司尚未準備好上市但卻需要更多資金，可以尋找專門的銀行做為股東，此種銀行通常稱為創投公司。）近年來如果公司需要更多資金，也可以向現有股東發行增資股（稍後討論）。

其次，上市可以為公司股票產生價格與市場，否則原始股東可能無法賣股票。股票的定價為何？可以賣給誰呢？此外，透過股票認購方案讓員工可以買入自家股票，可提供相當的激勵效果，對公司而言也較為便宜。當員工認購股票時，公司通常會創造新的股份但股數相當少，因此對股價的稀釋效果也不顯著。

最後，在收購案中，公司可以提供目標公司的股東自己的新股份而不是現金。這一點非常有用同時也很普遍。如果目標公司的股東偏好現

金，可以找一些法人購買這些股票，通常稱為賣主募集（vendor placing）。

一般說來有兩種系統——公開發行與私下募集，或私募。

在公開發行（public offer for sale）的情況中（在美國為初次公開上市，initial public offering），會廣泛宣傳並邀請投資人認購股份。若是超額認購則必須採取某些分配方法。

通常必須準備記錄公司歷史與財務報表等細節的公開說明書，由銀行或券商提供，他們也會建議股票的定價，企圖說服市場公司的優點與安排承銷。這意味著如果投資大眾不願購買股票，那麼承銷團將負責購買。此項服務收取的費用大約是承銷價值的$1\frac{1}{2}$%至2%。因為風險可以平均分散，因此投資機構通常會參與，希望既可以收取費用又可以安心。1987年的黑色星期一事件發生在英國政府進一步釋出大英石油股權的期間。承銷者已經以投標價購買股份，因此產生相當的損失。當看壞市場時可能撤回預定的發行。在1992年9月Commerzbank因為市場情況不佳，撤回價值6億馬克的新股上市。

在私下募集的情況中，經紀商與投資客戶接洽提供上市的細節，因此股份並未公開發行。地方的證交所規定通常會訂定私募的金額與股東人數的上限。

從管理面來看，私募較容易也較便宜，而且可以省下承銷費用。其他情況不變下公司可能偏好私募。然而地方的證交所規定通常有許多限制。例如，在英國，如果募集資金金額大於300萬英鎊就不能使用私募。在1986年此限制提高到1,500英鎊，在1991年又推出更複雜的規定，考慮了新發行可能部分為私募、部分為公開發行的可能性，若募集金額大於5,000萬英鎊，則不得100%完全為私募。在1992年，有數個新發行為50%公開發售、50%私募。然而自1996年1月1日起，這些規定都廢除了，對於私下募集的金額再也沒有限制。

有時我們聽到非掛牌公司收購空殼公司，這些公司資產不多、獲利

正在減少或根本沒有，而且股價很低。收購公司會掛上自己的名字。這是不必經由正式發行之程序就可以掛牌的方法。

另一個可能性是公司透過推薦（introduction）的方式，得到在交易所掛牌之許可。通常是在國外交易所掛牌的公司想要得到在國內交易所掛牌的許可。此時通常不會募集新的資金。在1980年代變的相當普遍，部分是因爲上述「國際權益證券」的概念。例如日本公司東芝，在九家歐洲證券交易所掛牌，Daiwa在1990年4月同步在七家歐洲證券交易所掛牌。福斯在1990年6月在四家西班牙證券交易所掛牌，而福斯與拜爾化學公司同年成爲第一個在米蘭證券交易所掛牌的外國公司。戴姆樂·賓士是第一個在紐約證交所掛牌的德國公司，時間是1993年。希臘國民銀行在1999年中於紐約證交所掛牌。

若以該國貨幣報價與交易，對於在美國掛牌的外國股票非常不利。投資者購買外國股票的成本較高，同時也會擔心能否取得股票憑證。因此許多外國公司在美國以美國存託憑證（ADR）的方式交易。由信託人（通常是Morgan Guaranty Trust）持有一或多家外國公司股票的憑證，在市場上交易憑證而非股票。例如，BP ADR的價值是原股價的12倍。美國投資人避免了申請股利與轉換美元的麻煩，由保證銀行負責這些工作。第一個ADR由英美煙草公司在1927年發行。目前大約有2000支ADR，價值約4,000億美元。

海外存託憑證（GDR）使用的方法和ADR相同，不過股票是在美國以外的交易所掛牌。第一個GDR在1990年發行，證明對新興市場相當有幫助。例如在1998年有24支GDR在倫敦證券交易所掛牌。其中包括了來自賽普勒斯、馬拉威、馬爾他、羅馬尼亞與突尼西亞等國，首次在倫敦掛牌的公司。將倫敦GDR的總掛牌數增加至166支。

現在還有歐洲存託憑證，由巴黎證交所與花旗銀行在1998年推動，以歐元發行並且透過巴黎Sicovam結算。

亞洲金融風暴使得此種發行方式在1998年減少。紐約銀行估計在

1998年以ADR募集的資金有100億美元，相較於1997年的180億美元。雖然倫敦在1998年只有24個GDR發行計畫，相較於1997年的31個，但募集資金的金額更高達39億英鎊相較於1997年的26億英鎊。

　　不過市場在1999年又復甦了。花旗銀行的數據顯示1999年前六個月ADR的發行金額為70億美元，在1997年的亞洲金融風暴以後，看到四家韓國銀行的ADR發行特別引人注目。這六個月間最大宗的一筆是韓國電信的25億美元。

增資股（權利股）發行

　　股票上市後，公司可能決定提供現有股東依原股份按比例購買新股票的權利。這就是權利股發行（rights issue）這個名稱的由來。在歐洲，大部分的法律都規定現有股東有優先購買任何增資股的權利。（新股票不一定是為了募資而發行-也可能是為了收購案，提供給收購目標的股東。）

　　在美國，股東購買新股份的權利並不這麼明確，對於優先認購權是存有質疑的。定期都會出現一些意見，支持公司應透過公開拍賣出售大量新股票，而不用先提供給現有股東。

　　雖然優先認購權在歐洲很普遍，德國卻是個例外。在1998年3月一工業聚合公司，Mannesman，發行價值30億馬克的新股票，可是卻沒有提供給現有股東。在1999年3月，得意志銀行需籌措資金融通對信孚銀行（Bankers Trust）的收購行動。透過向現有股東提供增資股的方式募集40億馬克，但稍後也以非增資股方式在全球出售新股票募集20億馬克。

　　當然也可說服股東放棄權利。當米德蘭銀行在1987年將14.9%的股份以新股方式賣給上海匯豐銀行時，即徵得現有股東的同意。

　　增資股折價提供給現有股東，例如，目前市價為110美元的股票，每

持有三股即可以90美元認購一股。此折價表面意義大於實質意義。公司
折價提供額外股份因此稀釋了股價。以下是計算方法：

		美元
3股現有股數	每股110美元	＝330
1股增資股	每股90美元	＝90
因此四股為		＝420
所以一個新股為		＝105

當股票宣布除權（XR）時，如果市價仍為110美元，那麼一個新股
的價值即為105美元。XR意味著現在購買的人無法享有認購新股的權
利。股東認購新股似乎沒有任何利得，但若不認購就會產生損失。原先
擁有100股每股110美元，馬上就變成擁有100股每股105美元！

股東可能沒有足夠資金購買新股。有些股東會出售部分的現有持股
以購買新股，或是將認股權以協議價格賣給其他人。在上述例子中權利
金應為15美元。認股權買方付給原股東15美元，稍後付給公司90美元，
因此總共付出105美元。股東擁有的股票目前每三股價值330美元，馬上
就變成315美元，不過，他們出售認股權的獲利為15美元。

在股東做決定時，股票的市價不一定會維持不變。因此購買認股權
的權利金有漲有跌。但若認股價格高於市價時便產生嚴重問題。假設上
述的市價跌到80美元，如果現股可以80美元買入，誰會想要用90美元買
股票？這提醒我們增資股發行和新股發行一樣，都需要承銷。

在1991年，英國的大英航太宣布增資股發行，價格為3.80英鎊，當
時市價為5.00英鎊。不過在宣布獲利不佳的警訊後，股價重挫為3.60英
鎊，市場對大英航太喪失信心。承銷團認購了95%的股份。

市場會仔細地研究增資股。若不想損及每股盈餘與每股股利，新資
金必須明智地運用。有時候增資股會得到正面的回應，不過有時則得到
負面的看法，象徵著公司出現問題，股價因此暴跌。

紅利股發行與股票分割

有時候公司會按原持有股票比例提供股東免費股份。例如，每一股提供一股，稱為紅利股（scrip issue）。或者股票也可能進行分割（split）。例如，每股面額為1美元，變成兩股，面額為50分。

在上述兩種情況中，股票的市價都會減為原先數字的一半。因為市場有較為偏好的價格範圍。當公司的獲利與股利逐年成長，股價也隨之增加。有時候市場會覺得新股價不太方便，小股東也無力購買。理論證明股東比較喜歡持有100股每股市價50美元的股票，而不是10股每股市價500美元的股票。你可能覺得這看起來不太合邏輯，沒錯，這的確不合邏輯—純粹是投資心理學。

例如，英國市場偏好的價格範圍是1英鎊至10英鎊。當股價超過此範圍時，公司通常會配發新股或分割，使其回到較佳的交易價格，可以讓持股更為分散且有更高的流動性。因此在1998年秋天，當時Logica的股價為20英鎊，公司進行一股換四股的股票分割使股價變成4英鎊

在美國也有相同的看法，但股價水準較高。歐洲大陸的股價通常也高於英國的水準。例如當Paribas進行民營化時有380萬人申購，每人可購得四股—股價約為450法國法郎。在瑞士，傳統上銀行、製藥公司與雀巢公司的股價約等於數千美元。然而，原先要求每股的法定價格最低為100瑞士法郎的法律已放寬至每股10瑞士法郎。在1992年5月，雀巢公司便利用此機會將每股法定價格從100瑞士法郎改成10瑞士法郎，使每股價格從9,600瑞士法郎降至960瑞士法郎。其他大型瑞士公司迅速跟進。在西班牙，Argentaria銀行將面額從250西班牙幣改成125西班牙幣使股價減半。

在美國，當股價超過100美元時投資人會感到不便。快速成長的公司

會進行許多次的分割。在1999年1月當股價直逼137美元時，英代爾宣布第12次的分割。在美國，買賣股數為100的倍數時手續費較為便宜-因此分割是有利的。在同一週，IBM與微軟都進行分割。

由上我們知道股票的面額或法定價值，和市價通常沒有任何關係。例如，IBM的面額為＄1¼美元，AT＆T為1美元。美國與英國對法定價值無任何限制。然而在德國最低法定價值為50馬克，但進來已放寬成5馬克，這是朝向較低平均價格的改變之一。較低的面額或法定價值讓公司在成立時可以發行更多的股票，以後也有更多的彈性。

紅利股發行並不會改變股票面額，只是免費提供更多的股份，利用保留盈餘將資產負債表中的總股本面額加倍。分割不會改變總股本面額，例如，原先一股75法國法郎，被三股25法國法郎所取代—資產負債表中的總股本面額未改變。

最後，注意反分割（reverse split）或合併（consolidation）是可行的。例如可以一股取代現有的五股，面額變成五倍。這是適用於當股價過低意味著公司可能遭逢困境時。這同樣也是單純的心理學。例如在1992年6月，當英國的廣告集團Saatchi and Saatchi的股價跌到一股15便士時，即進行十股變一股的股票合併。

以股代息

許多市場都有一個共同的實務，可選擇發放現金股利或是股票股利-後者就是以股代息（scrip dividend）。從公司的觀點來看，因為創造新股比支付股利更容易，因此節省現金。從投資者的觀點來看，如果目前不需要現金股利，這是得到新股份但不用繳稅或付手續費給仲介商的好方法。

第二市場

第二市場存在的理由很簡單，就是讓無法符合所有上市條件的公司在此交易。法國和比利時都有第二市場；英國有「Alternative Investment Market，AIM」；德國有「Geregelter Market」與第三市場「Freiverkehr」；阿姆斯特丹有平行市場。

此外還有積極的店頭市場（OTC）。在巴黎有「Hors Coe」、美國為龐大的NASDAQ、英國則稱為「OFEX」。

通常，第二或第三市場之公司無法符合的條件就是交易年數與在外流通股數佔總股數的百分比。在「上市條件之共同認可」下，歐盟的規定是需有3年的交易，才能正式上市與得到其他歐盟交易所的認可。

在巴黎與倫敦，官方的掛牌規定均為25%的股權需由公司外部人士持有。巴黎第二市場的規定僅需10%由外部人士持有。巴黎第二市場有272家公司掛牌，倫敦的AIM則有290家公司。

最近，法國、德國、比利時與荷蘭的新市場組成聯盟，稱為「Euro.NM」。市場包括了Nouveau Marché（法國）、Neuer Markt（德國）、Euro.NM（比利時）與NMAX（荷蘭）。擁有共通的會員、資料回饋與股票交易，並且在同一個工作站監督（但系統不同）。義大利的Nuovo Mercato在1999年春加入，到了年中有250家公司掛牌，市值為590億歐元。斯德哥爾摩、哥本哈根和蘇黎世將於1999年底前加入。這對其他的第二市場造成相當的衝擊，如英國的AIM。

美國與歐洲的國際銀行團組成新的泛歐洲市場，稱為EASDAQ，仿效美國的NASDAQ。其目的是吸引高成長公司，必須有20%的股權由公司外部人士持有。自1996年底開始運作，但到了1999年中只有43家公司掛牌，總市值為210億歐元。目前正與Euro.NM進行激烈的競爭。

分析比率

　　當公司初次上市時應如何決定股價呢？直覺似乎就是將公司價值除以股數。但問題是公司的價值就是股價啊！

　　有些人建議使用資產價值。在1987年10月1日，許多公司的股價都遠高於1987年10月31日市場崩盤後的股價，可是公司的資產卻沒有改變。此外，有些公司極具價值但資產很少，如電腦軟體公司和股票經紀商的「人力公司」即屬此類。

　　事實是，股價就是市場願意支付的價格。因此我們必須研究類似公司的市價。但股價一定會不同所以沒有立即的幫助。買股票有兩種報酬-股利與股價上漲。這兩者均視公司獲利而定，因此我們需要研究可比較公司的股價與每股盈餘的關係。可能得到如10的本益比關係。也就是說，如果每股盈餘為4美元，那麼股價應為40美元。如果公司的每股盈餘為3美元，那麼股價應為30美元。若以28美元上市，所有投資人都會相信這是很划算的買賣！

　　股價和每股盈餘的關係就是本益比（P/E）—價格／盈餘比率，也是最著名的比率。我們已經證明其主要用途是協助設定上市價格。每當宣布新的盈餘時，就會計算新的本益比，股價可能高或低於市場中的同業。

　　有時候分析師研究整體股市的本益比，與歷史數字作比較，以研究市場價值被高估或低估。

　　有時候不容易發現市場部門。例如當作曲家安得魯韋伯上市成為「Really Useful Group」時，就難以發現可比較的公司！在這種情況中，就會採用公開收購要約（offer for sale by tender）。投資人投入各種競價單並依此分配股份。這屬於定約價投標，所有人支付相同的價格。

　　因為股利是持有股票的報酬之一，市場也會研究股利收入佔股價的

表7.7　本益比與收益率，1999年6月

交易所	指數	本益比	收益率
美國	S&P工業指數	41.0	1.09
德國	FAZ	19.6	1.36
英國	FTSE 100	28.2	2.20
法國	SBF 250	19.3	2.361
日本	日經225	70.6	0.73

來源：金融時報

百分比。為了避免過於複雜，股利以毛額計算，例如：

$$\frac{毛股利}{股價} = \frac{2.5美元}{50美元} = 5\%$$

此比率稱為股利毛收益率，或簡稱為收益率（yield）。與其他股票和債券的收益率做比較。分析師常常討論著收益率比例—政府公債的收益率與股票收益率的比例。雖然股票可能有資本利得，但其收益率通常低於中期債券（但並不是絕對）。表7.7列出1999年6月主要交易所的本益比與收益率。

當我們研究股利支付時，我們可能想要知道公司利用盈餘支付股利時的處境為何。用盡所有的盈餘嗎？保留多少盈餘作為成長用？我們比較每股盈餘與每股淨股利，例如：

$$\frac{每股盈餘}{淨股利} = \frac{5美元}{2美元} = 2.5$$

此比率稱為涵蓋比率（cover）。如果盈餘不多但公司認為必須維持特定股利水準，那麼每股股利可能超過每股盈餘，此種股利即為未涵蓋（uncovered），顯然必須動用保留盈餘（也就是過去的盈餘）才能支付，公司的資金也會因此減少。

在經濟不景氣時，對於公司是否應維持分配股利既使沒有盈餘作為

後盾，有著激烈的爭論。退休基金或保險公司需要收入以支付退休金或
理賠金，因此相當關切股利是否支付或減少。一些投資基金的信託人不
允許投資過去特定期間未分派股利的公司。

　　最後，分析師還會研究每股盈餘作為公司績效的紀錄。當會計規範
允許盈餘數字作調整（合法）時，問題便產生。未預期事件的異常事項
（如購併成本）應否自盈餘中扣除？這只是許多爭議中的一個。試圖實施
共同國家標準的歐盟正著手於這個地雷問題。英國新的會計標準已實
施，但卻引起其他地區的批評。在此同時，由UBS Phillips & Drew的前
任分析師所著的書中便敘述公司如何合法地調整財務報表而躋身於高收
入一族！（Terry Smith，*如何使用會計追求成長*，世紀書局，1991年）。

美國股市──新典範乎？

　　近年來美國經濟的表現似乎打破了所有的經濟準則，股市經歷了空
前的擴張。

　　三年間，美國的GDP成長至每年4%，而且沒有通膨壓力的徵兆。
1998年底的消費者物價指數為1.7%，是20年來的新低，失業率為4.2%，
是30年來最低的。此時（根據一般準則）應出現勞工短缺，因此為了爭
取優秀勞工將提高工資，使得物價上漲。但雇用品質較差員工並未降低
生產力，相反地，1997與1998年的生產力反而加倍了。

　　人們將此稱為新典範─舊規則不再適用的時代。他們指出商品價格
降低、強勢美元帶來的便宜進口貨、科技帶來的高生產率與激烈的國際
競爭，都使得公司因為擔心喪失市場佔有率而不願提高價格。

　　道瓊指數的反應是在1996至1998年間上漲了2.5倍，在1999年仍持續
上揚-只有在1998年8月俄羅斯危機發生時小幅下跌。美國投資共同基金
的戶數從1,000萬戶增加到4,000萬戶。聯邦準備局理事會主席葛林斯潘

曾經一度警告「不理性的榮景」，但現在卻又自打嘴巴地表示股價代表了投資人對公司獲利成長的強烈信心。

　　舊規則是否會再次成立呢？此時沒有人知道。有些人指出在1925至1929年間股市上漲了三倍，人人都談論著新世代的來臨。市場自高點至1932年的低點，共跌了89%。我們只能希望歷史不會重演！

歐盟的規則

投資服務指導方針

　　在1992年6月底，歐盟的財政部長們同意了投資服務指導方針（ISD）的最終版本。擴大了第二銀行業指導方針中「單一護照」的概念。一國的股票經紀商可以交易任何歐盟國家的股票，毋須在當地設置辦公室或是合併當地的經紀商。

　　ISD自1996年1月1日起生效。此後公司只要在任一歐盟國家登記，就可以在所有會員國營運，但需受當地法規限制。

　　此外，所有交易所與期貨及選擇權的市場都可以在歐盟境內交易。其影響是增加歐盟境內股票和衍生性商品交易所之間的競爭。因此自1996年1月以後，NatWest市場開始由位於倫敦的辦公室在瑞典證券交易所交易，再也不用付錢給瑞典當地的經紀商了。同樣的，德國的衍生性商品交易所DTB也在倫敦開設辦事處，吸引當地的會員直接和法蘭克福往來。

資本適足率指導方針

資本適足率指導方針（CAD）和ISD一同推出。同樣引起相當的爭論。在擁有綜合銀行傳統的國家，如德國，銀行樂於將投資銀行業務納入商業銀行資本適足率規則之下。但美國與英國的則不同，強烈反對這一點。此規則要求自營商維持最低金額的資本以保證交易。

自1996年1月1日起歐洲CAD開始生效。投資銀行必須投入資本以保障因市價波動造成損失的風險。BIS資本適足率只考量放款的倒閉風險。大型銀行本來就會保障此風險，但卻必須支付改寫IT系統以遵守新規則與持續監督風險暴露的成本。既然大部分的國家都有關於資本適足率的當地規定，其影響不算太嚴重，銀行不必投入太多的資金。

合併與收購

歐盟在1989年同意了合併規定。定義出合併者得到歐洲認可、適用歐盟規則與由各國決定的各種條件。其中較特別的是執行委員會否決了法國的Aérospatiale與義大利的Alenia對加拿大飛機製造商，De Havilland，的收購。另一方面，針對Nestlé對沛綠雅之收購的反對意見卻影響不大，Nestlé和法國的BSN目前在法國礦泉水市場有75％的佔有率。在英國，Airtours在布魯塞爾管理當局的反對以後，於1999年6月放棄對First Choice的收購。

歐盟放棄了列出詳細收購指導方針的念頭，改而列出各國相關單位必須遵守的原則—例如，對所有股東一視同仁。不過這個問題已拖延了近十年。目前迫切需要採用共同原則。在法國，BNP想要收購Société Générale與Paribas。後兩家公司可以交易BNP的股票，但BNP卻無法交易它們的股票。Gucci面對來自LVMH的惡意收購，將40％的新股票出售

給盟友，François Pinault，只有在收購規定非常寬鬆的阿姆斯特丹才能這麼做，而Gucci正在此掛牌。目前提出的妥協方法是「聯合仲裁」，公司在一國掛牌但在另一國註冊（如Gucci）。

傳統證交所面臨的挑戰

如前所述，交易所不一定能夠獨佔股票的交易。委託單撮合系統相當普遍，同時又有成長中的電子網路作為後盾。傳統的券商面臨如Charles Schwab等提供廉價網路交易的券商之競爭。

在英國，Tradepoint自1995年開始運作，與倫敦證券交易所競爭。到目前為止可說失敗了，累計損失為3,000萬英鎊。然而在1999年5月的拯救方案後，新合夥人購入55%的股權，並在此下單以提振士氣。新合夥人包括Instinet、摩根添惠、JP Morgan與華寶證券。此外，Tradepoint也是第一個得到美國證管會認可，得以在美國營運的外國交易所。

在美國，電子通訊網路（ECN）就像是迷你證券交換所。成員包括了Instinet、E*Trade、Charles Schwab、Datek、Island and Posit（目前在英國營運）。E*Trade在1999年6月1日收購了Telebanc，以增加諮詢與研究方面的能力。更糟的是，證管會正打算認可ECN為正式交易所。

一些券商目前開始和這些系統結盟，包括了高盛、理曼兄弟與Beat Stearns。當美林證券在1999年6月透露計畫使用網路推出線上優惠交易直接和Charles Schwab打對台時，眾人皆瞠目結舌。美林的網路服務費用為每筆交易29.95美元，遠低於一般的手續費，但仍然比其他的線上優惠券商為高。網路變成了主要競技場。估計Charles Schwab有61%的交易量是透過網路。在英國，巴克利證券已推出線上網路服務，瑞典銀行、SEB也有相當成功的網路業務，宣稱有20%的客戶使用網路。Charles Schwab已在英國營運，E*Trade正打算進軍英國。

證券交易所的應變方法是推出晚盤交易，提供更多的彈性。NASDAQ宣佈將於1999年5月針對NASDAQ 100股票推出晚盤交易。紐約證交所考慮採取相同動作。然而人事成本是主要的問題，過高的管理費用將使獲利降低。

為了能夠募集更多的資金，紐約證券交易所、NASDAQ與倫敦都在考慮改制成上市公司。

其他降低成本的改變包括與衍生性商品交易所以及其他證券交易所合併。

下列國家中的證券交易所與衍生性商品交易所都開始合併：德國、法國、荷蘭、瑞典、奧地利、瑞士與香港。因為雪梨期貨交易所有多方競相收購，因此澳洲的進展較慢。

在美國，NASDAQ已與美國證券交易所合併。與費城交易所的合併案，目前尚未有任何的進展。芝加哥選擇權交易所與太平洋證券交易所之間的合併案也中斷了。

在斯堪地那維亞地區，瑞典與丹麥宣布一共通系統，Norex，預期之後將納入挪威與芬蘭（但芬蘭也可能會加入倫敦/法蘭克福聯盟）。將使用新的斯德哥爾摩系統，SAX-2000，並且統一交易、規定、結算與交割事宜。

然而，在歐洲目前最大的話題是EMU推動的泛歐洲交易所。第一步是在1998年中宣布倫敦與法蘭克福交易所將合併。巴黎自然是非常不樂，開始尋找與其他歐洲交易所的可能合併。儘管如此，仍在1998年12月召開會議，來自倫敦、法蘭克福、巴黎、布魯塞爾、馬德里、米蘭、蘇黎世與阿姆斯特丹的交易所都出席了。之後在1999年5月又召開進一步的會議，其他六個交易所簽訂備忘錄，支持倫敦與法蘭克福。長程目標包括了單一電子交易平台、統一的交易規定與統一的使用權與交易時間。倫敦與法蘭克福已宣布共同的交易時間與一些次要的交易細節。所有德國公司的交易目前都在法蘭克福，英國公司則在倫敦交易。

　　然而，還有一些棘手的問題有待解決。使用哪一個交易系統-倫敦還是法蘭克福？使用什麼交割系統？（倫敦的系統，Crest，在1999年5月與得意志交換所交割系統結成聯盟。）使用何種指數？交易所的所有權架構如何？根據交易量或總市值？德國約有15％根據總市值，20％根據交易量。這些問題是如此的棘手，因此合作伙伴在1999年9月宣布將組成聯盟而非統一的新交易所，開放讓所有的交易所使用，交易為匿名與集中的交易對手。

　　最後，已知要面對的難題這麼多，新的超級交易所之進展會否減緩，是否等到成立時，生意都被網路交易與ECN搶走。

摘要

　　嚴格的區分，股票是固定收益證券，而股份是權益證券。

　　股價指數通常根據總市值，每分鐘計算一次。

　　在大部分的經濟體中，主要的股東是投資機構（退休基金、保險公司與共同基金）而非散戶。全球高齡化的人口將使得設有提撥基金的退休金計畫增加。

　　集合性投資基金是項受歡迎的選擇。可分成封閉型（例如英國的投資信託）或開放型（如美國的共同基金）。

　　委託驅動交易系統是撮合買賣雙方委託單的系統。自營報價系統則由市場創造者提供公司買入價與賣出價。混合系統，如紐約，包含了兩種系統的特徵。

　　做多的自營商可以出借股票得到擔保品以融通多頭部位。而做空的自營商可以借入股票（提供擔保品）已完成交易。這就是股票借貸。金額龐大的交易稱為包銷或鉅額交易。

　　有時候公司會買回自家股票予以註銷，目的是提高股利與每股盈

餘。

交割系統通常採循環交割，不過特定交易期間內所有交易在同一天交割的方法仍然存在（如法國）。

新股可以透過公開發行（或初次公開上市）上市，或者可以透過私下募集，有時會混合使用兩方法。

增資股（權利股）讓現有股東有權認購更多股份。

紅利股提供股東免費的新股，而股票分割則是減少現有股票的面額。兩者的目標都是使股價下降以改善流動性。若以多股換成一股則稱為合併，目的是提高股價。以股代息是以股票股利代替現金股利。

股票除了一般的交易市場以外，無法完全符合上市條件的新公司還有第二市場可供選擇。此外還有交易所以外的交易—櫃臺中心（OTC）。

當公司上市時，我們可以參考類似公司之股價與每股盈餘間的關係，產生新股的正確定價，這就是本益比（P/E）。我們也會研究股利佔股價的百分比以計算總股利收益率。為了檢查股利是否耗盡所有盈餘，也會比較每股盈餘與淨股利以計算涵蓋比率。最後，分析師也會研究每股盈餘（EPS）。

歐盟投資服務指導方針自1996年1月1日起生效。讓會員國的公司可以在15個市場內自由交易。

歐盟的資本適足率指導方針也自同一時間生效，規定資本需配合市場風險。

在歐洲，八大證券交易所正規劃結成聯盟，形成泛歐洲證券交易所。

一般說來，傳統證交所的未來，正受到網路交易與電子通訊網路（ECN）之成長的威脅。

全球的金融市場

外匯交易與國際貿易

第八章

外匯交易

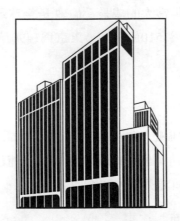

前言

市場

　　尖峰時間的外匯交易室就像是瘋人院。穿著襯衫的營業員盯著電腦銀幕、同時講好幾支電話、對著同事大叫。電話另一端是主要的金融中心-倫敦、紐約、巴黎、蘇黎世、法蘭克福。用語既簡潔又神秘「What's cable？」、「50/60」、「我的」、「你的！」、「Cable 70/80-give five，take three」、「tomnext」。

　　外匯市場是國際化的、全天24小時運作、隨時調整價格與非常大額的交易。不管是美元、日圓或英鎊，「5」永遠指的是500萬，「一碼（yard）」代表十億。央行目前每三年針對市場規模作一次通盤調查。1986年的調查顯示全球市場每天交易額超過3000億美元。1998年的數字則是1兆4900億美元非常大的成長。倫敦是全球最大的中心，每天交易6370億美元，而紐約為3510億美元，東京為1490億美元。

買方與賣方

　　誰在買賣這些外匯呢？讀者第一個想法可能是進出口商。BIS計算的每日進出口數量僅佔每日外幣交易量的1/32而已。主導市場的是大額的資本交易。讓我們看看外匯的買方與賣方：

　　❑ 進口商／出口商
　　❑ 遊客

❑ 政府支出（例如，海外駐軍）

❑ 投機客

❑ 銀行與機構

進出口商與遊客及政府支出的角色易於理解，而且並不重要。

因為主要的金融中心都放棄了控制外匯，所以退休基金經理人、投資基金經理人與保險公司可以投資外國權益證券與債券，因此需要外幣。

有剩餘資金的投資人可以將資金自由地匯往海外。因為西班牙、義大利與英國提供的高利率，再加上匯率機制（Exchange Rate Mechanism, ERM）帶來的低匯率風險，使這些投資人將資金轉換成這些貨幣。例如，倫敦的三菱銀行所做的研究估計在1985-92年間，有大約400/500億英鎊的自由資金便是受到高利率的吸引。當ERM在1992年9月的短短幾天內瓦解時，資金自這些高收益貨幣轉出，這是因為匯率風險再次變的重要。在這些投資人中，可能有試圖保護公司價值的跨國企業財務人員。擁有大量美元收入的公司擔心美元走軟，因此將剩餘資金轉成馬克。在1997年我們再次看到了資金大量轉出有麻煩的亞洲國家，如南韓。

銀行不只代表客戶交易，也自行交易。他們會搶佔部位（take a position），也就是一般人認定的投機。如果美元似乎即將走跌便會出售美元，預期在30分鐘後以更便宜的價格買回。在1992年9月，義大利里拉低於ERM官方匯率下限，自營商買入里拉，因為他們知道央行會出面干預支撐里拉。因此當里拉回升至765.4里拉對1馬克的官方下限時，自營商出售里拉以賺取保證的利潤。當他們集體出售時里拉會再次下跌，這個過程又會重新開始。

在這段紛擾期間，出售英鎊與里拉（最終都賣給了ERM）的銀行賺取數千萬美元的獲利。美國銀行的一名營業員無意間向電視記者透露這

個驚人獲利,據說此名營業員之後已遭到懲處!英格蘭銀行於1998年在倫敦做的調查顯示銀行同業之交易佔了83％的市場。

銀行利潤

外匯交易的獲利對主要銀行非常重要。美國的通貨監察官計算外匯交易佔大型商業銀行獲利的一半。

不過風險也同時增加。大公司客戶變得越來越複雜,有些擁有自己的交易室;新的資本適足率規定增加了外匯風險的成本;交易對手的風險也是一個隱憂;近年來美元的波動變得難以預料。因此,這項事業開始集中在少數主要銀行的手中。根據英格蘭銀行1998年的調查,前十大最活躍的銀行佔了50％的市場,相較於1995年的44％。表8.1顯示了Euromoney雜誌提供的前十大交易商

表8.1　根據外匯市場佔有率排名的前十大交易商-Euromoney poll,1999年春

排名	銀行
1	花旗／所羅門美邦
2	德意志銀行
3	大通曼哈頓銀行
4	華寶證券
5	高盛
6	美國銀行
7	JP Morgan
8	上海匯豐銀行
9	荷蘭銀行
10	美林

來源:Euromoney (1999年5月)

誰決定匯率？

關於匯率的解釋，各經濟學者最能接受的理論就是購買力平價說（purchasing power parity, PPP）。簡單地說，如果有一籃貨物在英國的定價是10英鎊，美國的定價是20美元，那麼匯率應為1英鎊兌換2美元。如果實際匯率為1英鎊兌換1美元，那麼美國人可以在英國以半價買到同樣的商品，因此美國的進口會大幅增加使得美元走軟。隨著時間過去，造成美國商品比英國商品昂貴的因素是通膨。如果英國的通膨高於美國，那麼他們可能會少賣些商品到美國，但如果英鎊／美元的匯率走向有利於美元，那麼對美國人的成本將相同。

但這只是理論。就像大部分的經濟理論，PPP應用在實務上產生嚴重的問題。首先，各國的購買習慣都不同，這一籃商品應包含什麼呢？其次，這一籃商品中有許多都是不會進行國際貿易的商品與服務。同時也必須假設價格不會被租稅差異（加值稅或銷售稅）所影響，而且貿易無人為障礙（如關稅壁壘）。

（經濟學人定期地調查麥當勞的PPP：比較世界各主要國家的漢堡價格，將所得的匯率與實際匯率作比較！一開始只是好玩，但卻啟發了數項研究例如「*購買力平價理論與麥香堡*」，聖路易士的聯邦準備銀行，1996年1月）

如果一國的通膨持續地高於另一國，那麼預期高通膨國家的匯率將走軟。我們如何說服外國人持有此貨幣呢？提供他們較原國家還要高的利率。高利率可補償預期的高通膨。因此在通膨與國際收支帳數字的等式中，加入了利率。

通膨與匯率之間的關係，可以由金融時報的Samuel Brittan在1992年10月9號的一篇文章充分說明（使用來自Datastream的原始數字）。Brittan

繪出1964至1992年間，英鎊購買力的下降與馬克／英鎊匯率的下跌之間的關係。其相關性令人驚訝。相較於1950年的1英鎊，到了1992年需要17英鎊才能購買相同的貨品，但是相較於1950年的1馬克，到了1992年僅需要3.5馬克就能購買相同貨品。德國對通膨的警覺，反映了自二次大戰後的恐怖經歷。在1918年一塊麵包只要63非尼，但到了1923年11月竟要價2000億馬克！

國際收支帳（balance of payment）是一國買入與賣出之間的差異。國家會購買與銷售實質貨物與服務，還有稱為「無形財」的金融服務。一法國投資銀行持有美國政府公債並賺取債券利息。一德國公司付保費給倫敦的勞伊茲。上述項目的餘額稱為經常帳（current account）。還有資產的持有-外國證券、工廠、土地等等，稱為資本帳（capital account）。國際收支帳應該永遠收支平衡的原因是，任何經常帳的赤字都會由資本帳的剩餘抵銷。不幸的是，數字並不總是相等的，因此有平衡帳（balancing account）解釋誤差與無法追蹤的交易。有時候平衡帳過大將減少對這些數字的信心。

如果一國家的經常帳持續的赤字，代表此國不具競爭力，預期匯率在未來將走軟。

因為相較於資本移轉，貿易銷售/購買只佔外匯每日交易的一小部分，注意力便從PPP移轉至投資的問題。投資人尋找高實質利率，也就是考量通膨與貨幣風險後的報酬。理論上是投資人將根據國際資產的相對價格、通膨預期、匯率穩定度或波動性預期、與實質匯率等考量，將資產由一國移往另一國。這就是投資組合平衡模式（portfolio balance model）。

當我們研究匯率的劇烈波動性時，此模式比PPP更具吸引力。例如在1991年1月，美元大幅走貶幾乎是2美元兌換1英鎊。然而，在幾週內美元又強勢回到1.7美元兌換1英鎊。這一籃商品的價格在這段期間有這麼大的改變嗎？顯然不是。

　　這些理論共同的問題就是當人為的系統干預市場力量時，如ERM。例如，在1990年10月，英國加入ERM，目標匯率為2.95馬克兌換1英鎊。雖然在接下來的兩年間英國的通膨下降而德國則上升，但英國在這段期間內的平均通膨仍然較高，生產力也較低。在嚴重的衰退期中英國的經常帳有異常的赤字，代表即使經濟好轉，仍有結構性問題與困難需要克服。此外，英國的利率幾乎不曾高於德國。雖然英國與德國的通膨開始拉近，但投資人的預期卻不同。他們比較相信德國控制低通膨的能力。相較於英格蘭銀行（當時並不獨立），對於德國央行在衰退期間維持高利率（雖然這在政治上並不受歡迎，但德國央行是獨立的）的能力也較具信心。

　　儘管如此，有23個月的時間英鎊與馬克的匯率在上下6％內波動。然而一般咸認為英鎊被高估了，應該貶值以刺激成長。持有英鎊的金融機構與公司出脫英鎊，投機客也加入。最後德國央行也認為英鎊應重尋一個新的平價關係。在9月17日星期三，英國政府退出ERM，匯率在兩星期內由2.8馬克跌至2.5馬克，有利於出口。義大利里拉也有類似的遭遇。1993年7月有更大的混亂，如法郎等貨幣遭到攻擊，造成ERM規則的根本改變。

　　最後，當我們研究匯率決定因素時，不能忽略市場心理-例如引起自營商集體行動以及造成市場在新資訊釋出時過度反應的眾人（herd）直覺。來自比利時魯汶教會大學的Paul de Grauwe與Danny Decupere在1992年，提出了「市場中的心理障礙」的研究。例如，他們發現貿易商有意地避免特定匯率，尤其是以四捨五入之整數表示的匯率。

　　或許就是因為心理學，產生了稱為技術面者（chartist）的變動預測者，他們繪出歷史價格資料並研究模式與趨勢，討論著上限（壓力區）與下限（支撐區）。如果突破某一限將是決定性的突破。那些研究基本經濟因素-利率、通膨、生產力、國際收支帳—的人稱為基本面者（fundamentalist）。這兩個方法也使用於股票與債券市場。技術面與基本

面擁護者常常有激烈的衝突,如同中世紀義大利的保皇黨與保民黨,或是天主教徒與新教徒。事實上,所有銀行都混合使用兩種方法。

布雷頓森林

戰後至1970年代初期,匯率的波動跟現在不同,是以固定基礎運作的。此系統是1944年在布雷頓森林(美國的新罕布夏)會議中決定的。來自44個國家的金融首長與經濟學者,如凱因斯,都出席此會議。開會目的是討論二次大戰後的國際金融協議。其中較特別的是設立了:

❑ 匯率穩定的系統
❑ 國際貨幣基金
❑ 世界銀行

匯率穩定

匯率穩定是由貨幣對外價值或面值以黃金或美元表示的國家所倡導。美國被迫接受以黃金表示的美元面值;以35美元轉換一盎司黃金的比例換成黃金,其他的成員則盯住美元。因此布雷頓森林系統也稱為金匯兌本位制(Gold Exchange Standard),美元直接與黃金連結,其他貨幣透過美元間接與黃金連結。採用面值後,會員國的央行可以干預外匯市場以維持匯率在面值上下1%內浮動;上升超過1%時,就出售該國貨幣(買入美元);低於面值1%時則反向操作。國際貨幣基金(International Monetary Fund, IMF)協助央行努力維持貨幣於協議匯率—這就是IMF與此協議的關連。

國際貨幣基金

1944年的布雷頓森林會議決定成立IMF，但基金直到1946年才開始運作，總部設於華盛頓特區。成立基金的主要目標是防止限制性國際貿易環境的再起與戰爭期間匯率不尋常的波動。基金主要的任務是控制一固定匯率的系統。此外，還提供會員國貸款功能，讓貿易赤字國可以採取對貿易伙伴較不干擾的逐步修正政策。

當會員國的國際收支帳呈現赤字時可向IMF貸款，也可獲得外幣支援，在外匯市場買回弱勢的本國貨幣以避免貶值超過1%。因此，貸款功能可輔助穩定匯率目標。當會員國用盡貸款額度時，將被迫採用新的、較低的面值。貶值（devaluation）及重新評估是可能的，但必須先與IMF討論，IMF必須聲明該會員國的國際收支帳的確存有根本的不平衡。因此，雖然在布雷頓系統下匯率是固定的，但卻不是不變地固定。

例如，當英國出售所有外國資產以支應戰爭所需，英鎊便處於弱勢。

戰後採用的匯率為4美元兌換1英鎊（似乎有點傻）。在1949年，貶值至2.8美元兌換1英鎊。貶值總是很困難的。政府無法事先宣布貶值，因為所有人會立即出售貨幣，所以最初總是強硬地否認貶值的意圖，但之後又突然地貶值。結果是人民開始不相信絕不貶值的宣言。當夠多的人不相信，將因為眾人集體出售貨幣使得貶值變得無法避免。1992年9月ERM的混亂說明了這些力量的作用。

會員國必須向IMF繳交會費，會費與戰前的貿易額相關。最初此會費的四分之一為黃金（後來廢除），其餘為該國貨幣。IMF因此取得大量的黃金與會員國的貨幣作為貸款的來源。貸款額度（borrowing entitlement）基本上是會費的125%，不過一些低會費國家的需求，以及1970年代油價的上漲，促成另一種貸款的興起。IMF貸款有其限制，視

貸款國採用修正經濟的特定政策之意願而定,這些政策的本質通常是不受歡迎、受到約束的。

在1960年代末期,有人開始關切國際流動性(國際貿易收支帳的工具)會跟不上貿易量成長的腳步,因此產生通貨緊縮的壓力。IMF的新工作於焉產生,以特別提款權(special drawing right,SDR)的形式,創造人為的國際流動性。這是IMF在帳面上創造的貸款,可分配給會員國支付國際收支帳赤字(剩餘國可累積SDR)。SDR首先於1971年發行,但之後眾人擔心的是通貨膨脹而非通貨緊縮,因此SDR的後續發行有限。SDR的價值根據全球主要貨幣的平均匯率每日計算。因為瑞士直到1992年才加入IMF,因此瑞士法郎並未包含在內。

世界銀行

官方名稱是國際復興暨開發銀行(International Bank for Reconstruction and Development, IBRD)。IBRD開始於1945年,最初重點在於協助戰後的歐洲之復興。今日的主要工作是協助低開發國家發展經濟。以稍低於銀行水準的利率,貸放20年以內的貸款,由債務國政府保證償還。這些貸款大多數是農業、能源與運輸方面的特殊計畫。最近,「方案」與「結構調整」貸款也擴大協助低開發國家。IBRD自會員國(同為IMF會員的100國)或發行國際債券獲取所需資金。IBRD是歐洲債市中主要的借方。在世界銀行這個名稱下,還有兩個其他的機構。

國際金融公司(International Finance Corporation, IFC) 成立於1956年,為一多邊投資銀行,提供風險資本(無政府保證)給低開發國家中的私人企業,同時也是鼓勵來自其它來源之貸款的催化劑。在後者的角色中,IFC鼓勵跨國公司在低開發國家直接投資,這又進一步的受到提供非商業風險保障的多邊投資保證機構(Multilateral Investment Guarantee Agency)的鼓勵。

國際開發協會（International Development Association, IDA，成立於1960年），是世界銀行的優惠貸款助手。給予最貧窮的開發中國家長達50年的無息貸款。IDA的資源來自世界銀行富有的會員之捐獻，美國的捐款通常不低於資金的25％。

浮動匯率

到了1972年8月，美金有相當大的貶值壓力，部分是因為越戰的成本。美國當局放棄美元對黃金的任何保證可兌換性。在華盛頓召開國際會議，試圖共同維持固定匯率系統但努力失敗。歐洲共同市場認為自由浮動利率將擾亂共同農業政策（Common Agricultural Policy, CAP）的運作，因此成立一個蛇行（snake）波動協議，將貨幣維持在上下$2^1/_4$%的區間。1970年代油價的上漲讓此協議備受壓力，會員國也逐漸減少。

浮動利率的來臨，意味著央行不會如以往般地干預，同時也不需要IMF協助干預。然而，國家仍需要融通國際收支帳赤字，通常是有鉅額外債、並尋求世界銀行援助的低開發國家，這些事實使得一些觀察家開始批評IMF與世界銀行角色的混淆，而且還存在著某種程度的競爭。我們將於第十五章深入討論。

在浮動匯率期間，美元證實是變動非常大的貨幣。在美國，海外貿易佔GDP的比例遠低於其他國家，而他們對於在其他地方造成大災難的大幅匯率波動似乎不太介意。這對於各國央行企圖干預的國際貿易有重要的含意，我們將於本章稍後討論。

英鎊也不是非常穩定的貨幣。表8.2是1972-99年間美元／英鎊匯率的摘要。

之前關於一國的高通膨與低生產力對該國匯率之影響的評論，可由表8.3所示的英鎊/馬克匯率表說明。

表8.2 英鎊／美元匯率，1972-99年

	年	美元／英鎊匯率 美元
	1972	2.50（浮動的一年）
	1977	1.75
	1980	2.32
1月	1985	1.03
年底	1985	1.40
1月	1991	1.98
3月	1991	1.70
8月	1992	1.98
6月	1993	1.55
6月	1999	1.60

表8.3 英鎊／馬克匯率，1960-98年

	年	英鎊／馬克匯率 馬克
	1960	11.71
	1970	8.67
	1980	4.23
2月	1987	2.85
7月	1989	2.76
10月	1990	2.95（ERM的目標）
9月	1992	2.51（英鎊脫離ERM）
4月	1996	2.27
12月	1998	2.80

我們可以看見英國政府在1980年代減少通膨與增加生產力的努力，在1990年10月接受ERM目標時達到最高峰。

歐洲經濟與貨幣聯盟

　　歐洲經濟與貨幣聯盟的來臨，對外匯市場產生了重大影響的改變 1979年匯率機制的正式引用與11個國家自1999年1月後採用單一貨幣，歐元。

　　這些改變非常重要，將於第十章中個別討論。

公司外匯風險

風險種類

　　在國際市場中競爭的公司面臨著匯率波動的風險。風險有三種：

1. 交易風險
2. 轉換風險
3. 經濟風險

　　交易風險　這是最重要、最普遍的風險。一名瑞士進口商將在六個月後爲今日訂購的商品支付美元。如果瑞士法郎相對於美元貶值，那麼進口商的損失會更多。一名瑞士出口商將商品賣給以美元付款的美國人，當貨物送達與收款時，假設是九個月後，瑞士法郎相對於美元升值，將使美元收入較不值錢。

　　大部分的公司使用稱爲避險的技術減少此風險。本章的重點便是此種風險。

轉換風險 一家法國公司有一個以瑞士法郎報告損益的子公司,同時在瑞士也擁有土地與不動產。如果瑞士法郎相對於歐元貶值,那麼將此收入納入年報時,以歐元表示的利潤將減少。土地與不動產的價值可能不變,但轉換成歐元後,資產似乎縮水了。

這些風險應避免嗎?這是備受爭議的一點。不避險可能會扭曲資產價值與每股盈餘。另一方面,避險意味著浪費實質金錢於會計數字。不論如何,聰明的投資者都會將此風險列入考量。因為瞭解此法國公司在瑞士有相當的風險暴露,投資人會修正對公司遠景的期望。然而如果此風險已規避,投資人的預期就不正確了。若再考量此法國公司的大筆里拉採購因而提供了風險抵銷的事實,將使情況更為複雜。

我們可以相同產業中持完全相反觀點的兩家公司作為總結。

SmithKline Beecham是一家在英國掛牌的製藥集團,90%的收入來自海外。財務長(於1991年11月27日的金融時報)認為透過避險可產生波動性較少的盈餘:「穩定與可預期的盈餘較受投資人歡迎」。

英國的化學與製藥集團,ICI,有55%的收入來自海外但並未避險,其財務長宣稱(於1991年金融時報的文章中):「轉換風險沒有立即的現金流量結果,但是任何避險的活動卻涉及了現金支出」。

經濟風險 此風險並不像前兩個風險那般明顯。假設一荷蘭公司將商品銷往美國,主要的競爭對手是一家英國公司。如果英鎊相對於美元走軟,那麼荷蘭公司就喪失競爭優勢。當英國於1992年9月脫離ERM時,英鎊兌馬克的匯率在幾週內下跌了15%,但荷蘭盾並未下跌。這對荷蘭公司是非常嚴重的傷害,但此種風險不易避免。在思考行銷與競爭策略時應該考量這一點。

交易風險——遠期匯率

以一家德國電腦軟體公司為例,公司自美國進口電腦以美元付款。

提供附加價值服務後再銷售，如軟體、裝機等等。公司剛剛與一名德國客戶簽訂契約，並向美國訂購兩部電腦以完成契約。公司的帳戶可使用歐元或德國馬克，歐元／德國馬克的匯率固定，但歐元對美元是浮動的，因此馬克也是浮動的。因為歐元的紙鈔與硬幣要到2002年才會流通，所以本例假設德國公司的帳戶往來使用德國馬克。電腦成本為100,000美元，匯率為1美元兌換1.50馬克，因此成本變成150,000馬克。當電腦送達時德國公司需要付款（假設是三個月後），此時美元走強而匯率變成1美元兌換1.65馬克。以馬克表示的成本變成了165,000馬克。如果德國公司在銷售時將電腦成本記為165,000馬克。那麼15,000馬克就是盈餘的損失了。公司該如何避免這種情況呢？

　　這無疑地是所有進出口商都會面臨的問題。進口商延後付款，但不知道屆時匯率為何。出口商稍後賺取外匯，同樣地不知道匯率走向。

　　對進口商而言，一個簡單的解決辦法是今天以1美元兌換1.50馬克的匯率購買美元。有三個月的時間不會用到美元因此存入銀行賺取利息。三個月後取出美元支付貨款。

　　基本上，除了進口商必須現在就付出150,000馬克，而不是三個月後當客戶付款時才籌到錢的這個假設以外，這個方法並沒有錯。不過，還有另一個較為普遍，或許也是最常使用的解決方法。進口商向銀行購買三個月的美元遠期契約（three months forward）—遠期（forward）交易。

　　銀行被要求在三個月後提供100,000美元交換馬克。今日的匯率「稱即期匯率（spot）」為1.50馬克。銀行對三個月交易的報價可能為1.5225馬克。進口商現在有了確定性。之後匯率可能貶值到1.65馬克，但美元仍以1.5225馬克的匯率購入。雖然這稍稍高於現貨價，但卻換來了心安。

　　問題是銀行如何決定1.5225馬克是正確的匯率？銀行有沒有研究主要匯率趨勢與從事預測的分析師？在光鮮的交易室一角，是不是坐著手

握水晶球的占卜師?

　　風險現在從進口商轉移到銀行。如果銀行不採取任何行動,那麼三個月後就必須以1.65馬克的匯率購買美元,但只從客戶那收取1.5225馬克。之前我們建議公司可以現在購買美元並存入銀行,銀行也可以這麼做。銀行可以在今天以1.50馬克的匯率購買美元,並且在銀行同業市場出借三個月,直到客戶需要用錢為止。現在的問題是—銀行的成本為何?

　　此行動的結果是之前為馬克並賺取利息(或借用—其理論非常類似)的資金,現在變成了美元並賺取利息。如果三月期資金的美元利率為年息4%,而馬克利率為年息10%?銀行因為轉入美元而損失了年息6%(也就是三個月損失1 1/2%)。這就是經濟學家所謂的機會成本。銀行喪失賺取馬克利息的機會,成本為1 1/2%。這反映在對客戶訂定的匯率上,由現貨價1.5馬克增至1.5225馬克。因此遠期匯率來自於兩相關貨幣的利率差異。

　　我們可以從另一個角度切入此論點。一個富有的美國人在美國存有100萬美元,賺取4%的利息,他發現德國的利率為10%,因此將資金轉成馬克一年,輕鬆賺取額外的 6%。當然,潛在的風險是馬克相對於美元貶值超過10%,屆時最初的100萬美元只值90萬美元,此項損失將抵銷利息收入。為了防止這一點,這個美國人可以出售一年期的馬克遠期契約(並買回美元)。如果成本低於 6%,他就可以無風險地鎖住收入。這也適用於其他擁有閒置資金的美國人。結果是數十億美元轉換成馬克,直到供需法則將遠期匯率的成本推升6%,讓這個交易沒有賺頭為止。

　　當美元利率低於馬克利率時,我們稱美元溢價(premium),而德國馬克折價(discount)。注意這對德國出口商的影響。公司將在三個月後賺取100,000美元,此時要求銀行提供以馬克向公司購買美元的遠期匯率報價。銀行應採取什麼步驟規避風險?這比之前的例子稍微複雜一點,銀行可採取的步驟為:

今天　　　1.借入100,000美元三個月。

2.利用借入的美元，以今日1.50馬克的匯率購買150,000馬克。

3.將150,000馬克存款三個月。

三個月後　1.將150,000馬克售給客戶換取美元。

2.客戶交給銀行自出口賺取的100,000美元。

3.以100,000美元償還美元貸款。

這些步驟的影響是，銀行在三個月期間對美元支付年息4%的利息，賺取德國馬克年息10%的利息（因此，三個月獲利$1^1/_2$%）。銀行現在自利率差異中獲利，而遠期匯率較現貨價優惠。

（在這些例子中，爲了簡單起見，買/賣價差的問題都予以忽略）。

當美元相對於馬克溢價時，意味著：

❑ 對進口商而言，遠期匯率較不優惠。

❑ 對出口商而言，遠期匯率較優惠。

若進口商不太確定何時需要美元那麼可以要求銀行在某期間內購買遠期美元，例如介於2月1日至28日之間。這就是「遠期交易日任選契約（forward dated option contract）」，別和選擇權搞混了。（事實上在今日的市場中，美國與德國的利率並沒有這麼大差異。不過爲了說明需要，我們選擇初學者可以輕易理解的數字。）

交易風險——選擇權

讓我們回到德國進口商的例子。進口所需的100,000美元事先以1.5225馬克的遠期匯率購入。然而三個月後匯率變成1.40馬克。現在只需要140,000馬克就可以買到100,000美元的現貨。不過因爲進口商已承

諾支付1.5225馬克的匯率因此無法購買現貨。這說明了遠期契約的重點：

遠期契約可保護免受匯率走軟的影響，但買方卻無法享受匯率升值的利益。

進口商可能不太在意，樂於享有電腦交易中固定的獲利。但其他人可能不這麼想，認為：

今日的即期匯率是1.50馬克。如果匯率在三個月後貶至1.65馬克，我就想要保障用1.50馬克的匯率購買美元。另一方面，如果匯率升值至1.40馬克，我就會忘了這些保護，以1.40馬克的成本購買現貨。

換句話說，這些是希望享盡好處的人。市場非常創新，提供了稱為選擇權（option）的工具。

若仔細研究選擇權將變的相當複雜，幸好原則非常簡單。進口商並未事先承諾以1.50馬克的匯率購買美元，而是買了一個可以這麼做的選擇權。如果稍後匯率走貶，進口商可以1.50馬克執行選擇權。但如果匯率升值，例如1.40馬克，進口商就會放棄選擇權，以更好的匯率購入美元現貨。

這明顯地優於遠期契約而且較具彈性，因此自然地成本也較高（不然誰要買遠期契約呢？）。此成本稱為權利金（premium），通常事先支付，因此我們可以說選擇權是：

選擇權可保護免受匯率走軟的影響，但買方仍可享有匯率升值帶來的利益，成本就是權利金。

進口商（或出口商）要到哪裡購買選擇權呢？有兩個管道：

❑ 透過交易式選擇權交易所，或
❑ 透過銀行稱為店頭市場（OTC）

歐洲的交易所提供的貨幣選擇權契約相當少，主要是因為當地店頭市場的興盛。美國處理大部分的貨幣選擇權交易，不是在芝加哥商業交

表8.4　美元／馬克選擇權之合約條件

美國交易所	美元／馬克 契約規格（馬克）	選擇權 契約月份
CME	125,000	1/3/4/6/7/9/10/12與現貨交貨月
PHLX	62,500	3/6/9/12加上兩個近期月份

易所（CME），也稱爲國際貨幣市場（IMM），就是在費城交易所
（PHLX）。

　　交易的特徵是有標準的契約規格與到期日。以德國進口商爲例，他
可以到CME或PHLX購買美元／馬克選擇權，其合約條件如表8.4所示。

　　進口商碰到的第一個問題是公司需要轉換150,000馬克，但契約規格
是125,000馬克（或是2X62,500馬克）。第二個問題是三個月後的到期日
是2月18日，但沒有交易所提供這種到期日。

　　標準契約的好處是透過標準化市場會有相當的競爭，尤其契約之後
可以賣出，稱爲「選擇權交易（trading the option）」。

　　最後，交易所透過結算所（Clearing House）可保證契約之履行，我
們將於第十一章詳細討論。

　　銀行會根據選擇權買方的需求設計契約規格，例如150,000馬克，
2/28到期。銀行也可能提供各種交易變化（見下述），但這種選擇權無法
交易，而且如果交易銀行是遭到清算的BCCI那麼契約就沒有保證。在貨
幣方面，銀行在店頭市場扮演相當重要的角色，或許是因爲銀行本來就
會協助進出口商的貿易融通，由它們處理選擇權業務也相當自然，此
外，銀行可能提供吸引人的選擇權變化，其中一些相當受歡迎，以下是
三個例子：

　　可解約遠期契約（breakforward）　由米德蘭銀行發明。提供客戶遠
期匯率（可能不如一般遠期匯率），但在事先決定的匯率下可解除契約，
讓客戶享受更有利的匯率。

例如一英國公司需要進口美元商品，在三個月後需要美元。遠期匯率為1英鎊兌換1.89美元。公司想要得到匯率反向波動的保障，但心裡卻覺得英鎊應會走強。

銀行提供1.88美元的下限匯率與1.91美元的解約匯率。其影響是當匯率為1.91美元以下時，客戶以1.88美元購買美元。但若超過1.91美元，客戶即可解約以即期匯率減去3分的價格購買美元（也就是下限匯率與解約匯率的差異，讓銀行可以用來購買選擇權！）

因此：

❑ 未來的即期匯率為1.80美元，客戶以1.88美元的匯率購買美元。
❑ 未來的即期匯率為1.91美元，客戶以1.88美元的匯率購買美元。
❑ 未來的即期匯率為1.98美元，客戶以1.95美元的匯率購買美元。

公司得到反向波動保障，但同時又享有有利的匯率。由此又產生了參與型遠期。

參與型遠期契約（participating forward） 同樣的，協議下限匯率做為未來匯率的參與水準。假設一般的遠期匯率為1.89美元，而下限匯率為1.86美元，對於匯率高於1.86美元的任何好處之參與水準為80%。如果之後的即期匯率低於1.86美元，那麼客戶以1.86美元購買美金。如果匯率是1.96美元，那麼客戶支付的匯率將根據匯率上漲好處的80%。即期匯率較1.86美元高了10個基點，因此客戶可享受的好處為8個基點，所以是1.94美元。因此：

❑ 未來的即期匯率為1.80美元，客戶以1.86美元的匯率購買美元。
❑ 未來的即期匯率為1.91美元，客戶以1.90美元的匯率購買美元。
❑ 未來的即期匯率為1.96美元，客戶以1.94美元的匯率購買美元。

客戶同樣得到反向波動的保障，也享有有利匯率的好處。客戶可以和銀行討論期望的參與水準—水準越高，下限匯率越低！

筒狀或上下限（Cylinder or Collar）　此方法類似於利率期貨中使用的上下限方法。

同樣的，英國進口商需要在三個月後購買美元。假設今日的即期匯率爲1.90美元。進口商可以和銀行達成協議，在1.85美元至1.95美元的範圍內購買美元（因此，此方法也稱爲區域遠期）。

☐ 未來的即期匯率低於1.85美元，客戶以＄1.85的匯率購買美元。

☐ 未來的即期匯率高於1.95美元，客戶以＄1.95的匯率購買美元。

☐ 未來的即期匯率介於1.85美元至1.95美元之間，客戶以該匯率購買美元。

客戶現在得到反向波動的保障與部分上漲的好處。成本視選擇的匯率區間而定，可能很少或甚至不用。

銀行如何爲客戶達成上述的目的？答案在於選擇權方法的使用。

第十一章將討論選擇權的交易。

外匯交易

報價

外匯自營商被一堆電腦終端機包圍，顯示全球各地銀行的匯率報價。主要的資訊提供者是路透社，但Telerate與Quotron也很活躍。報價匯率僅是參考用。若要確定匯率，自營商必須打電話詢問任一組匯率的報價。不過自營商只是詢問報價，並不代表一定會購買或出售。

市場有許多的匯率術語，例如：

Cable	美元／英鎊
Swissy	美元／瑞士法郎
Stocky	美元／瑞典克朗（源自斯德哥爾摩，Stockholm 這個字）
Copey	美元／丹麥克朗（源自哥本哈根，Copenhagen 這個字）

倫敦甚至還使用押韻的俚語，日圓匯率稱爲「Bill and Ben」！

如同所有的金融市場，匯率以買價／賣價（bid and offer）表示。例如，若詢問Swissy的報價，回答可能是1.4250瑞士法郎／1.4260瑞士法郎，因爲自營商幾乎每分每秒都在追蹤匯率，所以更可能的回答是50/60。若存有疑問可以繼續問「大數是什麼？」，答案是「1.42」。

這代表著對方將以1.4250瑞士法郎的價格買入美元，以1.4260瑞士法郎的價格賣出美元。之間的十個基點就是匯率的利潤，或稱爲價差（spread）。

我們慢慢地解釋這個步驟。假設自營商一開始手上有1.4250瑞士法郎，用來買入1美元。現在自營商手上有了1美元「他們會說做多（long）美元」。之後自營商以41.4260瑞士法郎的價格賣出美元。這名自營商一開始手上有1.4250瑞士法郎，在買賣美元後變成1.4260瑞士法郎。

如果這看起來非常簡單，我們很抱歉。不過外匯交易對新手可說是非常令人困惑的。例如，交易涉及兩種貨幣而非一種（例如以國內貨幣購買債券或股票時）。因此如果自營商以1.4250瑞士法郎買入美元，那麼也會存在一個賣出瑞士法郎的匯率。如果自營商以1.4260瑞士法郎賣出美元，同樣的也會有買入瑞士法郎的匯率。因此買價／賣價（bid/offer）就是美金的買入／賣出價格。對瑞士法郎而言就是賣出／買入的價格。

若我們考量英鎊時問題會更爲複雜。傳統上是使用一英鎊值多少美元的匯率，例如匯率可能是1.70美元，但是其他所有的貨幣都以一美元值多少其他貨幣來表示。若被要求提供cable（美元／英鎊匯率）的報價，自營商的答案是60/70，也就是1.7360/1.7270。此時買價／賣價以英鎊

爲中心，也就是說，自營商以1.7360美元買入英鎊，以1.7370美元賣出英鎊。以美元觀點來看，就是賣出/買入的價格。

當我們思考想要買入美元之進口商的例子，可看出此種英鎊報價方式的影響。有一名進口商位於瑞士，另一名位於英國。其報價爲（中間價）：

| 美元／瑞士法郎 | 1.50瑞士法郎 |
| 美元／英鎊 | 1.73美元 |

之後匯率分別變成了1.55瑞士法郎與1.78美元。對瑞士的進口商而言，因爲他們必須花1.55瑞士法郎而不是1.50瑞士法郎才能購買1美元，因此匯率變差了。但對英國進口商而言，這是較佳的匯率。每一元英鎊現在可以換到1.78美元，而不是1.73美元（注意，對出口商而言結果相反）。

除非一開始就僅記以下基本重點，否則匯率可能讓新手非常困惑。

市場以美元爲中心。自營商的報價通常是一美元等於多少外幣，而買價／賣價，以美元觀點來看就是買入／賣出的價格。

但英鎊是個例外，通常以一英鎊等於多少美元來表示。由美元的觀點來看，買價／賣價現在變成了賣出／買入的價格了。

交叉匯率

當一瑞士公司打電話給銀行購買加拿大幣時，銀行將以瑞士法郎購買美元，再以美元購買加拿大幣。市場以美元爲中心，若自營商利用美元進出將使市場更爲輕易與簡化，即使涉及了某些的重複計算。在任兩

種貨幣間直接交易將過於複雜。英格蘭銀行於1998年4月對倫敦市場（全球最大的）所做的調查顯示超過80％的交易涉及美元。

兩個非美元之貨幣的匯率稱為交叉匯率（cross-rate）。如果自營商直接從瑞士法郎轉換成英鎊，則稱為直接交叉匯率交易或cross。因為預期歐元的來臨，歐洲國家之間的直接交叉匯率交易變得更為熱絡。當歐元取代11國的貨幣後，這個數字可能會下降。表8.5提供一些數據。

交叉匯率交易的成長可以由1991年CME與PHLX的交叉匯率選擇權契約的發展中看出。

外匯交換（換匯）

當我們討論假想的瑞士進口商時，我們建議被要求在三個月後出售美元給客戶的銀行，可以在今天買入美元做為存款。但當客戶希望銀行在三個月後買入美元時，此過程將變得更為複雜，涉及了借用美元三個月以購買德國馬克做為存款。

雖然這兩個方法都是可行的，但卻會限制了資產負債表上的資產與負債。影響了銀行的信用限制、涉及了交易對手風險，並且在資本適足率規定下用盡資本。

因此通常是使用外匯交換（foreign exchange swap）來解決這個問題。在繼續討論之前，必須先聲明這些交換和利率與貨幣的交換市場無關。使用相同的名詞可能引起困惑。許多外匯自營商乾脆稱之為遠期交易，因為其目的就是處理遠期要求。

表8.5　交叉匯率交易佔總交易的百分比，以成交量表示

1998	1989
%	%
15	11

來源：英格蘭銀行的季報（1998年11月）

交換將兩個交易結合在一起，一個即期一個遠期。在前一個交易中，銀行買入貨幣現貨，同時在第二個交易中出售為遠期，在稍後的日期交割。因此銀行將在未來某一天回復原來的部位。例如，A銀行可能擁有1,000萬英鎊，與B銀行交換美元：

1. A銀行出售1,000萬英鎊的現貨，交換B銀行的2,000萬英鎊
2. A銀行出售2,000萬英鎊的遠期契約，在三個月後交換1,000萬英鎊

此時A銀行將得到2,000萬英鎊，三個月後，A銀行將2,000萬英鎊交換1,000萬英鎊，回復原先的部位。

因此外匯交換結合了現貨與遠期的交易。

當銀行承諾在未來某一天售給客戶某種貨幣時，可能會有其他人在同一日期希望買入此貨幣。雖然某些交易會以此方式抵銷，但大部分的時候自營商沒這麼幸運。如果他賣出於3月20日交割的200萬美元，此時可能發現自己必須在3月30日以英鎊買入200萬美元產生了風險缺口（gap）。或者他可能必須在3月20日以英鎊買入美金，但只需買入100萬美元，因此需在3月20日交割的美元缺少了100萬美元。

處理此種問題的方法之一是在今日買入200萬美元，存入銀行直到3月20日。這可能意味著必須借入英鎊，涉及了尋找適當的貸方與借方，並且限制了與銀行的信貸限額。

買入200萬美元現貨是較簡單的，不過買入的美元在3月20日前都用不到，因此自營商可以使用交換：

1. 自營商出售200萬美元現貨買入英鎊，因此回復英鎊的部位。
2. 在此同時，自營商出售英鎊的遠期契約，交換3月20日交割的200萬美元。

擁有英鎊的對方現在握有美元直到3月20日。如果美元的利率低於英鎊的利率，那麼交換的匯率將會反映利率的差異。因此如果英國的利率

高出美國利率6%，那麼六個月的遠期交易將會涉及3%的貼水（忽略收益線的變化）。如果即期匯率為1.80美元，那麼六個月的遠期貼水約5.40分。因此即期匯率可能報價為1.8000美元／1.8010美元，而遠期價差為5.40分／5.30分（或是以基點表示，540/530）。因為美元溢價，因此即期匯率將減去貼水（如果折價，那麼即期匯率將加上貼水）。

因此，希望在六個月後以英鎊買入美元的進口商得到的報價如下：

即期匯率	$1.8000
貼水	540　-
遠期匯率	$1.7460

想要在六個月後售出美元交換英鎊的出口商，其報價為：

即期匯率	$1.8010
貼水	530　-
遠期匯率	$1.7480

進口商得到的匯率較即期匯率為差，每一英鎊只得到1.7460美元而不是1.80美元。

出口商得到的匯率較即期匯率為佳，只要付出1.7480美元就可以換到一英鎊，而不是1.8010美元。

因此，交換可完成客戶對遠期交易的要求。當自營商做多美元現貨（因此產生風險），但同時做空三個月後交割的相同數量時，也可以使用交換。自營商出售美元現貨交換英鎊（因此不再做多美元現貨），在三個月後出售英鎊交換美元。

（腦筋動得快的學生可能發現，雖然自營商規避了匯率改變的風險，但還是有利率改變的風險。交換的成本是根據美元／英鎊利率差異為年息6％的基礎。但如果差異變成年息4％或年息7％呢？這個問題的確存在，但解決方法已超出本書範圍！）

交換的期間通常很短。許多是今天交割現貨（2天），但隔天馬上轉換，稱爲spotnext。還有隔天交割現貨，再隔天便轉換，稱爲tomnext。這個市場有多到數不清的術語！

經紀商

在這些市場中，經紀商處理大部分交易。一名做多美元且亟欲出售的自營商，可能不想對他人透露目前的部位。他們可以告訴經紀商希望在某特定匯率出售5,000萬美元交換英鎊的期望，經紀商使用電腦螢幕或語音系統匿名傳送此訊息。另一名認爲此匯率合理的自營商可能透過其經紀商完成這項交易。經紀商沒有風險，客戶直接交割而經紀商收許少額手續費。

經紀商的報價可能爲「Cable 70/80-give five，take three」。Cable是英鎊／美元的匯率，而經紀商有一名客戶願意以1.7370美元的匯率買入300萬英鎊，以1.7380美元的匯率出售500萬英鎊。

新的路透社系統，Dealing2000/2，自1992年中推出，讓電腦系統自動與匿名地撮合交易，其過程被嚴密地監控。因爲擔心路透社可能取得壟斷地位，11家銀行聯合成立一個透過Quotron發展的系統，稱爲EBS，於1993年推出。第三個類似的系統是MINEX，是由日本的Telerate與KDD發展的。

到了1995年4月，新的電子仲介系統無疑地具有相當的影響力。EBS集團買下MINEX，縮小成兩個競爭對手。傳統的經紀商顯然正流失生意。英格蘭銀行1995年的調查顯示有35％的交易是透過經紀商下單，但其中已經有5％由電子仲介處理。到了1998年的調查只有27％是透過經紀商下單，其中有16％流向電話經紀商，11％是電子仲介。電話經紀商在1995年有30％的市場，但到了1998年只剩下16％。一個不尋常的副作用是小型銀行開始使用仲介系統，而不是向較大的銀行下單。電子仲

介目前只使用於現貨市場。不過在1999年7月，美國公司Bloomberg宣布將聯合倫敦的電話經紀商，Tullett＆Tokyo，在1999年底前為遠期市場推出電子仲介系統。經紀商在股票市場也有類似的壓力，目前開始出現許多的合併與收購。

交割

得到付款非常重要。在電話上談生意交易稱為前線部門（front office）。得到付款、調整帳戶等等稱為後勤部門（back office）。

在某些系統中，自營商將交易細節寫在單據上，之後再輸入電腦化的後勤部門系統中。在其他系統中，自營商將交易輸入前線部門使用的電腦系統中，列印出交易單據，將資料以電子方式保存，再移轉至後勤部門系統。

一國內銀行存於外國銀行的外幣帳戶稱為往來帳戶（nostro account）。例如，BNP將其存於紐約花旗銀行的美元存款視為往來帳戶，或我在你這裡開的帳戶。將花旗銀行存於BNP的歐元帳戶想成是「vostro」或「loro」帳戶，也就是你在我這裡的帳戶。這些單字都是聰明的義大利商人過去所使用的。

因此負責交割與調節的部門就是往來部門（nostro department）。比對外幣帳戶金額的計算與銀行提供的對帳單，即稱為往來帳調節，這項工作雖重要但無趣，現在使用了電腦系統加速處理。

今日銀行最關心的是交易對手風險（在BCCI事件前就很擔心了！）例如，所有的現貨交易都在兩個工作天內交割。如果一方交割了外匯，而另一方沒有呢？銀行家稱此為Herstatt風險，這是源自於1974年6月26日，雖然交易對手已支付馬克，但ID Herstatt這家德國銀行卻無法交割美元而命名的。這項風險產生了稱為「淨額交割（netting）」方法的使用。

外匯交易的雙邊淨額交割系統在倫敦已行之有年了。此系統名為FX Net，涉及了16家銀行。

淨額交割不再需要交換兩種貨幣。雙方在每個交割日得到或付出一筆淨額支付。

例如，假設A與B在同一交割日有四筆交易，如圖8.1所示。

若是傳統的方法，雙方將處理八筆交易，付出四次款項得到四次款項。

在FX Net系統中，各貨幣與各到期日均需維持往來帳，交割時雙方共處理三筆淨額交易，每個貨幣各一次。往來帳如圖8.2所示。

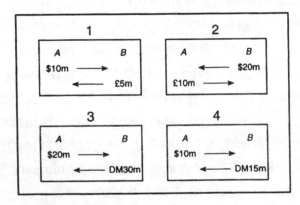

圖8.1　交易雙方的相關金額

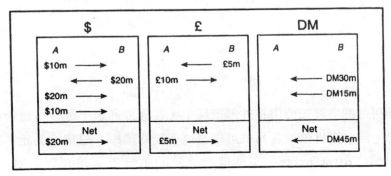

圖8.2　淨額交割計算

當各個交割日來臨時，便會執行淨額交割。

若使用傳統的交割方法，對於美元帳戶，A將支付B4,000萬美元而B將付給A2,000萬美元，對於英鎊帳戶，A將付給B1,000萬英鎊，而B將付給A500萬英鎊。如果A違約未交割呢？B將損失4,000萬美元與1,000萬美元。換句話說，淨額交割的主要理由便是減少外匯交易基本風險的嚴重性。

影響力深遠的銀行智囊團，G30，針對交割提出一份重要的報告，其中建議淨額交割方法以減少風險。

到目前為止，FX Net由Quotron運作，自交易雙方接收SWIFT訊息（MT300），在截止時間前告知雙方SWIFT付款指示（MT202/MT210）的交割淨額與SWIFT明細表（MT950）。交易的所有細節也一併交給客戶以供往來帳調節。（SWIFT系統將於第九章詳細討論）。

多邊淨額交割系統稱為Echo，自1995年於倫敦運作，美國也有一個稱為Multinet的類似系統。之後在1996年3月，有20家大型銀行，「the group of 20」，宣布將成立全球的結算系統以處理隨時隨處發生的外匯交割。這是一銀行的付款，馬上被另一銀行的付款所抵銷的即時交割系統，因此消除了Herstatt風險。在此宣布後Echo與Multinet合併，稍後又併入一個稱為CLS Services的新系統。將於2000年開始運作，最初或許將提供八種貨幣，由63家銀行共同經營。

套利

套利這個字首先使用在外匯市場中，在過去通訊不像今日這般發達的時代，同一組貨幣很容易就可以發現不同的匯率。巴黎的美元／英鎊的賣出價（offer price）可能低於倫敦的美元／英鎊的買入價（bid price），或者各家銀行匯率報價不同。因此可以在巴黎買入貨幣再到倫

敦賣出，輕鬆賺取報酬。

　　一般說來，套利是利用失常的定價。使用電腦可以找出較過去更多、更複雜的套利機會，這些電腦通常和現場價格連線，並且使用專家系統的技術。同時自營商必須反應非常快才能享受套利的機會，因爲所有人都使用電腦！

　　例如，一自營商可能發現另一家自營商的遠期匯率並未考慮利率的差異。因此可以借入利率較低的貨幣，出售換取利率較高的貨幣，存入六個月。在此同時，爲了避免貨幣風險，利率較低的貨幣以六個月期的遠期契約買回，因此可償還原先的貸款。然而遠期契約的成本低於利率差異，因此產生無風險的獲利。稱爲無風險的利率套利（covered interest rate arbitrage）。

　　現在所有的市場都可以發現套利機會，不只是外匯市場。因爲基本上是無風險的，只要找的著就是一筆好生意。所有的銀行都雇用套利專家尋找這種機會，特別是在衍生性商品的市場。支持者認爲這麼一來可以使定價更有效率。不過股票和期貨市場的套利（股價指數套利（stock indes arbitrage）卻引起相當大的反彈。

　　（最早的電報連結紀錄，是1843年倫敦的Rothschild與漢堡的Behrens，他們交換證券、貨幣與匯票的價格。很快就可以找出套利的機會！）

央行調查

　　在本章開始時提到全球的央行在1986、1989、1992與1995年同步調查各國的外匯市場。

　　表8.6所示爲主要中心的結論。

　　本處應注意的第一點是這些數字的規模。倫敦每天都有平均價值約

表8.6　央行的外匯調查─每日外匯交易

中心	1998		1995	
	金額 10億美元	股數 %	金額 10億美元	股數 %
英國	637	32	464	30
美國	351	18	244	16
日本	149	8	161	10
新加坡	139	7	105	7
德國	94	5	76	5
瑞士	82	4	86	6
香港	79	4	90	6
法國	72	4	58	4

來源：BIS（1998年10月）

6370億美金的交易。位於巴賽爾的BIS收集所有的數據，略去重複計算（一家紐約銀行在倫敦完成的交易將報告於兩個中心）。1986年的每日數字略高於3000億，但1998年的數字則爲1兆4900億元。

　　第二點是成長率。在倫敦與紐約，1986年的數字到1995年都成長了六、七倍。東京在1986至1989年間成長兩倍，但之後便趨緩。

　　東京是特殊的案例。我們在第四章-商業銀行業一章中看到，日本自國際市場中稍稍退出，跨越國界的資金流動也減緩。日本的信託銀行過去一度是大玩家，不過受到信託基金投資減少的打擊而退出了。1990年1月以後日經指數的下跌與不動產價值的崩跌，也都嚴重打擊市場。銀行合併風潮減少了玩家數目，而1993年BIS的資本適足率規則也讓銀行更加小心。

　　不時干預市場以支撐本國貨幣的央行所面臨的一個問題是，集結來打擊央行的力量更爲強大。若我們研究1992年8月9月發生的ERM危機，可以看到英格蘭銀行擁有的黃金與外匯準備金約有440億美元。涉及英鎊的交易量，包括交叉匯率，每日共達790億美元。即使有德國央行的協助，其支撐力道也很快地被打敗。

　　近年來我們看到的是主要央行共同合作，通常是在G7會議中決定的。

　　一切都始於1985年初。當時美元的走揚造成美國出口不具競爭力，而英鎊／美元的匯率近乎平價。在一系列秘密電話後，全球的主要央行同時在2月27日星期三的早晨拋售美元。外匯市場近似於混亂，美元在一小時內相較於馬克下跌了6％，自3.50馬克至3.30馬克。

　　該年九月干預再次發生。五大主要工業集團（G5，之後擴張為G7，納入加拿大與義大利）於9月22日，在紐約的廣場飯店開會。發佈美元被高估的聲明，儘管這似乎只是聲明但卻達到目的。在9月23日星期一，美元在央行不花一分一毫的情況下貶值了3.5％。美元／馬克匯率變成2.70馬克。之後央行出面重申干預的決心，到了11月美元／馬克變成2.50馬克。這就是一般所知的廣場協議，也或許是自布雷頓森林協議後第一次的國際貨幣協議。

　　雖然廣場協議看似樹立了新的里程碑，但事實證明並非如此。央行再次於巴黎的羅浮宮開會（1987年2月），此次宣布美元被低估了。同時也宣布維持世界主要利率於狹窄範圍內的決心，也就是一般熟知的「羅浮宮協議」。然而，此協議和稍後數個協力推升美元的嘗試都不像之前那般成功。不過，美國和日本仍聯手在1998年6月推升日幣，將匯率由143日圓兌一美元提升至136.8日圓兌換1美元。

為什麼是倫敦？

　　上節顯示的數字透露了倫敦不只是世上最大的外匯市場，而且領先幅度很大，佔了全球外匯交易的32％。因為英國經濟力量的下跌，英鎊身為主要貨幣的弱勢，你可能質疑為何倫敦是主要的外匯市場。

　　有四個可能的因素：

- **時區** 倫敦的位置非常好。早上可與東京對話一小時；與中東在大約早上11：30；紐約/芝加哥則為下午1：30；舊金山/洛杉磯則為下午4：30。紐約和東京則為無交疊的時區。

- **傳統** 倫敦歷史上就是主要的金融中心。有超過500家的外國銀行在此營運，而且有必要的基礎建設—會計師、律師、專業印刷廠。

- **歐洲市場** 歐洲市場對外匯交易意義深遠。倫敦的傳統角色和缺少保護主義，使得歐洲市場的業務都從倫敦開始，許多外國銀行也都聚集於此。

- **英語系國家** 英語是國際金融的主要語言。將英語作為第一或第二語言的國家逐漸增加。這當然促使倫敦優於巴黎或法蘭克福。的確，法國對於使用法文的堅持（最高的官方層級）阻礙了推動巴黎成為國際中心的期望。

本章附錄顯示了英格蘭銀行在1992、1995與1998年調查的倫敦交易量分析。綜合BIS的全球研究，可以發現遠期市場強過現貨市場—倫敦的交易量佔66%，全球則為60%。全球的主要貨幣為美元（有87%的交易涉及美元）、馬克（30%）、日圓（21%）、英鎊（11%）與瑞士法郎（10%）。倫敦的英鎊交易理應較多（18%），但相較於1989年27%的數字還是減少了。

仔細研究倫敦的遠期交易，其中大部分是外匯交換而不是純粹的遠期交易。遠期市場只有1.5%的交易量其到期日超過一年，大約有77%的交易量到期日低於七天—這是因為短期外匯交換市場的規模所導致的。

當歐元於1999年1月來臨後，國際的批發外匯市場都開始交易歐元而不是十一個會員國各自的貨幣。歐元對全球交易的影響，有待2001年的結果而定。

摘要

外匯市場非常龐大，在1998年每天交易一兆4900億英鎊，倫敦是最大的市場。

對外匯的需求，來自貿易、旅遊、政府支出、國際證券交易與投機行為。

倫敦的銀行同業市場佔了83%的市場交易量，前十大銀行佔了50%的市場。外匯交易佔美國商業銀行一半的利潤。

解釋匯率的一個經濟理論是購買力平價說（PPP）。對兩個國家的相同商品組合定價便可以產生匯率。如果一國的通膨持續高於另一國，那麼其貨幣相較於通膨低的國家將會走軟。高通膨國家將被迫提供較高的利率以說服外國人持有其貨幣。投資人將根據此類因素移轉資產的理論稱為資本結構平衡模式。

1944年的布雷頓森林會議同意戰後的固定匯率，同時成立IMF與世界銀行。

公司的外匯風險有三種—交易風險、轉換風險與經濟風險。

即期匯率就是今天的匯率，兩天後交割。遠期匯率是稍後日期交割的固定匯率，由相關兩貨幣的利率差異所決定。全球有60%的交易為遠期，40%為即期。

固定的遠期匯率，可以保護免受匯率波動的傷害，但同時也無法享有利益，不過可以透過貨幣選擇權改善此缺點。選擇權可以在股市或店頭（OTC）交易。

外匯報價以買價／賣價表示。美元是外匯交易的核心，大部分的交易都牽涉了美元的買賣。英鎊的報價是以一英鎊值多少美元來表示的。其他貨幣的匯率則是以一美元值多少該貨幣來表示。兩個非美元的貨幣

之匯率，稱爲交叉匯率。

同時購買外匯現貨與出售遠期貨幣，就是外匯交換。

經紀商以匿名方式接洽買方與賣方。如路透社2000/2與EBS的電子仲介系統目前正在使用中。

本國銀行在外國銀行開設的外幣帳戶稱爲nostro帳戶，外國銀行在本國銀行開設的本國貨幣帳戶則稱爲vostro帳戶。外匯交割的雙邊淨額交割目前非常普遍，目的是減少交割風險。多邊淨額交割正在成形，2000年前會產生新的即時全球交割系統。

央行每三年進行一次外匯調查（最近一次是1998年），由BIS統計結論。

附錄

表8.A1　英格蘭銀行的外匯調查，1992-98年，每日交易量之百分比

	即期 %	遠期 %	1998 總計 %	1995 總計 %	1992 總計 %
£/US $	4	10	14	11	17
US $/DM	10	12	22	22	24
US $/Yen	5	7	13	17	12
US $/SwFr	1	4	6	5	6
US $/FFr	1	4	5	5	3
US $/CAN $	1	2	2	2	2
US $/AUS $	1	1	2	2	1
US $/Lit	1	5	6	3	n.a
US $/Pta	0	2	2	2	n.a
US $/其他ERM	1	8	8	6	9
US $/其他	1	5	7	4	3
£/DM	3	1	3	3	5
£/其他	0	0	1	1	1
DM/Yen	1	0	2	2	2
DM/其他ERM	2	1	3	6	4
ECU	0	2	2	4	5
其他交叉貨幣	2	2	4	3	4
總計	34	66	100	100	100

（百分比以四捨五入取得最接近的整數）

來源：英格蘭銀行之季報（1998年11月）

第九章

貿易融資

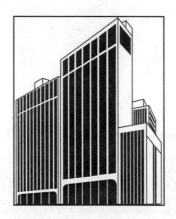

一般問題

全球市場的一個重點當然就是國際貿易。如果我們研究進出口業面對的各種問題，可以發現銀行在許多方面都可以提供協助：

1. 付款服務　資金移轉的基本問題
2. 貨款收回　核心問題—如何確定收到貸款
3. 信用擴張　涉及了確定得到付款以及使用如匯票等工具擴張信用的問題
4. 融資　可能是協助出口商完成契約，或協助進口商交付商品
5. 外匯　外匯即期、遠期契約與選擇權的買／賣，已於第八章討論
6. 貿易保證　涵蓋了許多問題、已付款商品的品質（進口商）、選定的供應商無法提供商品（進口商）、政治風險與出口許可證突然撤銷的風險保障（出口商）
7. 雜項服務　涉及了市場資訊、介紹信、通匯銀行服務等等。

付款服務

銀行有各種方式安排匯款：

❑ 信匯（Mail Transfer，MT）透過信件說明

❑ 電匯（Telegraphic Transfer，TT）

❑ 全球銀行同業金融通訊協會（the Society for Worldwide Interbank Financial Telecommunication, SWIFT）由銀行共同擁有的協會，向181個國家的6500家金融機構提供安全的通訊服務與介面軟體。SWIFT協助客戶減少成本、改善自動化與管理風險。除了

3000家會員銀行，SWIFT的使用者還包括經紀商、投資經理人、證券集保與結算組織及證券交易所。

SWIFT報告在1998年網路通訊量成長了15.4％，由1997年的8億1200萬件訊息增加至1998年的9億3700萬件訊息。SWIFT每天平均要處理超過3700萬件的訊息。

證券通訊量在1998年成長了38％，目前佔SWIFT總通訊量的16％，在1997年僅佔13％。證券訊息是SWIFT客戶使用的訊息類別中第二大項。

在四大市場中共有九種訊息分類，表9.1所示為1998年底各種業務的百分比。

表9.1　SWIFT訊息類別與各種業務百分比，1998年

市場	通訊量（000）	百分比（％）
付款	609.5	65.00
國庫券與公債	116.9	12.50
貿易服務	38.6	4.10
證券	149.7	16.00
其他	22.4	2.40

來源：SWIFT

表9.2所示為1998年根據地理區域劃分的通訊量。

表9.2　以地區劃分的SWIFT通訊量，1998年

地區	通訊量（000）	百分比（％）
美國	193.0	20.60
亞太地區	150.9	16.10
歐洲、中東、亞洲	563.7	60.20
其他	29.4	3.10

來源：SWIFT

SWIFT訊息

解釋	格式
寄件者	BKAUATWW
訊息種類	100
收件者	ABNANL2A
訊息內文	
交易參考號碼	:20:494931/DEV
交易日/貨幣標號/金額	:32A:980527NLG1958,47
匯款客戶	:50:FRANZ HOLZAPFEL GMBH VIENNA
收款客戶	:59:H.F.JANSSEN LEDEBOERSTRAAT 27 AMSTERDAAM
訊息內文結束	

圖9.1　MT 100客戶轉帳

來源：SWIFT

　　圖9.1是屬於第一類，訊息種類100的例子。

　　Franz Holzapfel GmbH要求奧地利銀行維也納分行，支付1958.47荷蘭盾，給H F Janssen在荷蘭銀行阿姆斯特丹分行的帳戶中。

- ❏ 國際資金移轉（International Money Transfer, IMT）或簡稱IMT 信匯或電匯的現代用語。

- ❏ 國際資金匯款（International Money Order, IMO）例如，一家英國銀行可能開出由紐約分行付款的支票。

- ❏ 銀行匯票（Bank Draft）可能由銀行自己的帳戶，或由銀行存在通匯銀行的往來帳戶支付。

　　後兩種文件通常由客戶寄送，而非銀行。

貨款收回

不涉及信用擴張的方法有：

❑ 預付款項　看似理想但還是有問題。如果對方未收到預付款項呢？如果訂單在付款前取消呢？不論如何還必須保留交換支票/匯票的時間。對進口商而言，商品可能尚未運送或送錯，或送貨單可能有誤。

❑ 送貨時付款　出口商電告進口商已送貨並等待付款。對出口商而言，貨品已經送出但是貨款尚未收到，但提單卻讓進口商有提貨的權力。對進口商而言，商品可能有瑕疵或送錯了。

❑ 賒帳交易　送出商品時，附加一張註明「七日內付款」（比方）的發票。風險很大，但非常適合已建立互信的穩定貿易關係。在美國相當普遍。

信用擴張

現在看看涉及信用擴張，或是貨到付款但需要銀行協助收款與擔保的方法。

匯票

由出口商向進口商開出，後者同意在事先決定的日期，向指名人士或持票人支付貨款。第五章有完整的討論。

即期匯票（sight bill or demand draft） 提示匯票與文件時立即付款，毋須如跟單信用狀承兌出口商的匯票。

遠期、限期或定期匯票（usance, tenor or term bill） 在數天或數月後付款，通常由銀行承兌，出口商將匯票賣給匯票經紀商，後者持有至到期日或再賣出。

跟單匯票（Documentary bill） 需附加文件（提單、發票、保單與類似文件）。

光票（clean bill） 不附加文件。

跟單信用狀

匯票由出口商做成，而跟單信用狀則由進口商開出。

國際商會的跟單信用狀統一慣例與實務，說明跟單信用狀的國際慣例。

（國際商會成立於1919年，目的是定義貿易的規則與範例。來自60個國家的委員會建立其架構。）

進口商向銀行，開狀行（issuing bank），申請開跟單信用狀。當進口商提出要求時，開狀行便：

（a）付款給出口商（收款人）（見圖9.2），或是

（b）支付或承兌出口商做成的匯票，或是

（c）授權另一家銀行（可能是開狀行在出口商國家的通匯銀行）成為通知銀行（advising bank），付款給出口商或承兌其匯票（因此變成跟單承兌信用狀）。也可能要求通知銀行成為保兌銀行（confirming bank），保證如果開狀行未付款時，出口商還是可以得到貨款。（不過在某些國家，如伊朗，禁止銀行開出要求通知銀行保兌的信用狀。）

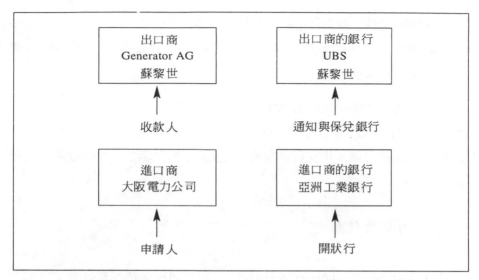

圖9.2　跟單信用狀

上述都需要附加規定文件。

這些文件包括：

❑ **運輸單據**　通常是海運，提單（bill of lading）證明商品已運送，
種類與品質也符合訂單要求。提單的一份影本交給買方做為商品
到港時提貨用。

近年來貨櫃運輸的使用，產生了貨運代理提單（forwarder's bill of
lading）不一定是所有權文件。

如果是空運，就會有空運提單（airway bill），不過這不是所有權
文件，僅僅是通知貨物已送出。

如果是經由公路或鐵路運輸，就會有承運人收據（carrier's receipt）
或鐵路運輸收據（railway receipt），這也不是所有權文件。

❑ **商業發票**　說明品質、數量、單價與總價。

❑ 保險文件

❑ SAD文件　歐盟使用的簡化關稅表格。

❑ 其他文件　產地證明書、品質證明書、檢疫證明、獸醫檢查證明、重量單。

　　文件可能發生的問題有-文件遺失、填寫錯誤、或是發票金額與信用狀金額不同。銀行辦事員審單時，如果商品為CIF運送，需留意提單上運費已付以及保單。不正確的文件可能造成商品滯港，引起如倉儲的費用。

跟單信用狀的種類

❑ 保兌信用狀（confirmed credit）　通知銀行同時保證付款。

❑ 可撤銷／不可撤銷信用狀（revocable/irrevocable credit）　可撤銷代表當進口商不滿意時，開狀行可以修改或取消信用狀。出口商當然不喜歡這一點，不過這卻適合售貨給海外分公司、需配合當地法規的信用狀。不可撤銷意味著，只有在保兌銀行與收款人達成協議時才能修改/取消信用狀。

❑ 即期、定期或承兌信用狀（sight credit，term or acceptance credit）

即期—出口商做成即期匯票向通匯行提示要求付款。

定期／承兌—出口商做成要求開狀行或保兌銀行在特定期間（30, 60, 90天）後付款的匯票。

❑ 議付信用狀（negotiation credit）　通知銀行指示保兌銀行（如果兩者不是同一家銀行）兌現原由通知銀行付款的匯票。也就是說，匯票由接受承兌的保兌銀行付款因此變成了銀行匯票，所以可以用來貼現。

❑ 備用信用狀（standby credit）　如果收款人透過其他方法都無法

得到付款，此信用狀將提供保障。

❑ 延期付款信用狀（deferred payment credit） 貨款稍後支付。

　　圖9.3列示來自瑞士聯合銀行的海外貿易跟單交易指引，涵蓋了圖9.2
之跟單信用狀例子。

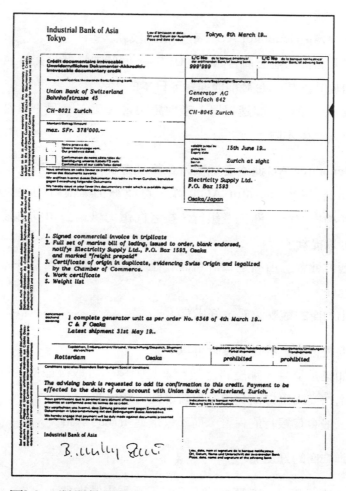

圖9.3　跟單信用狀

來源：Specimen from the UBS booklet, Guide to Documentary
Transactions in Freign Trade.

解說：

❑ 不可撤銷，即期信用狀
❑ 開狀行—亞洲工業銀行
❑ 進口商—日本大阪的電力供應公司，向亞洲工業銀行要求開跟單信用狀。
❑ 出口商—Generator AG，蘇黎世（收款人）。
❑ 通知銀行—瑞士聯合銀行（UBS），同時充當保兌銀行。
❑ 自鹿特丹將一台發電機運送至日本的大阪。
❑ 文件：發票、海運提單、產地證明書、工作證明、重量單。保險文件稍後才附上。

當Generator AG運送發電機時會將規定文件交給UBS。如果文件齊全，UBS將付給Generator AG貨款，自亞洲工業銀行的往來帳戶中扣款。文件稍後寄給亞洲工業銀行，後者向電力供給公司安排後續事宜，讓客戶可以提貨。

在西方社會，所有進口許可證、匯率控制、保險與文件一般都在開狀前處理好。

從出口商的觀點來看，好處有：

❑ 保證付款，或是出貨時可以承兌。
❑ 如果是承兌，那麼將是銀行承兌匯票，可取得最佳的貼現率。由進口商或出口商負擔貼現費用則有待協商。
❑ 一般會有銀行的保證，而不只是進口商的承諾。

對進口商的好處有：

❑ 在商品運送、必要文件提示前，不需支付貨款。
❑ 如果涉及匯票，就會有付款時間。同樣的在貨物運送前不會接受承兌。

❑ 開狀前已完成所有必要程序。

　　最後的問題是，銀行與想要開狀的客戶之間的關係。要求銀行開狀的請求，必須有相關人士（開狀申請人）的簽名，因為客戶將因此產生負債。今日與銀行的連線可能是電子化的。所有的貿易都必須遵守當地的進口規定，如果客戶是歐盟的會員，還必須遵守歐盟的規則。

　　從銀行的觀點來看，這屬於或有負債，將影響目前的信貸協定與限制。同時也是資產負債表外的交易，在BIS資本適足率規定下需要資本涵蓋。銀行可能要求客戶存款，並且授權扣除支出與費用。如果未使用提單，那麼銀行可能要求貨物由銀行處置或送交給銀行。

　　如果銀行為通知銀行，還必須負責檢查信用狀已經過認可。

跟單託收

　　出口商運送商品並透過銀行提示文件。可能要求銀行以文件收回貨款，或是要求銀行接受文件以承兌匯票。

　　然而，銀行只能盡全力收回貨款或承兌。進口商仍然可以拒絕文件。如果商品已運送但文件非所有權文件，進口商還是有可能可以接收貨物。當對方不履行合約時，我們可能要求收款銀行保障權益。如果進口商不付錢或拒絕交易，商品（已運送）可能需要在當地儲存。

1997年亞洲金融風暴影響

　　在1997年中亞洲金融風暴以前（見第十五章），許多國際貿易都是信用交易，或是透過跟單託收方式付款。在風暴過後，對保兌信用狀的要求自然增加了。雖然這對出口商而言較為昂貴，但卻提供了較大的安全，特別是當售貨給南韓、泰國與馬來西亞等國家時。提供保兌的銀行

將視個案收費。

出口商融資

出口商在等待付款時可能需要融資，除了可以承兌匯票以外，還有兩種可能，買斷與代理融通。

買斷（forfaiting） 傳統上是與較長期的高價值資本商品與建設專案有關。在英國，London Forfaiting專門處理價值超過5000萬英鎊的交易。不過，如Midland Bank Aval與Morgan Grenfell Trade Finance的公司，也從事許多60天期，最低金額25萬英鎊的交易。

買斷匯票或即期本票，代表對出口商無追索權：也就是說，買方放棄對其他人的所有追索權。他們要求進口商的銀行在匯票或即期本票上簽名以保證付款，而匯票/本票未設定任何條件。出口商可以在活躍的次級市場出售匯票/本票。主要的貨幣是美元、瑞士法郎與馬克。

對出口商而言，買斷的好處是無追索權的融資，對於公司在銀行的信貸限額無影響。當無法取得出口信貸擔保（或私人保險）時，或即使可以取得但在等待索賠時需要避免現金流量問題時，買斷就很方便。然而，買斷者必須檢查並同意客戶、國家與政治的風險，貼現費用可能很高昂，同時也可能無法取得所有金額的融資。

應收帳款讓售（factoring） 應收帳款讓售公司買入客戶的貿易應收帳款，六個月內到期的帳款通常支付總價的80%，通常適用於持續的銷售而非個案。剩下的20%在所有貨款都收回後再付給客戶。代理商處理客戶分戶帳並且收回貨款。應收帳款讓售可能有追索權也可能沒有。沒有追索權的應收帳款讓售相當方便，特別是對出口業，但自然較昂貴。通常會使用「未清帳戶（open account）」這個字。除了提供融資的費用以外，還有處理銷售客戶分戶帳與收回貨款的服務費。服務費介於1/2％

至2%之間。應收帳款讓售的一個變化是發票貼現（invoice discounting），代理商根據發票提供融資，但客戶負責銷售客戶分戶帳與收回貨款。

代理商的海外代理將負責徵信，因此可以迅速地回報代理商，海外代理通常會保證貨款，並且處理當地的任何問題。代理商可能自己有海外分公司，或者是一獨立代理組織網路的一部份。此種網路中最大的是代理國際連鎖（Factors Chain International, FCI），成立於1968年。在全球35個主要金融中心有90家會員公司。代理公司通常是銀行的子公司一例如，英國的米德蘭銀行與Griffin Factors，國民威斯敏斯特銀行與Credit Factoring International。對出口商的好處是和銀行子公司交涉、以一般融資條件籌措營運資金、不用處理銷售客戶分戶帳與收回貨款，以及（在無追索權的個案中）求得心安。

應收帳款讓售只提供給短期貨款與消費性商品的持續性銷售。基本上與透支有點類似。

雖然大部分的應收帳款讓售為國內，但國際的應收帳款讓售正在增加。位於英國的國際代理商報告在1996年第一季出口類客戶便增加了34%。使用國際應收帳款讓售的最大市場為荷蘭、德國、義大利、英國、法國、比利時與美國。

其他融資　出口商需要的財務協助，可能不只是渡過等待付款時的空窗一例如，生產需要數年才能完成的資本商品所需要的融資。大部分的大型銀行都設有由出口融資專家組成的部門，提供套裝方案。有時候政府也會提供協助，其中最重要的是來自政府出口信貸擔保機構（稍後討論）的保證。如果是大型的國際專案，那麼使用的名稱為「專案融資」，由銀行團參與，追索權只針對專案的現金流量。在某些個案中，出口商只對協助進口商購買商品的問題感興趣。在少數涉及代理融通的個案中，代理商的海外代理可能提供進口商融資。不過在大部分的情況，主要是透過正式的融資來源。

有些方案來自如世界銀行、歐盟與非洲發展銀行的專案輔導者。據

估計非洲撒哈拉地區有三分之一以上的進口是援助融資的。主要是協助國家完成IMF與世界銀行推動的經濟改革方案。文書作業與官僚體系非常龐大，但還款已保證而且沒有匯率風險。

　　在其他個案中，銀行提供買方信貸以配合出口信貸擔保保險。

外匯（見第八章）

貿易保證

　　擔保的問題以及出口商（政治與貨幣風險）與進口商（瑕疵商品或不履行契約）的擔憂之前已提過。除了出口信貸擔保以外，還有一系列的貿易保證方案。以下是來自銀行的保證：

　　投標押金或投標保證（bid or tender bond） 當出口商投標供應商品，或承包商投標提供服務時，會提出此要求。

　　當得標者（也就是賣方）無法簽訂契約或送交履約保證時，投標押金可保障買方的損失。

　　投標押金由賣方的銀行擔保，通常是契約價值的2%-5%。

　　履約保證（performance bond） 當賣方的投標被接受後，投標保證金就被履約保證金取代，通常是契約價值的10%。

　　由賣方的銀行提出，保證賣方將提供商品或服務（符合買方的標準）。如果買方認為商品低於標準，就可以沒收履約保證金。

　　預付款項保證（advance payment guarantee） 買方按契約價格之協議比例付給賣方預付款項，如果商品／服務不良，可以收回。

　　保留款保證／進度分期付款保證（retention monies guarantees/ progress payment bonds） 買方在特定期間內可以保留部分的契約價格

（通常是5%），目的是有時間檢查商品或服務是否令人滿意，或是以類似方式安排分期付款。

保留款保證可能是有條件或無條件的。例如，設定條件為賣方承認瑕疵，或贏得仲裁或訴訟。銀行必須和客戶簽訂反向補償（counter indemnity），當支付金額低於保證時，授權銀行扣除當初言明金額。無條件意味著當賣方不履行契約時，銀行只支付買方簽訂的金額。

既使客戶遭到清算，銀行還是必需支付保證金。

圖9.4列示無條件履約保證的例子（由UBS提供）。

PERFORMANCE BOND

Dear Sirs,

We have been informed that you have concluded on ....with Messrs .... contract No ....for the delivery of .... For the due performance of the terms of the contract it was agreed to furnish a security in form of an indemnity.

At the request of Messrs .... waiving all rights of objection and defence arising from the principal debit, we, the Union Bank of Switzerland, London, herewith irrevocably undertake to pay you on first demand any amount up to

GBP .... (in words
....)

against and upon receipt of your written statement confirming that Messrs .... have not complied with the terms and conditions of the contract.

For the purpose of identification, any claim hereunder has to be presented through the intermediary of a first rate bank confirming that the signatures on such claim are binding for your firm.

Our indemnity is valid until

....(Ninety-...............................)

and expires in full and automatically should your written statement confirming such claims not be in our possession by that date.

This indemnity is governed by English law and we hereby submit to the jurisdiction of the English Courts.

Yours faithfully

A.N. Other Bank

圖9.4 無條件履約保證範例1

來源：UBS, Guide to Documentary Transactions in Foreign Trade

出口信貸擔保（export credit guarantee）政府部門常常提供出口商在一般海運保險以外，尚可確保貨物之運送、免於海外進口商違約或其他風險的工具。雖然會收取保費，但這項服務一般是基於非營利基礎。政府部門本身並不會擴張出口融資，但可以提供保險，鼓勵銀行擴張出口。

不過，還有一些私人保險業者會提供貿易風險之保險；例如，英國的貿易保障（Trade Indemnity）。英國的出口信貸擔保部門成立於1919年。兩年以下的短期計畫與較長期的風險由兩個不同機構負責。短期機構位於卡地夫，稱為保險服務集團（the Insurance Services Group ISG）。不過英國政府在1991年12月將ISG賣給荷蘭保險商，NCM。新名稱為NCM信貸保險。NCM在Svenska Credit倒閉後，也接手瑞典的短期出口保險。

保險保障了不付貨款、破產、進口許可證撤回、因外國政府政策與戰爭及地震造成的風險。保險範圍通常為90％。

有了出口信貸保證，銀行當然樂於提供出口融資，並且可能協助安排或管理保單。

其他出口信貸保證機構有：

❑ Hermes　　　　　德國　　　　　（私人機構）
❑ NCM　　　　　　荷蘭　　　　　（私人機構）
❑ COFACE　　　　法國　　　　　（公營）
❑ SACE　　　　　義大利　　　　（公營）

在澳門的新國際機場融資方案中，可以看到國際合作的例子，ECGD（英國）、Hermes（德國）、Eximbank（美國）、EFIC（澳洲）與COSEC（葡萄牙）共同支持出口信貸。

雜項服務

出口行（export house）　這些是瞭解運送、保險、配額、許可證、匯率條件與當地情況的市場專家。他們可能：

❏ 處理所有書面作業，甚至還負責商品的海外宣傳，雖然出口行承擔了風險，但出口商仍是貨主。

❏ 代表海外買方-尋找供應商、安排貨運與保險以及代表買方確認契約。

❏ 充當代理商，若有確定的訂單，則會買入商品後再銷售。

保付商行（confirming house）　類似出口行，但會代表買方下訂單成為貨主，當商品出港時便付款給出口商。也可能為買方安排貸款。

國際信用協會（international credit union）　金融公司與部分銀行可能簽訂互惠協議，安排融資以協助進口商向會員進口商品。例如，資本商品的進口商可能要求出口商同意分期付款。銀行可以透過信用協會的會員協助安排。當地的銀行／金融公司可能開始調查並安排融資-通常是針對機器與資本商品。歐洲信用協會、Amstel Club、國際出口融資都是例子。

以物易物／對銷貿易（barter/countertrade）　當貨幣無法兌換，或受限於出口許可證無法發出的情況時，此種安排便相當普遍。以物易物是簡單的商品交換；對銷貿易則較為廣義，包括了互購與購回等。在這種安排下，出口商可能同意向進口公司買回商品，例如一紡織機器的出口商必須同意買回紡織品。或者出口商同意按出口價值的特定百分比買回商品。

多年來，俄羅斯便和芬蘭約定，俄羅斯向芬蘭購買石油累積的貿易

信額，只能用來購買俄羅斯的商品。其他例子：汽車（福斯、標誌）若
要出口至突尼西亞，向突尼西亞購買的汽車零件，必須值汽車成本的50
％；英國的Balfour Beatty在馬來西亞取得價值200萬英鎊的契約，原因
是Balfour Beatty將尋找錫、棕櫚油與橡膠商品的買主。

　　以物易物與對銷貿易現在成為相當大的國際業務，有ICON國際與
Attwood Richards等專業公司參與。例如，一家美國的餅乾公司，
Keebler，有價值100萬美元的多餘包裝盒。Attwood Richards要求Keebler
英國分公司將餅乾裝入這些包裝盒中，銷往Keebler之前未曾進入的市
場-俄羅斯、烏克蘭與波羅地海諸國，商品市價約1,400萬美元。Keebler
以貿易信額支付，最終將交換包裝盒與運送服務。Attwood Richards也安
排多餘季節性商品的交換-泳裝、海灘傘與高爾夫球桿。貿易信額也用來
購買辦公室家具、電腦、清潔服務、飯店住宿與航空機位。

　　一般服務　銀行也提供進出口業許多服務-行銷調查、信用情況查
詢、介紹信、通匯銀行、翻譯、法律與會計服務。

摘要

銀行透過跨越國界的付款系統便利國際貿易。SWIFT系統是最重要的。

將發票寄給進口商後等待付款，是信用交易。

透過匯票的使用可以擴充信用，匯票可以是即期、定期、跟單或光票。

進口商銀行的支付貨款或簽發匯票的承諾，就是跟單信用狀，可以是可撤銷或不可撤銷的。進口商的銀行便是開狀行，出口商的銀行便是通知銀行。

出口商是收款人。如果出口商的銀行同意支付貨款，既使進口商或進口商的銀行不付款，這就是保兌信用狀。

在跟單託收中，出口商的銀行企圖將送貨文件交給進口商的銀行以獲得付款。

出口的融資可能基於買斷或代理融通。也可能有來自開發銀行的正式協助。由政府或私人部門提供的出口信貸擔保，保障免於不付款的風險。銀行提供的其他擔保如投標押金或投標保證金、履約保證、預付款項保證與進度分期付款擔保。

銀行提供的雜項服務包括扮演出口行與保兌商行的角色，與協助以物易物與對銷貿易。

第十章

歐洲經濟與貨幣聯盟

前言

全球正漸漸地整合成一個巨大的市場-全面的解除管制、人為貿易障礙的瓦解、現代化的通訊都有其貢獻。

全球化的最佳例子當然就是歐洲經濟與貨幣聯盟（Economic and Monetary Union EMU）。十一個國家，總人口2億9200萬人，接受單一貨幣與央行。當EMU區域漸漸地變成單一市場時，國界變的不重要。從許多角度來看，EMU都是現代最重要的政治與經濟發展。因此本章將更仔細地研究此現象。

我們一開始先解釋歐盟的歷史並討論其架構，接著思考過去的貨幣聯盟與EMU的歷史，尤其是EMU的新架構。

接下來討論EMU的目標。為什麼創造EMU呢？可以帶來什麼好處？面臨的問題為何？此時我們將思考EMU在各方面對證券市場的影響（實際與預期的）。

歐洲還有一個國家尚未成為會員，那就是英國，該國對此目前有著激烈的爭論。

最後我們將研究支持與反對英國加入EMU的論點（我們試圖不激怒任何人！）

歐盟歷史

早期歷史

大部分的人相信成立歐盟的動力來自於1945年的戰後時期。答案雖

然正確，但這個概念其實由來已久。歷史上有數個人，從羅馬到查理曼帝國到拿破崙，都想要藉武力把歐洲統一起來。後來的想法演變成維持和平，同時提供抵禦外侮的力量。

和平的確是英國國教派信徒，William Penn，心中所想的，他在1693年提議組成歐洲國會並結束國家狀態。Jeremy Benham也支持歐洲國會的構想，盧梭甚至希望成立歐洲聯邦。

在1814年，Henri Saint-Simon實際擬出了一份歐洲君主、政府與議會的詳細計畫。他創造了「歐洲合眾國（the United States of Europe）」一詞，這個用語在18世紀稍候被Victor Hugo在1849年的巴黎和平會議中使用。

當時這些人身處於政治的外圍，幾乎沒有任何影響力。

1923年開始有較重要的動作，該年由一名奧地利貴族，Richard Coudenhove-Kalergi，成立了「泛歐洲聯盟（Pan-European Union）」。他提倡歐洲聯邦，更重要的是，他吸引了數名年輕的政治家，這些人後來有能力造成相當的影響力，包括了Konrad Adenauer、Georges Pompidou與Carlos Sforza。

其主要目標（和今天一樣）是在全球的經濟市場中更具競爭力。有趣的是，從來就沒人認為英國會加入。雖然這個想法得到普遍的支持，但卻沒有實際的成果。

1945年

在1945年以後，情況改變了。歐洲在100年內被三次大戰所摧殘。一般皆認為國家型態沒有未來，同時也察覺到歐洲積弱的經濟、美國的領先和對俄羅斯及共產主義的恐懼。

在1948年，成立了歐洲經濟合作組織（Organisation of European Economic Co-operation，OEEC）監督美援的分配。設有部長理事會

（Council of Ministers），每個國家有一席，需要全體一致同意才能做出決
策。在1949年全面的貶值後，OEEC在1950年成立了歐洲付款協會
（European Payments Union），作為歐洲境內貿易與付款的中央銀行。

OEEC並不是統一的基礎，沒有政治含意，經濟力量也有限，但仍
然是歐洲統一的重要指標。在1960年，OEEC變成今日所知的經濟合作
暨開發組織（OECD），成員還包括美國與加拿大，日本於1964年加入。

歐洲政務委員會

在1947年，成立歐洲整合運動委員會，並且於1948年5月在海地舉辦
歐洲代表大會（Congress of Europe）。來自16個國家的數百名議會代表
出席。議會代表希望成立歐洲立法機構與歐洲法庭。因此產生了歐洲運
動，人民開始討論，政客們也感受到壓力。

因為英國在戰時的獨特地位（未被德軍佔領），許多人要求他們成為
領導人，但被拒絕。艾德禮（1945-51年間的英國首相）政府因為實施社
會主義經濟，本身就有處理不完的問題。

不過歐洲立法機構的想法，得到許多支持歐洲運動的政治人物支
持，著名的有比利時的Paul-Henri Spaak與法國的外相舒曼（Robert
Schuman）。

在1949年5月，各國代表同意在史特拉斯堡（位於法國東北）成立歐
洲政務委員會（Council of Europe），以達成會員國之間更大的統一，目
的是保護與實現會員國共有傳統之理想與原則，並且促進經濟與社會進
步。

歐洲政務委員會在1949年8月與部長委員會、諮詢立法局開會，之後
每年開會兩次。Paul-Henri Spaak是第一任主席。

沒有任何積極的歐洲整合動作發生，部長委員會與立法局常常爭個
沒完沒了。儘管如此，議會在人權方面卻貢獻良多，並且在1959年成立

了歐洲法院（European Court of Justice）。同時也努力協調運輸、航空與農業等政策。歐洲人還是努力地想要統一。

歐洲煤礦與鋼鐵聯盟

在1950年5月，法國外相舒曼提出舒曼計畫（Schuman Plan），提議集中煤礦與鋼鐵資源，置於共同的最高管理公署之下，開放各個國家共同參與，逐步消除貿易障礙。

此處最重要的是政治方面的誘因。一般皆認為西歐的穩定與安全來自法國與德國的合作。的確，最初的提議是集合法國與德國的煤礦及鋼鐵，之後才開放給其他國家加入（無獨有偶的，歐洲政務委員會之前也提出類似的建議）。這也被視為政治整合的第一步。

法國經濟計畫總署署長莫內（Jean Monnet）草擬詳細的計畫。

成立歐洲煤礦與鋼鐵聯盟（the European Coal and Steel Community, ECSC）的巴黎條約於1951年4月簽署，送交各國國會批准又花了一年。成員有法國與西德、義大利、荷蘭、比利時與盧森堡-也就是共同市場的六大元老。雖然英國的艾德禮政府在1951年輸掉了選舉，不過邱吉爾領導的新政府對於ECSC卻沒那麼熱衷，讓許多全心投入的歐洲人很失望。

過去致力於創造歐洲共同未來的人，現在變成了當權者—法國的舒曼與莫內、德國的Adenauer、義大利的de Gasperi、比利時的Spaak與盧森堡的Beck。

英國人常常談論著EMU背後的真正意圖，也就是某種型式的政治聯邦。當然，在英國一些支持歐洲運動的人對於這一點是輕描淡寫，但這個意圖卻是非常的公開。ECSC的創辦人希望促進經濟擴張、就業成長與提升生活水準。不過政治誘因也很明顯—為了要監視德國以減少戰爭風險，與最終形成政治聯邦。舒曼宣言開宗明義地說，「歐洲必須以聯邦的基礎來組織」，而且「這是歐洲聯邦的第一步」。但這不代表一般人期

待這種改變,而是被擁有此念頭的政治領導人帶領著。

莫內是ECSC的第一任主席。設有由78名會員組成的共同議會、部長理事會與新的最高管理公署（High Authority）,其超越國家的權力,使得各國議會在通過此條約前有相當大的爭論。最高管理公署在1952年召開第一次會議。

條條道路通羅馬

ECSC並不是全面的成功,但在解除貿易不平等與限制方面貢獻良多。雖然沒有達成任何政治上的進展,但卻開始了由歐洲共同決定重大事件的決策過程。

然而,不論一些政治人物有什麼雄心壯志,歐洲還沒準備好接受政治統一。在1952年5月曾經簽訂條款成立歐洲防禦共同體,但法國的議會卻在1954年8月駁回-法國仍然非常擔心德國的重新武裝。

ECSC開始與OEEC與歐洲政務委員會討論在運輸、農業、醫療、郵政服務與通訊方面合作。然而,六大元老國漸漸地覺得一堆個別的組織無法促成統一,應該由一個單一組織負責經濟的統合。

形成共同市場的想法在1950年代中期得到支持,六大元老國的外相在1955年中,於義大利的梅西拿開會,推動創新的改革。他們同意成立一個委員會,由Paul-Henri Spaak領導,回報具體提議。Spaak的報告於1956年3月在ECSC共同會議中討論,在5月得到六大元老國外相的同意。Spaak委員會接著便起草兩份條約——一個是歐洲經濟共同體（European Economic Community, EEC）,一個是歐洲原子能共同體。六大元老國明確地向其他國,尤其是英國,表示歡迎加入。在1957年3月,在羅馬簽訂這兩個條約。原子能的提案變成「歐洲原子能聯盟（Euratom）」,這項提議失敗了。不過EEC的境遇卻大不相同!

歐洲經濟共同體

到了1957年12月，有六個國家同意羅馬條約，1958年3月於法國東部的史特拉斯堡舉行首次的會議。選出的第一任主席是舒曼。看好農產品出口潛力的法國，與看好工業商品出口潛力的德國，都相當支持。

條約共有248項條文，還有四個附冊、十三項協定、四個慣例與九個宣言。強調一會員國的問題是整個共同體的問題。條約存續的期間無限制，而且不可撤銷。

主要的目的是經濟方面-成立共同市場；結束價格固定、傾銷、不公平的補助；確定自由競爭。但背後卻是政治動機。條約的前言敘述了「這是歐洲更緊密結合的開始」。歐洲執行委員會（European Commission）的第一任主席，Walter Hallstein，便說，「我們不是整合經濟，而是整合政策」。在1964年，Paul-Henri Spaak告訴歐洲議會，「起草羅馬條約的人，並不將其視為經濟整合，而是將其視為政治聯盟的開始」。這就是背後的動機。

成為EEC的會員，意味著承諾資本與勞工的自由移動、共同投資政策與社會福利政策的協調。成立了三個基金，歐洲社會基金、歐洲投資銀行與歐洲發展基金。

下節將討論EEC的常設組織。

在1965年，執委會合併了ECSC與Euratom中職務相同的單位。

在接下來的十到十一年間繼續朝共同市場邁進。在1968年開始關稅聯盟，只有單一的對外關稅，廢除所有內部關稅。1968年也開始了共同農業政策。

1960年代是決定共同體未來走向最重要的時刻。相關議題的有EEC擴大接受其他會員，以及執委會權限的問題。

更多會員

愛爾蘭、丹麥、英國與挪威在1961年正式申請加入EEC。但是由戴
高樂領導的法國政府卻在1963年與1967年兩次否決英國的加入案。不過
讓法國的伙伴們特別生氣的是，戴高樂1963年的否決是在記者會中宣
布，並未事先與其他政府商談。

1969年於海牙舉辦的高峰會，同意了擴張的原則，和愛爾蘭、丹
麥、英國與挪威重新開始討論。在1972年簽訂條約，但是挪威的公民投
票卻否決了此構想，其他三國在1973年加入。六大元老現在變成了九
個。希臘於1981年加入，西班牙與葡萄牙於1986年。九國變成了十二
國。最後，瑞典、奧地利與芬蘭於1985年1月加入，成為今日所見的十五
國。

戴高樂僵局

除了戴高樂對於新成員加入的意見以外，法國在1960年代中期對於
EEC整體權限的問題與其他會員國有更嚴重的衝突。柴契爾夫人不是第
一個質疑執委會權力的人。戴高樂這個同樣重要的人，也提出質疑。

在1965年，在Walter Hallstein領導下的歐洲執行委員會，提議EEC
應該有獨立的收入來源與預算（而不是由各國財政部捐助）。同時也建議
歐洲議會應該有更大的權力，特別是控制預算的權力。第三個建議是建
立一個較為正式的農業政策。戴高樂支持農業政策，但不喜歡前兩個建
議。因為前兩個建議將造成EEC超越國家的權限，因此他極力地反對。

此時共同體面臨成立以來最大的危機。戴高樂批評執委會的權限犧
牲了會員國政府的權力。此時聯邦歐洲對他的吸引力，甚至比不上對柴
契爾的吸引力！更糟的是，羅馬條約決定在1966年1月後，將大部分提案

的投票轉換成多數決投票。戴高樂完全地反對這一點。法國抵制了部長理事會七個月。但是這也使得法國期盼的農業政策毫無進展。因此必須找到折衷點。

1966年1月在盧森堡，六大元老國同意如果會員國覺得重大利益受到威脅，可以執行否決權。因此，多數決投票是法律上的，而不是實際上的。執委會也同意將和部長理事會有更緊密地諮詢，並且在任何新議案提出時告知各國政府。

1969年的海牙會議更爲積極。通過了共同農業政策（CAP）的融資提案（共同農業政策終於在1968年通過了）以及歐洲議會的預算權。歐洲議會也開始規劃直接選舉，並且在1979年開始實施。

海牙會議也同意貨幣聯盟的原則，並且將於1980年前達成。我們將在下一節的EMU歷史再詳細討論。

歐洲高峰會

各國政府的領袖定期地開會討論影響EEC的議題。領袖會議在1974年予以制度化，稱爲「歐洲高峰會（European Council）」。主要負責解決爭端、設定新目標與決定未來進展。不屬於羅馬條約，因此不受歐洲法院的限制。

關於EEC是否成爲更爲政治的聯盟之問題，在70年代末期、80年代初期排進議程。其中還包括多數決投票的爭論。1983年6月的歐洲高峰會，產生了一個相當奇特的「歐洲聯盟神聖宣言」。高峰會認爲自己對於歐洲的建設負有政治責任。話說的雖然好聽，但沒有眞正的行動。

不過，1984年6月在米蘭舉行的歐洲高峰會，決定召開政府間會議，討論EEC的未來與多數決投票的問題。其提議送交給1984年12月的歐洲高峰會討論，產生了單一歐洲法案。

單一歐洲法案

單一歐洲法案（Single European Act, SEA）設定了在1992年底產生
單一內部市場的目標。企圖掃除任何妨礙單一競爭市場產生的障礙。此
外還決定EEC的新決策模式與立法過程，擴大範圍至外交政策與一些國
防決策。

不過，單一市場的經濟目標涉及了租稅、法律、會計、國家標準、
社會福利與國界的問題。換句話說，我們又回到了政治問題。

對於否決權的問題，眾人同意否決權適用於新成員的加入與新政策
的基本原則。

新政策的實際實施將受到條件多數決的限制，需得到部長理事會76
票中54張同意票。這是非常重要的改變，並且得到極度反對歐洲化的柴
契爾的支持。

歐洲議會的改革並不如眾人的預期。即使部長理事會以條件多數決
同意提案，議會還是可以修正或是拒絕提案。部長理事會需要全體一致
同意，才能推翻議會的決定-非常重要、但不怎麼令人滿意的改變。

最後，SEA主張會員國應該共同決定歐洲的外交政策與防禦議題。

在一番折騰後，各國立法機構終於在1987年通過SEA。

歐洲自由貿易區

在1950年代末期，英國提出了成為EEC正式會員的另一個選擇，在
共同體境內形成自由貿易區。當此提議失敗後，英國便與奧地利、丹
麥、挪威、葡萄牙、瑞典與瑞士組成歐洲自由貿易區（European Free
Area, EFTA）。其目標是逐步減少，最終完全消除成員國之間工業產品的
關稅，水產業與農業另訂有特殊條款。EFTA在1960年5月推動，不過它

不像EEC那麼有野心，EFTA如其名就只是自由貿易區而已。

在單一市場即將來臨時（1992年以後），許多EFTA的成員擔心EFTA的未來。特別是奧地利決定無論如何都要加入EEC。因此，EFTA與EEC（現在稱為歐洲共同體，EC）討論歐洲經濟區（EEA）的問題。雙方在1991年10月達成協議。基本上，EEA是沒有內部關稅的大型自由貿易區，但對外關稅並未統一。例如，EFTA國家不一定必須接受共同農業政策（當時，丹麥、葡萄牙與英國是EC的成員，但非EC成員的冰島也加入了EFTA）。EEA於1993年成立，但相當不實際。瑞士在1992年12月的公民投票中否決此想法，而除了冰島以外的所有國家，都已經申請或即將申請成為EC的正式會員。

馬斯垂克與阿姆斯特丹條約

1991年12月在馬斯垂克所做的最重要決策是關於貨幣聯盟，因此將於本章稍後討論。不過，許多人未留意到此條約可以分成兩個部分-經濟與貨幣聯盟，以及政治聯盟。我們現在討論政治聯盟。

馬斯垂克條約的政治部分，決定了：

❏ 政府間的外交與安全政策
❏ 「歐洲公民（European citizenship）」的概念
❏ 輔助原則的重要角色
❏ 新的「社會政策」（英國決定不參加）
❏ 增加議會的權力，在特定議題可以和部長理事會共同會商
❏ 司法與域內事件的政府間合作架構

沒有什麼重大的改變。

馬斯垂克條約的缺點，由1997年簽訂的阿姆斯特丹條約修正。阿姆斯特丹條約與馬斯垂克條約不同，只關切政治議題。重點為：

- ❑ 保障人權，侵害人權的國家將遭到懲罰
- ❑ 政治庇護、簽證、移民與國境控制將逐步的適用共同規則
- ❑ 允許英國與愛爾蘭不參加上述兩項條款
- ❑ 歐洲議會與部長理事會可以共同決定事項的範圍，較馬斯垂克大幅擴張
- ❑ 給予執委會主席在挑選執委會委員時更大的權限
- ❑ 廣為宣傳EU高就業率的目標
- ❑ 指定一最高代表（High Representative）代表聯盟的對外政策

阿姆斯特丹條約自1999年3月生效。

EC（現在稱為歐洲聯盟，EU）後來的發展都是關於EMU。不過，在我們研究EMU之前，我們應該先看看EU的架構和過去貨幣聯盟的歷史。

歐盟架構

歐洲高峰會

這其實不太像是歐盟的機構。從過去，就常常召開政府領袖的高峰會議以解決基本問題。在1974年9月於巴黎召開的高峰會，決定將這些會議稱為「歐洲高峰會（European Council）」（別和歐洲政務委員會『Council of Europe』搞混了！）。由各國政府領袖與執委會主席組成。一年開會三次的決定在1985年被修改成一年兩次；高峰會主席每六個月由歐盟成員國輪流擔任。這當然沒有出現在羅馬條約中。

部長理事會

這是代表15個會員國的主要政治機構，制訂策略性決策，讓執委會草擬必要的說明。在某些議題上，每個國家都有否決權。

歐洲執行委員會

可說是歐盟的民政服務機構，爲常設的職務。執委會主席（現任主席爲Romano Prodi）由部長理事會任命。主席再決定19名委員，通常會讓每個國家得到公平的安排。委員的挑選需要經過議會的許可。執委會針對總體經濟議題提供建議並且監督會員國的表現。

歐洲議會

這當然要經過選舉。其權限直到最近才稍微開放，招致歐盟不夠民主的批評。不過，馬斯垂克條款（1991年）與阿姆斯特丹條款（1997年）均擴充其權限。在1999年3月，雖然對部分執行委員不適任與詐欺的正式譴責案未通過，卻使得執行委員被迫全體請辭，包括主席Jacques Santer。這項重大的改變被認爲是議會成立以來的轉捩點。

議會的權限如下：

❑ 馬斯垂克條款給予議會在15個領域內可以和部長理事會共同決定的權力。阿姆斯特丹條款又增加至38個領域。不過租稅、農業與EMU本身除外。在這38個領域中，議會可以修改執委會提出的議案，可以多數決或是與理事會協議退回執委會的議案。

❑ 有權修改執委會提出的預算案，也可以批准（或退回）執委會的

預算動用。

❑ 有權批准或反對執委會主席和委員的提名。也可以通過對委員的
　譴責案。

❑ 有權批准任何外交條款。

經濟與財政委員會

此機構取代了過去的歐盟貨幣委員會。是總體經濟政策的主要討論
廣場，並且負責制訂經濟方針。15個國家的財政部長每月開會一次。由
財政部長、各國央行代表、與兩名執行委員共同準備會議議程。此機構
稱為經濟與財政委員會（Economic and Financial Committee，Ecofin）。
當議題主要是關於EMU的11個會員國時，便由11國的財政部長組成小型
的Ecofin，俗稱「Euro-X」。它在政治上是個燙手山芋。英國抵制，但法
國卻大力地支持（真是令人意外！！）

歐洲央行

（雖然歐洲央行的成立是形成經濟與貨幣聯盟的一部份，不過我們在
這裡與歐盟的主要機構一併討論。理論上，歐洲央行系統包括四個非
EMU會員的國家。）

此處使用的名稱至少有三個。歐洲央行（the Europen Central Bank,
ECB），也就是由15家國家央行（National Central Bank, NCBS）組成所
謂的歐洲央行體系（the European System of Central Bank ESCB）。注意
ECSB包含了四個不屬於EMU的國家。不過，他們不會參與關於歐元的
單一貨幣決策與相關政策的實施。然而，ECB的管理理事會為了避免困
擾，為11家NCB提出了第三個歐洲央行的名稱—歐元系統（Eurosystem）

。不幸的是，這又產生了更多的困擾，既使專業的刊物也不會留意其間的差異。

有兩個決策機構：

□ **管理理事會（Governing Council）** 是最高決策機構，成員包括ECB和11家NCB，也就是歐元系統。理事會制訂準則與決策，以確保歐元系統託付任務的執行。它也制訂歐盟的貨幣政策─貨幣目標、利率與準備金。

□ **執行董事會（Executive Board）** 由總裁、副總裁與四名其他成員所組成。由11個會員國的政府與議會及管理理事會討論後，在歐盟理事會推薦的名單中指派。董事會的主要責任是準備管理理事會的會議、實施理事會決定的貨幣政策以及向ECB負責。

總裁與副總裁的任期最少五年，其他四名則至少八年，不可續任。（為了避免所有人同時卸任，因此期間會錯開。）最初六人為：

□ 總裁─杜森伯格（荷蘭）
□ 副總裁─Christian Moyer（法國）
□ Otmar Issing（德國）
□ Tomasso Padoa Schioppa（義大利）
□ Eugenio Domingo Solas（西班牙）
□ Sirrka Hamalainen（芬蘭）

（對於杜森伯格行為不當的指控，使他口頭承諾將在四年後辭職，讓位給法國央行總裁特里薛管理八年。不過後來杜森伯格又改口說，我不一定會走！這整件事讓人很難對EMU的未來充滿信心。）

歐元系統的基本任務為：

□ 定義與實施貨幣政策
□ 進行外匯操作

    ❏ 管理外匯準備金

    ❏ 促進會員系統的順利運作

　　馬斯垂克條約規定歐洲央行的首要目標是價格穩定。同時要求ECB支援共同體的整體經濟政策，但不能損及價格穩定的目標。銀行本身決定價格穩定的定義。

　　ECB決定貨幣政策將基於最大不超過2%的通膨數字，以及包括如貨幣供給等的經濟指標。通膨是根據新調整的消費者價格指數（Harmonised index of Consumer Prices HICP）。使用的商品與服務種類較各國指標使用的為少，並且根據幾何平均而非算術平均，因此減少少數價格波動造成的劇烈影響。（在英國，HICP產生的通膨數字，通常比當地的零售物價指數少1%。）

　　會員國的所有銀行都會在該國央行存入法定負債的2%。ECB持有的整體黃金與外匯準備金中，黃金佔了15%。

　　整體系統是分權的，如第六章討論的。ECB設定三個利率-固定利率招標或附買回利率、邊際放款利率，與央行付給存款的利率。（這三個利率最初分別是4.5%、3%與2%）。11家央行舉辦固定利率招標，也從事ECB要求的任何外匯交易。

　　貨幣系統類似於德國央行的貨幣系統，顯示德國對於最終決策的重要影響力，還有讓德國大眾同意縮減萬能德國央行權限的必要。如德洛斯所言，「德國人不全都信上帝，但他們都相信德國央行」。

　　儘管如此，歐元系統在許多方面都遭到批評。

　　一開始，這是全球最獨立、最不可思議的中央銀行。在美國，聯邦準備局理事會主席每三個月就要到國會報到一次，同時也瞭解政客們有能力修改法律。同樣的，聯邦公開市場操作委員會必須提供會議記錄。在德國，與德國央行相關的法案必須得到國會的絕對多數才能修改。

　　歐元大陸沒有美國的限制，不過ECB必須回答歐洲議會的疑問，並

且要出版季報與年報。馬斯垂克條約明文禁止歐洲央行、各國央行、或其他任何決策機構「接受共同市場的機構或組織、或任何會員國的政府、或其他任何組織的指示」。條約的任何修訂需要15國的一致同意。此外，杜森伯格表示在12年內都拒絕出版會議記錄。

系統是相當分權的。ECB決定基本利率，但附買回由11個央行執行，他們也同時進行外匯干預。

管理貨幣已自銀行監督中劃分出來。不論如何，11個會員國只有兩個國家之監督權在央行手中。在投票方面，11個央行擁有11個投票權，相較於執行董事會的六票。這會不會造成緊張的態勢？

ECB也扮演最終貸方的角色。但多邊監督卻是艱難的挑戰（BCCI就是活生生的例子）。如果危機發生，屬於償債問題還是流動性問題？假設是跨國界的合併案，例如BNP與巴克利，而銀行發生問題-誰來出面解救呢？

法國特別擔心對ECB缺少控制，急著想要創造一些監督經濟委員會。但卻得不到支持。央行開始有了自信。每月出版完整的月報，並且反抗德國前任財政部長，Oskar Lafontaine，降低利率以刺激就業的要求-央行贏了、財政部長輸了。儘管如此，魯汶大學的經濟學教授，Paul de Grauwe，仍認為ECB的設計有瑕疵，需要改變。他在1998年11月12號的金融時報中說道，「如果不改變的話，將危及歐洲經濟與貨幣聯盟的計畫。」我們將拭目以待。

我們應該僅記Milton Friedman對於央行的評論。他認為央行有兩個基本目標：一方面要避免責任，另一方面要使眾人信服。

歐洲法院

成立目的是解釋羅馬條約與確定EEC機構與會員國履行條約中的義務。最初，法院有六個法官，每個國家一個，由部長理事會選出第七

個。

　法院逐步地建立案例法，並且確認了共同體的法律在許多方面都優先於各國的法律。

貨幣聯盟歷史

　貨幣聯盟有許多先例，特別是在上一個世紀，種類不同，成因也不同。

政權帝國

　最明顯的例子，是如羅馬帝國、大英帝國、奧地利-匈牙利帝國與蘇聯等政權帝國的存在。不過當帝國分崩離析時，貨幣聯盟便瓦解。新獨立的地區因為三個原因想要自己的貨幣：(a)政權象徵；(b)透過利率與匯率改變，影響經濟活動的能力；(c)阻隔外匯對貨幣的直接影響。

政治統一

　另一個例子是政治統一。這也是通常能存活下來的統一方式-如德國、義大利與美國，美國在1913年終於建立聯邦準備局。

志願聯盟

　還有志願的貨幣聯盟，拉丁貨幣聯盟（1865-1926年）由法國、義大利、比利時、希臘與瑞士共同組成。不過，各個國家仍維持自己的貨幣，和其他貨幣保持固定匯率。英國在1869年的Gladstone政府，曾嚴肅

地思考加入聯盟，但最後還是放棄了。有趣的是，當時使用的硬幣有一面是共通的，另一面是各國的標誌（就像現在的EMU）。不過，因爲沒有央行，使得希臘與義大利大量印製鈔票。法國境內就出現了50種法定貨幣。系統的過度彈性，造成了1926年的瓦解。

另一個類似的聯盟是由挪威、丹麥與瑞典組成的斯堪地維亞貨幣聯盟（1873-1920年）。受益於較爲穩定的政治與經濟環境，但因爲匯率的波動，再加上黃金本位制於1914年停用，使得聯盟於1920年瓦解。

小型聯盟

魯汶大學的Paul de Grauwe認爲「過去的貨幣聯盟，都不是因爲體認到聯盟帶來的經濟利益，都是政治目標導致的。」這段評論似乎過於武斷。拉丁貨幣聯盟的結合相當緊密，但政治動機卻非常薄弱。

經濟前景促使一些小型聯盟的形成。例如比利時-盧森堡聯盟（1923年），以及由過去法國屬地所組成的西非CFA法郎區。聯盟雖然很小，但卻存活下來了。

看看存活下來的大型聯盟-德國、義大利與美國-政治聯盟是最重要的因素，許多人相信EMU最終也會如此。

成立歐洲經濟與貨幣聯盟

Werner報告

早在1962年，歐洲委員會就開始討論以單一貨幣結合六大元老國的提議。不過沒什麼進步，直到1969年Willy Brandt重新修正這些計畫。

1970年的Werner報告繼續此主題,建議在1980年以前改變至單一貨幣。1971年的歐洲國家領袖會議核准此報告,但1971/72年布雷頓森林系統的瓦解暫停了發展。1972年建立了蛇形匯率波動,歐洲貨幣以德國馬克為基準,上下可以有2¼%的波動。但蛇形匯率波動成效不佳,特別是1973年底的油價暴漲。英國在1972年5月加入,六個月後退出。法國和義大利都分別加入與退出兩次。下一步就是歐洲貨幣系統(EMS)。

歐洲貨幣系統

成立於1979年3月,有三大要素:

- ❑ 匯率機制(ERM)
- ❑ 歐洲貨幣單位(ECU)
- ❑ 歐洲貨幣合作基金

ERM是蛇形匯率波動的後繼者。這次允許兩種波動範圍- ±2¼%的小區間與±6%的大區間。先建立各貨幣之間的目標匯率,然後定期調整。如果匯率接近上下限,相關央行便會買賣貨幣,或者調整利率,也可以向其他央行借用貨幣以捍衛匯率。到了1992年,歐盟的12個會員國中,希臘不是ERM的成員,英國、西班牙與葡萄牙是大區間的成員,其他八個是小區間的成員。

歐洲貨幣單位(ecu)的計算,是透過所有歐洲貨幣(不只是ERM中的貨幣)的加權。ecu產生了共同的會計單位,使用於所有的歐盟統計數字、一些貨幣交易、歐洲境內屬於公共部門的國際交易,同時也是一些國庫票券與債券(公債與公司債)的計價單位。歐洲貨幣單位的構想明確地建立了未來單一貨幣的基礎。如果ERM所有會員國都可以穩定地改變成小區間的固定匯率,那麼就可以更輕易地過渡至單一貨幣。

歐洲貨幣合作基金其實是在Werner報告後建立的,但直到EMS後才

真正開始運作。歐盟所有會員國以20％的黃金與外匯準備金換取ecu。資金存在巴塞爾的BIS。這就是官方ecu，相較於國庫券與債券所使用的私人ecu。這個集中的資金，只能用於EMS央行與指定的貨幣機構之間的交易。因為ERM的規則，央行必須干預市場，在此體制內可以動用無限制的信用額度。除此之外，ecu在日常生活中幾乎沒有任何用處。

匯率機制改變

在1992年9月，一般皆認為應該調整ERM，因為英鎊和里拉都被高估了，因此造成許多紛擾。當西班牙幣（比塞塔）、葡萄牙幣（埃斯庫多）開始貶值時，英國和義大利退出ERM。1993年7月又有進一步的紛擾，法郎和其他貨幣受到攻擊。在8月初，決定將區間放寬至±15％（不過德國馬克/荷蘭盾還是維持±2 1/4％）。

德洛爾計畫

歐洲最終的目標是經濟與貨幣聯盟（EMU）。1989年由歐洲執委會主席德洛爾集合各國央行草擬了藍圖，因此稱為「德洛爾計畫」。設定了成立EMU的三個階段：

❑ ERM的所有成員；沒有外匯控制；達成金融服務單一市場的目標
❑ 成立歐洲央行體系（ESCB）
❑ 鎖定匯率；由ESCB控制貨幣政策；最後形成單一的貨幣

馬斯垂克條約

1989年中的馬德里歐盟高峰會大力支持這份藍圖，決定1990年中為

第一階段的開始。1990年12月開始的政府間會議進一步地討論各項事宜，同時準備將於1991年12月於馬斯垂克簽訂的條約。馬斯垂克高峰會決定歐洲貨幣聯盟的時間表如下：

❑ 在1996年底，如果最少已有七個國家達成一致化標準（稍後解釋），那麼將於1997年決定是否成立EMU

❑ 至1999年爲止，只要有兩個國家達成一致化標準，就成立EMU

❑ 在成立EMU前六個月，需先成立歐洲央行，但是在歐洲央行成立前，需先於1994年成立「歐洲貨幣機構（EMI）」以協調政策

❑ 特別條款允許英國不採用單一貨幣，而丹麥將等1992年6月舉辦公民投票後再決定

❑ 一致化標準爲：

　　(a)會員國之通膨率不得超過前一年通膨率最低的三個會員國之平均值的1.5%。

　　(b)會員國的長期利率不得超過前一年利率最低的三個會員國之平均利率的2%。

　　(c)會員國之匯率在過去兩年內，均維持在ERM訂定之2.25%區間之內而且未曾貶值。

　　(d)會員國政府預算赤字佔GDP的比例不得超過3%，會員國的公債也不得超過GDP之60%。

　　1992年6月丹麥的公投否決了馬斯垂克條約。儘管如此，其他國家仍決定繼續遊說其國會通過此條約。1992年9月的法國公投，以小幅差距通過了此條約，德國的國會在12月通過此條約，雖然德國憲法法院提出質疑。最後在讓步後，丹麥在1993年5月的新公民投票中接受此條約。

　　新的歐洲貨幣機構（EMI）於1994年1月，在法蘭克福開始運作。瑞典、芬蘭與奧地利在1995年1月1日加入共同體，而奧地利同時加入ERM。稍後芬蘭也加入，義大利於1996年11月重新加入。希臘於1998年

初加入。

　　EMI在1995年11月為貨幣聯盟制訂更具體的計畫：

1/1 1999　　貨幣聯盟的起點，鎖定匯率。

1/1 2002　　新鈔票與硬幣問世。

1/7 2002　　新貨幣成為法定貨幣。

　　12月的馬德里會議決定新貨幣的名稱為「歐元，euro」（不再使用ecu）。1998年5月召開的會議將決定1999年1月1日鎖定的匯率，同時也決定哪些國家加入貨幣聯盟。

歐洲經濟與貨幣聯盟開始

　　加入EMU的國家應該符合上述的馬斯垂克標準。但主要的候選人，比利時與義大利，其國債/GDP的比率都超過100%。預算赤字／GDP3%的比率，是根據1997年的數字。許多國家使用創意十足的會計方法，讓這個比率低於3%。但是因為組成EMU的政治動機相當強，因此這些問題都被刻意忽略了。系統在1999年1月如預期地開始了，11個成員國為奧地利、比利時、芬蘭、法國、德國、愛爾蘭、義大利、盧森堡、荷蘭、葡萄牙與西班牙。希臘、瑞典與英國未加入。

　　表10.1所示為歐元與歐元區域貨幣的永久固定匯率。

　　因為法國法郎與歐元、以及義大利里拉與歐元的匯率固定，因此只

表10.1　歐元與歐元區域貨幣的匯率

國家		歐元（€）	國家		歐元（€）
奧地利	Sch	13.7603	愛爾蘭	I£	0.787564
比利時／盧森堡	BFr/LFr	40.3399	義大利	L	1936.27
芬蘭	FM	5.94573	荷蘭	Fl	2.20371
法國	FFr	6.55957	葡萄牙	Es	200.482
德國	DM	1.95583	西班牙	Pta	166.386

要一個簡單的乘法就可以得出固定的法郎/里拉匯率，其他歐元區域的貨
幣也是一樣。

2002年1月後紙鈔與硬幣才會問世，但是國內債券、歐洲債券與銀行
同業交易已經開始使用歐元。支票、信用卡或任何不涉及鈔票與硬幣的
交易都可以使用歐元。利率和貨幣政策的控制權在新成立的歐洲央行手
中，如前所述。

馬斯垂克條約制訂的預算赤字／GDP比率目標為3％，但一旦EMU
開始運作後目標有何改變卻未曾提及。「穩定與成長條款」涵蓋了這一
點。EMU已經開啓了ERM II的時代。以下將討論這些主題。

穩定與成長條款

1997年6月的阿姆斯特丹會議討論了如何進一步轉變成歐洲聯盟，產
生了在1999年5月成為法案的新條約。在阿姆斯特丹，各國領袖討論著一
旦EMU開始運作後，如何控制過高的預算赤字的問題。他們同意一致的
財政指導規定以維持政府財政管理的紀律。預算應盡力地維持平衡或小
額剩餘。這麼一來就可以確保即使在衰退期，預算赤字／GDP的比率還
是可以維持在3％以下。健全的政府財政是總體經濟穩定不可或缺的。這
個一致的規定就是「穩定與成長條款」。

根據規定，EU的所有成員都是此條款的一部份，不只是EMU的11個
會員國。所有國家都把預算計畫書送交Ecofin理事會。因此可以及早察
覺問題。只有特殊情況才容許大於3％的赤字，例如GDP下降幅度大於
2％。

對於違反規定者的制裁問題引起許多爭議，德國比其他國家都希望
有更強硬的行動。因此決定Ecofin理事會可以提出修正建議，四個月內
必須做出評估。由條件多數決做成決策，而Ecofin理事會可以實施制裁
—如果不採取有效的行動，那麼存入央行不計息的存款可能變成罰款而

表10.2　國債/GDP比率

國家	比率（%）
義大利	114.6
比利時	114.5
荷蘭	66.0
德國	61.0

來源，ECB月報，1999年5月

被沒收。

　　有些國家仍然不符合馬斯垂克國債／GDP比率低於60%的標準。ECB在1999年5月的公告數字如表10.2所示。

　　諷刺的是，非EMU成員的英國，其比率為46.7%。

　　在1999年4月，ECB強烈警告許多政府正冒著違反預算限制的風險。

　　在此警告過後，穩定與成長條款於1999年5月開始生效。義大利預測的赤字為2.0%，要求允許將此數字提升至2.4%。積弱的經濟成長與高失業率是主因。1999年的GDP原本應有1.5%的成長，但現在看來是不太可能了。Ecofin理事會同意義大利的要求，許多人將此視為不祥徵兆。歐元隨後在外匯市場暴跌。

匯率機制 II

　　在1998年9月1日，歐元系統央行的管理理事會與執行董事會同意ERM後繼者的內文。馬斯垂克條款規定加入EMU的國家，匯率必須維持在ERM小區間內兩年。是否將小區間放寬為±15%的決定引起一陣討論。大部分政府相信維持小幅區間仍然是基本前提。但英國持相反的觀點，認為出乎意料的事件會突然發生。在英國，上次脫離ERM就是因為發生了重大的金融危機，沒人願意提出重新加入的建議。

　　儘管如此，還是定義出所謂的「ERM II」。主要的改變是成員國同

意維持該國貨幣與歐元的匯率在一定區間內。若有必要，11國的央行會出面干預以拉抬貨幣，ECB也會提供貸款給成員國。但必須先使用各國自己的準備金後，才能動用這些貸款。貸款需在三個月內清償，同時有累積借款的上限。

丹麥和希臘接受新規則並且加入了ERM II，這對英國真是個壞消息。丹麥克朗需維持在2$1/4$%的區間內，而希臘幣則是±15%。

下一個會員是誰？

排隊等著加入EU、或許還有EMU的國家有捷克共和國、愛沙尼亞、匈牙利、波蘭、斯洛凡尼亞與希臘，雖然希臘已經是EU的成員但希望可以加入EMU。賽普勒斯也想加入，但是有政治問題-是所有的賽普勒斯都加入還是只有說希臘文的地區呢？這些新會員的時間排程大約是在2002年3月。保加利亞、羅馬尼亞與斯洛伐克也在等待著。

然而，在同意這些國家加入前，EU必須重新處理共同農業政策（CAP）、預算、貧窮區域的支出與投票/決策過程的總體檢。關於CAP，我們必須記住這些國家有很多都是農業密集的。

為了加入EU，各國必須符合會員資格的規則與義務。記錄這些規定的文件就有80,000頁-銀行法、競爭政策、國家援助、獸醫檢查標準等等。各國必須加快公共部門的效率，才能趕緊立法。

各國要做的改變這麼多，EU也要決定如CAP與投票過程的議題，眼前的路似乎還很漫長。

歐洲經濟與貨幣聯盟統計數字

表10.3列出一些有趣的統計數字。

我們可以發現雖然歐元區域相當大，但仍比不上美國、微幅領先日

表10.3　歐元區域的主要特徵

	報告期間	單位	歐元區域	美國	日本
人口	1998年	百萬	292	270	127
GDP（佔全球GDP的比率）	1997年	%	15.0	20.2	7.7
失業率	1998年11月	%	10.8	4.4	4.4
（佔勞動人口的百分比）					
一般政府支出	1998年	% of GDP	49.1	34.5	38.6
社會安全支出	1998年	% of GDP	17.0	9.4	11.1
銀行存款	1997年底	% of GDP	83.9	55.3	98.8
國內證券	1997年底	ecu bn	5,002	11,364	4,015
股市總市值	1998年10月	ecu bn	3,191	9,680	3,301

來源：　ECB 月報，1999年1月

本。美國佔全球GDP的比率較高，而公共部門相形較小。

　　歐元區域的失業率較高（10.8％相較於美國的4.4％），社會安全支出也較高（佔GDP17％，相較於美國的9.4％）。

　　歐洲的公司（日本也是）通常向銀行貸款做爲融資來源，與美國相反，美國的資本市場相當龐大。

　　在歐元區域中，德國、法國與義大利主導市場，佔了整體GDP的74％。單是德國就佔了33％。

付款系統

　　歐元的正式銀行同業付款系統爲TARGET（跨歐洲自動即時總額交割快速轉帳）。在一陣爭執後，TARGET開放給各國央行與非歐元區域國家中即時總額交割（Real Time Gross Settlement, RTGS）系統的參與者使用。這些非歐元的央行在每天早上八點時必須在歐元系統內存有特定金額（例如，英格蘭銀行必須存有30億歐元）。這是爲了確保當日的流動性。

除了TARGET，還可以透過位於巴黎的歐洲銀行協會（EBA）使用歐元交割系統。不過，這不是RTGS而是每日結束時結算淨額（因此比較便宜）。

各國也有交割這些高價值歐元付款的系統-德國的EIL-2V與EAF2、法國的TBF與英國的CHAPS-Euro。因為倫敦是非常龐大的銀行市場，在1999年7月，有15％的TARGET交易來自CHAPS-Euro，儘管英國並不屬於EMU。

歐洲經濟與貨幣聯盟利益

研究了EMU的歷史、現況與數據後，最後就要找出原因。「EMU的目標是什麼？它帶來的好處是什麼？」

這些問題可以區分成經濟與政治面。先看看經濟面。

在人口高達2億9200萬人的區域，由11個國家使用單一貨幣，將使得價格更為透明，貨物在荷蘭的售價不可能高於義大利售價太多。

許多研究將注意力擺在汽車價格的不同。稅前價格差異超過20%。一份由德國Bayerishe地區央行所做的研究顯示奧地利與芬蘭的消費者物價指數，約比德國、法國、比利時與葡萄牙高11%。另一方面，荷蘭、義大利與愛爾蘭的物價又比這些國家低8%，西班牙的物價甚至低了11%。

1999年3月對定價策略所做的KPMG研究，認為許多物價還有非常大的統一空間。對於31項標準消費性商品的價格差異，其中可由銷售稅或關稅解釋的相當小。

1999年6月出版的Dresdner Kleinwort Benson調查認為物價的統一已經開始壓縮利潤。他們指出歐洲的物價，在一般零售、食品、電子與電器設備方面都比美國高。他們研究九個主要歐洲城市的零售價格，相信在兩三年後公司的獲利就會受到影響。

　　如果這些觀點正確，那麼激烈的價格競爭將導致較低的物價與更多的貿易。因爲不用擔心貨幣轉換的問題，生產者現在可以輕易的將生產線移往便宜的地區。高成本國家可能被迫減少稅率，提供更爲彈性的勞動市場。

　　上述都是單一貨幣將使歐元地區成爲眞正的單一市場之論點的一部份。但這是假設單一市場自1993年1月後便存在。但在許多區域，特別是法國，實際情況並非如此。跨越國界賣出的壽險保單有多少呢？會計法律非常不同，跨越國界的銀行與證券交易受到不同規則之限制。租稅絕對無法統一。因爲跨國企業與員工輪調的興盛，退休金計畫的改革非常迫切但卻沒有發生。在1999年6月，西班牙銀行BSCH想要買入葡萄牙金融服務公司，Champalimaud，40%的股權。葡萄牙政府馬上出面禁止。單一市場到底出了什麼問題？同時也需要延宕已久的歐洲公司法，讓公司可以在單一的歐洲法下合併。

　　單靠歐元當然無法解決問題，而且可能產生新的緊急事件。

　　單一貨幣帶來好處的明顯例子，就是進出口商不需買賣外匯而省下的成本。我們在第八章看到即期與遠期交易必須付出的價差，若使用選擇權則必須付出權利金。單一貨幣不只可以節省成本，而且可將歐元地區視爲單一市場，特別是可以加速歐洲的財政運作。可以泛歐洲基礎管理現金，節省貨幣與利率價差，產生更大的效率。

　　公司節省的另一個成本就是資金成本。由統計資料我們發現歐洲比美國更爲依賴銀行貸款，美國較常使用資本市場。例如，在德國，有40％的債券爲公共部門債券，如果考慮Pfandbriefe（地方政府貸款時使用的債券），數字更是接近70％。1997年銀行對企業的放款爲2兆2000萬馬克，公司債只有50億馬克。在歐元開始之前，全歐洲的基金經理人和投資人在從事跨國買賣時，都受到外匯交易風險（有時候是法規）的限制。這些限制現在都不見了。如果歐元區域在債券與股票方面產生了單一市場，那麼募集資金將更爲便宜，對公司是個好消息。

來自Capital Data Bondware的數據顯示1999年上半年國際債券發行額為7870億美元，大於去年同期。其中有85%的計價單位為美元或歐元。同時有跡象顯示，政府債券減少，高收益公司債增加，而公司已經開始使用債券市場做為融資來源。從倍耐力、飛雅特、Lafarge與Telefonica等公司債的發行可見一端。歐洲也越來越複雜，尤其是資產證券化這一方面，請見第六章的討論。

權益證券市場的差異比較大。在第七章我們已經見到了成為泛歐洲股票市場的第一步改變。此外，跨越國界的投資正朝向權益證券與債券。人口因素（退休基金）、股票近年來的優異表現，與歐元都是成因。散戶在許多方面都主導著這些改變。民營化也提供動力，法國推動Crédit Lyonnais上市，之後是愛爾蘭成功的完成電信釋股。隨著個別股東人數的增加，禁止惡意收購的法規也漸漸失效，政府也難以維持多數持股（noyaux durs）以及安全的德國式銀行系統。

一般認為退休基金經理人不會再研究國家，而是研究市場部門。然而，在這裡必須留意，一份由比利時Liège大學所做的研究發現，只有四個市場部門在歐洲有高度相關性─石油、製藥、金融與消費性商品。

當然，基金經理人還有一個基本問題─何謂歐洲？是由11個國家組成的歐洲？還是由15個國家組成的歐洲？還是包括瑞士的歐洲？瑞士擁有兩家歐洲最大製藥公司（Novartis、Roche）、兩家大型銀行（瑞士信貸與UBS）、兩家國際大型保險公司（Swiss RE與蘇黎世金融服務公司）、以及全球最大的食品公司（雀巢）─但它甚至不屬於EU！

有趣的是，如同債券與權益證券，歐元區域的聯合貸款市場也擴大了。我們可以發現大型的收購案會先利用聯合貸款融資（為了速度與保密）。之後便由債券發行所取代。例如Olivetti成功、大膽的收購了義大利電信、Repsol收購了YPF阿根廷、Mannesman自Olivetti收購Omnitel與Infostrada都是從聯合貸款得到融資。

在1999年6月14日的金融時報中，所羅門美邦的葛拉翰·比蕭指出，

「歐洲各地的公司都在合併與重組，主要原因就是單一貨幣」。

如果在未來數年間，歐洲各國可以享有貿易與投資的成長、失業率降低與低通膨，那就可以說EMU在經濟方面成功了。

上述均為經濟利益，但從政治面來看，情況為何呢？

此處有兩種觀點。一方認為不論個人喜不喜歡，若缺少政治上緊密的聯盟，EMU絕對無法成功。另一方則認為政治聯盟不僅是EMU所必要的，而且它本身也是值得的。

第一種看法認為如果因為增值稅，相同的商品在不同的國家有不同的定價，就不可能形成自由市場與完全競爭。

同樣的，如果一些公司繳的稅比其他公司多，如何會有公平的跨國競爭呢？稅賦視利潤的定義而定，為求公平起見，需要有共同的會計標準。最後，公司真的可以只在歐洲法下註冊，不用在11國中的任一國註冊嗎？

共同的稅制、會計標準與法律這些都非常類似政治聯盟。

那些認同歐盟創建者—如舒曼、莫內、Spaak等—則認為如果可以避免戰爭，讓單一歐洲實體帶來公正與和平，政治聯盟就是值得的。

反面意見

研究了EMU帶來的利益與背後的政治含意後，自然地會有人持反面意見。

或許最常見的反面意見是關於ECB的單一利率與匯率「全體適用（one size fits all）」的問題。各國處於經濟循環中不同階段的事實，意味著有些國家需要較高的利率，但同時其他國家需要較低的利率。現在就有一個絕佳的例子。德國與義大利在1999年的GDP估計將成長1.5%，但西班牙與葡萄牙預測將成長3%，冰島則大幅成長7%。在加入EMU之前，愛爾蘭的利率約為6%，但現在則為2.5%—這對他們只是多此一舉。

但德國和義大利卻樂於見到ECB利率由3%降至2.5%。

　　對此的回應之一便是改變財政政策。然而，這又受到穩定與成長條款的限制。如果一國處於衰退期，但因為其他國家經濟擴張因此EMU的利率上揚，就只能透過低稅率與高政府支出來刺激經濟-但各國政府只能在有限範圍內從事這些動作。

　　愛爾蘭有相反的問題─需要較高的租稅來抑制成長，但因為與貿易聯盟的協議所以難以達成。該如何防止歐元在當地產生通貨膨脹呢？

　　當利率走高，處於衰退期的國家可能發現失業率上升到社會無法接受的水準。

　　有些人相信穩定與成長條款造成嚴格的限制。其實在1999年7月中期，由ECB流出的一份報告（呈交給財政部長）便警告政府無法採取足夠的措施防止預算赤字，許多國家可能在2000年1月初期打破3%的規則。央行緊告這會造成金融市場的恐慌，同時測試各國對EMU的政治忠誠度。

　　如果一處處於衰退，另一處卻經歷高度的成長，那麼勞動力將會移動。經濟學者主張貨幣聯盟需要高度的勞動力流動性。美國也是貨幣聯盟。當新英格蘭州繁榮時，德州可能正在衰退。這就是歐元區域面臨的問題。美國有高度的勞動力流動性，歐元區域則不然。歐盟總共有3億7000萬人，其中只有550萬人在另一個國家工作與定居。在德國，從一州搬至另一州就是個嚴肅的決定。歐元區域在此有基本、嚴重的弱點。

　　另一個來自全體適用的問題是，不同的國家，對於利率和匯率的改變反應也不同。例如，在愛爾蘭，有80%的人口擁有自有住宅，變動利率的不動產貸款是最普遍的。利率增加對愛爾蘭消費者的影響便遠大於對德國人的影響。

　　現在看看匯率，對歐元地區以外的出口，佔德國經濟的14%，但是佔比利時與芬蘭的24%，愛爾蘭的44%。

　　上述都更為加深了反對者所謂的ECB與歐元系統之缺點─缺少責任

或任何控制方法；將貨幣管理從監督權區分開來；執行董事會和央行管理者之間的可能競爭；在危機事件時缺少擔任最終貸方的角色。

　　EMU宣稱的一個主要利益是價格的透明化，因此將刺激競爭，帶來更高的效率與較低的價格。不過，反對者指出不同的增值稅與運輸成本之影響。西班牙製造的商品運輸成本較高，在芬蘭的售價當然會高於西班牙或葡萄牙的售價。

　　前述對於定價策略所做的KPMG調查提供了一個極端的例子，鹽。葡萄牙的鹽價是義大利的12倍，荷蘭的3倍。當地的生產量相當小，迫使葡萄牙要進口鹽。另一方面，荷蘭的產量大於消費量。再加上葡萄牙人的鹽份攝取量是歐洲最高的這項事實，引發了不同的國家偏好對價格影響的問題。

　　許多人希望歐元區域是可以和美國與日本抗衡的有力、效率與單一市場。但是，許多人也指出歐洲目前還有尚未克服的嚴重問題。

　　其中之一是因為社會安全成本，雇主負擔了過高的勞工成本。摩根添惠所做的研究，估計美國時薪中有28％為社會成本，在德國則為45％。歐元區域的製造業時薪估計比美國高出12％。另一份研究指出歐洲在資訊科技（IT）的利用遠遠落後美國，西歐在IT的支出只佔GDP的2.26％，相較於美國的4.08％。美國的白領階級勞工平均一百人擁有103部電腦，相較於西歐的52部電腦。

　　歐洲的勞工法比美國嚴格的多，在美國，公司較容易重整與裁員。一般人一開始對這通常很反感，直到他們瞭解這總比公司在全球競爭中落敗後所有人都失業好。在歐元區域開除員工比美國困難多了，但是歐元區域的失業率卻高達10.8％，相較於美國的4.4％。此外，從表10.3我們發現歐元區域的政府支出佔GDP的49.1％，美國只有34.5％。高政府支出等於高稅賦。更糟的是歐洲根本不思改變。義大利無法解決退休金問題，而法國政府目前正實施一週35工時。

　　關於單一貨幣可以增加資本市場效率性的問題，幾乎沒有人會質

疑，而且影響已經開始了。

　　但我們還是需要持保留態度。跨越國界的政府公債市場不再受到外匯風險影響，但還是有流動性的問題。例如，芬蘭的負債/GDP比率較比利時好很多，信用評等也較佳，但芬蘭債券與德國債券的價差為24個基點，跟比利時一樣。這是因為芬蘭的債券發行量較小因此缺少流動性。這告訴我們債券價格不只受到外匯與信用評等的影響。

　　在權益證券市場，位於倫敦和法蘭克福的泛歐洲交易所仍面臨著第七章中描述的關於交易系統、指數與管制的問題。

　　上述許多問題又受到擴張所惡化。或許大部分的國家都希望加入EU後，很快地就可以加入EMU，或許那四個未參加的國家也會加入。由11個國家組成的歐元區域是一件事，由25個或更多國家組成的歐元區域又是另一件事。若不實施多數決就會一直陷於僵局，這是個棘手的問題。如果全體適用對11個國家已經是個大問題，若納入中歐與東歐與波羅的海諸國，問題將更為嚴重。有什麼理由不讓這些國家加入呢？為什麼不考慮前蘇聯共和國呢？此外，將土耳其排除在外純粹是政治考量。

　　有些人認為之前討論的單一市場缺點，特別是金融方面，最終都可以解決，但可能要耗時甚久。我們曾經批評葡萄牙政府試圖阻止西班牙的銀行收購當地金融公司40%的股權。這完全地違反了EU的規則。在1999年7月12日，歐洲執委會要求歐洲法院處理西班牙和義大利拒絕給予其他國家的工程師、建築師與醫生認證的案子。

　　零售銀行業的習慣與批發銀行業不同。Société Générale的主席Daniel.Bouton說，「儲蓄規則與財政法還是阻礙了跨國零售銀行業的活動」。

　　最糟的是，我們看到因為歐元相較於其他貨幣重貶，使得ECB在執行歐元貨幣政策時遭遇嚴重的問題。因為結構僵固性與政府赤字水準上升，使得失業率增加。擴張議題可能無限期地延宕。政治壓力可能導致EMU的瓦解！

　　不過，既使是最糟的情況，EMU也不太可能瓦解。國家一旦放棄了
貨幣，包括鈔票與硬幣，就很難再改回來，既使所有的法律問題都得以
解決。最後，讓EMU緊密結合並解決問題的動力，或許就像是柴契爾容
所言的TINA-There is no Alternative，沒其他選擇了！

英國立場

　　未加入EMU的重要EU國家當然就是英國。我們將簡短地看看正反
的意見。

　　支持加入EMU的論點如下：

- ❑ 匯率的穩定
- ❑ 如果不加入，英國的外資投資將會減少。近年來，歐洲有40%的
  海外直接投資進入了英國。
- ❑ 如果不加入，英國對於歐洲的貨幣與經濟政策的影響力將越來越
  小。法蘭克福將會漁翁得利。ECB已經設在法蘭克福了，LIFFE
  交易所的生意會被EUREX搶走，參考利率也使用euribor而非
  eurolibor。
- ❑ 將帶來外匯交易的存款。
- ❑ 英國的經濟太小了，無法置身事外，會漸漸地喪失影響力與生
  意。
- ❑ 英國應該參與這個令人興奮的歷史事件，在歐洲佔有一席之地。
- ❑ 對於聯邦和政治整合的恐懼被誇大了，因為事實上根本就不可能
  發生。

　　反對加入EMU的論點如下：

- ❑ 匯率的穩定只適用於歐元區域。英鎊和美元、日圓與瑞士法郎之

間的匯率還是不穩定。

❑ 海外投資的決策不只受到貨幣風險的影響—英國的勞動成本低、勞工法具有彈性、租稅較大部分的歐元區域爲低。

❑ 如果加入EMU，英國的GDP只佔歐元區域整體GDP的15%，這就是英國對EMU可能影響的程度了—六分之一。倫敦大部分的貨幣交易都不是英鎊。LIFFE已掌握短期歐元利率大部分的衍生性交易。倫敦佔有全球外匯交易的32%，法蘭克福爲5%，巴黎爲4%。倫敦處理70%的國際債券市場，OTC衍生性商品市場也比歐元區域的大。倫敦集合了許多技術型勞工、低稅率、會計師與律師充足、並且使用英語。

❑ 外匯交易的存款很有用，但只佔GDP的0.5%。

❑ 英國很小，但卻足以獨立於EMU而存活，看看瑞士。

❑ 重大的歷史事件並不一定成功。

❑ EMU需要政治整合才能順利運作。

以下總結了典型的英國佬態度（不論對錯）：

我們也期待有更富有、更自由、更令人滿意的歐洲共同體。但我們有自己的夢想和任務。我們和歐洲並存但不屬於歐洲。我們和歐洲聯繫但不妥協。我們關心歐洲也互相合作，但我們不會被吸納。

這是邱吉爾在1930年於一份美國期刊上所寫的評論。儘管從那之後英國的影響力和勢力都日漸減少，但這仍是現在許多英國人的態度。

摘要

今日的歐洲聯盟之起源，是1952年的歐洲煤礦與鋼鐵聯盟，集合比利時、法國、義大利、盧森堡、荷蘭與西德的煤礦與鋼鐵資源。這六個國家在1957年簽訂了羅馬條約，開始了共同市場與歐洲經濟共同體的概念。其初期組織包括了部長理事會、歐洲執行委員會、歐洲議會與歐洲法院。背後的動機有經濟也有政治目的。

丹麥、愛爾蘭與英國於1973年，希臘於1981年，西班牙與葡萄牙於1986年，奧地利、芬蘭與瑞典於1995年加入，擴大了會員規模。

在1974年，各國首領的定期高峰會變成了歐洲高峰會。現在每年開會兩次，主席由各個國家每六個月輪流擔任。

1987年的單一歐洲法案目標是消除歐洲境內的貿易障礙，並且建立真正有效率、完全競爭的單一市場。

歐洲經濟共同體（EEC）原本的簡稱就是歐洲共同體（EC）。在單一歐洲法案後又改名為歐洲聯盟（EU）。

1970年的Werner報告提出了成為單一貨幣與貨幣聯盟的第一步，建議在1980年以前使用單一貨幣。1970年代的動亂（布雷頓森林系統的瓦解與油價的波動）妨礙了任何進展。

下一步就是1979年的歐洲貨幣系統。決定使用ecu作為共通的記帳單位，還有匯率機制（ERM），將匯率鎖定在目標區間。區間為±2¼%或±6%。到了1990年底，歐洲12個國家中已有11個是會員。

1992年與1993年對ERM貨幣發動的攻擊造成區間調整為±15%（不過荷蘭盾/馬克的匯率維持在±2¼%）。

在1989年，由執委會主席德洛爾提出的報告，設定了成為經濟與貨幣聯盟的步驟。馬斯垂克條約制訂了一致標準，在歐洲中央銀行（ECB）

與經濟與貨幣聯盟（EMU）在1999年開始之前，必須先在1994年成立歐洲貨幣機構（EMI）。後來決定將新貨幣稱為歐元。

EMI隨後制訂詳細的計畫，經濟與貨幣聯盟將於1999年1月1日開始。

最初，歐元使用於銀行同業與批發交易，鈔票與硬幣將於2002年1月1日問世。期間，相關的貨幣均鎖定固定匯率。

有11個國家加入新系統-奧地利、比利時、芬蘭、法國、愛爾蘭、義大利、德國、盧森堡、荷蘭、葡萄牙與西班牙。丹麥、希臘、瑞典與英國仍未加入。

歐洲中央銀行（ECB）於1998年1月開始運作。由六名委員組成執行董事會。和來自會員國的11名代表共同組成管理理事會。ECB加上11名管理者通常稱為歐洲央行系統（ESCB）。然而ECB指出在法律上ESCB應納入選擇不加入EMU的四個國家，ECB偏好使用歐元系統這個名稱。

為了防止過度的預算赤字，簽訂了穩定與成長條約，規定赤字佔GDP比率不得超過3%。

想要加入EMU的國家需要花兩年時間維持著ERM後繼者之狀態，一般稱為ERM II。希臘與丹麥已加入ERM II。

EMU的人口有2億9200萬，相對於美國的2億7000萬人，佔全球GDP的15％，相較於美國的20.2％。

歐元的新銀行同業付款與交割系統稱為TARGET。

EMU的目標是帶來各種利益-可產生更大競爭的價格透明化；完成單一競爭市場的程序；節省外匯交易的成本；藉由更有效率的資本市場，如債券、權益與衍生性商品，減少資金成本。此外，為了讓EMU的運作更良好，創造更強大、更和平的歐洲，還需要更大的政治整合。

然而，反對者批評利率和貨幣全體適用之政策的問題；財政政策可能產生的壓力；缺少勞動力流動性；ECB結構的缺點；因為增值稅與運輸成本因此價格透明不存在的事實；因為高社會成本、僵固的勞動市場

與政府部門過大造成的歐洲弱點。歐元區域的擴張又更惡化了這些問題。

　　未加入EMU的主要EU國家就是英國。

　　在英國支持加入EMU的人，希望這樣可以增加投資英國的資金；享有較低的外匯交易成本；貨幣可以更穩定；同時相信英國若不加入將會失去影響力，倫敦的生意會被法蘭克福搶走。

　　其他人認為若不加入EMU會威脅外資投入的影響被誇大了；省下的外匯成本並不多；還是有相較於美元、日幣與瑞士法郎的匯率波動；同時相信倫敦在金融市場的龍頭地位不受影響。最後，他們相信全體適用的政策不利於英國，同時恐懼更大的政治整合。

全球的金融市場

衍生性金融商品

第十一章

選擇權市場

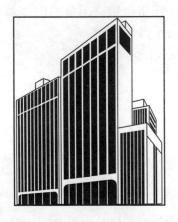

衍生性金融商品

今天在金融市場中成長最快的一個部門，大概就是所謂的衍生性金融商品了，之所以這樣稱呼乃是因為它們是從其他商品衍生而來。用英鎊購買一百萬美元，是一項商品；若擁有一個能依現在約定的匯率在未來購買一百萬美元的權利則稱之為衍生性商品。以浮動匯率借入一百萬美元五年，是一項商品；當利率在五年內超過某一水準，銀行對借款者提供若干補償金額（此項服務收取費用），則稱之為衍生性商品。

在匯率、利率、債券、股票與股價指數的市場中，價格具有波動性的，而當價格具波動性時，就有一些人自認自己知道未來價格的變化，利用個人資金進場交易，我們稱這群人是投機者（speculators）；為了保護自己免於價格波動產生的損失，因而進場交易的人稱為避險者（hedgers）。這兩種人均利用衍生性商品達成目的。有趣的是，一方利用衍生性商品來承擔風險，另一方則是用來規避風險。最後還有一種人，當他們發現價格存在不正常現象時，會利用這個現象尋求獲利機會，稱之為套利者（arbitrageurs）。

因此共有三種人使用衍生性商品：

❑ 投機者
❑ 避險者
❑ 套利者

投機者易於理解，但在研究避險者與套利者之前，得要先解釋一下衍生性商品才行。

在衍生性商品中有兩種主要的商品：選擇權（options）與期貨（futures）。如果讀者能夠瞭解這兩項商品，就可進一步學習其他種類

如：浮動利率協定（FRAs）、交換（Swaps）、利率上限（Caps）等，因為這些都只是選擇權與期貨的變形而已。

　　本章專門探討選擇權，下一章將討論期貨，第十三章則討論其他的衍生性商品。

　　在第八章結束時曾談到，外匯選擇權可以在交易所（Exchange）或是店頭市場（OTC）購買，也就是說，可以直接透過銀行或是證券商來交易。其它的選擇權或是期貨也是如此，亦可在交易所或店頭市場購買。

　　交易所的優勢是有相當的流動性（liquidity），有很多相互競爭的交易商可以提供較好的價格，當違約交割發生時也有一個機構：結算所（Clearing House）可以提供保障。而缺點是它提供的標準化商品可能無法滿足顧客真正的需要。舉例來說，在芝加哥商業交易所（Chicago Mercantile Exchange，CME）中若要買賣英鎊，其基本單位為62,500英鎊，這意味著我們無法用美元購買到75,000英鎊。

　　店頭市場最大的優點就是彈性，產品可依顧客不同的需求而進行變化。在交易所中，買賣商品後可以很容易地在市場上平倉掉，然而在店頭市場則無沒辦到，即使可以也要付對方一筆很高的額外費用。因此我們通常說，在店頭市場裡交易缺乏流動性。還有一個缺點就是，在店頭市場交易必須考量到交易對方可能會有違約風險，如果交易對手是德意志銀行或UBS就沒什麼問題，但是若碰上了Drexel Burnham Lambert投資公司麻煩就大了，該公司在1990年二月的違約案，使其在店頭市場的所有交易部位均無法履行交割義務。反觀霸菱銀行在新加坡國際金融交易所（Singapore Monetary Exchange，SIMEX）的違約案，其交易對手並沒有因此而損失一毛錢，這是因為交易所存在結算單位的運作使得違約的風險降到最低。

　　為了對抗店頭市場的彈性優勢，有些交易所也做出了努力，推出更具有彈性的商品，如在1995年費城交易所（Philadelphia Exchange）推出

新的商品，可以讓顧客選定想要的到期日與履約價格，之後陸陸續續也有其他交易所跟進。

股票選擇權

買權與賣權

市場上交易的選擇權是屬於標準化的契約，賦予買方一種權利（但非義務）能在契約所載明的未來時間點，依標準化的價格買進或賣出商品。買方必須在買進的同時付出此權利的價格，稱之為權利金（premium）。

以一個簡單的例子來說明：假設我們研究一家英國的公司，General Electric（GEC），現在股價水準為1.86英鎊，我們可能很樂觀地覺得在三個月後股價會漲到2.10英鎊。因此，能夠在三個月後以1.86英鎊買進該股票的權利將相當吸引人。如果真的猜對了，而且股價果真上揚到2.10英鎊，可以行使該權利以1.86英鎊買進該股票並隨即在市場上以2.10英鎊賣出。如果猜錯了，價格下降或者持平，我們什麼也不用做，因為這只是一項權利而非義務。這種能在未來買進金融商品的權利，稱為買入選擇權或買權（call option），而買進買權的邏輯是希望未來股價價格上漲而能從中獲利。

相反地，也許我們對GEC股價持悲觀的態度，覺得三個月後它的價格可能下滑至1.60英鎊。因此，能夠在三個後以1.86英鎊賣出該股票的權利將是相當吸引人。如果真的猜對了而且股價果真下跌到1.60英鎊，可以在市場上以1.60英鎊買進股票並行使該權利以1.86英鎊賣出。如果猜錯了，價格上漲或者持平，我們不需要做任何事，因為這只是一項權

利而已。這種能在未來賣出金融商品的權利，稱為賣出選擇權或賣權（put option），而買進賣權的邏輯是希望未來股價價格下跌而能從中獲利。

　　套用實際的數字，假設買權或賣權契約的標的物單位為1000股而權利金都是每股10便士，分別對買權及賣權作分析：

　　買權　我們有權利在三個月內以1.86英鎊價位買進1000股GEC的股票，並在一開始時支付每股10便士的權利金（0.1英鎊×1000 ＝ 100英鎊）。而未來GEC的股價可能為：

1.60英鎊？ ◄──── 1.86英鎊 ────► 2.10英鎊？

　　假設三個月後股價跌到1.60英鎊，那麼以1.86英鎊買進股票的權利將沒有價值，因為我們可以到市場上以1.60英鎊買進該股票，因此買權將會失效（expire）。我們無須採取任何行動-放棄該權利，所有的損失只有期初繳納的權利金100英鎊，要注意的是，這最多也只有損失權利金而已。

　　如果價格上升至2.10英鎊呢？現在可以通知我們的經紀商，告訴他要執行該權利（以1.86英鎊買進1000股）並以2.10英鎊的價位賣出股票（此時並不需要額外的資金投入）。這樣共得金額1000×（2.10英鎊－1.86英鎊）＝1000×24便士＝240英鎊。扣除之前付的權利金100英鎊因此淨利為140英鎊或報酬率為140%（為了方便起見，省去了交易成本）。

　　股價從1.86英鎊上升了24便士，漲幅約為13%，而13%的漲幅卻產生了140%的獲利率。這個效果在第一章也提到，稱它之為聯動效果（gearing），美國人稱為槓桿效果（leverage）。大體上來說，它意指：增加原先賺的錢。可用一句美國俚語總結：物超所值，more bang for your buck！在第一章中也看到類似的例子，如資產負債表的槓桿效果—利用向別人借的錢讓自己賺更多的錢。如果購買1000股的GEC需支付1860英鎊，但購買權利金只要花100英鎊，我們還能將另外的1760英鎊存入銀

行賺取利息。因此由上面的例子可以知道，標的資產價格的小幅上揚（13%）可以帶來巨幅的獲利率（140%）；然而槓桿效果是兩面地，當價格些微地下跌，比如說是4%，卻也導致權利金巨幅地（100%）損失。無庸置疑，槓桿效果是衍生性商品最吸引人的特色之一。

賣權　現在買入一賣權，它讓我們可以在三個月內以1.86英鎊的價位賣出1000股的JGEC，而在期初付每股10便士的權利金（共100英鎊）。而未來GEC的股價可能為：

1.60英鎊？　←———— 1.86英鎊 ————→　2.10英鎊？

在這個時候讀者可能會懷疑如何能買進賣權，因為根本就沒有持有股票可供賣出？我們待會就會發現這不是問題，而且是賣權設計的巧妙之處。

假設價格上升至2.10英鎊而現在賣權已到期，我們有權利以1.86英鎊賣出1000股，如果手中有股票（其實並沒有）則可到市場上以2.10英鎊賣出，因此賣權並沒有價值並且它將會失效，此時損失權利金100英鎊。

假設股價最後跌到1.60英鎊，我們將行使該權利並以1.86英鎊賣出1000股，雖然手上並沒有股票，但是可以到市場上以£1.60買進股票之後再行使賣權以1.86英鎊賣出，因此每股收益26便士扣除成本10便士後共得淨利16便士。這樣共獲得利潤160英鎊或者說獲利率160%，然而股價的變化率卻僅僅只有14%。

選擇權賣方（Option Writers）

在第一個例子裡，誰願意在市場價格為2.10英鎊時以1.86英鎊賣給我們GEC的股票？在第二個例子裡又是誰願意在市場價格為1.60英鎊時向我們以1.86英鎊買進股票？答案就是，當初簽訂契約賣給我們選擇權的人，稱之為選擇權的賣方（writers of the option）。

因此，在選擇權的交易遊戲中共有四個角色：可以買進買權或買進賣權，或者是賣出買權或賣出賣權。而選擇權的買方與賣方擁有相當不同的風險：

	最大損失	最大利得
買進選擇權	權利金	無限
賣出選擇權	無限	權利金

由於選擇權的賣方面臨無限大的風險，他們必須繳交一筆存款至結算所，這筆存款稱之為保證金（margin）。當交易一開始時他們繳交的是原始保證金（initial margin），而當價格不如預期而使得損失出現時，必須繳交更多的保證金來彌補損失，這項保證金叫做變動保證金（variation margin）。如果它們無法履約而招致清算，將由結算所代為履約。

選擇權交易

在以上的例子，我們不是放棄選擇權就是執行它，然而在交易所還有另一項選擇：選擇權的交易。

以下將以更實際的例子來說明這個概念，利用倫敦國際金融期貨暨選擇權交易所（London International Financial Futures and Options Exchange，LIFFE）裡有關GEC個股的報價資料來說明，這個交易所提供英國七十餘家公司股票及其選擇權的交易，並且還包括主要指數FTSE 100的選擇權。

現在的情況比之前更加複雜：

❑ 買權與賣權可依不同的價位買進或賣出，這些價位稱為執行價（exercise price）或履約價（strike price）。可以選擇三種不同的到

期日，最長的距離現在九個月。

❑ 選擇權必須以1000股做爲一單位（也就是標準化的契約規格，就像我們之前看到的外匯選擇權）。

❑ 選擇權可以交易（或稱爲平倉）可依之後交易的權利金價格賣回市場。

❑ 購買選擇權之後：可以在到期日之前的任何時候要求履約，這種形式的選擇權稱之爲美式選擇權（American options），不過此類選擇權與美國並無任何關連，況且大部分在歐洲交易所裡的選擇權皆爲美式選擇權。

我們看看到底可以有哪些可供選擇，假設目前時間點爲三月27日而我們要找的是GEC的選擇權（表11.1）。

表11.1　GEC，買權，3月27日

市場價格	履約價	到期月份		
		四月	七月	十月
	180			
186	200			
	220			

注意，這些標準化的履約價格是1.80英鎊，2.00英鎊與2.20英鎊，其中沒有一個與目前市場價位1.86英鎊相同，除非巧合。到期日也有不同的選擇：四月、七月與十月（最大的距離現在七個月），由於我們在二月1日進場交易，因此就當時而言，最大的月份距當時有九個月。

所以總共有九個選擇，而選擇權的報價是以每股值多少便士來看。今假設這三種履約價格的權利金皆相同，你會選擇買哪一履約價的買權呢？自然地，一定會挑履約價爲1.80英鎊，因爲這樣就可以買到最便宜的價格。正因如此，履約價爲1.80英鎊的權利金一定比2.00英鎊來得

貴，而2.00英鎊也一定比2.20英鎊來的貴。同理可證，假設三個不同到期日的買權的權利金均相同，我們會選擇購買十月份的買權，這是因為這可以讓GEC股價有更多的時間上漲到更高的價位。正因如此，十月份買權的權利金應高於四月份買權的權利金。

接下來看到表11.2的權利金列表。

表11.2　GEC，買權，3月27日

市場價格	履約價	四月	七月 買權	十月
186	180	16	24	32
	200	7	14	21
	220	3	7	12

在三月27日，履約價1.80英鎊而到期月份為四月的GEC買進選擇權之報價為每股16便士，一單位有1000股因此履約金為160英鎊；同樣地，此時履約價為£2.00且到期月份為十月的買權之報價為每股21便士，故履約金為210英鎊，請注意到現在的槓桿比率：若買1000股GEC要花1860英鎊。

到底要選哪一支選擇權，在這裡並沒有明確的答案，如何選擇端視你認為GEC是否嚴重地被低估、多久之後價格會上揚、以及個人的風險趨避程度而定。

你可以選擇履約價為1.80英鎊、十月到期的選擇權，因為履約價已低於目前股價水準而且擁有最多的時間可讓股價繼續上揚，它看起來頗具吸引力但是一單位權利金要320英鎊，這可是裡頭最貴的呢！另外一個極端的選擇是購買履約價格為220英鎊四月份到期的選擇權，履約價比目前股價高34便士而且只剩4星期就到期了，雖然不具吸引力但是一單位很便宜只要30英鎊。

內含價值與時間價值

從履約價為1.80英鎊的買權可以看出其履約價低於市價6便士，因此可以說此權利金至少有6便士的價值。假設該買權之權利金為4便士，你會盡可能地買入該買權，再要求履約以1.80英鎊價位買進並在市場上以市價1.86英鎊賣出。此策略可得收益6便士，扣除成本4便士後淨利為2便士。這種機會存在嗎？不可能！市場對這6便士有專門的術語，稱為內含價值（intrinsic value）。當買權的履約價低於市價或賣權履約價高於市價時，此差額稱為內含價值。

四月到期的選擇權權利金為16便士。我們知道它的內含價值至少有6便士，其餘的10便士是為了預防GEC股價在到期前上漲的可能性。我們稱此為選擇權的時間價值（time value）。2英鎊的履約價高於市價，因此不具有內含價值（我們不使用負的內含價值）。

以此方式將權利金分解成內含與時間價值，現在我們看看表11.3中，分別於四月、七月與十月到期的1.80英鎊買權與2.00英鎊買權。

表11.3 四月、七月與十月到期的 £1.80 與 £2.00 買權

履約價	到期日	內含價值		時間價值		權利金
180	四月	6	+	10	=	16
	七月	6	+	18	=	24
	十月	6	+	26	=	32
200	四月	0	+	7	=	7
	七月	0	+	14	=	14
	十月	0	+	21	=	21

我們可以發現較晚到期的買權，時間價值較高。

權利金計算

時間價值從何而來?權利金如何計算?

通常在人類的活動中,若要預測未來就會先從過去看起:如T.S. Eliot所說「In my beginning, is my end」。我們研究股價過去的走向,例如過去六個月間,利用統計方法與機率法則預測未來。得到的結論可能意味著GEC的股價在十月份有很大的機會介於特定區間中。我們研究履約價、目前市價、一兩個本書未深入研究的因素,使用過去的資料進行統計計算以產生權利金的理論或公平價格(fair value)。接著是選擇權的賣方是否相信未來股價的走向相反以及供需的問題。如果選擇權的買方多於賣方,權利金就會上漲,反之亦然。專業人士會比較市場的權利金與公平價格,決定權利金過高或過低。

這些統計方法是在1973年5月,根據Fischer Black與Myron Scholes在政治經濟學週刊上發表的選擇權定價論文而發展的。Black-Scholes公式目前仍廣泛地用來計算權利金。Black與Scholes是芝加哥大學的教授,適逢芝加哥選擇權交易所在1973年4月開始選擇權交易。幾年後又出現了更多的教授-Messrs CoX、Ross與Rubenstein(他們也得到Robert Merton教授的協助。在1997年10月Scholes與Merton得到諾貝爾獎,但Fischer未得到此殊榮,因為他在前幾年就過逝了。)他們提出了類似的公式(根據二項,迴歸方法)。專業人士針對兩公式的優缺點互相批評,不過對門外漢而言,這兩個公式幾乎完全相同。

當研究兩檔股票過去的表現時,雖然兩檔股票的平均價格類似,但其中之一可能較另一檔有更為劇烈的股價波動。較具波動性的股票之股價較不具波動性的股票,更有可能上漲或下跌,因此權利金也較高。

讓我們看看圖11.1。

對於選擇權的賣方,B股的風險顯然較A股為高,即使兩支股票過去

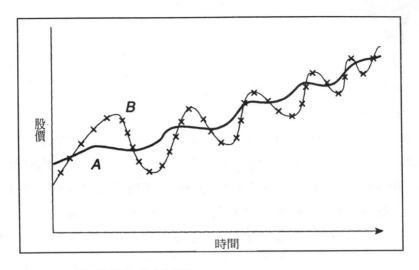

圖11.1　A、B兩檔股票的股價波動

的平均股價類似。即使完全不具備統計學的基礎，我們也接受B股的選
擇權價格高於A股。瞭解統計學的讀者，可能知道所謂的波動性就是標
準差，同時也是定價公式的主要要素。專業人士會分析市場的權利金以
找出隱含的波動性。接著決定是否同意此數字，讀者需謹記未來的波動
性和過去的波動性不一定相同。不過以上是本書未涵蓋的部分。只需瞭
解，波動性就是選擇權遊戲的基本。

　　波動性通常以百分比表示，例如20%。這意味著在一年之間，股價
有68%的機會，高於或低於最初價格的20%。

　　假設股價為1.00英鎊，而波動性為20%。在接下來一年間可以1.00英
鎊購買股票的一年期買權之權利金便為每股9.9便士。若波動性為40%，
那麼權利金為17.1便士。

　　（上述假設利率為10%，股利率為5%。）

　　1998年8月的俄羅斯風暴便是金融工具波動性改變的鮮活例子。匯豐
銀行（HSBC）在1998年7月估計英國FTSE 100的波動性為20%。此時發
生了俄羅斯風暴，兩個月後的波動性變成40%。1995/96年間的波動性只

有12%至15%。當選擇權的價格隨著波動性增加時，代表著當人們因為市場情況變的較為不確定而想要尋求更多保護時，保護的成本也變高了！

執行或交易？

回到3月27日GEC股價的例子，假設我們買入履約價為1.80英鎊七月份到期的買權，同時假設一口契約的最小單位為1000股。權利金報價為24便士，因此支付了240英鎊加上手續費與結算所收取的小額費用。

（實際的權利金報價為買價/賣價，因此24便士可能是代表22/24便士的中間價。為了簡化所以我們忽略這一點。）

時間到了6月6日。表11.4是目前的買權權利金報價。

表11.4

市價	履約價	七月	十月	一月
	180	36	44	52
206	200	18	28	38
	220	6	13	24

我們可以發現四月份選擇權已被一月份選擇權取代。同時可發現股價上漲20便士，履約價1.80英鎊的七月份買權報價為36便士。

如果以前從未接觸過選擇權就可能覺得非常困惑。你可能認為因為股價上漲20便士，因此履約價為1.80英鎊的選擇權也應該上漲20便士。如果之前的報價為24便士，現在應該變成44便士啊！為了瞭解權利金的架構，我們將其分解成內含價值與時間價值，同時比較3月27日與6月6日的結構。表11.5顯示了分解結果。

表11.5

權利金報價日	市價	內含價值		時間價值		權利金
3/27	186	6	+	18	=	24
6/6	206	26	+	10	=	36

我們可以發現雖然內含價值增加了20便士，但時間價值卻減少了8便士，因此共增加了12便士。因為在6月6日，離到期日越來越近所以時間價值減少。

這是最重要的一點，代表了權利金的要素—時間價值，將隨著時間過去不斷減少，不論股價的波動為何。另一項要素—內含價值，則可能有漲有跌—視股價的波動而定。因為我們可以交易選擇權，也就是收取後來的權利金，所以必須瞭解其行為。

假設我們決定此時將利潤落袋為安，有兩個選擇-執行選擇權或交易選擇權。讓我們分別看看兩種情況。

如果我們執行選擇權，那麼便以1.80英鎊的價格買入1000股，以市價2.06英鎊出售，每股可得到26便士（忽略交易成本）。因為選擇權的成本每股24便士，因此利潤為2便士。

如果我們交易選擇權，那麼便以今日36便士的報價出售選擇權。因為選擇權的成本每股24便士，因此利潤有12便士。

執行選擇權的獲利有20英鎊，交易選擇權則為120英鎊。為什麼交易選擇權的獲利較高？當我們執行時，以履約價買入（1.80英鎊），以市價賣出（2.06英鎊）。其間的差異稱為內含價值。當我們執行選擇權可以得到內含價值（26便士）。當我們交易選擇權時，可以收取權利金，也就是內含價值加上時間價值。因為時間價值為10便士，所以收取36便士的權利金。換句話說，我們享有選擇權賣方在權利金中設定的保護。事實上，當我們交易選擇權時，身份就變成了選擇權賣方了！不過，因為之前就買入相同的選擇權，因此在市場中已平倉。之後到了到期日，因為

時間價值為零，所以執行或交易選擇權的結果都一樣。這是關於時間價值的最後一個重點。我們已瞭解時間價值隨時間減少。但越靠近到期日減少地越快。選擇權的買方可能心中盤算著晚一點再交易，讓股價可以進一步地上漲。不過時間價值下跌的速度可能快過內含價值上漲的速度，因此整體權利金還是下跌了。對於還剩幾週就到期的選擇權尤其如此。

其他術語

當買權的執行價低於市價，或當賣權的執行價高於市價時，出現「內含價值」這個術語，不過也可以說選擇權在價內（in the money）。如果執行價和市價相同，稱之為價平（at the money）選擇權。如果買權執行價高於市價或賣權執行價低於市價，稱之為價外（out of the money）選擇權。請記住，執行價格極少和市價完全相同。因此當執行價與市價很接近時，通常會稱其為價平選擇權。

之前將LIFFE的選擇權描述為美式選擇權，也就是可以在到期日前任一天執行。另一種是歐式選擇權，只能在到期日當天執行。交易所的選擇權通常是美式選擇權，不過歐式選擇權在OTC市場相當普遍。兩種選擇權在任何時間都可以在交易所內交易。

指數選擇權

研究了個別股票的選擇權以後，現在可以考慮整體指數的選擇權，例如S＆P 100、FTSE 100、CAC 40、DAX等等。

基本上，指數選擇權的構想有其優點。我們現在可以對整體市場做判斷，而非個別股票。或者我們也可能是擁有所有主要股票的市場創造者或基金經理人。指數選擇權是規避市場風險的好方法。你可能會懷疑

指數選擇權應該如何運作。的確,執行一項選擇權買入GEC股票很容易
想像。但如果我們想要執行指數選擇權,購買FTSE 100指數或DAX,會
得到什麼?

契約是現金交割。因爲無法交割任何實體,契約便以現金交割。將
指數視爲價格,如果購買FTSE 100指數的買權之履約水準爲6,000,若指
數變成6,100就賺錢了,因爲價格上漲。以現金表示,一口契約的一點爲
10英鎊,那麼一口契約的獲利就是100x10英鎊=1,000英鎊。十口契約的
獲利就是10,000英鎊。必須扣除權利金以得到淨獲利。或者,選擇權可
以前述方式交易。

持有價值3,000萬英鎊股票的基金經理人可能相當擔心市場走跌,但
還沒到賣出所有股票的地步。如果假設其持股與FTSE 100的走向類似
(需評估兩者之間的相關性),那麼經理人就可以購買指數的賣權。如果
市場走跌,賣權的獲利就可以彌補投資組合價值的減少。

經理人應該買多少口契約呢?假設指數的水準爲6000點。如果契約
以一點10英鎊交割,那麼整體指數就是6,000x10英鎊=60,000英鎊。這
只是一口契約的數字,若要涵蓋3,000萬英鎊的投資組合,就需要:

$$\frac{30,000,000 英鎊}{60,000 英} = 500$$

經理人應買入500口,履約水準爲6,000點的賣權,支付的權利金爲
一口500英鎊,總共支付500x500英鎊=250,000英鎊。

(權利金也以指數的點數表示,在本例爲50點。因爲一點爲10英鎊,
所以權利金即爲500英鎊。)

如果指數下跌10%成爲5,400點,3,000萬英鎊的投資組合之價值便減
少3,000萬英鎊。然而,經理人可以執行賣權,也就是以6,000點的水準
出售,以5,400點的水準買回,賺取600點。還記得經理人買入500口契
約,交割方式爲一點10英鎊,所以總獲利爲:

600點x10英鎊x500口契約=300萬英鎊

我們尚須減去250,000英鎊的權利金成本，因此淨獲利為275萬英鎊（忽略交易成本）。可大大補償投資組合300萬英鎊的損失。這就是典型的避險。

如果指數上漲10％成為6,600點，賣權即無執行的必要，因此損失了250,000英鎊的權利金成本。另一方面，投資組合的價值變成了3,300萬英鎊而非3,000萬英鎊，所以可以抵銷此成本。最讓經理人滿意的是，投資者並不會因為擔憂市場情況而清算投資組合。

這就是指數選擇權的交易方式。倫敦的LIFFE有兩檔FTSE 100的選擇權。兩者的最大到期日均為一年，不過一個為美式另一個為歐式。

芝加哥選擇權交易所以每點100美元交易S&P 500（美式）。芝加哥商業交易所以每點250美元交易S&P 500，每點50美元交易迷你S&P（美式與歐式均有）。巴黎的MONEP以每點1歐元交易CAC 40，屬於歐式選擇權。

在美國，主要的權益證券選擇權市場為芝加哥選擇權交易所、紐約證券交易所、美國證券交易所與費城證券交易所。

在歐洲，主要的權益證券選擇權市場如表11.6所示。

在倫敦，LTOM之後與期貨交易所LIFFE合併。歐元來臨後，歐洲顯然無法容納過多的交易所。DTB與SOFFEX在1998年合併，改名為EUREX，並且與巴黎市場達成合作協議。在1998年的數字中，EUREX

表11.6　歐洲主要的權益證券選擇權市場（起始年）

交易所	國家
Deutsche Termin Börse（DTB）	德國（1990年）
歐洲選擇權交易所（EOE）	荷蘭（1978年）
倫敦選擇權市場（LTOM）	英國（1978年）
Marchédes Options Negociables de Paris（MONEP）	法國（1987年）
瑞士選擇權與期貨交易所（SOFFEX）	瑞士（1988年）

超越了LIFFE成為歐洲第一大的交易所。

上表並不完整，目前所有主要的歐洲經濟體都成立了選擇權市場。LIFFE1000股的契約單位，反映了英國的低股價。在芝加哥選擇權交易所，契約單位為100股，MONEP為10股，DTB為50股，SOFFEX只有5股，反映了瑞士高股價的實務。

在歐洲與美國以外，較重要的交易所位於東京、大阪、新加坡、香港與雪梨。新加坡交易所（SIMEX）成立於1984年，表現優異並成為亞洲地區最重要的交易所。

其他選擇權

貨幣

本章到目前為止討論了權益證券與指數的選擇權。在第八章，我們討論了貨幣的選擇權與進出口商規避風險的方法。

研究了選擇權的運作機制後，讓我們回到第八章解釋的可解約選擇權。當進口商想在三個月後以英鎊購買美元，他有1.88美元的下限匯率與1.91美元的解約匯率。若三個月後的現貨匯率低於1.88美元，進口商可以1.88美元購買美元。如果現貨匯率優於1.91美元，進口商可以現貨匯率減去3￠的匯率購買美元。因此如果現貨匯率為1.98美元，進口商可以1.95美元購買美元，在享受匯率好處的同時也得到反向波動的保障。進口商毋須負擔任何成本。

銀行可以1.91美元的匯率買入英鎊賣權。

如果之後現貨匯率變成1.85美元，銀行可以執行選擇權，以1.91美元買入美元後再以1.88美元的價格賣給進口商，賺取3分的利潤。

如果之後現貨匯率變成1.98美元，便放棄選擇權。以現貨匯率1.98美元買入美元，以1.95美元的匯率賣給客戶，同樣賺取3分的利潤。

3分包括了權利金與利潤。客戶非常樂於同時得到風險保障與獲利，銀行也可以從中牟利。這是活用選擇權的一個簡單例子。

債券

債券也有選擇權。許多交易權益證券選擇權的交易所也交易債券。

例如德國的DTB，便交易五年期與十年期的政府公債。倫敦的LIFFE交易各國公債的選擇權，德國、義大利、英國與日本。德國政府的十年期公債在法蘭克福的DTB與倫敦的LIFFE均有交易。最初倫敦承做了三分之二的交易量，但DTB在1998年開始反擊，搶走大部分的生意。在1999年，此債券在EUREX交易，成為歐洲最大的衍生性契約（以歐元計價）。

在巴黎，法國政府公債的選擇權在MATIF交易所交易。在美國，國庫票券與公債的選擇權則在美國證券交易所、芝加哥交易所與芝加哥選擇權交易所交易。三月期國庫券在美國證券交易所與芝加哥商業交易所交易。

這些債券契約的運作方式類似前述的股票選擇權。可用來投機或規避風險。

例如，MATIF的法國公債選擇權提供了標準化的履約價格水準，如108、109、110與111。契約大小為100,000歐元，權利金以債券名目價值的百分比表示至小數點後兩位。因此，履約價110的三月份買權之權利金可能報價為3.25。若以金額表示，就是100,000歐元的3.25％，也就是3,250歐元。1％就是1,000歐元。如果債券價格為112，那麼履約價110的買權具有2％的內含價值，這是以低於市價的價格購買債券的權利。如果債券價格上漲至114，那麼買權買方的獲利則為4,000歐元減去權利金。

如果距離到期日還有一段時間，那麼買權的買方會交易選擇權以得到更多獲利。若市價為114，履約價為110的選擇權便擁有4.00的內含價值再加上時間價值。既然契約大小為100,000歐元，那麼投資組合為1,000萬歐元的債券交易員，將需要買入100口契約才能規避風險。

（上述解釋已簡化。此時我們忽略債券的複雜定義，以及選擇權是購買期貨契約的選擇權。這些將於第十二章討論。）

利率

上述的權益證券、貨幣與債券選擇權都可以交割。也就是說，使用選擇權購買或出售相關的權益證券、貨幣或債券。

至於指數選擇權，因為沒有實際的標的物可供交割，因此必須進行現金交割。利率選擇權也屬此類。我們無法使用契約以特定利率借款或放款。如同指數選擇權以指數變動點數之價值作為基礎進行現金交割，利率選擇權也以利率每變動0.01%的價值作為基礎進行現金交割。

舉例來說，芝加哥商業交易所便交易三月期歐洲美元利率。契約大小為100萬美元。因此若風險金額為2,000萬美元，那麼就需要買入20口契約。每0.01%的利率變動產生每口契約25美元的損失或收入。選擇權買方可以支付權利金，購買特定利率水準的買權或賣權。如果利率變動0.50%且有利於選擇權買方，那麼獲利便為每口契約50x25美元＝1250美元。

在指數選擇權的情況中，每一點的價格是任意制訂的，目的是產生適當的契約大小。在上述的利率契約中，每0.01%變動為25美元並非任意制訂，而是遵守契約大小為100萬美元的邏輯。如果整體契約（也就是100%）的價值為100萬美元，那麼0.01%的價值為100美元。不過因為是三月期的契約，所以價值為25美元。

到目前為至，交易利率選擇權的程序非常簡單。將三月期歐洲美元

的利率水準視爲價格，若市場上可以更低價格借入資金，或以更高價格放款，就放棄此項選擇權。價格水準每0.01％的有利變動可帶來每口契約25美元的獲利。我們可以使用契約投機或規避利率風險。

不過眞實情況卻複雜的多。其中之一關於契約的定價。我們可能預期會看到如3.50％、5.00％或8.00％的價格。不過市場卻是以100減去預期利率得出契約的價格水準。因此4.00％的利率交易價格爲96.00，8.00％價格則爲92.00。

此種定價方法的影響爲：

利率	契約價格
10.00％	100-10％=90.00
9.00％	100- 9％=91.00
11.00％	100-11％=89.00

注意當利率從10％減至9％時，契約價格卻從90.00變成91.00。當利率從10％變成11％時，契約價格從90.00變成89.00。

之前當我們討論長期債券時碰過這種反向關係—利率走跌、債券價格上漲；利率上漲，債券價格下跌。芝加哥市場首先以正向方式開始利率交易（1975年）。可是過了幾週後，交易員開始以上述方式交易利率契約，配合想要規避風險的債券交易員，也配合市場心理學。畢竟整體說來，上漲的利率不是件好事—權益和債券價格都會下跌。較高的利率造成契約價格下跌也相當合邏輯。

這意味著在利率契約中，之前說明的買權／賣權邏輯必須顛倒過來。如果想要得到利率上漲的好處，就要購買賣權—契約價格將因利率上漲而下跌。如果想要得到利率下跌的好處，就要購買買權—契約價格將因利率下跌而上漲。除此之外，利率契約相當簡單！

舉例來說，假設美國公司向銀行以浮動利率貸款2,000萬美元，利率每三個月調整一次，以歐洲美元之LIBOR爲依據。現在假設CME三月期

契約的日期剛好與銀行貸款展延時間吻合。銀行剛剛根據歐洲美元之LIBOR固定三個月的利率為3.75%。公司相信利率即將上漲，因此使用CME契約來避險。

因為契約大小為100萬美元而貸款金額為2,000萬美元，所以需要20口契約。因為公司希望得到利率上漲的好處，所以買入20口下個到期日的3.75%賣權，也就是說，契約價格為100-3.75=96.25。權利金報價為0.30，而每一口契約0.01%的變動價值25美元。因此每口契約的權利金為750美元，公司買入20口契約，支付20x750美元=15,000美元。

假設當契約到期時，歐洲美元的LIBOR利率為4.75%。銀行通知客戶三月期2,000萬美元貸款的利率上漲1%，增加了50,000美元。

在CME，契約價格為100-4.75%=95.25。公司原先以96.25的價格買入20口賣權，也就是以96.25出售的權利。現在以出售96.25，買入95.25的方式執行賣權，因此每口契約的獲利為1%。因為0.01%等於＄25，所以獲利為：

100x25美元x20口契約=50,000美元

減去15,000美元的權利金，公司還有35,000美元可以支付多出來的利息-50,000美元。

假設利率下跌至2.75%，CME的契約沒有任何賺頭所以直接放棄，損失15,000美元的權利金。不過，銀行通知公司利息費用減少了50,000美元。所以公司得到利率上漲的保護，但同時仍享有利率下跌的好處。

這是第八章在外匯交易中，提到的選擇權之基本特徵。值得再重複一次：

選擇權的買方可享有利率反向波動的保護，但仍可享受正向波動的好處。其成本為權利金。

（再次忽略CME中的契約屬於期貨選擇權的複雜事實。）

選擇權套利

　　如購買特定履約價與到期日之買權的單一部位，無法滿足選擇權市場的專家，他們混合數個不同的部位以進行複雜的策略。

　　舉例來說，在上述的GEC權益證券選擇權的例子中，可能購買履約價為1.80英鎊的七月份買權與賣權。不論股價上漲或下跌都可以獲利，至少原則是如此。但問題是必需支付兩筆權利金。買權權利金為24便士，賣權權利金為18便士，因此總共支付42便士。為了1.80英鎊的買權共付出了42便士，股價必須至少上漲至2.22英鎊（1.80英鎊+42便士）才能損益兩平，更何況此處忽略了交易成本。為了£1.80的賣權共付出了42便士，股價必須至少下跌至1.38英鎊（1.80英鎊-42便士）才能損益兩平。換句話說，這是波動性相當大的情況適用的策略。預期股價將有相當的變動，不論上漲或下跌。或許公司將進行收購保衛戰。若收購公司失敗目標公司的股價將暴跌，若收購公司成功股價將暴漲。

　　對買方而言，最不利的情況是股價維持在1.86英鎊。買權只值6便士，賣權更是毫無價值。損失為42-6=36（便士）；每一口（1000股）的契約，420英鎊的權利金就損失了360英鎊。（此處忽略在到期日前交易選擇權的可能性，此動作可以減少損失，利用權利金中剩餘的時間價值。）

　　以上就是相當著名的跨式交易（straddle）。跨式的買方預期市場將有相當的波動；跨式的賣方則持相反看法。

　　另一個策略是購買履約價為1.80英鎊的七月份買權，賣出履約價為2.20英鎊的七月份買權。1.80英鎊七月份買權的權利金為24便士，2.20英鎊七月份買權的權利金為7便士。如果股價之後上漲至2.20英鎊以上，因為同時買賣了買權，所以沒有任何獲利，一買一賣互相抵銷。然而，在

賣出2.20英鎊買權時得到7便士的權利金，因此抵銷了部分購買1.80英鎊買權時支付的24便士權利金。因此一口契約（1000股）的淨成本每股為24-7=17便士，也就是170英鎊，而不是只購買1.80英鎊買權時的240英鎊。我們將每口契約的可能損失240英鎊降至170英鎊，將損益兩平點從1.80英鎊+24便士變成1.80英鎊+17便士。代價就是之後股價超過2.20英鎊時的任何獲利。

　　此策略稱為多頭價差（bull spread）。犧牲一些無限的可能獲利，換取成本與風險的減少。如果看空GEC的股價，那麼就可以反向操作，購買1.80英鎊的賣權，同時賣出1.40英鎊的賣權—空頭價差（bear spread）。

　　此主題的變化多的說不清。討論選擇權策略的書籍列出超過50種的可能策略。通常根據顯示未來市價波動帶來的潛在獲利與損失之圖表的形狀命名。例如分岔的閃電、墨西哥帽、大西部、禿鷹、蝶狀等等。

　　可變化的選項包括了：

- ❏ 契約數量
- ❏ 買權／賣權
- ❏ 買／賣
- ❏ 履約價
- ❏ 到期日

　　除了這些交易策略以外，選擇權這個主題還有其他的變化。但本書只是金融市場的入門書，其討論已超出本書範圍，但我們可以提供一些資料，讓讀者可以瞭解這些變化涉及的想像力與智慧！

　　有些市場並不交易絕對股價與波動方向，而是將股票與其他股票做比較，稱為股票比率。例如，澳洲股票交易所針對主要股票（如ANZ銀行、Broken Hill、News Corporation），推出了根據其股價與All Ordinaries指數的比較變動比率為基礎的契約。

　　價差交易（spread trading）與上述有點類似，以兩股價的差異為基礎。例如西班牙的交易所，MEFF，便推出以德國、西班牙、法國與義大利的公債收益之差異為基礎的契約。其他的價差交易還有日曆價差（calendar spread），以不同到期日之間的選擇權權利金價差為基礎-例如三月及六月。玩家判斷權利金之間的價差是否加大或縮小，並因此交易。

　　在店頭市場還有名為奇特選擇權（exotic option）的一種選擇權；例如目前很受歡迎的障礙選擇權（barrier option），附加一些限制使得權利金較為便宜。通常當市價達到特定水準或障礙時，才可以行使選擇權。

　　假設今日的股價為1.00英鎊，你可能想要進場放空，同時準備好承擔90便士的損失。你可以直接購買90便士的賣權，或者是購買1.00英鎊的賣權，不過只有當股價變成90便士時才能行使權利—「生效，knock in」。

　　或者，我們也可以買入1.00英鎊的賣權，但同意當股價變成1.05英鎊時放棄選擇權。

　　如果股價變成1.05英鎊，我們願意接受選擇權的取消，因為股價上漲而非走跌，同時接受較低權利金帶來的風險—「失效（knock out）」。此風險就是股價變成1.05英鎊後又跌破1.00英鎊。

　　通常，在選擇權到期以前只要股價觸碰到障礙水準，選擇權便生效或失效，而且選擇權通常為歐式選擇權。障礙價格以每天的收盤價為準，而不是當天交易時間內的任何價格。

　　在奇特選擇權中，還有複合選擇權—有權購買另一紙選擇權的選擇權！此時讀者可能開始有點傷腦筋了，所以我們就到此為止，只要知道基本大要即可。

　　電腦是執行必要計算、製作獲利/損失圖表與控制營業員之選擇權交易總風險暴露的基本工具。

　　霸菱銀行的衍生性商品交易員尼克‧李森，因為操作不當造成8億

6,000萬英鎊的損失，並且使得銀行倒閉，這個事件讓許多人相信交易衍生性商品就是一種賭博。

將衍生性商品視為複雜的賭局是不對的。風險管理是今日重要的議題之一，而選擇權在這方面貢獻良多。第八章的說明顯示銀行可善加利用選擇權，不但提供進出口商吸引人的的產品，也可為銀行賺取利潤。另一種工具是期貨交易，此乃第十二章的主題。

摘要

衍生性商品的使用者包括了投機者、避險者與套利者。主要產品是選擇權與期貨。其他的（如浮動利率協定與交換）都只是同一主題的變化而已。

選擇權給了買方以協議價格，在未來某一時點或時期，買入或賣出金融工具或商品的權利而非義務。

選擇權可以在交易所或店頭市場購買。交易所的優點是結算所可以提供保障，但店頭市場的產品較能配合使用者的需求。

在未來時點購買商品的選擇權是買權，出售的選擇權則為賣權。選擇權有買方與賣方。

選擇權的價格就是權利金，履約價或執行價就是選擇權買方執行選擇權時適用的價格。選擇權也可以交易（平倉）。

選擇權買方的損失僅限於權利金，但賣方最大的獲利也就只是權利金而已。

為了避免違約事件的發生，結算所要求選擇權賣方存入原始保證金，每天還會調整變動保證金。

如果選擇權的買入或賣出價優於市價，那麼選擇權就有內含價值。權利金減去內含價值就是時間價值，隨著到期日的逼近而逐步減少。

　　若選擇權還具有時間價值，那麼交易選擇權較執行選擇權有更大的獲利。

　　標的資產少部分的股價波動就能造成權利金的大幅波動，這就是連動效果。

　　權利金根據股價過去的表現，表現的變動越大，權利金也越高。

　　當選擇權的價格優於市價時，稱之為價內選擇權。若價格不如市價時，稱為價外選擇權，若兩價格相當接近，則稱為價平選擇權。

　　權益證券、指數、債券、貨幣、利率與商品都有選擇權交易。混合選擇權的各種部位可產生如跨式或多頭價差的選擇權策略。

　　其他複雜的策略稱之為奇特選擇權。

第十二章

金融期貨

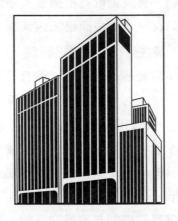

期貨交易

背景

期貨交易方式類似於選擇權，今日的期貨契約已存在於商品市場中數百年。在17世紀，人們對於荷蘭鬱金香球莖有著令人無法想像的狂熱。當鬱金香變得越來越流行後，人們在收割前數個月便買進鬱金香。當花價上揚，能夠以舊價格交易的契約變得很值錢，不用等到收割季就可以轉賣給其他人。最後，當買賣的鬱金香多於真正重在土裏的鬱金香時，政府便出面干預，許多人蒙受重大的損失。

（若想要知道這些驚人的金融投機故事，請參見Charles Mackay所著的，Extraordinary Popular Delusions and the Madness of Crowds，Harmony Books。）

商品價格不斷波動，有波動就有投機者與避險者。農作物可能豐收或歉收，而且一年就只有一次收成而已。因此很自然地會在收割前事先買賣。當價格變動時，某些契約可能變得值錢，因此可以賣給其他人。

金屬不屬於作物，但價格也會波動，而且等待金屬自海外運來也需要一些時間。在蘇伊士運河（位於埃及東北）開通後，倫敦金屬交易所的三月期契約開始流通，如銅與鋅的金屬可以在三個月後運送。

全球最大的商品市場位於芝加哥的商業交易所（Mercantile Exchange）與交易所（Board of Trade）。這也是現代的期貨契約的發源地。交易所始於1848年，商業交易所則為1874年。

在研究期貨與選擇權的機制有何不同之前，我們再看一次避險的方法。

避險者vs投機者

　　特定的價格波動將使得避險者產生風險，因此避險者在另一個市場創造此種價格波動帶來的獲利，以彌補部分的損失。

　　一個糖商可能賣出需在將來交貨的砂糖。也就是說，糖商目前尚未買入契約所需的砂糖。如果在買糖之前糖價上揚，就會產生損失。

　　圖12.1顯示避險的操作。

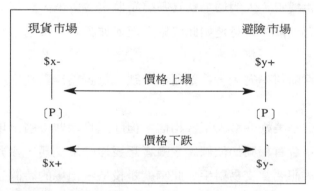

圖12.1　避險架構

　　如果糖價上揚特定幅度，將產生現貨交易$x的損失，糖商可以在芝加哥咖啡、砂糖與可可交易所買入砂糖的買權。因此創造$y的獲利，可抵銷現貨交易中$x的損失。

　　如果糖價下跌，糖商雖然在買權賠錢，但因為賣出砂糖因此在現貨砂糖交易有更大的獲利。這解釋了為什麼有些交易商雖然損失慘重但仍然笑著離開期貨或選擇權交易所，他們一定是避險者。他們害怕的價格波動並沒有發生。不過投機者就是眞的大失血了。

　　有一個簡單但重要的原則常常被誤解。

　　如果避險者在避險市場賠錢，那麼在另一個市場一定賺錢，因為他

們恐懼的價格波動並未發生。

我們將發現期貨與選擇權不同，期貨涉及無限的風險。因為上述的理由，避險者願意接受此風險。的確，期貨避險的損失越大，現貨市場的補償獲利也越大。

另一個重要的原則是-避險的另一方是誰？可能是另一個立場相反的避險者，如果糖價走跌就賠錢的人。這意味著不論價格如何波動，雙方都得到想要的避險。經紀商得以生存，交易所有收入，大家都快快樂樂地回家。

在金融市場中，人們過早就宣判這是個零合遊戲，也就是說，有人贏，就一定有人輸。有時是如此沒錯，但並非絕對。市場常常有許多相反的避險者。

貸款為浮動利率的人，希望利率走跌。投資為浮動利率的人，希望利率上揚。

這一切似乎美好的令人不敢相信。但問題是除非奇蹟出現，否則對作的部位是不會有相同的價值。避險者想要作一筆交易，除非價格合理否則不會有人想要當交易對手。此時就是投機者出場的時間了。他們提供了交易流動性，讓避險者可以減少風險，得到想要的交易。通常稱為「帽客」（locals），這個名稱來自芝加哥市場，其成員有一半以上都是帽客。在保守的倫敦金屬交易所，必須實際地交易金屬才能成為會員，但即便如此他們還是承認投機者在提供流動性方面一扮演舉足輕重的角色。這讓許多將投機這個字視為輕蔑用語的人大大改觀。

商品期貨

期貨交易提供了選擇權以外的另一個規避風險之選項，兩者的特徵不盡相同。期貨契約是在未來的某一時點，以目前協議價格買賣特定商品特定數量的承諾。

　　需留意期貨交易為承諾而非選擇權。如果價格不如人願，選擇權的買方可以放棄契約，因為這是一項特權，所以支付權利金。期貨契約卻不能以此種方式放棄。因為不涉及特權，所以不需支付權利金。但同樣地，期貨契約也較具風險。

　　選擇權有買權、賣權、買方與賣方。期貨契約只有買方與賣方。因此較為簡單。

　　上例中的糖商擔心糖價走高，因此可以在上述的芝加哥交易所（或倫敦的LCE，目前成為LIFFE的一部份）買入白糖的期貨。

　　假設糖商承諾在下一個到期日時，以每噸250美元的價格買入100噸的白糖。

　　明顯的，如果糖價上漲至每噸280美元，可以250美元購買白糖的契約就具有價值，因此可以創造獲利。這一點並不難以理解，但許多人弄不懂的是，上述的糖商根本就還沒有買入任何白糖啊！

　　如果糖價上漲至每噸280美元，會發生什麼？糖商可以相反契約平倉—糖商承諾在下一個到期日，以每噸280美元出售100噸的白糖。契約並非以白糖交割，而是以一噸30美元的價差交割，也就是說，糖商獲利100x30美元=3,000美元。這可以抵銷因為做空白糖，因此被迫以較高價格買回白糖導致的交易損失。

　　人們此時往往會提出一個問題-白糖呢？他們一直以為在到期日，會有一個人負責處理沒人要的白糖。

　　我們必須瞭解，除非有人簽約出售白糖，否則你無法簽約購買白糖。反之亦然。如果所有人都以相反契約平倉，就不會有人在到期日仍為未平倉，也沒有人可以。

　　如果糖商不平倉，那麼他就會以每噸250美元的價格購買100噸白糖。如果糖商在到期日仍為買方未平倉，那就一定會有一個賣方未平倉。如果最後還有三個買方，就一定會有三個賣方。

　　白糖只是避險或投機的工具。不論是避險或投機，除了偶有一些例

外，普遍都是現金交割。

不過，契約可以交割的事實相當重要。這意味著期貨交易所中的糖價必須和實際糖價相關。如果較為便宜，那麼糖商就會使用期貨交易所買入白糖，在現貨市場出售賺取利潤-這就是套利。

契約並非選擇權，如果假設糖價下跌至每噸220美元就可以瞭解原因。如果現在是選擇權，那麼就可以放棄契約—沒理由以250美元買入白糖以220美元賣出吧！但在期貨契約中，糖商承諾以每噸250美元的價格買入白糖。若稍後簽訂以每噸220美元的價格出售100噸白糖的相反契約時，才能夠平倉，損失3,000美元。

這項損失並不是問題。因為糖價下跌，實際白糖市場的做空獲利可能更大，因為可以更低廉的價格買入白糖。如稍早觀察到的，對避險者而言，在避險市場的損失必定意味著在欲避險市場的獲利。

注意期貨契約的對稱性——一噸漲價30美元意味著3,000美元的獲利，一噸跌價30美元意味著3,000美元的損失。選擇權並非對稱性，當價格反向波動時可以放棄契約。

最後我們要研究兩個術語-遠期與期貨-應該是同義的兩個字卻有不同含意。

❑ 遠期是以今日同意的價格，買或賣在未來某一天將實物交割的標的物。

❑ 期貨與遠期類似，但通常並沒有實際交割的用意；之後將以相反契約平倉，並以現金交割。

遠期是針對想要實際商品的人，期貨是針對想要投機或避險，樂於以現金交割的人。

因此我們需要期貨交易所。有正式的契約大小、固定的交割日，與結算所提供的保證。後者向交易雙方收取保證金（存款），這是因為雙方都有風險。在法律上所有契約都是和結算所簽訂的。買入契約時需支付

原始保證金。當契約產生損失時，便需以每日基礎存入額外的保證金，稱為變動保證金，但如果契約產生獲利就可以取出變動保證金。大型的玩家會直接在結算所開立帳號。帽客會和正式的結算所會員安排結算。

金融期貨

如果說價格波動產生了選擇權與期貨，那麼唯一令人意外的是竟然花了這麼久的時間才應用於金融契約。看看利率、匯率、股價、股價指數與債券價格，波動性都相當大，玩家有非常大的風險。

如我們所觀察的，在布雷頓森林系統瓦解後，由CME開始了匯率期貨市場。金融契約的選擇權與期貨迅速擴散至CBOT、CBOE、紐約與費城。

在歐洲，EOE自1978年於阿姆斯特丹開始，倫敦的LTOM也於同年開始。LIFFE於1982年在倫敦開始。之後是1986年巴黎的MATIF，1987年巴黎的MONEP，1988年瑞士的SOFFEX與1990年德國的DTB。

因為歐洲的國際契約最多，所以我們將研究LIFFE-倫敦國際金融期貨交易所（London International Futures and Options Exchange，現在因為合併了倫敦交易選擇權市場（LTOM，London Traded Options Market），因此官方名稱為倫敦國際期貨與選擇權有限公司（London International Futures and Options Exchange Ltd），但仍自我簡稱為LIFFE。}

契約有三種—債券、利率與股價指數。三種均有期貨，部分有選擇權。同時還有購買期貨契約的選擇權。表12.1列出了這些契約。

（德國的「Bund」指的是十年期的Bundesanleihen。）

除了FTSE 100以外，選擇權都是購買期貨契約的選擇權。不過這不會造成任何差異，買方還是可以交易選擇權，不過若是執行選擇權就會得到期貨契約。這和純粹選擇權的主要差異是，在純粹選擇權中，若使用買權購買商品，可以市價出售。選擇權的賣方必須購買商品。如果選

擇權的標的物是期貨，那麼買方就是期貨契約的買方（多頭）。選擇權可
以持續握有至到期日。選擇權的賣方現在成了期貨契約的賣方（空頭）。
然而，如果賣方不想真的出售商品，那麼可以買入契約平倉，讓其他人
來交割。若是純粹選擇權則沒有選擇餘地，一定要出售商品。期貨交易
所大部分的選擇權契約都是期貨選擇權。

表12.1 LIFFE的契約，1999年7月

契約種類	各種契約	期貨	選擇權
債券	德國Bund*	Yes	Yes
	長期公債	Yes	Yes
	五年期公債	Yes	No
	義大利公債*	Yes	Yes
	日本公債	Yes	No
指數	FTSE 100	Yes	Yes
	FTSE Eurotop 100	Yes	No
	FTSE 250	Yes	No
利率	英鎊	Yes	Yes
（三個月期）	歐元	Yes	Yes
	瑞士法郎	Yes	Yes
	日圓	Yes	No

* 以歐元計價
此外，LIFFE還交易75間公司的權益證券選擇權，以及商品契約-可可、咖
啡、白糖、小麥、大麥、馬鈴薯—還有貨運指數，BIFFEX。

來源：LIFFE

　　根據最後一個附註，讀者可發現在某些情況中，未平倉契約可進行
交割。公債契約大小為100,000英鎊。20口契約的買方可以持有至到期
日，以約定價格買入200萬英鎊的公債。這些債券契約除了日本政府公債
以外，都可以此方式交割。價格與現貨市場走向相關，否則就有套利機
會。
　　FTSE 100無法交割（而且也沒東西可以交割），而利率契約也無法

交割，不能利用約定利率借錢或放款。這引出了兩個有趣的重點。既然契約無法交割，如果買方不買入相反契約平倉的話，會怎麼樣？同樣的，我們如何知道價格與現貨市場的價格相關呢？

因為契約無法交割，任何未平倉的買方或賣方均由結算所自動平倉。如果買方或賣方持有契約至到期日，毋須採取任何行動即可平倉。

與市價的相關性問題，可由執行價格永遠是市價的方法解決。FTSE 100的執行價格就是執行日當天10.10a.m到10.30a.m之間，交易所中81個FTSE 100數值略去最高與最低各十二個數值後的平均值。（指數每15秒就有一個更新數值，因此二十分鐘共有81個指數。）短期英鎊利率契約的執行價格是16家指定銀行在到期日當天11.00a.m的英鎊LIBOR利率，略去最高與最低各四個數字的平均值。

指數期貨

在第十一章，我們討論了股價指數的選擇權—S＆P 500、FTSE 100、CAC 40、DAX與類似指數。市場也有指數期貨可供選擇，而且既然我們已經討論過指數選擇權，指數期貨應該不會太困難。

期貨契約屬於承諾，因此不用支付權利金，只要繳交保證金給結算所。

一保險公司之投資經理可能計畫在三週後出售2,400萬英鎊的股票以支付風災損失的理賠金。經理不想在市場情況不佳的此刻出售。不過，因為擔心市場在三週內可能還會繼續走跌，相同的股票可能價值不到2,400萬英鎊。

可以使用FTSE 100的期貨契約達成百分之百的避險。不用真正出售股票也可以鎖住今日的指數水準。

第一個問題是要買多少口的契約？現金交割是根據一點10英鎊為基礎。如果指數為6,000點，那麼整個指數的價值便為6,000x10英鎊=60,000

英鎊。欲避險的金額為2,400萬英鎊，那麼購買契約數為：

$$\frac{2,400萬英鎊}{6萬英鎊} = 400$$

基金經理人出售400口的契約。第一個複雜因素就是雖然現貨指數目前為6,000，但期貨交易場裏的數字可能是6020（反映供需、市場預期與特定技術因素）。所以經理擁有400口以6020出售的契約。

三週後，股市下跌10%，達到5,400點。經理此時出售股票。這些應該三週前出售的股票只拿回2,160萬英鎊，而不是2,400萬英鎊，損失了240萬英鎊。

現在將LIFFE交易所的口數平倉。如果交易場內的契約交易水準為5,430，那麼將以5,430的指數，買入400口契約。獲利為：

出售契約之指數	6020
買入契約之指數	5430
每張契約之獲利	590　點

契約以每點10英鎊進行現金交割，獲利為10英鎊x590=5,900英鎊。400口契約的獲利為400x5,900=236萬英鎊。因此，等待三週再出售股票的損失為240萬英鎊，但LIFFE契約卻帶來236萬英鎊的獲利。

原始保證金為一口2,000英鎊，因此共支付了2,000英鎊x400口契約：800,000英鎊。然而，這只是預防可能損失的存款，到期會退還。此外，投資者通常可以要求原始保證金支付利息。

尚須支付手續費與結算所費用。一口契約大約4英鎊，總共需4英鎊x400=1,600英鎊。如果指數在三週後上漲，不得像選擇權一般放棄契約。如果指數上漲10%成為6,600點，期貨部位便有損失。如果交易場的交易水準為6,610，那麼將以6,610的指數，買入400口契約。這和上面的情況相反：

出售契約之指數	6020
買入契約之指數	6610
每張契約的損失	590　點

總損失為：

　　　每點10英鎊x590點x400口契約=236萬英鎊

　　之前曾提及期貨契約是對稱的。指數下跌590點帶來236萬英鎊的獲利，但指數上揚590點也會損失236萬英鎊。期貨契約和選擇權不同，面臨無限損失的可能性。然而，我們手上還有股票，如果指數上揚10%，那麼出售股票可拿回2,640萬英鎊而不是2,400萬英鎊。240萬英鎊的獲利可以抵銷期貨契約236萬英鎊的損失。這就是本章稍早提到的重點。對避險者而言，期貨的損失意味著欲避險市場的獲利。

　　注意，雖然經理在市場下跌時可以得到保障，但當市場上漲時卻無法獲利。讓我們詳細說明期貨與選擇權相反的的這個基本特質：

　　期貨給了使用者負面價格走向的保護，但卻無法享受有利走向的利益。風險無限，但毋需支付權利金。

　　經理可以放棄一些保護，享受市場上漲時帶來的獲利。他可以出售200口契約而不是400口。

　　但其影響是，市場下跌10%帶來的240萬英鎊損失，只能得到118萬英鎊的期貨獲利補償。然而，如果市場上漲10%，240萬英鎊的獲利，在期貨方面只有118萬英鎊的損失。

　　經理可以在完全不避險或完全避險之間選擇。

　　最後，在上例中，假設經理的股票組合會隨市場改變，如果市場下跌10%，經理出售的股票組合也下跌10%。這項假設並非不合理，只是不太可能發生罷了。經理可以使用電腦，計算投資組合中的股票，與FTSE的相關係數稱為貝它值（beta factor）。如果股價隨指數變化，那麼貝它值便為1.0。如果股價的改變幅度為指數的90%，那麼貝它值為0.9。

如果股價的變化是指數的110%，那麼貝它值為1.1。以貝它值調整使用的期貨契約數目。

債券期貨

債券期貨的基本原則並不困難。例如，芝加哥的美國公債契約的基本價值為100,000美元。最小的價格波動或一檔為1/32。如果契約為100,000美元，那麼1%即為1,000美元，1/32就是31.25美元。如果以較買入價高十檔的價格出售十口契約，那麼獲利為：

$$10檔 \times 31.25美元 \times 10口契約 = 3,125美元$$

契約可以不必平倉而逕行交割。交割日有數天。在國庫公債契約中，交割日是交割月份中的任一營業日。在德國政府bund契約中，交割日是交割月份的第十天（如果當天為營業日）。由賣方決定哪一天是交割日。

基本原則並不困難，但實務卻相當複雜。大部分的債券期貨契約是根據名目債券—也就是未存在的債券。新手可能認為交易不存在的債券是很奇怪的一件事，但市場卻是輕而易舉。交易所提供一連串可以交割的債券。國庫公債以票息6%的債券作為交易單位。可以使用到期日15年以上的實際債券進行交割。如果其中包括了8%的債券，8%的債券自然較6%的債券吸引人，因此價格較高。交易所會提供換算因子（conversion factor），在交割時可以用來計算交易價值。如果契約標的物是面值100,000美元的6%的債券，那麼8%的債券因為標準化契約之故，面值也是100,000美元，不過價格較高。這一系列可以交割的債券中一定有一支債券是最便宜的。而交易場中的價格將根據交割最便宜的債券為準，否則就會產生套利機會。舉例來說，某人可以買入標的債券，以當期價格水準出售期貨契約，然後再交割債券賺取利潤。

因此，可供交割的債券表相當重要，交易所也會不時地予以調整。

EUREX交易的德國債券契約是歐洲交易最多的契約，在1999年中每天有700,000張契約的交易量，可交割的債券和這麼大的交易量相較之下小的多了。雖然不到5%的債券會交割，但市場仍然擔心若交割比率增加，會造成可能的擠兌情形。債券契約是根據6%的公債。市場建議應降低至4%，增加可交割的債券選擇。法國的MATIF面臨相同的問題，將債券契約改變成多重發行者—法國、德國與荷蘭政府公債（都以歐元為單位）。不過似乎幫助不大，並沒有從EUREX搶來多少生意。

利率期貨

利率契約為想要避掉利率波動風險的人創造大好的機會。LIFFE契約提供了短期英鎊、歐元、歐洲瑞士法郎與歐洲日圓利率。其他交易所（如MATIF、EUREX等）也推出歐元利率契約，但是LIFFE的三月期歐元利率契約是歐洲最大的。

利率契約只能以現金交割。到期後，所有未平倉部位將由結算所以到期價格平倉，也就是市價。如第十一章中解釋的，契約的定價方法是以100減去利率，因此，10.00%的價格即為90.00。

期貨的通則是，如果想要因價格增加而獲利，首先需要買入契約。如果想要因價格下跌而獲利，就要賣出契約。如果目的是避險，多頭避險就需要買入契約，空頭避險則需賣出契約。

不過利率契約扭轉此邏輯。為了得到因價格增加產生的獲利，就要賣出契約（因為如果價格上漲，契約水準將下跌。）為了得到因價格下跌產生的獲利，就要購買契約（因為如果價格下跌，契約水準將上漲。）

在第十一章，我們使用2,000萬美元的公司貸款為例，貸款為浮動利率，以歐洲美元LIBOR為標準，每三個月調整一次。為了規避利率風險，可以買入賣權契約。當利率上漲時，賣權帶來的35,000美元獲利可以彌補多出來的50,000美元利息支出。當利率下跌時，減少的50,000美

元利息支出只需付出15,000美元的權利金。賣權買方仍享有獲利。

讓我們看看相同環境下的期貨避險。為了簡化，假設交易場內的利率水準與目前的實際利率相同。

貸款為2,000萬美元，CME的契約大小為100萬美元，因此公司需要20口契約。因為公司想要得到利率上漲帶來的獲利，所以出售20口契約，利率水準為3.75%，也就是100-3.75=96.25的契約價格。無需支付權利金，不過原始保證金每口契約500美元，因此付給結算所10,000美元。

假設當契約到期時，歐洲美元的LIBOR為4.75%。銀行通知客戶利息增加了1%，因此三個月增加了50,000美元。

在CME，契約價格為100-4.75=95.25。公司可以買入20口價格為95.25的契約平倉。

出售20口契約	@96.25
買入20口契約	@95.25
每口契約的獲利	1.00

每0.01%以25美元交割，因此獲利為：

100x25美元x20口契約=50,000美元

因為不需減去權利金，所以銀行多出來的50,000美元利息支出可由50,000美元的獲利補償。又因為不用減去權利金，所以期貨契約的表現較好。

若利率下降至2.75%，銀行通知公司利息支出減少50,000美元。

在CME，契約價格為100-2.75=97.25。公司可以買入20口價格為97.25的契約平倉。

出售20口契約	@96.25
買入20口契約	@97.25
每口契約的損失	1.00

損失為：

100x25美元x20口契約=50,000美元

這是因為期貨是對稱的。利率上揚1％帶來50,000美元的獲利，利率下跌1％也會有50,000美元的損失。結果是公司完全無法享受利率下降的好處。因為利息支出的減少，已被期貨契約的損失所抵銷。此時選擇權勝出，因為當利率下跌時可放棄選擇權，只損失權利金，讓公司可以享受利息支出的減少。

貨幣期貨

在第八章的外匯交易中，我們曾評論OTC市場在貨幣期貨方面的優勢。倫敦在1990年結束貨幣選擇權與期貨。目前歐洲的交易量很少。

期貨的交易沿著本章解釋的路線。例如，CME的歐元契約便以125,000歐元為契約規模，報價為歐元對美元的匯率。一檔為0.01分，價值為12.50美元。契約可以美元／歐元匯率為1.0384美元的價格購買，以1.0484美元賣出──一口契約的獲利為100檔，也就是1,250美元。若有需要也可以進行交割。

期貨交易所的一些問題

一般說來，公司並不熱中於使用期貨。契約為標準化，所以一個貸款為800,000美元的小公司，可能發現契約大小為1,000,000美元的利率契約不便使用。契約的到期日和現實生活所需也不同。保證金追繳又會打亂現金流量的計算，而且變動保證金也不支付利息。關於利率與貨幣契約，銀行提供了許多吸引人的OTC商品，部分將於第十三章討論。

然而，對銀行而言，交易所有一個重要的優點──結算所提供保證。

當交易對手風險很重要時，這就是顯著的利益。

　　對基金經理人而言，指數契約也可以提供保障、流動性高的交易與順暢地執行資產配置的機會。假設基金的資產有1億英鎊，若要減少權益證券的比重2%、增加公債的比重2%，只要一通電話，基金經理人就可以出售價值200萬英鎊的FTSE100指數契約，購買相同價值的公債契約。之後經理人再好整以暇地出售權益證券、買入公債，將期貨部位平倉。

公開喊價或電腦化？

　　目前的主要話題是，營業員是否應該繼續留在交易廳買賣，還是市場應該改成電腦化的委託單撮合系統。

　　美國大型的市場都屬於人工喊價，歐洲最後一個採用人工喊價的交易所是1986年巴黎的MATIF。人工喊價的好處是可以快速交易大量標準化的契約。不過，現在有了電腦化的交易系統，不再需要昂貴的交易廳，公司的審查軌跡也使得詐欺更為困難（在1989年，一名FBI臥底警探指控芝加哥交易所有47名營業員涉嫌詐欺。）

　　交易廳的打信號方式，通常沿襲芝加哥的傳統。有三個變數：

❑ 契約數量
❑ 買或賣？
❑ 價格

　　如同外匯交易，只會提供價格後兩碼的報價。如果利率契約水準為92.55，那麼價格為55。如果營業員要買股票，就會把手從臉移向額頭，喊出價格時，手從臉上移開，喊張數時，手就移到額頭。例如，以92.55的價格買入十口契約的買方會喊：

　　「55 for 10」

　　如果營業員要賣股票，那麼手就從額頭往外移動，口中先喊出張

數，然後是價格：

「10 @55」

如果沒有人要，價格就會不斷推升，直到有人喊「賣了！」這兩個營業員填寫交易單，交易由電腦撮合，並且以電子方式傳送給結算所。

芝加哥交易場充滿著瘋狂的吶喊與推擠。一個傳奇故事就是有個營業員在交易場裡心臟病發死了，但屍體卻怎麼也倒不下來，因為裡面真的是太擠了。之後，賠錢的營業員都把單子塞在他的口袋裡，讓他的保險公司來負責！

電腦系統比較枯燥乏味，以電子方式撮合委託單。一個CME／MATIF／路透社的系統名為GLOBEX。當交易所收盤後即啓動此系統，和歐洲與日本繼續跨時區的交易。CBOT已經開始晚盤交易，PHLX的交易所更是每天營業18個小時。

目前看來，電腦系統似乎擊敗了人工喊價。CBOT引入了新系統，A計畫（Project A）可以在正常交易時間之內與之外運作。CME與新加坡的MATIF與SIMEX結盟，使用電子系統-GLOBEX。雖然人工喊價在CME與SIMEX仍為主軸，但GLOBEX可以提供電子化24小時的交易平台。CBOE在1999年6月宣布不久後將推出以螢幕為基礎的交易，不過一開始的用意只是要輔助交易廳的交易。MATIF在1998年4月推出螢幕交易配合交易廳交易，但在六週後就廢除人工喊價。歐洲選擇權交易所（目前稱為AEX）將完全改制成螢幕基礎交易，雪梨期貨交易所也將於1999年改制。

倫敦的LIFFE原先似乎堅持著人工喊價，計畫將搬到Spitalfields的全新交易廳。但來自德國DTB的激烈競爭搶走了所有的債券交易，改變了LIFFE的心意。在1998年6月，成員投票同意儘早推出電子交易系統。新系統—LIFFE Connect—已在研發，目前正加緊速度推出中。原先只針對權益證券選擇權，但在1999年4月與5月分別擴大至公債、其他債券與權益證券指數，利率在9月後也納入。在1999年10月，宣布交易廳在2000

年初即將關閉。

LIFFE的另一個重要改變是在1999年8月宣布將與CME策略結盟，將交易系統連結，互相交易以歐元與美元計價的短期利率產品。

不過，這些交易所面臨的競爭還沒結束。在美國，Cantor Fitzgerald與紐約交易所已推出新的電子系統交易公債期貨。更糟的是，一群企業家、金融交易公司與科技公司正推動「國際證券交易所」，自2000年1月以後，可以交易600家主要美國股票的選擇權之電子交易所。雖然還在初期，但以螢幕為基礎的交易系統已經產生影響，CBOE與美國證券交易所已經開始降價。市場已開始研究人工喊價的時代應結束了，但是全球最古老的交易所，倫敦金屬交易所，仍在1999年4月決定在可預見的未來，都會保留人工喊價！

契約數量

表12.2顯示了1998年主要交易所的數量。

請注意期貨業雜誌提供的這些數據並未包括個別指數的選擇權。若納入考量，EUREX將是CBOT後第二大的交易所，CBOE第四，而LIFFE第五。CBOE是全球最大的選擇權交易所，交易850家公司與35檔不同指數的選擇權。自1997年後自紐約證交所接手選擇權業務。

（以百萬口契約作為單位，當然會造成誤導，因為還要考量契約大小。1998年選擇權交易量增加百分比最多的是在巴黎的MONEP，但這卻是伴隨著將個別股票選擇權的契約大小從100股降至10股。到1999年，CAC 40 之指數定價為每點1歐元，而不是200法國法郎（30歐元），這也造成相同的效果。）

表12.2 全球期貨與選擇權交易量，1998年，百萬口契約
（不包括個別股票的選擇權）

	交易所	總量
1	CBOT	281
2	CME	227
3	LIFFE	191
4	EUREX	187
5	紐約商業交易所	95
6	BM＆F（巴西）	87
7	CBOE	68
8	LME	53
9	MATIF	52
10	韓國交易所	50

來源：期貨業，1999年2/3月

摘要

　　期貨交易始於農作物，農作物一年生產一次，價格不穩定。

　　買方與賣方想要避險，以規避反向價格波動的風險。

　　期貨契約是在稍後日期，以約定價格買獲賣商品的協議。與選擇權不同，期貨是一項承諾。因此，投機者可能遭受無限的風險，但避險者可以實物部位的獲利抵銷損失。

　　通常，期貨契約並不會持有至到期日。買入的未平倉契約，可以稍後賣出的契約平倉；賣出的未平倉契約，可以稍後買入的契約平倉。以現金交割。但股價指數與利率契約則無法交割。

　　遠期交易目的是持有至到期日與交割。

　　期貨則通常會以相反部位平倉，因此多以現金交割。在期貨交易所內交易，有固定的契約大小、到期日與來自結算所的保障。

　　期貨和選擇權的產品範圍相同，不過權益證券期貨不太常見。

許多期貨交易所推出的選擇權契約是期貨選擇權。

有些交易所使用交易廳與人工喊價。其他則使用電腦化的委託單撮和系統。因為人工喊價的成本較高，委託單系統正在增加中。

第十三章

其他衍生性商品

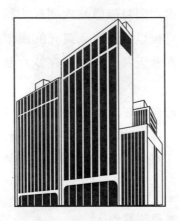

前言

本章討論的所有衍生性商品都是外貌不同的選擇權與期貨，唯一的差別是這些商品在店頭市場交易而非交易所。此外，雖然利率-資金的價格-是金融市場的核心，但這些商品關切的卻是控制利率風險。

遠期利率協定

首先思考遠期/遠期（forward/forward）這個字。這是雙方約定在未來某一天，以約定利率借貸約定金額約定期間的契約。例如，A將在六個月後，以5%的利率借給B100萬美元六個月，稱為「六對十二」，或「6x12」。

公司可能在六個月後需要100萬美元的銀行貸款，但擔心利率可能走揚。他們要求銀行提供六個月後借款六個月的利率報價。非常類似進口商要求銀行提供六個月後以馬克買入美元的匯率報價。在外匯市場中，我們證明了銀行可以在今天買入美元，存款六個月直到客戶需要美元，以避免風險。

在利率市場中，若客戶要求銀行提供遠期/遠期的報價，銀行也可以今天的利率借入資金，做為存款直到客戶需要資金。在上述例子中，銀行將借入資金12個月，前六個月做為存款，後六個月貸給客戶。提供的利率報價將根據：

- 銀行的借款成本與放款收入
- 收益線：若斜率為正，銀行長期借款的成本將高於短期借款的成本

❑ 銀行在前六個月賺取的再投資利率

這是1980年代以前此種交易的真實情況，之後開始發展其他的方法。因為借/貸會佔用銀行與其他銀行和與客戶之間的信貸限額，所以銀行並不熱衷於提供這些遠期利率。

遠期利率協定（FRA）便是銀行對要求遠期/遠期交易的答案。

FRA並不涉及資金的借貸，而是關於利率的未來水準。利率的未來水準與約定水準作比較，只交割兩者的差異。倫敦市場的未來水準是基於LIBOR利率—在本例中為歐洲美元的LIBOR。

例如，公司和銀行協議六個月後，一百萬元美元名目本金的目標利率為5%。如果六個月後利率為5%，那麼不會有任何交易。但如果利率為4%，公司將付給銀行一百萬美元的1%（但可以在別的地方以較低的成本借款）。如果利率為6%，銀行將付給公司一百萬美元的1%，以補償公司多出來的借款成本（見圖13.1）。

這就是「計算差異」，有助於減少信用風險。例如，銀行不必實際借貸一百萬美元，只要計算利率與5%的目標利率之差異。

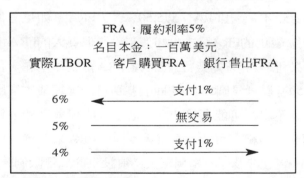

圖13.1　差異計算

公司以間接方式，固定了借款六個月的利率。如果利率上升，公司借用的資金將付出較高利率，但卻可以得到FRA帶來的補償。如果利率

下跌，因為較低的借款成本被FRA的損失所抵銷，因此公司不會受益。

　　這種解釋方法似乎很耳熟。這和第十一章中利率期貨交易有相同的效果。當賣出3.75%的期貨時，公司同意交割到期日的市場利率與3.75%之間的差異。當利率為4.75%時，公司得到契約價值200萬美元的1%。當利率為2.75%時，公司支付200萬美元的1%。FRA可說是由銀行安排而非期貨交易所安排的OTC期貨。其優點是到期日與金額富有彈性。

　　典型的FRA期間為「3對6」與「6對12」。這是因為浮動利率的貸款與浮動利率債券（FRN）通常每三個月或六個月調整一次。因此資產/負債管理有缺口的銀行可以利用FRA規避風險。公司和商業銀行在公司市場（corporate market）處理金額為一百萬美元或一百萬英鎊的交易，而銀行同業之間的專業市場（professional market），交易通常是介於5000萬到1億的英鎊、日圓、瑞士法郎與歐元。

　　銀行如何獲利？FRA是一項商品，如同其他所有的商品，都有買賣價差。就像證券經紀商對於股票想要買低賣高，銀行也希望以不同的利率買賣FRA。銀行將根據存款市場的收益線，或是期貨外匯契約的價格，決定未來的利率價格。假設「3對6」美金FRA的報價為5.54/5.50，那麼銀行將以5.54%賣出FRA，以5.50%買入FRA。如果三個月後利率為6%，銀行對於賣出的FRA將支付46個基點，但買入的FRA卻可以得到50的基點。如果利率為5%，銀行自出售的FRA得到54基點，但買入的FRA卻只要付出50基點（見圖13.2）。四個基點對於管理成本與風險（以及此風險的資本適足率）可能不算什麼。但市場的競爭激烈，銀行必須想辦法獲利。因此，經紀商可能不會買入反向的FRA來平倉，而是相信收入會大於支出。現在涉及了利率風險與必須設定的風險限制。

　　（一個技術問題。當FRA是3x3時，當三個月過去後就付款。因此，只交割淨現值。）

　　FRA的買方可能擔心利率的走向。FRA可保障利率上漲帶來的損失，但卻無法享受利率下跌的好處。如果無法接受這一點，那麼就可以

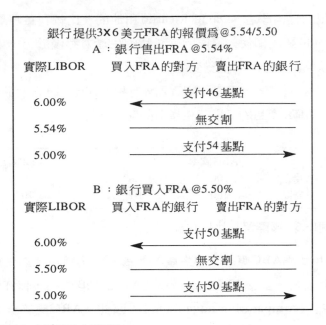

銀行提供3X6美元FRA的報價爲@5.54/5.50
A：銀行售出FRA @5.54%

實際LIBOR　　　買入FRA的對方　　賣出FRA的銀行

6.00%　　　　　　　　　支付46基點

5.54%　　　　　　　　　無交割

5.00%　　　　　　　　　支付54基點

B：銀行買入FRA @5.50%

實際LIBOR　　　買入FRA的銀行　　賣出FRA的對方

6.00%　　　　　　　　　支付50基點

5.50%　　　　　　　　　無交割

5.00%　　　　　　　　　支付50基點

圖13.2　銀行如何從FRA獲利

付錢購買FRA的選擇權。如果利率上升，就可以執行購買FRA的選擇權。如果利率下跌，就放棄選擇權（真是簡單的方法！）。

　　FRA解決了未來某一時點的利率風險，但對於五年、十年後的風險又該怎麼辦呢？答案就是交換。

交換

比較利益

　　利率交換利用了套利機會，因此創造了眾人可以針對利率走向避險或投機的市場。

19世紀的經濟學者，David Ricardo和他的「比較利益理論」開啓了交換。Ricardo認爲即使一國家所有產品的生產力都優於另一國，兩個國家還是可以經由國際貿易雙雙受惠。

假設有兩個國家，ABC國與XYZ國，和兩種產品，A產品與B產品。兩國家A產品與B產品的每小時生產率如圖13.3所示：

	ABC國		XYZ國
A產品	100	A產品	50
B產品	100	B產品	70

圖13.3 國際貿易比較利益

Ricardo認爲ABC應該全力生產A產品，XYZ應該全力生產B產品然後兩國互相交易。雖然ABC生產較多的A產品與B產品，但在A產品卻具有比較利益（comparative advantage）。因此，ABC應該全力生產A產品，將剩餘出口至XYZ。後者應該全力生產B產品，將剩餘出口至ABC。因爲ABC充分利用生產A產品的比較利益，兩國都可受益。利用來自金融市場的例子，可以更清楚地瞭解（見圖13.4與附註的解釋）。

我們現在以借款利率來表示。兩個商品變成固定利率融資與浮動利率融資。兩個國家變成兩家公司，ABC與XYZ。投資人對於固定利率市場與浮動利率市場的風險認知並不同。因此，ABC公司以固定或浮動利率借款的利率可能都優於XYZ公司，但之間的差異並不同—也就是說，有足以利用的比較利益。

ABC公司可以7%的固定利率或LIBOR的浮動利率融資（公司希望浮動利率）。

XYZ公司必須付出10%的固定定利率或是LIBOR＋1%的浮動利率才能得到融資（公司偏好固定利率）。

ABC公司在固定利率和浮動利率市場的借款成本都低於XYZ公司，但在固定利率方面有較大的比較利益。

因此：

ABC公司可以7%的固定利率融資，但同意付給XYZ公司LIBOR。XYZ公司以LIBOR＋1%的浮動利率融資，但同意付給ABC公司8%（見圖13.4）。

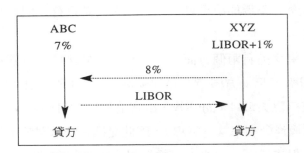

圖13.4　使用交換方法

因此：

ABC支付7%的固定利率給貸方，但自XYZ方得到8%。名義上付給XYZ方LIBOR，但實際上支付了LIBOR-1%—低於以LIBOR浮動利率借款的原利率。

XYZ支付LIBOR＋1%給貸方，但自ABC方得到LIBOR，因此多花費1%的成本。名義上付給ABC方8%，但實際卻支付了9%—但這卻低於以10%的固定利率借款。（這是另一個非零合遊戲的例子）

ABC與XYZ透過交換方法，各省下1%的借款成本。因為浮動利率的貸方，並不像固定利率的貸方一樣區分借款人的信用狀況，因此產生了交換的機會。我們可能以為一個信用評等為AAA的借方，和另一個評等為BBB的借方，不論利率固定或浮動，兩者借款的利率差異都相同。事實並非如此。如果信用評等比較差的客戶想要以固定利率而非浮動利率借款，得到的借款利率可能不太吸引人。

利率交換

上述例子誇大了現實情況中的利率差異。這是為了簡化對新手而言過於複雜的概念。不過即使現實情況的利率差異只有幾個基點,基本的原則還是相同。

因此,利率交換有兩個方面。一方面,單純就是一方同意支付約定金額的固定利率,另一方同意支付浮動利率。在FRA的例子 (圖13.2) 中,客戶向銀行買入5.54%的FRA。事實上他同意付固定利率 (5.54%) 給銀行,以交換浮動利率 (LIBOR)。因此交換和FRA理論上是相同的。但是FRA只針對未來某一時點,交換可以是未來數個時點,例如未來五年間每六個月換一次利率。

另一個要素是上述的比較利益帶來的可能利潤。既使沒有任何利潤,以浮動利率貸款的一方可能還是想要轉換成固定利率貸款。

交換的要素有:

❑ 固定利率
❑ 變動利率
❑ 交割期間
❑ 整體到期日
❑ 名目本金

例如,交易雙方可能同意名目本金為5000萬美元,一方支付5.5%,另一方支付歐洲美元LIBOR。交換為期五年,每六個月交割一次。也就是說,每六個月就比較歐洲美元LIBOR與5.5%的差異,交割淨額。如果利率差異為1%,那麼交割金額便為5,000萬美元在六個月期間的1%—也就是250,000美元。不過,這些錢直到六個月結束時才支付,而不是一開始就支付。這是因為利率屬後付 (in arrears)。例如,銀行對六個月期貸

款訂定的利率為5.5%，期末才要付利息，而非期初。

創造交換市場

這些公司，ABC與XYZ，如何找到對方呢？的確是相當困難。所以銀行就可以出面撮合雙方。在圖13.4中，銀行可以向XYZ收取8%，但只付給ABC7¾%。可以向ABC收取LIBOR但只付給XYZ公司LIBOR—1/4%。ABC與XYZ公司仍然可以自交易受益，銀行也得到了1/2%的收入。

市場從1982年開始。當市場逐漸成長時，銀行開始先提供一方交換，之後再尋找交易對手，稱為庫存交換（warehouse swap）。銀行準備好庫存這些交換，直到找到交易對手，期間採取稍後將解釋的避險動作，稱為「無成對交換（unmatched swap）」。

因此，交換變成了另一個由銀行提供買賣報價的商品。

例如，銀行對五年期美金交換的報價可能是5.80/5.75（圖13.5）。

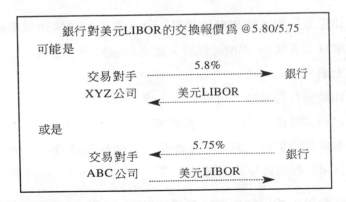

圖13.5 銀行交換報價

如果銀行介於兩個交易對手之間（成對交換），那麼銀行就沒有利率風險，可以鎖住5基點的獲利。如果LIBOR走揚，銀行付出多一些給

XYZ公司，但可以從ABC公司得到。如果利率下跌，銀行從ABC公司得到較少，但付給XYZ公司也較少。XYZ公司付5.80%給銀行，銀行付5.75%給ABC公司，維持5基點的利潤（圖13.6）。

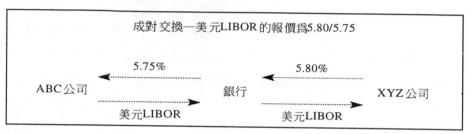

圖13.6　使用成對交換

銀行雖然沒有利率風險，但卻承擔了交易對手風險。如果ABC或XYZ公司倒閉，銀行手上就握著一個無成對交換。在今日的規定下，銀行資本必須能支應此種風險。

創造交換市場時，在銀行找到願意反向操作交換的交易對手之前，都會有風險。在這之間銀行可以採取的避險策略為：

❏ 如果銀行的風險來自於利率下降（當銀行以浮動利率放款、以固定利率借款），那麼可以買入固定利率證券，當利率下降時價格會上漲。

❏ 如果銀行的風險來自於利率上漲（當銀行以浮動利率借款、以固定利率放款），那麼可以在期貨市場賣出利率期貨，提供以約定利率借款的權利。當利率上漲時，這個權利就變的有價值，因此銀行可以在期貨契約上獲利。

〔注意以上使用的語言。當銀行得到LIBOR、付出5.75%時，可說是以浮動利率放款、以固定利率借款（反之亦然）。〕其他使用的語言還有付款人與收款人。這永遠適用於固定利率。

實際的市場利率，通常介於信用評等AAA與評等A的兩種借方借款

特定期間得到的不同利率報價之間。如果是美元，那麼通常以和美國公債利率的利差來表示，屬於固定利率。如果是英鎊，則通常以和英國公債利率的利差表示。歐元或國內LIBOR則屬於變動利率。

交換使用者

假設五年期美金交換的報價為5.80/5.75，它的使用者為何？我們發現市場上有負債交換（liability sways）與資產交換（asset swaps）。

- ❑ 負債交換就是借方交換資金
- ❑ 資產交換就是貸方交換資金

公司的財務長有一個用美元LIBOR計價的銀行貸款（見圖13.7）。因為擔心利率上揚，他買了一個交換，以間接方式將浮動利率銀行貸款轉變成固定利率。

我們也可以想像這個有固定利率貸款的財務長，收取5.75%付出LIBOR，將固定利率貸款轉變成浮動利率。還可以做進一步的變化。如果貸款金額為1億美元，財務長可以只買5000美元萬的交換——一半的資金是固定利率，一半是浮動利率（非常普遍）。

使用交換方法，一名歐洲債券的發行者不只可以將固定利率轉變成浮動利率，同時因為比較利益的概念還可以享有10基點的利潤（見圖13.8）。

債券發行者可以使固定利率的付款與收入相等，利用利潤減少LIBOR利率（見圖13.9）。

發行者同意收取5.65%而非5.75%，支付LIBOR-10基點而非LIBOR。發行者達成了「低於LIBOR利率的融資」。

投資者根據$LIBOR得到浮動利率收入（不論來自貸款或FRN），因為相信利率將走跌，所以轉換成固定利率報酬。我們可以說投資人將

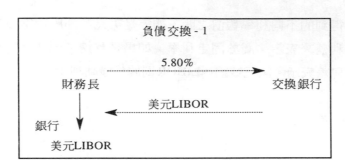

圖13.7 將浮動利率之銀行貸款轉變成固定利率的交換

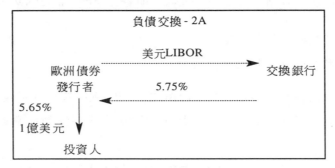

圖13.8 將固定利率債券轉變成浮動利率的交換

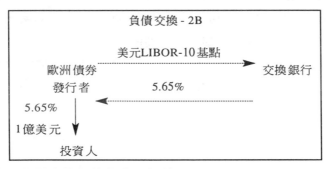

圖13.9 使固定利率的付款與收入相等

FRN改變成「合成的」固定利率債券（見圖13.10）。

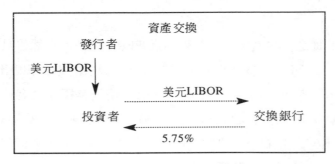

圖13.10　「合成」的固定利率債券

　　銀行通常向信用評等較低的公司買入固定利率債券（因此利率較高），使用於資產交換用以創造高於LIBOR的浮動利率收入（見圖13.11）。

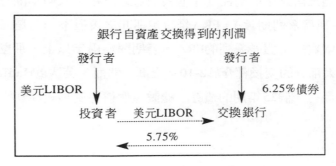

圖13.11　銀行自資產交換得到的利潤

　　在圖13.11中，銀行自債券得到6.25%的收入，但只付出5.75%。同時還得到LIBOR，因此總收入是LIBOR＋50基點。銀行可以包裝這筆交易，配合尋求浮動利率收入的資金，賺取一些利潤。

交換與期貨

　　交換其實是持續數年的一系列期貨或FRA契約。當然也具有店頭市場的彈性。當公司售出3.75%的利率期貨時，帶來的影響和售出3.75%的FRA一樣。同樣地，出售3.75%的利率期貨便是選擇以固定利率借款，以浮動利率貸出（在交換例子中使用的另一種語言）。也就是只有一期的交換（或FRA）。相對的，利率期貨的買方選擇以浮動利率借款，以固定利率貸出-也就是交換的對手。

　　因為FRA與交換使用的語言與術語和期貨不同，新手常常將其視為不同的商品，不過這些其實都是同一商品的變化。因為他們具有期貨的基本特徵-避險者可以從負向利率波動得到保護，但卻不會從正向利率波動受益。

　　期貨是三個月後的商品（不過我們可以為接下來兩年間分別購買八個季契約-稱為系列期貨）。FRA是特定期間之後但不一定是三個月，同樣也可以購買或出售一系列的FRA。若期間為兩年以上，那麼交換較為吸引人。大部分的交換都介於2-10年之間。然而，英國的Halifax 建屋合作社曾經發行一個25年期的債券，據說這個債券交換成浮動利率長達25年！

其他交換

　　交換的買方可能希望六個月後才開始交換，因此產生了遠期交換（forward swap）。

　　在這六個月的期間，遠期交換的買方對利率看法可能錯誤。不過，買方仍須執行交換。因此另一種選擇就是支付權利金，購買交換的選擇權（就像購買FRA的選擇權）。商品名稱為交換選擇權（swaption），眞

是集合了術語之大全。

交換的名目本金可能非固定，而是不斷遞減。例如，一個五年期交換的名目本金為1000萬美元，但本金金額逐年減少。當交換的標的是固定償還本金的貸款，或是設有償債基金的債券時，就可使用此種交換，稱為攤還交換（amortising swap）。

名目本金也可能上上下下，而不是逐年遞減，此種交換稱為雲霄飛車交換（roller coaster swap）。

還有雙方均支付浮動利率，但基礎不同的交換。例如，一方支付歐洲美元LIBOR，另一方支付三月期美國國庫券利率。稱為基礎交換（basis swap）。

貨幣交換

交換市場開始了貨幣交換。位於美國的發行者可能需要瑞士法郎，但瑞士法郎投資者不太熟悉此發行者。一家在瑞士很著名的瑞士公司或公家機關，可能需要美元但美國投資者對它卻很陌生。美國發行者若要得到瑞士法郎、瑞士發行者要得到美元都要付出較高的代價。解決方法就是美國發行者募集美元、瑞士發行者募集瑞士法郎，之後再交換。這就是典型的貨幣交換（currency swap）。

第一件個案發生在1981年，當時世界銀行想要募集瑞士法郎，但卻需要付出更高的成本以說服瑞士投資人持有更多的世界銀行票券。IBM想要募集美元，也面臨相同的問題。所羅門兄弟便安排了交換。世界銀行募集美元而IBM募集瑞士法郎。美元投資者樂於持有世界銀行的票券，而瑞士法郎投資者也願意持有IBM的票券。兩大機構交換所得。在贖回日（1986年），雙方同意按相同匯率交換回來。

期間，IBM將美元利息付款交給世界銀行，換取瑞士法郎的利息付

款。

　　當市場成長時，銀行再次提供了無成對交易，創造了貨幣交換市場。有時候，銀行可以幸運地撮合兩個同時進入市場的投資人。

　　在1996年9月，歐洲投資銀行（EIB）與田納西流域管理局（TVA）同時進入市場。EIB需要十年期的馬克，而TVA需要十年期的美元。EIB募集美元的利率比TVA低7基點，但募集馬克的利率卻只比TVA低4個基點。因此，EIB募集10億美元、TVA募集15億馬克，然後再交換所得。這是利用比較利益的典型例子。若是直接交換，雙方還可以省下買賣價差與交易成本。

利率上限、下限與上下限

前言

　　有時候，市場的使用者可能只希望一方的保護。例如，公司可能尋求當利率上漲的保護，但希望享有利率下跌的好處。當投資人的收入根據浮動利率時，他可能想要得到利率下跌的保護，但卻想要享有利率上漲的好處。

　　透過交易所提供的利率選擇權可以實現這種目標。如果利率走向不利於市場部位，就可以執行選擇權，獲得補償。如果利率走向有利於借款/貸款部位，那麼就可以放棄選擇權，享受較佳的利率。

　　然而，交易所有其缺點。OTC提供了兩個具有彈性的商品以滿足借方與貸方的上述需求—上限與下限。

上限

　　利率上限（cap）設定了短期利率的上限。如果利率超過特定水準（執行水準），買方就可以得到補償。

　　例如，協議可以根據三個月期的LIBOR，為期三年。執行水準為5%，利率每季調整一次，名目本金為1000萬美元。因此，如果三月期的LIBOR為6%，那麼賣方就要支付買方三個月期1000萬美元的1%—也就是25,000美元（見圖13.12）。

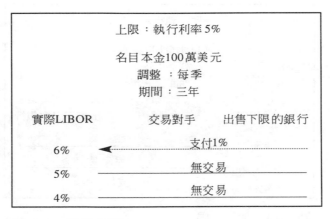

圖13.2　使用上限

　　如果利率低於5%，那就沒有交易，買方可以享受較低的貸款利率。代價就是選擇權的權利金。OTC 上限可能沒有我們要的特定日期，但它如同交換，是持續的協議而不只有一期。

　　利率上限和選擇權搭配起來有多種變化。如果買方能夠接受某種風險程度，那麼上例中的執行利率可能決定為6%。雖然是價外選擇權，但權利金較為便宜。

下限

　　利率下限（floor）是相反的商品。收入為浮動利率的投資人可能買入下限。設定了利率的最低水準。如果市場利率低於此水準，買方就可以得到補償（見圖13.13）。

　　若投資人對於一年內的利率走向很確定，但一年以後就不太確定，此時就可以安排一年以後開始的上限或下限-也就是遠期上限或遠期下限。

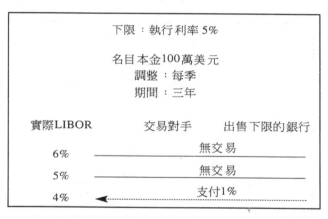

圖13.13　使用下限

利率上下限

　　由上我們知道上限的買方支付權利金，如果利率超過特定水準就可以得到支付。

　　下限的賣方得到權利金，但如果利率低於特定水準就要支付。

　　想像同時買進6％的上限與賣出4％的下限。

　　圖13.14列出了此交易的影響。

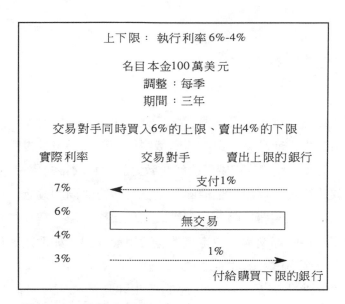

圖13.14 使用上下限

主要目的是將三年間的利率鎖定在特定區間內「上下限（collar）」。

如果利率介於6%與4%之間，那麼就以市場利率貸款。如果利率上漲超過6%，我們可以得到保障。如果利率低於4%，也無法享受利率下跌的好處。同時支付與收取權利金的效果，就是成本的減少。可以選擇權利金相等的兩個利率-無成本上下限（no cost collar）。

這是個相當吸引人的設計，現在非常受歡迎。所有其他的設計都針對某一個特定利率，但上下限卻是特定利率區間。

我們在第八章的外匯交易已經看過這項產品，也就是「cylinder」、「collar」或「range forward」。想要以英鎊購買美元的買方，匯率不會差於1.85美元，也不會優於1.95美元。相同的邏輯運用在不同的市場。

上限、下限與上下限是持續一段期間的利率選擇權系列。2-5年最常見。

信用衍生性商品

衍生性商品近年來最重要的技術就是信用衍生性商品。雖然市場風險主導著衍生性商品,不過亞洲與俄羅斯金融風暴再度提醒了信用風險的恐怖。第二章討論的巴賽爾決議也致力於更為複雜的信用風險控制。

廣義的來看,信用衍生性商品是交易雙方之間的協議,費用和特定的參考信用評估相關,因此和市場或其他風險無關。契約約定當一方的信用表現不佳時即交換。特定事件也會引發支出,如倒閉、信用評等調降或參考資產的信用風險加大。

信用衍生性商品(如同其他的衍生性商品)可以分成期貨型契約(通常是交換)和選擇權型的契約。

雖然這個商品相當新,不過CME已經推出名為「每季破產指數」的商品,同時提供期貨與選擇權。明顯地是交易所為了搶奪OTC漸增的市場而採取的行動。英國的銀行家協會宣稱信用衍生性商品的市場將會從目前的1800億美元成長到2000年的7400億美元。

這當然是相當新的商品,但已經有些批評,認為正確的定價模式可能不是那麼容易理解,有些報導也開始指出信用衍生性商品的隱藏風險。

衍生性工具市場

1995年春季對市場規模進行最完整的調查。26個國家的央行和貨幣單位對當地的衍生性市場活動進行調查。之後再由國際清算銀行(BIS)彙總調查,估計涵蓋了衍生性市場大約90%的交易。這對於過去接受國

際交換經紀商協會提供之籠統數字的OTC市場特別有用。

　　在調整了重複計算後，調查發現在外流通的OTC契約之名目價值為40.7兆美元。因為名目價值可能令人誤解，市場價值毛額（重置成本）估計有1.7兆美元。（在1996年5月，數字分別調整為47.5兆美元與2.2兆美元。）

　　1998年中再次進行調查。這次調查顯示名目總價值已增加了50%，成長至71.5兆美元，市場價值毛額變成2.58兆美元，只增加了17%。這顯示了名目價值不太能表示風險，因為名目價值增加了50%，但風險價值只增加17%。根據表13.1的數字，我們也可以發現利率契約（包括債券）佔了67%的市場，其中交換又佔了46%。

　　BIS向各個交易所收集交易所交易工具的數字，如表13.2所示。同時顯示1995年與1998年的數據，因此可以和OTC的研究作比較，記住OTC的研究正好在1995年中。交易所交易的數字增加了47%，相較於OTC增加了50%。此時利率契約佔了90%的交易量。市場之複雜程度的成長，讓BIS等機構開始擔心控制風險的危險，和控制這些風險的系統之缺失。

　　關於一般的交易對手和部位風險，我們可以增加法律風險與租稅風險。一個地方機構的交換違法的決策，讓英國的交換市場非常困惑。澳洲與美國稅率的不同，造成Westpac多付了8000萬美元的稅金給美國政府，因此減少了股利。

　　衍生性交易之風險的絕佳例子，就是1995年初英國最悠久的商人銀行，霸菱銀行，因為一名交易員，尼客‧理森，而倒閉。銀行的控管不良，管理階層讓一名交易員毀了銀行，代價是8,600億英鎊。在美國的Kidder Peabody，一名交易員，Joseph Jett，隱瞞了3億5,000萬美元的損失長達兩年之久。

　　公司也會發生損失—Allied Lyons、Codelco、Metallgesellschaft、寶鹼、Gibsons卡片公司都是著名的例子。後兩者對信孚銀行提出控訴，均

表13.1　*以風險工具種類區分的全球OTC衍生商品市場的情況，以十億
　　　　美元為單位的在外流通金額

工具	1995年3月底	1998年6月底
外匯		
單純遠期外匯與外匯交換	8,699	14,658
貨幣交換	1,957	2,324
選擇權	2,378	5,040
其他	61	33
外匯總計	13,095	22,055
利率契約		
浮動利率協定	4,598	6,602
交換	18,283	32,942
選擇權	3,548	8,528
其他	216	52
利率總計	26,645	48,124
權益證券關聯契約		
遠期與交換	52	180
選擇權	527	1,161
權益證券關聯總計	579	1,341
報告估計差距	6,893	
總加總	47,212	71,520

*排除商品與信用衍生商品

來源：BIS年報，1999年3月

庭外和解。

　　或許我們不該太過樂觀。銀行在低開發國家負債危機中損失慘重，
亞洲與俄羅斯的金融風暴也帶來鉅額的損失。Crédit Lyonnais在1999年
的民營化，估計對法國政府造成的損失大約介於100億英鎊至190億英鎊
之間（沒有人確定實際金額為何！）銀行對英法隧道的債權高達80億英
鎊，根本不抱著拿回全部的希望，頂多只能收回一半。這些讓霸菱銀行8
億6,000英鎊的損失遜色許多！這些損失都是源自於銀行的放款，這項生
意已存在600年了。關於銀行放款的風險還沒有權威的報告，不過對於衍
生性風險，BIS、IMF、英格蘭銀行、General Accounting Office（美

表13.2　交易所交易的工具-該年底，以十億美元爲單位的在外流通金額

工具	1995	1998
利率期貨	5,863	7,702
利率選擇權	2,742	4,603
貨幣期貨	38	38
貨幣選擇權	43	19
股市指數期貨	172	321
股市指數選擇權	329	866
總計	9,187	13,549

來源：BIS年報，1999年3月

國）、聯邦準備局與G30都提出報告。

　　若要充分理解這些商品需要相當的努力，這使得有些人將其視爲賭博行爲。

　　假設有兩家公司，在未來三年間面臨顯著的利率風險。一個利用利率交換支付固定利率以得到確定性，另一家公司卻什麼都不做。

　　誰在賭博呢？當然是什麼都不做的公司，承受未來利率波動的風險。

　　這些商品的矛盾之處，就在於使用它們避險的同時，意味著銀行承擔更多的風險。當銀行承擔的風險越高，就越能提供使用者新奇的商品，因此獲利。

　　當市場不斷成長，就有更多的機會，以更有效率的方式避險。因此越來越多吸引人的商品被推出。

　　這是這些市場的利益面。賭徒（投機者）當然存在，市場也不能沒有賭徒，但將其視爲完全的賭博就是大錯特錯了。

摘要

遠期利率協定（FRA）是在未來某一天，固定某一段期間利率的方法（forward/forward）。

如果在該天市場利率高於特定的執行利率時，買方就可以得到賣方的補償。不過，如果市場利率低於執行利率，買方就必須補償賣方。

希望得到保障的借款人會購買FRA，投資人會賣出FRA。銀行透過買賣價差可以賺取利潤。

基本上，FRA是在店頭市場交易的利率期貨契約。

FRA只是未來特定一個期間。交換是未來許多期間的協議（例如，未來十年間每年一次）。將市場利率（通常是LIBOR）與執行利率作比較，決定哪一方付給另一方補償。

FRA中的買方，在交換中通常稱為付款方（也就是固定利率的付款者）。FRA的賣方在交換中通常稱為收款方（也就是固定利率的收款者）。

上述為利率交換；市場中還有貨幣交換。

透過比較利益理論的應用，雙方都可以獲利。銀行可以透過買賣價差賺取利潤。

借款資金的交換稱為負債交換；投資人使用的交換稱為資產交換。

交換基本上是一系列的FRA。在未來某一天開始的交換稱為遠期交換（forward swap）；購買交換的選擇權稱為交換選擇權（swapion），兩浮動利率的交換稱為基礎交換（basis swap）。

借款者使用利率上限，就可以免於利率上漲的損失，但仍享有利率下跌的好處；投資者使用利率下限，就可以免於利率下跌的損失，但仍享有利率上漲的好處。

　　上限與下限的混合產生了稱為上下限的未來交易利率範圍區間。

　　上限、下限與上下限都是選擇權的變化。

　　央行在1998年6月對OTC衍生性市場進行調查。對名目價值的初步估計為71.5兆美元，但重置成本估計僅有2.58兆美元。BIS估計1998年底交易所契約的在外流通名目價值為13.5兆美元。

　　利率衍生性商品，是OTC與交易所交易的衍生性商品中最大一項。

全球的金融市場

保險

第十四章 保險

第十四章

保險

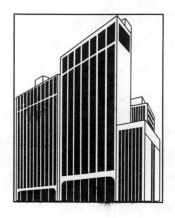

保險市場背景

歷史

> *But ships are but boards, sailors but men; there be land rats*
> *and water rats, water-thieves and land-thieves, I mean pirates;and*
> *then there is the peril of waters, winds and rocks.*
>
> （威尼斯商人，第一節第三幕）

夏洛克是對的，安東尼奧馬上就會發現保險費遠比身上的一塊肉來的便宜！雖然保險的歷史已不可考，但現代的保險卻是由海險開始的。（安東尼奧以即將到港的貨物向夏洛克借高利貸，若無法還錢，就要用安東尼奧身上的一塊肉來抵債。）

船東和富有的商人簽約，後者同意收取保費後提供任何損失的理賠。起草契約後商人在文件下方簽名。因為簽名是在文件的下方，因此稱為保險人（underwriter）。此外，一群船東也可能向所有會員收取特定費用，共同分攤彼此的損失。這項傳統延續到今日，成為保賠協會（P&I club）。

倫敦的傳統是在咖啡館談生意。在1688年首先在塔街出現了愛德華勞伊茲咖啡館，在1691年搬到了倫巴第街。之後為了傳佈資訊，在1734年開始出版「勞伊茲報（Lloyd's List）」，提供船運資訊與一些財務資料。目前仍在出刊中。

當時的保險業就像股市與債市一般，充滿著醜聞與弊案。如同證券交易所成立的目的是為了重拾人們的尊敬與規則，在1769年由Thomas Fielding成立了一個新的組織，固定在Pope's Head Alley聚會，在1771

年成立管理委員會。1774年搬到了皇家交易所大樓，1781年組成了勞伊茲。這是著名的倫敦勞伊茲的起源。

火災保險公司在愛德華勞伊茲咖啡屋之前便於1680年成立。協和保險（Amicable）在1706年成立、倫敦保險公司和皇家交易保險公司在1720年成立。

保險的基本概念就是風險的分攤。例如，根據過去的經驗，所有投保家庭中每年大約有2%會發生火災。因此將預期的保險理賠金除以投保人數，就可以計算出應付保費。未發生火災的家庭繳交之保費集合起來交給發生火災的家庭，換取了若不幸發生在自己身上的保障。

保險市場

以總保費收入來看，全球最大的保險市場為美國、日本、英國與德國。美國在1997年的保費為6,680億美元、日本為4,900億美元、英國為1,580億美元而德國為1,370億美元。歐洲整體的保費收入總值6,690億美元，其中英國、德國與法國就佔了63%。

壽險與非壽險業務有明確的界線。非壽險業務在美國與歐洲佔了50%-60%的市場，但在日本僅佔20%。因此若只考慮壽險業務，日本是全球最大的市場。

另一個方法是市場滲透度，也就是保費佔GDP的比率，如南韓與南非的國家之比率相當高。在歐洲，若以此標準來看，最大的市場為瑞士、英國、荷蘭、法國與愛爾蘭。在葡萄牙、西班牙、義大利與希臘，市場滲透度較低。

（數據來自瑞士Re Sigma之刊物，1999年6月。）

英國保險公司的主要特徵是業務的國際化。英國保險人協會的成員有50%的保費收入來自海外，勞伊茲則為60%。

保證／保險

保證（assurance） 涵蓋了確定會發生的事件。既然每個人都會死，壽險（嚴格說起來，應該是死亡險）便提供了未來確定會發生事件的保障，只是時間未定。由精算師所做的相關統計數字與機率學研究，可估計每一年有多少被保險人可能會死亡。因此，保險人得到的保險理賠金超過保費的可能性非常低。換句話說，公司可以賺取承保獲利。此外，保費事先支付，公司在支付保險理賠金之前可以先行投資，因此第二個獲利來源就是投資報酬。諷刺的是，利率風險通常大於死亡風險！最後，當人們保了壽險後，可能一輩子都不會更改，因此保險公司可以做長期投資。因此，保險公司自然會投資基金以提供長期的退休金給付。因此我們可以將其視爲「壽險與退休金業務」。

業界致力於開發單純壽險保單的變化。其中之一便是定期保證（term assurance）。壽險只持續特定年限，如十年。因爲不確定是否會在此期間死亡，因此保費較便宜。年輕生命（有一大家子要負擔）需要的保護較老年更爲重要。

養老保險（endowment policy），亦稱生死和險或混和保險，被保險人不論生存或死亡，到達一定時期後，保險人均需給付定額之保險金。此種保險增加了投資要素，通常壽險要素只佔保費的10%以下。

醫療保險（living assurance）是剛竄起的種類，目前在美國相當受歡迎。在診斷出癌症、心臟病等重大疾病時，此種保單將提供保障。

壽險保單可分成有無儲蓄險。儲蓄壽險每年與最終到期日時均支付紅利。

此種保單的另一種變化便是將保單與共同基金的表現連結，稱爲單位連動（unit linked），此名稱的由來是因爲基金通常區分成許多單位，此種保單在許多國家都很受歡迎（美國、加拿大、英國與法國）。

　　保險（issurance） 提供可能會、可能不會發生事件的保障；例如，偷竊、火災、意外、暴風雨等等。判斷此種事件發生機率，遠比判斷死亡機率困難，通常保險理賠金遠高於保費-因此有承保損失。例如在景氣蕭條時，縱火事件比率便無法解釋地增加！

　　有時候，因為競爭激烈迫使保費低於經濟水準。產業是循環性的。進入保險業並不難，豐碩的獲利將吸引許多公司加入，直到競爭過大造成損失。之後公司紛紛退出，直到利潤再度開始增加，這整個循環不斷重複。1980年代與1990年代初期對保險業而言是非常壞的時期，再加上異常的災害-颶風、Exxon Valdez漏油事件等等。造成鉅額的損失，但接下來的情況似乎穩定了許多。利潤再度回升，新公司不斷加入，目前保險業屬於超載現象，保費收入降低、生意難做，因此吹起了合併風。

　　承保損失的可能性，意味著保費投資的良好收益很重要，因為這可能是唯一的獲利來源。但更糟的是，保費每年調整一次，被保人可能會四處做比較，轉向另一家公司投保，未來收入又更不確定了！

　　因此保險公司的投資策略必須較壽險與退休金公司更為重視流動性。

　　因為保險業可以分成保證與保險，我們可以發現有些公司只承做保證業務，有些公司只承做保險業務，有些公司則兩種都有，稱為綜合保險公司（composite）。

　　除了由股東組成的上市公司以外，由保單持有人共同擁有的非上市公司也很普遍，稱為互助會（mutual），在西方社會相當普遍，尤其是壽險公司。

管制

　　保險的重要性，以及銷售對象通常是大眾的事實，意味著這個產業需要受到嚴密地監督。例如1971年英國的Vehicle and General 公司之倒

閉，使得800,000名的車主一夕之間失去保險！

在美國，聯邦政府與州政府都會管制。在英國是由金融服務機構管制，在法國是Direction des Assurances，在德國是名爲BAV的機構。在日本，保險業目前受到於1998年成立的金融監督機構所控制。

管制可能包括了一般監督、發給執照、償付比率、會計實務與年報酬率。可能也包括強制險，如第三責任險等。

償付比率類似銀行業的資本適足率（見第二章）。在銀行業，資本適足率是資本與放款之間的審慎比例。在保險業，償付比率是資本（股東權益加上保留盈餘）與保費之間的審慎比例。再保的成本可自保費中扣除（不過設有金額上限），因此保險公司可以承做更多的業務。規則相當複雜，各國往往也有各自的規定，不過歐盟單一市場的規定正實施共同的最低標準。流動性也很重要，因此通常會要求保險公司部分的資本必須提存爲最低保證金（minimum guarantee fund）。

行銷

個人保險的銷售管道非常重要。促使一些保險公司和銀行結盟，利用銀行作爲銷售保單的管道（見第四章），銀行也購併或開辦保險公司。

典型的行銷管道有：

❏ 特約代理
❏ 直接銷售人員
❏ 獨立的財務顧問（IFA）
❏ 兼職人員
❏ 仲介人員
❏ 電話銷售

特約代理（tied agent） 通常是個體經營者，只銷售一家公司的保

單—例如安聯，就有43000名特約代理。在法國也很普遍，約有80,000名。

　　直接銷售人員（direct salesforce） 通常是公司員工，特別是在保證業。在日本，大部分的保險都經由稱為「保險小姐」的特殊銷售人員賣出。

　　獨立的財務顧問（independent financial adviser，IFA） 針對各種產品提供建議。可能收取特定費用，或向提供保單之公司收取佣金。在後者情形中，IFA傾向推薦高佣金保單的可能性，使人質疑其獨立性。英國近年來便面臨此問題，因此立法要求IFA必須向「自我規範組織（Self-Reuglatory Organisation, SRO）」登記，申報自建議保單得到的佣金。另一項規定稱為「對立規定」，禁止IFA與特約代理角色的混淆。例如，一銀行經理可能是銀行基金的代理人，但卻同時扮演顧問的角色，這是不被允許的。共同基金與壽險保單的銷售人員，必須告知買方自己是IFA或特約代理。

　　兼職人員（part-time agent） 通常是律師與不動產仲介，他們常常處理保證與保險業務，同時也會收取佣金。

　　仲介人員（broker） 在美國、英國與荷蘭相當普遍。對於商業保險的涉入程度較個人保險為深。即使從事個人保險，通常也是像汽車與房地產等不是很賺錢的領域。仲介人員從事這些保險，心裡圖的其實是獲利更高的壽險與退休金業務。

　　如同其他的金融市場，保險業也有許多的合併案。英國目前現存最大的獨立仲介商，Sedgwick，在1998年8月被美國的Marsh and McLennan合併。在一系列的收購後，此產業目前由美國的仲介商，Marsh and McLennan and Aon稱大。其他大型的仲介商包括了Arthur J Gallagher（美國）、Accordia（美國）、富比士集團（南非）與Gras Savoie（法國）。這些大型仲介商不只從事典型仲介業務—也提供員工退休金計畫的咨詢服務。

還有一種名為勞動人口（industrial）的行銷方式，挨家挨戶地敲門收取現金保費。此用語來自十九世紀，因為當時的保戶都是在工廠工作的員工。在英國，保誠人壽的勞動人口行銷方式非常著名，因此產生了「the man from the Pru」的俚語。

今日此種行銷方式過於昂貴，在美國與澳洲正快速消失中。收取保費的單位成本遠高於其他種類。適合以現金基礎打理生活的保戶，也適合寂寞的保戶！。有個人每個星期都會上門跟自己聊聊天是多好的事啊，即使對方是保險公司的人員。許多公司放棄此種方法。英國的保誠人壽自1995年1月也不再接受新保單，當時公司僱用了8000名員工，拜訪160萬戶人家。

最後必須提及的是，公司的退休金方案通常會自動提供壽險。

電話行銷（telephone selling）因為成本低廉所以相當普遍。在英國，此方法由蘇格蘭皇家銀行的子公司，Direct Line，率先推出，目前擁有200萬份汽車保單，是這個市場最大的私人保險公司。在西班牙也利用Bankinter成立Linea Directa。其他保險公司，如Axa與蘇黎世，都迅速跟進。

自保

保險的目的就是分散風險，不過某些市場部門保費的上漲卻造成自保（self-insurance）的增加。例如，州政府可能自行集合共同的保費提供保障，特別是僱主責任險。

舉例來說，對一家大型跨國公司而言，只要每年提撥部分資金於基金中提供保險，就可以達成自保。如果公司自認其風險低於一般投保的公司，而且支付的保費過高時，便適合自保。這也可以省下保險手續費與支出。

根據Tillinghast-Towers所做的調查，1997年新成立了300家附設保險

公司（captive insurer），總數為3966家，相較於1982年的1089家。總保費收入為180億美元。這是傳統保險公司競爭激烈的另一個原因。最近一家使用自保的大型國際公司是SmithKline Beecham，在1999年成立子公司並且成為勞伊茲的公司會員。

在海險方面，一個由船東組成的協會互相協助，涵蓋一般船身保險單未提供的風險。各個會員都必須繳交費用以得到特定金額以下的保險理賠。若超過此金額，就要使用再保險。這些協會就是一般所知的保賠協會（Protection and Indemnity Association或P＆I club）。

再保

定義

保險公司將特定種類的保單，全部或部分地向另一家公司轉投保，便稱為再保。可以減少過多的保險理賠請求拖垮公司的風險。

將風險轉移出去的公司稱為原保險人（reinsured），也稱為分保公司（ceding company）。接受風險的公司稱為再保險人（reinsurer）。

再保險人本身可能也會將部分的風險轉向其他公司稱為轉分保（retrocession）契約，或再再保險。通常兩家公司對於特定風險種類，會以交換基礎彼此互保。

分保公司現在有了鉅額理賠金的保障，因此可以承做更多的業務。

公司可以承做業務的數量受到償付比率（solvency margin）的限制。分保公司在計算此數字時，可以減去再保險人收取的保費（但歐盟規定只能減去50%）。

一般說來，再保可以分成比例制與非比例制。

比例制與非比例制再保

比例制（proportional） 再保險人承受協議的風險比率，換取相同比率的保費收入，不過再保險人必須退還再保手續費（reinsurance commission）給分保公司。後者是為了抵銷付給中間人的佣金與相關費用。

比率再保（quota share reinsurance） 再保險人根據分保公司約定的特定種類內的所有保險，承受事先協議的比例。

溢額再保（surplus reinsurance） 風險超過自留額的部分予以再保。例如，火災的風險上限或自留額為100萬美元，若分保公司與再保公司訂有十倍合約（ten-lines treaty），那麼提供1,000萬美元的再保。

和再保公司簽訂的協議稱為合約（treaty）。在上例中，原保險人將承受100萬美元以下的風險。超過的風險便再保出去，上限為1,000萬美元。若接受投保金額為400萬美元，那麼分保公司承受100萬美元的風險，再保公司承受300萬美元，也就是75%，因此是比例制。合約未涵蓋的風險，可以特別（ad hoc）或臨時（facultative）基礎再加保。

非比例制（non-proportional） 再保險人負擔超過自負額的損失以換取保費收入。可能為超額損失或超額損失率再保。

超額損失再保（Excess of loss） 再保險人同意承受任何超出約定自負額上限的損失。可能是風險基礎（per risk basis）適用於某船隻或建築物；或是事件基礎（event basis），例如颶風，通常稱為災難保險。

超額損失率再保（excess of loss ratio） 再保險人承受超過約定損失比率的理賠金。損失比率是理賠金與保費的比率。例如，再保險人可能涵蓋超額損失率為75%至110%之間的90%。假設保費收入為1,000萬美元，若理賠金為750萬美元那麼超額損失率便為75%。若理賠金為1,100萬美元，那麼超額損失率便為110%。之間的差異為350萬美元，分保公

司同意支付此數字的90%，讓再保險人承擔部分的損失（這一點相當重要）。

財務再保

有三個主要特徵：

❏ 再保險人有責任上限
❏ 考慮資金的時間價值
❏ 透過保費折扣分享獲利

第一份保單是勞伊茲辛迪加在1970年代推出的時間與距離保單。再保險人承諾未來的保險理賠金支付。分保公司承諾支付等於上理賠金淨現值（也就是貼現金額）的保費。再保險人因為享有租稅優惠，可以高於貼現計算公式中使用的利率將保費收入再投資以賺取獲利。

分保公司對於保費收入投資是否正確不負任何責任，不過還是可能因為投資的報酬率高於公司自行投資而受益。風險未移轉，協議純屬財務面（分保公司還是需要負擔保險理賠金支付）。

不過，今日的財務再保契約卻涉及了風險的移轉，例如時機風險，也就是保險金的理賠聲請較預期為早。

財務再保契約可以是：

❏ 溯及既往（retrospective）保證目前已簽訂的保單之未來付款。
❏ 展望未來（prospective）提供目前正在接洽中的保單之未來損失涵蓋。
❏ 損失移轉（loss portfolio transfer）將目前已簽訂的保單，超過約定自負額上限的損失責任移轉。

再保市場

　　勞伊茲（稍後討論）和許多保險公司一樣，也從事再保業務。不過這是由少數的專業公司所主導的專業國際事業，如全球前兩大的再保公司，Munich Re（德國）與Swiss Re（瑞士）。德國與瑞士的公司，因為災難準備金可以用來抵稅因此受益不少。

　　如同大部分的金融市場，再保市場也開始吹起合併風。全球第三大的General Re（美國公司）取得Cologne Re的多數股權，不過本身卻在1998年被Berkshire Hathaway合併。Swiss Re合併了Life Re（美國）而Munich Re合併了American Re。

　　以保費收入來看的第三大再保公司是Cologne Re，之後是勞伊茲、安聯與蘇黎世集團。

　　再保經紀人（reinsurance broker）的經營是國際化的，在非比例制再保方面扮演重要角色，同時也處理不尋常的風險。英國的再保經紀非常重要。

　　財務再保這個領域目前正在成長中，蘇黎世保險是最大的專業公司。其子公司為Centre Re，併購了百慕達的Pinnacle公司，後者承保許多勞伊茲的再保單。百慕達因為免稅政策所以是財務再保的中心。

　　銀行也開始參與財務再保，信孚銀行成立子公司處理紐澤西州的業務（Channel Islands）。J.P. Morgan和Marsh 與McLennan也在百慕達成立聯合投資災難保險公司。

　　超額損失市場受到1980年代一系列的災難嚴重打擊。包括了吉爾伯特、雨果與安得魯颶風；菲律賓石油爆炸事件；Piper Alpha油品設備受損；舊金山大地震；洛杉磯暴動；Exxon Valdez石油外洩；與1987年10月及1990年1月英國南部的暴風雨。

　　這一系列的災難使得芝加哥交易所推出「災難保險」的期貨與選擇

權契約！目前最新的發展是災難債券。災難債券（首先於1994年發行）由保險保單作為擔保，設計目的是分散風險。舉例來說，東京火災與海險公司在1997年11月發行了1億美元、十年期的債券。提供高收益，但若東京再接下來十年間遭到地震襲擊就可能有全部或部分的資本損失。這是第六章討論的資產擔保證券的另一個例子。

對於追求高收益、高風險的投資人，此種債券相當吸引人。事實上，投資人接手了部分的再保險風險，因為到目前為止大部分的發行者都是再保公司。如此一來也造成大型保險公司和投資銀行互相競爭。Swiss Re和安聯都成立了資本市場部門，高盛也推出了保險生力軍！

這個構想不再受限於災難保險，轉而擴及至一般保險業。Hanover Re在1998年發行由一般壽險保單作為抵押的債券，對象是期待高收益、但不喜歡災難債券之風險的投資人。

勞伊茲

組織

倫敦勞伊茲屬於特殊個案，值得個別討論。勞伊茲保險社（在1771年重組後所成立）本身不提供任何保險。勞伊茲保險人委員會制訂關於會員財務狀況的規定、提供契約與支援服務，由稱為記名人（names）的個別會員提供保險。

目前約有4700名會員，每個會員在提供保險時，其個人資產因為擁有無限責任因此暴露在不確定的風險之下。其理論基礎是當人們的責任無限時，行事會較為謹慎。但問題是在4700名的會員中，只有139名專業保險人員負責實際工作，因此難以控制其行動。在過去20年間，對於

勞伊茲的爭議大部分都是要求給予會員更大的控制權，尤其是在1988年會員人數曾經超過30,000名！大部分的人都聽過勞伊茲的會員賠光所有家產的新聞（這件事甚至出現在百老匯與倫敦西城的一齣戲劇中—Amy's View）。這是因為勞伊茲在1988至1992年間損失了80億英鎊，因此無限責任變成了會員的悲慘夢魘！這些會員為何想要承擔此風險？這是因為傳統以來慷慨的租稅減免帶來的高額獲利—或者你也可以說，貪心！

專業保險人員負責實際的承保工作，他們組成139間辛迪加（syndicate），在1980年有437間辛迪加。各辛迪加由管理機構（managing agency）負責，共有40間管理機構。通常由大型公司主導（Sturge、Merrett、Wellington與Murray Lawrence），其中前十名就管理了42%的辛迪加。

辛迪加經營一年以後需改組。該年的財務報表三年後出版。例如，1996年的財務報表在1999年出版。預留時間供保險理賠聲請與給付。即使如此，還是可能有進一步的理賠金聲請，所以會利用再保險以利結帳—再保以結帳。最近，勞伊茲已提出改成一年期的會計期間，不過還需要歐盟的同意。

會員代理人（member's agent）對各個記名人提供規則、風險與需加入哪一個辛迪加提供建議。目前有20個代理人，其中最大的是Sturge、Sedgwick、London Wall、Fenchurch與Willis Faber Dumas。

勞伊茲使用經紀人，不過必須為勞伊茲經紀人（Lloyd's brokers），目前約有170人。經紀人必須能夠將保費交給數間辛迪加，同時向數間辛迪加收取保險理賠金。還有一些直接銷售人員，尤其是汽車保險方面。

為了便利承保人員與經紀人之間的交易，有一個中央服務中心-勞伊茲保單簽發辦公室（LPSO）。不只處理保費與理賠金的分配，同時提供與檢查保單上的用字。

記名人個人可處置資產必須有250,000英鎊的，同時需要存入32.5%

的最大保單承受能力。若保單承受能力為100萬英鎊，就必須存入
325,000英鎊。此時，風險可能由10到15間辛迪加共同分攤。不過自2000
年以後，記名人需存入40%的最大保單承受能力，可處置資產數字也將
增加成350,000英鎊。

　　吸引上流階層、富有的運動選手與明星加入成為記名人的，就是下
述的三重獲利機會：

❑ 來自存款的投資獲利
❑ 來自保費的投資收入
❑ 共享承保獲利

此外，過去稅捐機關的態度也不似今日般嚴格。

　　較著名的記名人包括了馬克伯格公爵、作家Jeffrey Archer、賽馬騎
師Lester Piggott、高爾夫球選手Tony Jacklin與前任首相Edward Heath。
已故的Robert Maxwell也是記名人。

　　記名人將0.5%的保費提撥至中央基金，以保障被保險人，當超額理
賠金發生時也可以保護記名人（不過近年來這項措施變的更為困難、更
昂貴。）

　　勞伊茲位於耗資1億6,000萬英鎊、於1986年建成的Richard Rogers大
樓中。中間是交易室（room），承保人員坐在令人難受的服務台旁，而
想要承保特定風險的經紀人可以來拜訪承保人員。經紀人先找上較醒目
的承保人員，然後再轉向其他的-他們應該會跟隨前一位承保人員的腳
步，直到找到足夠的人承擔風險。

　　在交易室中是著名的Lutine Bell。勞伊茲在拿破崙戰爭中自HMS
Lutine搶救回來。昔日的通訊比不上現代，所以利用鐘響傳遞消息，鐘
敲一聲代表壞消息（遲歸的船沈了），兩聲代表好消息（遲歸的船安全抵
港）。現在只有在婚喪節慶才會使用。當伊利沙白女皇在1986年為該大樓
啓用剪綵時，曾經敲過這個鐘。有鑑於當時勞伊茲的醜聞不斷，一名智

者曾經表示不知鐘應敲一聲或兩聲！在1998年9月4日這個鐘再度敲響，是因為商業與工業部（DTI）同意了市場的重整計畫-Equitas工具。

勞伊茲由18名會員組成的勞伊茲保險人委員會所經營，18名會員包括了承保記名人、未承保記名人、公司會員、主席與總裁以及六名外部人士。還有管制委員會與市場委員會。

勞伊茲的總裁是Nick Prettejohn，主席為Max Taylor。

勞伊茲是全球再保市場的主要中心，在航空保險（佔全球業務量的23%）與海運保險（佔全球業務量的13%）方面也舉足輕重，同時創新提出涵蓋了如AIDS與電腦詐欺等新風險的保單。還承保一些特殊的風險，如多胞胎、電影明星的美腿（老牌明星貝蒂‧葛蘭寶）與金氏世界記錄最大的雪茄！勞伊茲在美國享有的良好聲譽，主要是因為在1906年舊金山大地震後，相較於其他保險業者，勞伊茲提供快速的理賠能力因而博得相當的激賞。

倫敦市場

勞伊茲是所謂的「倫敦市場（London Market）」之一部分。包括了三個主體：

- ❏ 勞伊茲本身
- ❏ 倫敦保險人機構（ILU）由海險、航空險與運輸險業者組成的貿易協會。
- ❏ 倫敦保險與再保市場協會（LIRMA）專門從事再保與非海運保險的貿易協會。

後兩個機構共享保單處理與理賠金聲請工具，並且使用倫敦保險中心（成立於1993年）作為基礎。在1998年底正式合併營運，改名為倫敦國際承保協會（IUA）。

　　目前使用兩個電子網路。倫敦保險市場網路LIMNET可提供資料交換、電子郵件，以及提供各種資訊服務。勞伊茲對外再保方案-LORS-自1993年末期開始處理再保負債與付款單。

　　電子承保方式開始興起，目前正緩步地逐漸成長中。

早期問題

　　自1960年代末期以來，勞伊茲的運作便開始遭到批評。會計資訊不透明（記名人無法瞭解真實情況）；管理機構同甘但卻不共苦；部分辛迪加承保超出上限；不時發生鉅額損失；最後，由經紀人經營管理機構造成利益衝突的問題。

　　這些問題的大部分，都可以由1982年中提出的勞伊茲國會法案解決，此法案在1983年1月成為正式立法。

　　不過在成為正式立法前，勞伊茲遭到將資金非法移往境外公司的醜聞所打擊。這些移轉造成鉅額損失，其中有許多必須動用勞伊茲設置的特別基金。因此進一步地改變了勞伊茲委員會（由英格蘭銀行指派）的外部人士成員以及未承保記名人需佔多數的決定。自1987年開始實施。

商業問題

　　在1980年代末期、1990年代初期打擊勞伊茲的問題都屬於商業問題，主要是因為承保表現不佳而非詐欺。

　　負有無限責任的記名人開始發現自己面臨鉅額的損失，有些甚至瀕臨破產邊緣。

　　在超額損失市場（LMX）尤其如此。一間辛迪加再保險人承保了位於勞伊茲市場以外的公司之損失。最初，專精於超額損失的辛迪加獲利豐碩，因此吸引了新的、資金不足的記名人。過去的記名人財產下限為

100,000英鎊，直到1990年才改成250,000英鎊。第290間辛迪加，Gooda Walkeer，在1982年的承保能力為620,000英鎊，在1989年變成6940萬英鎊。在上述一連串的災難發生後記名人面臨鉅額損失，開始控訴一些消息靈通的人將資金投入最安全的辛迪加，部分會員代理人將無辜的記名人作為砲灰安插到表現不佳的辛迪加。而且辛迪加之間互相承擔過多的再保險風險。

Oakley Vaughan辛迪加的會員對勞伊茲保險社提出特別的控訴，宣稱勞伊茲保險社未執行保護記名人的責任。在1992年6月，高等法院做出決定，勞伊茲負有管制市場與公正行事的責任，但對記名人無明確責任。

另一個問題是美國的新法造成巨額賠償金所引起，主要是關於污染與石綿沈滯症。在某些個案中，法律甚至溯及既往。帶來的不確定性造成數年的帳戶無法結帳。通常帳戶在三年後會利用再保險以結帳。但如果可能理賠金非常不確定，就不能再保險，必須繼續掛帳。記名人面臨了未來無限的理賠金請求。

Rowland報告　David Rowland是Sedgwicks的總裁，被要求成立一支工作小組，針對如何讓勞伊茲成為記名人的安全投資，以及如何解決經營難處提出一份報告。

Rowland在1992年1月提出他的報告。針對此創新建議做了一番討論後，在1993年4月提出正式的計畫。

Rowland提議的主要重點為：

1. 自1994年同意公司會員負有有限責任。
3. 成立一家新的再保公司，Equitas，之前所有未給付的理賠金聲請皆移轉至新公司；因此可以決定記名人的損失上限。
4. 成立如單位信託的系統，讓記名人可以將資金投入多個辛迪加。
5. 委員會的規模減小以更具效率。

我們必須記住：勞伊茲的基礎，就是私人會員負有無限責任。允許公司會員負有有限責任是革命性的改變。許多新公司成立以加入勞伊茲，透過投資信託將投資分散於多間辛迪加。其中最大的包括Limit、Cox、、Wellington、Hiscox、Benfiend、Rea與Angerstein。一些更大型的投資信託買下承保人員的職位，一些承保人員也買入辛迪加的承保能力。舉例來說，最大的公司資本提供者之一，Angerstein，就併入最大的管理機構之一，Murray Lawrence。今日，有限責任的會員提供了勞伊茲73%的承保能力。（除了公司以外，個人記名人也可以改變成某種形式的有限責任。）外部人士也開始進入勞伊茲-General Re買下管理機構D P Mann，位於百慕達的Ace也買下Charman Underwriting。Swiss Re將於2000年成立自己的辛迪加。另一個改變，就是勞伊茲同意了第一個專屬保險人Smith Klein Beecham。

上述報告的第二部份是建議集中所有舊的業務於新成立的公司，並決定記名人的損失上限。1992年底未結算的損失都移轉至Equitas，但需要記名人的同意。此項改變使得34,000名記名人受到影響。到了1996年8月30日有90%的記名人都同意，之後這項建議便無任何限制條件了。DTI通過了Equitas計畫，在9月4日勞伊茲的主席，David Rowland，再度敲響Lutine Bell-共敲了三次！顯然是希望惡夢快快過去。

這項計畫訂出了記名人在1993年以前的損失，同時促成理賠金的庭外和解。此外，新的拍賣系統讓記名人可以將對辛迪加的投資轉售出去。在1998年，希望投資辛迪加的人，為辛迪加每英鎊的承保能力付出22便士的代價。這些方案加上運作方式如同單位信託的辛迪加集合系統—MAPA，最終將為新的勞伊茲鋪好通往下世紀的道路。

在1998年的年度會議中，有一份聲明的大意是勞伊茲的私人資本之未來沒有保證，在六月，一名會員代理人，Roverts and Hiscox，集合了所屬的記名人，停止1999年的承保。不過，1982年的勞伊茲法案卻禁止委員會成立公司性質的勞伊茲。

由英格蘭銀行的Pen Kent（1998年9月）針對勞伊茲保險人委員會所做的組織報告，建議只要私人資本佔勞伊茲總資本的5%，記名人就保證能夠列席委員會，這項提議被接受。非承保記名人目前佔委員會的三席。

勞伊茲在1996年的成果顯示總保費收入為67億英鎊，獲利為7億4,800萬英鎊。不過1997年與1998年的預測分別為7,000萬英鎊的獲利與67億英鎊的損失，反映了保險業越來越艱困的環境。全球各地的資本和保費都在減少中。勞伊茲的公司會員之股價也不斷下降中。

儘管如此，勞伊茲還是有其獨特的優點：

- 承保技術—勇於嘗試一般保險人不願碰觸的奇特風險。
- 安全性78億英鎊的保費信託基金、會員的資本要求66億英鎊、未由勞伊茲持有而申報的會員資產有5億6,000英鎊以及最後的中央資金2億1,200萬英鎊，由5年期保除方案做為擔保，一年提供最高3億5,000萬英鎊。
- 遍及全球勞伊茲在60個國家領有執照。

今日市場

保險業如同銀行業，因為激烈競爭的市場、更嚴格的規定，如更高的償付比率規定、新的EC指導方針與歐洲的EMU，因此開始合併、收購與結盟。如同銀行業，大型互助社倍感壓力。

在美國，法律在某種程度上區隔銀行業與保險業。花旗/Travellers的合併可說是突破法律限制，許多人相信這些規定將漸漸消除。

法國集團，Axa，相當積極於收購法國的UAP（過去曾是國營機構）、比利時的Royal Belge與英國的Sun Life & Provincial、Equity and

Law and Guardian Royal Exchange。

法國最大的三家保險公司原先都屬國營機構，但現在UAP被Axa併購，來自德國的安聯購入AGF，法國政府也將對GAN的多數股權賣給另一家法國公司，Grouparma。

在AGF的交易中，安聯同意將子公司，Achener與Münchener，賣給義大利的Generali，以換取Generali放棄對AGF的收購行動。

在英國有兩項重要的合併案-Sun Alliance與皇家保險、General Accident與Commercial Union。此外，保誠人壽收購了蘇格蘭協和保險這家互助社，勞伊茲TSB也在1999年中宣布收購另一家互助社，Scottish Widows（成立於1815年）。

其他重要的改變有：瑞士信貸合併了Winterthur；蘇黎世保險收購了BAT的保險股權（如Eagle Star）；瑞典的SE Banken和Trigg Hansa合併；荷蘭公司，Aegon，收購兩家互助社，Transamerica與大都會人壽，成為美國前三大的保險公司。

如上所見，互助社參與了許多改變。英國最大的互助社之一，Norwich Union，在1997年解除互助性質。加拿大四家主要的壽險公司也解除互助性質-Mutual Life、Manulife Financial、Sun life與Canada Life。

德國是歐洲最大的市場，但合併的速度很緩慢。不過，兩大互助社，HDI與HUK，已同意合併（1999年5月）將成為德國第三大的集團。在德國有2000家保險公司，但市場由安聯主導。

最後一點是跨越國界的改變。Travellers集團的保險子公司，Property Casual，已和Winterhur結成策略聯盟。因此可以透過Wjinterhur的網路進入26個國家的市場。

歐盟的規定

雖然歐盟指導方針在整體保險業方面已有部分進展，但在壽險業方面則較為緩慢。不過在1992年6月，終於通過兩個主要的指導方針—第三非壽險指導方針與第三壽險指導方針。在1994年7月成為法案。自該日起，保險業者只需得到原國家的授權。這和銀行業適用的單一護照概念相同。不過，行銷與銷售方法仍須受到銷售當地國家的法律規範。

但外國保險業者要面臨的問題還是很多，尤其是零售面-語言、距離、法律、當地的支援。保戶想在外國的法院進行訴訟嗎？在1992年，歐洲法院判決一名居住在比利時的德國人，不得以在德國購買的保單向比利時政府要求租稅減免。因為這些理由，安聯的總裁在1995年10月宣稱保險業的單一市場只是幻想！當前亟需要法律、租稅與社會安全制度的整合。

Bureau Européen des Unions des Consommateur 針對壽險市場的比較保費進行研究。以100當作最便宜的保費，產生了以下的數據：

愛爾蘭	100
英國	102
德國	118
法國	151
葡萄牙	345

競爭的空間還是很大！

摘要

全球最大的保險市場是美國，其次依序是日本、英國與德國。

保證涵蓋了確定會發生的事件，如死亡。保險涵蓋了可能會、可能不會發生的事件，如災難。

提供保險保障就是承保。

有些公司只從事保證，有些公司只從事保險，有些公司則兩種皆具（稱為綜合保險公司）。

償付比率，類似於銀行業中的資本適足率。

保險產品的行銷，可能透過代理人、直接銷售人員、獨立財務顧問、兼職人員、經紀人與電話行銷。

有時候具有相同利益的大型跨國公司或集團會使用自保。

當保險人將風險分散給其他保險公司或專業再保公司時，即稱為再保。此處使用的術語有比例制、非比例制、比率再保、溢額再保與超額損失。

再保險人可能轉投資保費以提供未來的保險理賠金，稱為財務再保。

倫敦勞伊茲有再保公司、再保經紀商與大型再保市場。

所謂的倫敦市場包括了勞伊茲保險社、倫敦保險人機構（ILU）與倫敦保險與再保市場（LIRMA）。後兩者目前已合併營運，成為倫敦國際承保協會（IUA）。

倫敦勞伊茲，是由稱為記名人的個別會員組成的組織，記名人提供保險。傳統上負有無限責任。實際的承保業務由辛迪加負責，由管理機構經營辛迪加，而會員代理人則建議記名人。

辛迪加的帳戶以年度為基礎，不過將有3年的時間維持未結帳的狀

態，之後可能利用再保險予以結帳。

勞伊茲使用勞伊茲經紀人與中央服務中心，勞伊茲保單簽發辦公室
（LPSO）。

勞伊茲在近20年來面臨日漸增加的問題。這些問題來自於詐欺、承
保疏失、罔顧會員權益、因美國的污染法與一連串的天災造成的鉅額理
賠金。這些都使得記名人面對龐大損失。

勞伊茲根據下列方向重整：

❑ 同意公司會員負有有限責任。

❑ 成立如單位信託的系統，讓記名人可以將資金投入多個辛迪加
 （MAPA）。

❑ 重組勞伊茲委員會。

❑ 成立一家新的再保公司，Equitas，將1992年底前所有理賠金聲請
 皆移轉至新公司；因此可以決定記名人的損失上限。

主要改變為Equitas。1996年夏末所有會員都同意詳細的計畫。

如同銀行業，保險市場亦開始結盟、合併與跨越國界。有些保險公
司購併銀行、有些成立銀行子公司，有些和銀行結成集資公司。

歐盟通過了第三非壽險指導方針與第三壽險指導方針。產生了銀行
業的單一護照概念，不過影響並不顯著。

全球的金融市場

全球危機時代

第十五章　全球金融危機

第十五章

全球金融危機

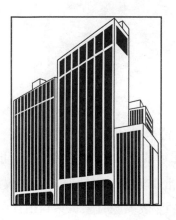

前言

　　在1999年1月，國際貨幣基金（IMF）的管理董事，史丹力.費雪，批評「過去五年間，新興市場金融危機的頻繁、嚴重程度與擴散全球之速度」。

　　他指的是近年來發生的各種金融危機，迫使IMF必須出面解救。全球化的金融市場，意味著當情況惡化時，大量跨越國界的資金流動產生不安定的影響，造成威脅國際金融系統的危機。讓費雪憂心的，就是1994年底在墨西哥，自1997年7月開始後的亞洲，1998年8月在俄羅斯，1998年底在巴西發生的情況，現在眾人的注意力轉移到日本與中國。

　　在思考這個主題時，我們需要瞭解到底發生了什麼，為何發生以及如何防止這些事情再次發生。

出了什麼事？

墨西哥

　　第一次引人注目的金融危機發生在墨西哥，時間是1994年12月。Emesto Zedillo總統領導的新政府宣布每年控制批索貶值4%。資金立刻外流，投資人擔心經常帳赤字、高政府支出與政治不穩定。在12月19日調降批索的官方下限15%後，政府讓批索自由浮動了幾天。

　　墨西哥的對外負債主要是可銷售的短期票券。IMF被迫出面緊急支援，使得美元短期票券的持有人得以脫身，讓權益證券、長期債券和以

批索計價之負債的持有人蒙受損失。

墨西哥是拉丁美洲的主要經濟體，和美國與美國的銀行往來密切。在1980年代的低開發國家負債危機後，拉丁美洲就再也沒有值得信賴的借款人。讀者應該不難想起1982年的危機就是墨西哥政府的無力償還引起的（見第六章）。

亞洲

最重要的危機，是從1997年7月開始發生的一連串事件，一般稱為亞洲金融風暴（Far East Crisis）。

在7月2日，泰國放手讓泰銖波動，泰銖已盯住美元13年了。當天泰銖對美元下跌了17%。幾乎所有的亞洲貨幣都貶值，南韓、馬來西亞、印度，甚至是新加坡。因為恐懼投資損失和對國際貿易的影響，全球主要股市都下挫。香港的橫生指數在四天內下跌了25%，在10月17日，道瓊指數重挫554點一天跌了7.2%。

恐慌持續橫掃著全球。在1997年11月，巴西將利率加倍，變成43%。韓國棄守韓圓，放任韓圓貶值。泰國重新控制外匯。在11月27日，日本第四大的證券公司，Yamaichi，遭到清算。隔年1月，印尼暫緩外債的還本付息。

IMF以一系列的拯救措施開始介入，在8月提供泰國172億美元、11月提供印尼432億美元、在12月提供南韓584億美元。有人開始擔憂IMF可動用的資金可能不足。如果IMF想要讓資金水準與會員國GDP的比率和1945年相同，那麼資金應該增加為三倍才行。

這些國家當然需要IMF的資金。BIS的資料顯示銀行對這些區域的放款，從1997年第三季的220億美元，變成第四季的資金流出320億美元。

1999年4月26日金融時報上的一篇文章可以歸納這整個情況：

投資者在1990年代初期蜂擁進入遠東區域，未曾留意到風險。

當心意改變，投資人又馬上反向操作，同樣地未留意經濟基本原則。當金融機構微幅調整全球投資組合時，可能對小型經濟體產生重大影響。

亞洲是日本的主要貿易伙伴，而這次的風暴正驗證了對於日本經濟弱點的擔憂（將於稍後討論）。在1998年4月，穆迪調降了日本的政府負債評等，在6月美國與日本聯手支撐日圓。

1997年下半年商品的日常用品價格下跌約11%。注意，這些商品佔了智利出口值的60%，石油佔墨西哥政府收入的40%。亞洲和日本佔全球貿易的26%，這就是金融危機蔓延的原因。

我們看到一些共通的主題。其中之一就是企圖穩定匯率，但因為經濟疲弱、政治不穩定與其他因素，所以無法成功。外匯準備金的不足、日常用品價格下跌和監督不嚴的金融系統又雪上加霜。

俄羅斯

俄羅斯透過出售大量的政府負債（特別是國庫券）給外國人以彌補財政赤字。因為稅收不良、貪污腐敗與無效率造成的持續財政赤字，意味著投資人不願意繼續以同一利率放款。在1998年8月17日，俄羅斯讓盧布貶值，並且宣布外債的本息還款延後30天。

在8月26日，正式讓盧布自由波動。俄羅斯已經在1996年接受了IMF提供的212億英鎊（本書出版時，正在討論著更多的放款）。

在8月31日，道瓊指數下跌500點，到了9月中已下挫20%，不過到了10月底，市場迅速地反彈，恢復之前上揚的走勢。

在俄羅斯無力償還後，外國投資人面對的損失至少有500億美元。光

是倫敦的銀行，估計在1998年間因新興市場帶來的損失就有75億英鎊，其中最主要的就是俄羅斯。

其中最特別的是一支稱為長期資本管理（Long-Term Capital Management，LTCM）的避險基金，有相當大的風險暴露，在9月底面臨倒閉危機，但聯邦準備局史無前例地出面解救。UBS的總裁，因為銀行對於LTCM投資資金損失龐大而辭職，就連義大利的央行也在LTCM投資了2億5,000萬美元的準備金！（LTCM這個特殊案例和避險基金的整體情況將在下一節中討論）。

在9月29日，聯邦準備局調降利率1/4%（三年來第一次降息），之後又在10月15日降息1/4%，平息了恐慌。

俄羅斯的銀行體系是在共產體制瓦解後建立的，因此欠缺長遠的資本或專業技能。曾經一星期就開了40家新銀行，最後俄羅斯共有2500家的新銀行！

關於國庫券與長期負債的重整、暫緩遠期外匯交易還有一些俄羅斯財政部發行的美元債券等議題，目前還在協商中。

問題是俄羅斯在1998年的外債共有1,500億美元，需支付170億美元的利息。在此同時，稅收遠低於償還此負債（或是做任何其他的建設）所需的金額。各地開始以物易物。沙瑪拉區域以石油償還部分的債券持有人。主要的鑽石生產商，Alrosa，將原先價值1億元的盧布與美元負債，轉換成由De Beers保證的珠寶出口收入作為擔保的4,000萬美元債券。

此危機發生後，幾乎沒有採取任何行動改善問題-因此IMF不願再砸錢到無底洞裡。沒有稅制改革、沒有停止貪污、沒有銀行重組，甚至沒有制訂破產法！

長期資本管理與避險基金

上文提到在1998年9月長期資本管理（LTCM）這支避險基金幾乎倒閉。

首先，何謂避險基金？LTCM於1994年開始，但避險基金存在已久，包括一些非常知名的基金，如索羅斯的量子基金。這些原來是集合性投資工具，通常是私人合夥關係，使用各種方法防止基金價值受到證券與外匯價格波動的影響。因此符合避險的概念。同時大量借款購買價格低估的資產，透過槓桿作用改善基金的績效。

但重點漸漸地轉向完全投機的活動，例如所謂的走向策略（directional strategy），對特定貨幣或債券的走向押注。通常會使用複雜的模式找出價格被低估的債券或貨幣。有些則企圖預測合併案，其他則炒作股票，或是利用遭到清算或監管的公司。美國約有1200支避險基金，管理金額約1,200億美元。

1998年9月25日時代雜誌中的一篇文章評論了這些基金當時的投資活動：「避險基金一詞只是個謊言，因為這些基金的所作所為是在利用風險，而不是避免風險」。

儘管名為長期資本管理，LTCM並不全然是長期的，試圖利用複雜的套利利用短期的機會。特別是運用槓桿的程度相當驚人。借用資金是權益資本的50倍，相當於5000%的槓桿效果。

LTCM對俄羅斯有相當大的風險暴露，又因為俄羅斯的遠期外匯交易暫停，一些保護性的措施也無效。聯邦準備局擔心LTCM的倒閉會造成放款銀行的鉅額損失，並且引起恐慌。雖然這些貸款有政府債券作為擔保，但一旦所有的銀行同時出售債券，就會喪失流動性，價格崩跌。

因此聯邦準備局向六個大型機構募集了42億5,000萬美元出面救援，包括了J P Morgan、高盛、摩根添惠、美林、德意志銀行與UBS。

俄羅斯危機和LTCM的幾乎倒閉，其影響是全球的投資人都變得趨避風險，非投資等級的債券價格暴跌。

LTCM事件最大的諷刺，就是管理團隊的成員包括了諾貝爾獎的得主，Scholes與Merton（風險管理的專家？）、聯邦準備局前任副理事長和素有王牌大騙子美稱的John Meriwether！

或許我們不該過份誇大避險基金的影響，雖然它們的確惡化了全球風暴。IMF在1998年5月的研究報告中總結，因為避險基金管理的資金遠低於一般外匯市場交易量與央行準備金，因此不能怪罪它們造成了貨幣危機（如馬來西亞）（參見*避險基金與市場動態*，1998年5月）。

日本

日本的經濟因為成長數字不佳、股市崩盤、房地產價值下滑、大量銀行壞帳，已經疲弱了很多年。日圓因此走軟，協助日本出口更多，同時也使得進口更為昂貴。對日銷售大約佔馬來西亞GDP的12%，佔印尼的6%—因此日本的問題和其他國家的問題息息相關。

銀行讓爛公司繼續經營，政府放任體質不佳的銀行生存下去。許多公司借用過多的資金，投資在報酬低的計畫中。在1998年中，日本的總銀行放款估計為80兆日圓，佔GDP的12%。如前所述，銀行放款佔公司融資來源的百分比遠高於美國的數字。在未來，日本還需面臨在20/30年內，領取年金者約佔人口數目56%的問題。

1997年發生了Yamaichi證券（全國第四大）、Sanyo證券、Nissan共同基金與北海道Takoshoky（前二十大銀行之一）的倒閉。

政府最後決定採取更嚴肅的行動，在1998年6月，組成金融服務機構（FSA）自財政部接手監督銀行的工作。其中最特別的任務就是政府提供金融協助，強迫銀行打消壞帳。

當資產總額排名第十名的長期信用銀行倒閉時，日本面臨初期的危

機，之後此銀行變成公營，稱爲日本信用銀行。

同時設立金融改造委員會，發行債券以融通銀行重組所需的資金。推動改造計畫，鼓勵更多的合併與結盟，例如1999年1月Mitsui Trust與Chuo Trust的合併。同月，Sanwa Trust與Toyo Trust宣布結盟。

到了1999年3月，挹注620億美元資金給15家主要銀行，這些銀行目前正努力地打消460億美元的壞帳。

雖然要走的路還很長，但1999年對日本未來的看法卻較爲樂觀，日經指數在該年上漲了30%，GDP在第一季有1.9%的成長。是否繼續抱持樂觀態度還有待觀察。

中國

在上述事件發生時，一直不斷謠傳人民幣將貶值。快速的經濟成長已開始減緩，企業生存的環境也變的更爲艱難。

其中特別的是廣東國際信託與投資公司，在1998年1月被迫申請破產，積欠外國銀行10億美元以上。最後在該年10月關門。海外投資人相信政府會給他們合理的補償，或至少在清算時得到還款優先權。但希望落空了，中國的外資投資因此減少，不過中國倒是沒有發生如亞洲金融風暴的事件。

巴西

巴西就像墨西哥與阿根廷，將貨幣盯住美元以控制通膨。然而，在1998年下半年信心開始動搖，特別是因爲佔GDP8%之財政赤字。8至9月間兌換美元的熱潮，減少了巴西的外匯準備金。重新設定新匯率水準的企圖又失敗，IMF在11月干預，提供415億美元的金援。最後，巴西在1999年1月讓匯率自由波動。

　　看完本章敘述的這些悲慘事件後，唯一讓人開心一點的是，巴西並沒有發生預期的危機。情況穩定了下來，並且以驚人的速度復原。1999年1月巴西公債的利率比美國利率高了1000個基點，但到了4月，巴西發行20億美元，五年期的公債，差異只有675個基點，而且供不應求。這是真的復原，還是短暫的安定呢？

發生原因為何？

　　在我們開始討論如何防止這些危機再次發生前，我們需要先看看這些事件發生的原因。

　　這些事件沒有統一的解決方法，起因也各不相同。

短期資金流動

　　過去大量外資流入新興市場，造成投資過剩，貨幣供給過度擴張。當信心不再，資金又立即撤出。許多貸款都是短期的，需要定期續約，當危機發生時馬上撤出。又因為貸款以外幣計價，所以當地貨幣的貶值更形加重了還款的負擔，造成更大的危機。

　　位於華盛頓的國際金融機構在1999年1月所做的報告，計算在1993年至1998年間，銀行對29個最重要的新興市場的放款佔了資金淨流入的71%。但在1996至1998年間，銀行的放款等於所有的淨資金流出。報告顯示IMF的解救措施保護了這些貸方，引起道德危機的爭議。他們指出如果私人部門的貸方在財務上遭到懲罰，那麼以後就不會浮貸。1996年至1998年間的資金流出約等於南韓GDP的18%，泰國GDP的20%。這是相當大的改變。

　　IMF的解救措施保證收回放款，但這些龐大金額的外幣貸款一開始

究竟值不值得？

沃克觀點

　　1979年至1987年間著名的聯邦準備局理事長沃克（Paul Volker），向國際金融機構發表了針對這整個事件的演講。1998年10月的金融時報刊登了演講內容。歸納了全球危機的起因：

　　　　這些故事就像資本主義一樣久遠。成功導致過度的信心。貪婪戰勝了理智。如果未預期的事件發生了……就會動搖信心……產生懷疑。恐懼開始蔓延。自我保護的動作使得災難擴大。如果影響範圍過大，那麼金融危機就變成經濟危機，這就是今日新興市場的情況。

　　　　以下兩段敘述，可說明這些故事早就發生過了：

　　　　每次危機，都因為過多的投機買賣，卻沒有警惕之心。
　　　　霸菱兄弟近來越來越投機了，他們接下應該拒絕的生意，讓借款人得到過多的資金。

　　第一段敘述引自Walter Bagehot在1873年的著作「倫巴弟街」。
　　第二段敘述是一份名為「Statist」的金融報紙，對於1890年發生的霸菱事件所做的評論。雖然這次的故事並不新奇，沃克仍指出兩個新的成因。一個是科技的改變，代表資金可以空前的速度在世界各地流通。第二個是金融市場的解放，全球各地都解除管制。造成了許多銀行部門小又脆弱的國家，進入了金融市場。

國際結算銀行的警告

說句公道話，在金融危機前這些國家的經濟表現真的令人印象深刻，但這也造成了銀行部門的過度擴張。國際結算銀行（BIS）在1997年的年報警告信用危機，指出南韓在該年必須償還680億美元的貸款。這項警告被忽略了。IMF在1997年的年報甚至歡迎南韓持續驚人的總體經濟表現。

當我們研究危機的起因時，有數個因素共同造成物理界所謂的「不穩定的均衡」，也就是一旦失去均衡，整個系統會偏離均衡更遠（就像鐘擺一樣）。

短期外幣貸款

這些因素之一就是貸款多屬短期，並且以外幣計價的事實。和後者相關的就是各國維持固定匯率的努力。讓貨幣價值持續被高估的風險很大，防守匯率的企圖是非常愚蠢的，一旦失敗就會潰堤。基本上，龐大的對外負債是融通經濟發展的危險方法。我們常常認為資金會流往國內儲蓄率低且需要海外資金的新興市場。弔詭的是，許多亞洲國家的國內儲蓄率非常高。

透明化

缺少透明化也是重要的因素（就像1982年低開發國家負債危機一樣）。儘管BIS提供一些基本的數據，但似乎沒有人瞭解國際借貸與投資的所有風險，尤其是衍生性商品的資產負債表以外之風險的影響。衍生性商品之風險的絕佳說明，可以在Frank Partnoy（曾擔任過營業員）所

著的「F.I.A.S.C.O」一書中找到，由Profile書局出版。

　　我們有了新市場與新方法—歐洲市場、垃圾債券、資產證券化、衍生性商品、電腦的使用、外匯交易量的增加。今日的資本市場是全球化的，但卻是各國各自監督。沒有一個官方機構，以國際基礎監督全球的資本市場。

信用控制與風險管理

　　銀行本身控制信用風險的能力顯然是不太好。BIS對於LTCM危機所做的報告指出，銀行在信用標準方面退讓。BIS／G10銀行監督委員會的主席，William McDonough（同時是紐約聯邦準備局的主席），認為許多風險問題的解決方法就是讓銀行提高標準！

　　這當然又產生了對於現代風險管理方法的質疑，這些方法被大力地鼓吹，應該可以防止這些金融危機與鉅額的銀行損失。在LTCM的個案中，銀行依賴抵押物，但在特定環境因素下，許多公司會共同引發停損賣壓，這又使得情況更糟。如果市場多變，那麼極端的波動也不會太稀有。（瞭解統計學的人認為，常態曲線較理論模式更為平坦。）

國際貨幣基金／世界銀行的角色

　　最後，對於IMF的角色與IMF與世界銀行的界線也有所批評。在布雷頓森林的固定匯率機制之下，IMF的工作是協助國家平衡國際收支帳。當浮動匯率時代來臨時，許多IMF存在的理由都消失了。如1980年代發生的低開發國家負債危機等金融風暴，都證明了兩個組織扮演相同的角色，因此產生了爭論。例如在1988年，世界銀行宣布借給阿根廷12億5,000萬美元，在此同時IMF卻撤回對阿根廷的財務援助！結果雙方達成協議-IMF負責匯率、國際收支帳，以及與經濟成長相關的穩定政策；

世界銀行負責發展計畫與優先順序。然而，對於亞洲金融風暴的處理又招致進一步的批評。如稍早提及的一個問題就是，IMF的資金不足。在1997年的金融風暴中，世界銀行必須支援短期流動性。任一個超然的觀察家都相信這項任務只需要一個單位負責。到目前為止，這兩個機構都不願意放棄這項獲利豐富的工作！

　　有些時事評論家也批評IMF對貸款的條件過於嚴苛─削弱了被救援國家，同時減緩了長期的復甦（就像早期的醫生，同時對病人放血與催瀉！）但如前所述，許多新興市場在1999年的復甦似乎不支持此項論點。

解決方法？

　　或許有人認為設計一些解決方法，防止這些全球金融風暴再起應該不是很困難的事。1997年風暴後有廣泛的討論，並且提出了許多的解決方法，但其可行性與效用仍須質疑。這些解決方法集中在下列因素。

避免固定匯率

　　對於固定匯率，或盯住匯率（例如，將貨幣盯住美元）是項危險措施已有普遍共識。市場力量終會決定一切（就像1992年與1993年的ERM危機一般。）。最後的結果是突然的混亂與失序的波動。儘管我們使用普遍共識一詞，但仍需留意沃克在前述的演說中，提及小型、開放的經濟體之金融市場不足以承受匯率的劇烈波動。

外匯控制

馬來西亞在實施暫時的外匯控制時引起相當的注意。之後,當馬來西亞復甦後,總理聲稱此政策成功,引發對於外匯控制角色的廣泛討論。首先要留意外匯控制可以分成對內控制(限制資金流入)與對外控制(不准資金移出)。馬來西亞的控制屬於後者。

一般說來,資金控制的實施都受到批評,破壞資本市場的進出管道、增加通膨危機,以及造成錯誤投資。限制海外競爭也可能使得管理不善的銀行繼續生存。

有些時事評論員認為馬來西亞的可說是特例,因為馬來西亞擁有預算剩餘、高儲蓄率與管制良好的銀行。當真正開始管制時,馬來西亞幣已經貶值40%了。

儘管對於外匯控制有幾乎一面倒的批評,還是有例外。MIT的一名專業人士,Paul Krugman,在財富雜誌中認為,IMF無法立即伸出援手的事實,使得外匯控制成為權宜之計。各國不需冒匯率波動的風險,就可以刺激經濟。

短期貸款結構改變

對於以短期外幣負債籌措長期發展資金的危險性,已有相當評論。有些人推崇智利政府對此種負債課稅以限制其發展的作法。然而其他人指出儘管如此,智利仍受到亞洲金融風暴的拖累,披索被迫貶值、外匯準備金下跌、利率上漲至危險的水準。然而,Barry Eichengreen,在國際經濟機構之刊物「邁向新的國際金融架構」的文章中,仍強烈提倡由智利開始的對短期外幣借款課稅。

重擬短期銀行負債之條件需要貸方的一致同意(通常數目超過50

個）。許多權威機構相信當風暴發生時，這個過程必須加速完成。

　　William Buiter教授（劍橋大學的經濟教授）與Ann Sibert教授（Birkbeck大學的經濟教授）在1999年7月出版的全球金融中，提出了一個有趣的建議。他們建議所有的外幣負債協議增加一條但書，若借款人的信用條件變差，就可以將負債展延，收取特定懲罰費用—類似於對短期借款課稅。可靠的借款人利率也會比較好。這項展延條款可迫使市場為風險定出價格。

預備信貸限額貸款

　　IMF建議經濟政策健全的國家，可以事先建立「預備信貸限額貸款」作為保障。IMF決定任一時點可動用的額度。其用意是這麼一來，就可以防止資金的恐慌性撤出。各國在申請貸款時，必須提出該國是風暴蔓延的受害者-因為其他國家之負面發展而受害。

　　然而，這項構想似乎只是現有的IMF補充準備金貸款之變化。畢竟，申請動用預備信貸限額貸款不就是向市場傳遞危險訊號嗎？

更大的私人部門角色

　　在全球金融風暴發生時，許多人討論著IMF與世界銀行的角色。IMF尤其期盼能增加私人部門的角色。在1999年3月的報告中，IMF研究其努力被不穩定的私人部門資金流動擊敗的原因。結論為「需要為私人部門創造參與的誘因與工具。」

　　他們希望銀行部門可以更為彈性地重整短期貸款，當經濟情況變差時可以輕易地解除負債。他們也建議銀行與債權人進行更好的正式溝通。

　　但較為爭議的是債券持有人也應分攤痛苦的建議。債券的無力償

還，尤其是國際債券，是非常嚴重的問題，將引發法律行動與降低信用評等。IMF建議將債券以類似銀行貸款的方式重整。國際債券幾乎是神聖不可侵犯的資產類別—憑什麼呢？

新的IMF挹注資金通常用來支付現有的債券利息。因為債券持有人未受到懲罰，我們再度碰到道德危機的問題。

許多現有的債券都附有修改付款條件需經全體同意的條款。然而，大型政府公債可能有數千個持有者，因此不太可能修改。散戶通常將債券視為安全工具。那些反對債券重整的人（為數眾多）指出這對未來發行的影響，以及減少投資人放款的意願，無力償還會增加未來發行的成本。因此，認為IMF應該出手援助。風險有其價格，這會讓貸方與借方更仔細地思考契約。

這個議題始於1999年4月，當時由官方債權人組成的巴黎俱樂部（Paris Club）建議巴基斯坦應重新協商所有私人部門負債，包括債券。然而，真正顯著的改變是在1999年9月，當時厄瓜多爾成為第一個無力償還布雷迪債券的國家，IMF拒絕援助。引用金融時報的一句話，「讓全球市場都打了冷顫」。這是很重要的一個問題。根據標準普爾的資料，政府的債券負債現在比銀行貸款多了70%。

金融穩定

如前所述，這些風暴是全球性的，但管理者卻分屬不同國家。當七大工業國於1998年10月3日在華盛頓開會時，其財政部長與央行總裁便要求Bundesbank的總裁，Hans Tietmayer，成立一個負責國際金融管制與監督的適當機構，同時報告「任何新架構與安排的建議」。

Hans Tietmayer提出「金融穩定討論會，Financial Stability Forum」的構想，其首任主席為Andrew Crockett，他同時也是BIS的總經理。此討論會集合了許多的國際管制與監督機構IMF、世界銀行、經濟合作暨

發展組織、巴塞爾之銀行監督委員會、證管會國際組織、保險監督者國
際協會、付款與交割系統委員會與全球金融系統委員會。（當一些憤世
嫉俗者質疑這個龐大的談論廣場能否真正決定什麼事時，我們應該體諒
他們！）

其用意是金融穩定討論會可以定期開會，討論影響全球金融系統的
議題，並向七國財政部長與央行總裁報告。

七大工業國在1999年2月為此構想背書，同時進一步建議應邀請新興
國家的代表出席會議。第一次的會議在1999年4月召開，而討論會成立了
三個工作小組，檢查：a）減少如避險基金的大量使用槓桿之機構產生不
穩定影響的方法；b）減少資金流動波動性的方法；c）境外金融中心對
全球金融穩定與全球審慎標準之實施的影響。

下一次的會議預計將在1999年9月舉辦。

雖然許多人對於討論會仍存有懷疑，但這卻是朝向正確方向的一
步。再次引用沃克的話：

> 真正進行國際重組的機會實在太少了。我們應該好好把
握。

自我協助

最後，或許我們應該承認全球的金融力量永遠都無法全面消除金融
危機。每個新興市場都應該學習自我保護，在開放經濟前先認清楚風
險。這意味著嚴密地監控銀行業、充分的外匯準備金、穩固的匯率機
制、鼓勵長期投資與阻止風險高的短期資金流動。

摘要

近年來，一連串的金融風暴襲擊許多市場，在全球都引發連鎖反應。

這些風暴發生在墨西哥（1994年）、亞洲（1997年）、俄羅斯（1998年）與巴西（1998年）。俄羅斯的風暴，導致一支大型的美國避險基金，LTCM，的清算。對於日本與中國的情況也有相當的擔憂。

避險基金　最初是以各種避險工具，保住基金價值的集合性投資基金。但近來卻變得越來越投機，使用大量借款投資市場。

IMF以一系列的援救措施，協助墨西哥、泰國、印尼、南韓與巴西。與俄羅斯的協商仍在進行中。

這些金融危機的起因似乎是各種因素的結合-大量的短期外幣資金流動；資金的突然撤出；防止固定匯率下跌的企圖，導致貨幣貶值與外幣利息還款壓力增加；不良的銀行監督；資產負債表外貸款的透明性不足；與缺少國際金融監督。

防止這些危機再起的方法包括了：

❑ 避免固定匯率
❑ 限制短期外幣資金流動。鼓勵較長期的貸款。
❑ 加速重整貸款的速度。
❑ 使用來自IMF的預備信貸限額貸款
❑ 讓私人部門更積極參與銀行與債券投資者。讓他們「共同分攤痛苦」。
❑ 成立全球的金融穩定討論會，改善全球金融市場的監督與管理。
❑ 鼓勵新興市場自我保護。

全球金融市場趨勢

第十六章　主要趨勢

第十六章

主要趨勢

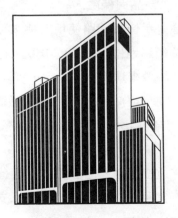

全球金融市場的大變動始於1980年代中期,目前似乎沒有減緩的跡象。我們正處於由管制解除、資訊科技與通訊帶來的驚人改變中。許多未來趨勢正在成形,同時將金融世界改變成另一個風貌。

最後一章的目的,就是要強調這些帶來改變的因素。

網路與電子交易

今日金融市場最重要的一個趨勢,就是電子交易的成長。其中一些是透過網路,網路可提供低成本,尤其是對散戶而言。

到了1999年中,據估計全球的網路使用者約有1億5000萬人,其中有一半住在美國。若以人口百分比來看,斯堪地那維亞地區最高—挪威(34%)、芬蘭(31%)與瑞典(29%)。電子交易系統的使用,提供了新的行銷管道,讓消費者擁有更大的權利。對使用者而言,它帶來了更便宜、更有效率的服務。對供應商而言,新的競爭會更多,行銷人員、仲介商與管理階層也過多。所有的金融市場都會受到影響-銀行業、債券、權益證券、外匯、衍生性商品與保險。

斯堪地那維亞地區是手機與網路使用者佔人口百分比最高的地方,在銀行業務方面也處於領導地位。瑞典的SEB銀行在1996年12月推出網路交易。前六個月預計將帶來10,000名客戶,實際上吸引了100,000名,目前有260,000人,佔客戶群的20%。客戶可以繳費、轉帳、買賣股票、繳保險費、抵押與信用卡。這對於後勤部門與營運辦公室成本影響重大。

在美國,改變沒有這麼迅速,但主要銀行已有6%的客戶使用網路。直接扣帳與電子轉帳不常見—有77%的帳單仍以支票支付。因此大通曼哈頓、First Union and Wells Fargo與Sun Microsystems將推出電子方式付款的新服務。

　　花旗集團和一家加拿大的軟體公司與一家芬蘭的通訊公司聯合推出新的服務，將花旗的金融資訊傳送到用戶的手機上。

　　芬蘭／瑞典的銀行，Merita-Nordbanken，也宣稱有44%的客戶使用網路服務。

　　在英國，改變最大的不是銀行，而是保險公司-保誠人壽。推出名爲蛋（Egg）的新服務，目前正快速地透過網路擴大服務。如果降低成本對銀行而言是項機會，那麼代價就是新競爭增加。

　　儘管如此，由諮詢機構PWC與經濟學人組織在1999年中所做的聯合調查結論顯示，沒有一家銀行眞的理解把握機會利用網路的必要性。

　　在日本，Sakura銀行和Fujitsu聯合宣布在2000年成立日本第一家網路銀行。

　　關於權益證券，我們在第七章討論了電子經紀業務的興起，尤其是美國，如Instinet與POSIT的系統、E*Trade與Charles Schwab的經紀商。預言者，一家研究公司，計算今日約有220萬家庭使用線上交易，到了2003年將成長至970萬家庭。最重要的是，傳統券商美林證券（雇用約15,000名營業員）在1999年中宣布將推出新的網路服務，費用遠低於一般手續費。這是「如果你打不贏他，最好就加入他」的良好例子。

　　Charles Schwab和E*Trade目前已進入英國，Schwab計畫一週增加1000個新客戶。英國的私人投資經理與券商協會估計在2000年，網路交易將會佔零售市場的15%。

　　Charles Schwab目前也計畫在日本，透過東京海險與火險公司提供服務。全國券商協會和日本軟體銀行共同推出在日本線上交易NASDAQ股票。

　　此處的問題是過多的供應商造成困擾，使用者不知道哪一個委託單撮合服務能夠提供最佳的價格。對管理當局也是惡夢一個。

　　債券對電子化委託單撮合系統的反應最慢，但正在快速改變。一個源於義大利，名爲EuroMTS的系統，原先交易義大利的政府公債，目前

已推廣至法國與德國，到了1999年底將納入奧地利、比利時、荷蘭與西班牙。

不過，最重要的新聞當屬1999年中七家重要的投資銀行推出自有系統BrokerTec。目標是以國際基礎交易，首先針對美國與歐洲公債。同時發函給全球大型的衍生性商品交易所一個大好消息—在一個螢幕上顯示全球的價格資訊。

在外匯交易一章中，我們提到現貨的電子化交易，大大打擊了電話經紀商，而Tullett & Tokyo 與Bloomberg自1999年底將提供遠期的電子交易系統。

目前有兩個網路系統，Cognotec與Information Internet，讓外匯使用者可以連到銀行網頁，而不用向辦事人員洽詢。如同電子經紀，自動完成信用檢查。

不過，如同債券市場，電子化交易對外匯市場的傳統電話經紀商的影響目前還不太大。

在衍生性商品市場中，公開喊價交易正迅速萎縮，CME和CBOT是最後堅守的堡壘。不過這也只是時間問題而已。1999年8月6日的金融時報中有一篇文章引用倫敦一銀行的說法，LIFFE雇用了65名員工，每天交易150,000口契約。當電子交易來臨後，只需要18名員工就可以交易250,000口契約。數字會說話。

在保險業，電子化承保與理賠的進展並不快。不過，倫敦的勞伊茲和國際保險人協會已開始提供電子化使用方式。規劃提供共通的電子交易平台，讓全球各地的經紀商都可以進入勞伊茲或是公司部門。

上述都告訴我們電子化交易對跨越國界交易的重要性。坐在螢幕前就可以進入全球市場，世界真小。不過，若要讓全球交易更為成功，我們還需要統一的結算與交割系統-也就是下一個主題。

結算與交割

雖然歐洲的十一個國家已使用單一貨幣，但關於結算與交割的立場卻不同。歐洲共有31個系統，相較於美國的3個系統。

在1999年5月，Eurocleat宣布在歐洲形成「hub and spokes」聯盟。以單一結算所（預計由Euroclear與Cedel合併形成）為基礎，和所有地方系統直接連結。

然而，這個構想在6月遭到反對，Cedel在與法國Sicovam結盟後，又宣布與德意志交易所結算系統合併。

因為堅持所有的決策應以投資者而非結算所的利益為主，由15家銀行組成歐洲證券業小組，表達消費者的觀點。

英國的CrestCo已經宣布與德意志交易所結算系統合併，並且規劃與瑞士Sega Intersettle結盟。

澳洲的中央存保，Austraclear，在1999年初便與Euroclear與Cedel建立聯盟。讓Austracleat的當地會員可以進入海外持有的美元證券。Euroclear的管理階層評論：「與Austracleat的結盟，便是市場全球化的證明」。

Eurocleat也將觸角延伸到在歐洲交易的美國權證。目前已開始結算美國境外投資人持有的美國公債、洋基債券、與優先股。

上例說明了一系統必須能夠結算各種投資工具的需要─債券、股票、衍生性商品與附買回。

例如，巴黎交易所便宣布將成立Clearnet（1998年11月）以結算各種政府公債之衍生性商品與附買回的OTC交易。主要負責LIFFE的倫敦結算所，目前也結算債券交易，同時債券與衍生性商品之交易採淨額交割。

風險管理與衍生性商品

風險管理系統雖然成長緩慢，但目前正在茁壯。巴塞爾委員會已經推出涵蓋市場風險的資本適足率指導方針，目前也正在草擬提議更新關於信用風險的巴塞爾協議。即時總額交割系統相當普遍，現在通常是付款後即交割（銀貨兩訖），省略文件作業，交割時間縮短，或甚至是即時交割，同時淨額交割也增加了。上述都減少了信用風險。

在衍生性商品方面，極少看到公司、銀行或政府違約（如霸菱、寶鹼與橘郡），市場似乎成熟的多。但還是有人擔心危險值統計模式與OTC交易的透明度不足。

關於第一點，極端的情況似乎嘲弄著所謂的99%信賴區間。在俄羅斯危機發生之前，99%的信賴區間意味著將債券的利差放寬為200個基點。危機發生以後居然必須放寬900個基點！信孚銀行表示，風險值模式顯示價值風險只有一天超過100。但在1999年9月30日結束的第三季時，有四天超過了。因此以技術面來看，常態曲線只能告訴我們100天中99天的最大損失，卻無法告訴我們第100天的損失為何。另一個問題是模式未考慮無法避險的可能性。在俄羅斯的例子中，所有遠期的盧布外匯交易都暫停了。

沒有一個模式可以解決這個問題，這或許是第十五章中討論避免全球風暴再起的改變之一部分。

透明度是另一個問題。長期資本管理（LTCM）對50個交易對手有相當的風險暴露，不過沒人知道整體的風險。衍生性商品的OTC市場並不透明，一些複雜的衍生性商品讓銀行可以避免如外匯風險的規定。墨西哥的外匯風險比一般人想像中的嚴重的多，或許就是這個原因，日本銀行利用複雜的債券衍生性商品賺取眼前的獲利，但卻使相關的損失延

後長達20年。金融監督機構最後受不了了，給予東京的Credit Suisse相當嚴厲的制裁。

想要更深入瞭解的人，可以查閱前任摩根史坦力的衍生性商品交易員，Frank Portnoy所著的「F.I.A.S.C.O.」（Profile Books出版）。管理當局似乎再也無法容忍透明度的不足了。

在風險管理這個標題下，還有全球風暴的成因與預防之道的問題。許多人開始關心新的「金融穩定討論會」。悲觀地來看，我們可能還需要一兩個風暴才能真正下定決心。

購併與合作

我們可以確定的一件事，就是合併的風潮會繼續下去。對於銀行的合併與聯盟已習以為常。現在衍生性商品交易所（EUREX）、證券交易所（NASDAQ/美國證券交易所、倫敦/法蘭克福）、結算所（Cedel/德意志交易所結算中心）、和貨幣經紀商（Tullett & Tokyo/Bloomberg、Intercapital/Exco/Garban）都開始合併。這一切都開始於日本三大銀行宣布合併成全球最大銀行的那一天。

以上都證明規模必須很大，才得以在全球市場、激烈競爭與來自電子交易之威脅下生存。這項趨勢產生了少數集中的全球銀行、電子交易系統（不論是否由交易所經營）和結算組織。

資產擔保證券

這個市場，自1986年以來就經歷了爆炸性的成長。資產擔保證券似乎是瞬間就展開蔓延至全球。

第六章顯示ABS證券範圍之廣足以嚇人,從搖滾歌手的版稅、電話費、美式足球季票與未來的出口收入都可以作為擔保。

對發行者的好處是資產負債表的彈性、更妥善運用資本的能力,公司也可以取得更便宜的融資。尤其是新興市場可以利用未來的專案收益做為債券的抵押,如此一來才能使得專案得以進展。在債券市場,因為市場似乎已接受此想法,而且管制也慢慢解除,資產擔保證券似乎會是接下來十年間的主要發展。

摘要

網路與電子交易　電子交易提供新的行銷管道與做生意的方法。將權利天平移向消費者,同時公司也面臨新的競爭與策略改變的挑戰。

結算與交割　若各種結算與交割系統無法簡化,全球交易永遠無法全面成功。現在已經開始有合併與結盟,系統數量已開始減少。

風險管理與衍生性商品　在新的巴賽爾委員會決議下,風險的控制似乎緩慢的改善中,然而,還是有人擔心全球風暴後使得波動性增加與許多OTC市場透明度不足。

購併與合作　除了銀行的購併與結盟以外,證券交易所、衍生性商品交易所、結算所與貨幣經紀商也開始了購併與結盟。

資產擔保證券　市場終於抓住這個機會,這可能是債券市場未來的主要特徵。

名詞解釋

資產擔保證券（ABS）	提供資產作為擔保的證券，例如，抵押債券。
承兌（ACCEPTING）	簽發匯票同意付款，銀行的簽名幾乎就等於保證付款。
付款期間（ACCOUNT）	對於權益證券的交割，交易所可能約定付款期間，如兩週、一個月等等，在交割日當天付款。另一種方法是循環交割系統。
應計利息（ACCRUED INTEREST）	債券持有至今日產生的利息，證券交易時買方應付給賣方。債券交易時與債券淨價分別報價。
美國存託憑證（ADR）	係外國股票可在美國交易而不用正式掛牌的交易形式。
第二投資市場（AIM）	1995年6月在英國成立的小型公司股票新市場。
Alpha值（ALPHA FACTOR）	股價中反應個別公司表現而非整體市場的因素（後者為Beta值）。
年收益率（ANNUAL YIELD）	參見Flat Yield。
付款結算服務協會（APACS）	負責控制英國的支票交換，BACS與CHAPS。
套利（ARBITRAGE）	利用不同市場的股價或匯率差異而獲利—在一市場買入同一時間在另一市場賣出。
套利者（ARBITRAGEURS）	尋找套利機會的人。尤其適用於在美國尋求收購機會的人。
第65項法案（ARTICLE 65）	日本財政法第65項法案—禁止商業銀行從事投資銀行業務（反之亦然），目前正逐漸鬆綁。
賣出價（ASK RATE）	參見Offer Rate。
資產（ASSETS）	銀行資產負債表中處理放款的一方。
保證（ASSURANCE）	壽險與退休金計畫的業務。

自動提款機（ATM）	銀行自動提款機器。
後勤部門（BACK OFFICE）	負責會計與交割程序的部門。
現貨溢價（BACKWARDATION）	當一市場創造者的賣出價低於另一創造者的買入價—明顯的套利機會！
銀行自動結算服務（BACS）	銀行的自動化結算服務（英國）。
銀行匯票（BANK BILL）	由央行認可的銀行承兌的匯票。央行本身也會重貼現此種匯票，因此也稱為合格匯票。
交易（BARGAIN）	任何證券交易所的交易。
基點（BASIS POINT）	1%的百分之一。
空頭（BEAR）	認為市場將走跌，因此產生失望性的賣壓，是為空頭市場。
不記名債券（BEARER BOND）	債券還款給持票人—沒有集中過戶的系統。
（BED AND BREAKFAST）	今天賣股票明天即回補-在年底報稅時充分利用資本利得扣抵額，或是申報損失。
Beta值（BETA FACTOR）	整體市場走向對股價的影響（參見Alpha Factor）。
買入價（BID RATE）	銀行同業存款提供的利率，同時也是自營商對權益證券、債券、外匯等的買入價格。
金融大改革（BIG BANG）	英國證券交易所於1986年10月27日的管制解除。
匯票（BILL OF EXCHANGE）	商品或服務接受者簽發付款給供應者的承諾。可以折現出售。
國際結算銀行（巴賽爾）（BIS）	國際結算銀行是所有央行的央行。
熱門股票（BLUE CHIP）	最高評價的股票（源自賭場用語）。
（BOBL）	德國政府公債契約在EUREX的縮寫。
債券（BOND）	借方對於一年以上貸款發出的憑證，約定利率與還款日。
債券分離（BOND STRIPPING）	參見Coupon Stripping。
債券沖洗（BOND WASHING）	在除息日前出售債券以享有資本利得而非收入。

（BONOS）	Bonos del Estado—西班牙政府公債。
紅利股發行（BONUS ISSUE）	對現有股東提供免費股份。
布來迪債券（BREADY BOND）	在Nicolas Brady推動的方案下，為了減免南美國家部分負債而發行的債券。
布雷頓森林（BRETTON WOODS）	在1944年於美國的布雷頓森林召開會議成立世界銀行、國際貨幣基金與外匯系統。
經紀商（BROKER）	買賣證券或仲介貸款或外匯交易的代理人。
（BTAN）	Bons du Trésor à Intérét Annuel，法國政府的兩年與五年票券。
（BTF）	Bons du Trésor à Taux Fixe，法國政府國庫券。
（BTP）	義大利政府公債（Buoni del Tesoro Poliennali）。
多頭（BULL）	相信股市將上漲，因此買盤樂觀，是為多頭市場。
（BULLDOGS）	外國機構在英國發行的英鎊債券。
期末整付（BULLET REPAYMENT）	債券或銀行貸款在到期日時整筆償還（而不是分期付款）。
（BUND）	在EUREX與LIFFE交易的中期德國政府公債契約之簡稱。
德國央行（BUNDESBANK）	德國中央銀行。
買賣協議（BUY/SELL AGREEMENT）	類似股票借貸或附買回交易，不同的是賣方放棄股所有權利。
（CABLE）	美元／英鎊匯率的簡稱。
短期借款（CALL MONEY）	銀行借給其他銀行或貼現所的資金，可在隔天中午償還。
買權（CALL OPTION）	以今日協議價格購買股票／債券／指數／利率契約的選擇權。
上限（CAP）	與交易對手設定的利率上限協議。

資本適足（CAPITAL ADEQUACY）　維持適當資金以涵蓋交易對手風險與部位風險的需要。

資本市場（CAPITAL MARKETS）　中長期證券的市場。

資本適足率（CAPITAL RATIO）　銀行的主要資本與資產加權值（例如現金的加權為零）的比率。

總市值（CAPITALISATION）　公司的上市總市值就是股數乘以目前股價。

芝加哥選擇權交易所（CBOE）　Chicago Board Options Exchange，芝加哥選擇交易所。

芝加哥交易所（CBOT）　Chicago Board of Trade，芝加哥交易所。

定存單（CERTIFICATE OF DEPOSIT）　由銀行發行以募集資金的選擇有相當龐大的次級市場。（也有歐洲定存單）

資本利得稅（CGT）　Capital Gains Tax，資本利得稅

算所自動化款系統（CHAPS）　當天處理電子化付款結算（英國）適用於英鎊與歐元。

防火牆（CHINESE WALL）　公司的不同部門理論上應設有區隔，以避免利益衝突或內部交易。

結算所銀行同業付款（CHIPS）　紐約的電子化銀行結算系統。

光價（CLEAN PRICE）　未包括應計利息的債券價格。

結算所（CLEARING HOUSE）　選擇權／期貨市場中保證交易的主要機構。

平倉（CLOSING OUT）　在期貨市場上買入相反契約，若買方之前買了100噸6月份交割的可可，就可以出售相同月份交割的100噸可可（反之亦然）。

芝加哥商業交易所（CME）　Chicago Mercantile Exchange 芝加哥商業交易所。

利率上下限（COLLAR）　上限與下限的混合。設定特定期間後利率的區間，例如10-12%，也適用於匯率。

商業銀行（COMMERCIAL BANKING）　收受存放款的典型銀行業務，可以是零售或批發。

商業本票（COMMERCIAL PAPER）　為了募集資金發行的短期權證，通常由公司發行。

（也有歐洲商業本票）

同謀者（CONCERT PARTY）　在收購事件中集體行動（秘密地）的一組人，例如三人各買入2.9%的股份以隱身於幕後。

CONNECT　LIFFE的電腦交易系統。

合併（CONSOLIDATION）　重組股份持股，例如將10股面額10便士重組成1股面額1英鎊。

可轉換（CONVERTIBLE）　可轉換債券除了贖回以外，還可以轉換成權益證券、其他債券甚或是商品，例如黃金。

公司理財（CORPORATE FINANCE）　商人／投資銀行中負責收購、合併與提供公司策略建議的部門。

交易對手風險（COUNTERPARTY RISK）　若交易對手無法交割的風險。

息票利率（COUPON RATE）　不記名債券發行的息票上註明的年利率。

息票分離（COUPON STRIPPING）　將息票自債券撕開出售，本金成為個別的零息債券。

息票（COUPONS）　不記名債券發行的單據，讓持有人可以聲請利息。

涵蓋比率（COVER）　股利（淨額）與稅後可分配盈餘的比率。

信用創造（CREATION OF CREDIT）　銀行放款的能力，因為只有少部分交易使用現金因此大大增進信用創造之能力。

信用評等（CREDIT RATING）　如標準普爾與穆迪等公司對債券或票券的安全性所做的評估。

（CREST）　自1996年中在英國開始的無文書作業之權益證券交割系統。

交叉匯率（CROSS RATES）　兩個非美元貨幣之間的匯率。

累積的（CUMULATIVE）　適用於優先股—若該年無法發放股利則視為積欠優先股東的股利。

筒狀（CYLINDER）　貨幣市場中匯率上下限的名稱。

信用債券（DEVENTURE）　在英國是指有資產作為擔保的債券。不過在美國與加

拿大卻指無資產作為擔保的債券！

衍生性商品（DERIVATIVES） 價格來自標的資產價格的商品—例如如果ICI的股票是標的資產，那麼買賣ICI股票的選擇權就是衍生性商品。適用於選擇權、期貨、交換等等。

含息價（DIRTY PRICES） 包括應計利息的債券價格。

貼現所（DISCOUNT HOUSE） 接受銀行系統的流動資金，用於貼現匯票、購買國庫券或附買回交易等等。

折現或貼現（DISCOUNTING） 以低於票面價值買／賣權證。

金融機構作用削減 公司不透過銀行直接在市場上借／貸。
(DISINTERMEDIATION）

股利收益率（DIVIDEND YIELD） 以當期股利除以股價表示的年報酬率—通常以毛額計算。

跟單信用狀（DOCUMENTARY 當客戶（如進口商）要求時，銀行向賣方（例如出口
LETTER OF CREDIT） 商）做出當文件條件與商品情況符合時即付款的書面承諾。

DOUBLE 參見Straddle。

龍族債券（DRAGON BOND） 在香港或新加坡發行的歐洲債券，目標鎖定亞洲的投資人。

DTB 以前的德國期貨／選擇權交易所（德文為Börse），現在是EUREX。

盈餘報酬率（EARNINGS YIELD） 每股盈餘（稅後）占股價百分比表示。

EASDAQ 券商自動化報價系統歐洲協會龍族債券自1996年底開始的泛歐洲交易系統。

歐洲央行 歐洲中央銀行。

銷售點電子資金移轉系統 在銷售點利用電子化移轉資金之系統
(EFT-POS）

合格匯票（ELIGIBLE BILLS） 當央行扮演最終貸方角色時，可以賣給央行的匯票。

歐洲貨幣系統（EMS） 對於貨幣合作的協議。其中包括了使用歐洲貨幣單

位、將20%的央行準備金存於歐洲貨幣合作基金，以及將會員國之間的匯率維持在約定區間的匯率機制。成立於1979年，後來被歐洲經濟暨貨幣聯盟取代。

歐洲經濟暨貨幣聯盟（EMU） 由11個歐洲國家於1999年1月1日成立的單一貨幣區域。2002年1月1日將推出紙鈔與硬幣。

歐洲選擇權交易所（EOE） European Options Exchange（阿姆斯特丹）歐洲選擇權交易所。

歐元隔夜指數平均EONIA 歐元區域隔夜拆款利率平均。

EQUITY 股票的通稱。

權益證券匯率機制ERM 歐洲貨幣系統的匯率機制。

歐洲央行系統（ESCB） 歐洲央行加上歐盟各國的央行，技術上包括不位於歐元區域的國家之央行，但無法參與決策過程。

ESOPS 員工股票分紅計畫（美國）。

EURES 結合德國的DTV與瑞士的SOFFEX的期貨/選擇權交易所。

EURIBOR 貨幣聯盟國家的歐元銀行同業放款利率。

歐元（EURO） 歐洲貨幣聯盟單一貨幣的名稱。

EURO LIBOR 倫敦的歐元銀行同業放款利率。

歐洲債券（EUROBOND） 在計價貨幣以外地區發行的債券。

歐洲定存單（EUROCERTIFICATE OF DEPOSIT） 參見Certificate of Deposit。

歐洲商業本票（EUROCOMMERCIAL PAPER） 參見Commercial Paper。

歐洲貨幣（EUROCURRENCIES） 任何由貨幣屬國以外的銀行、公司或個人持有的貨幣。

歐元隔夜指數平均（EURONIA） 倫敦市場的歐元拆款利率平均。

EURO.NM 由巴黎、法蘭克福、布魯塞爾與阿姆斯特丹開始的小型公司次級股市協會。

歐洲票券（EURONOTE） 以歐洲貨幣為計價單位的短期權證。

歐元系統（EUROSYSTEM） 由歐洲央行加上會員國的央行，不包括非歐元區域的國家。

執行價（EXERCISE PRICE） 選擇權的執行價格（也稱為履約價）。

應收帳款讓售（FACTORING） 定期的買入應收帳款以協助現金流量—通常由銀行的子公司從事。

FCP Fonds Communs de Placement，法國的封閉型基金。

FEDWIRE 美國聯邦準備銀行之間的電子付款系統。

年報酬率（FLAT YIELD） 包含購買價格的債券年報酬率，例如，如果面額100英鎊，票面利率8%的債券購買價格為50英鎊，那麼收益即為16%。也稱為年、期間與利率收益率（參見 Redemption Yield）。

浮動利率（FLOATING RATE） 貸款的利率在協議區間內做調整，與特定利率，如 LIBOR，連結。

下限（FLOOR） 與交易對手設定的利率下限協議。

買斷（FORFAITING） 以無追索權的基礎買入應收帳款以協助現金流量。應收帳款必須為匯票或本票的形式。

遠期契約（FORWARD CONTRACT） 以今日協議價格，買賣在未來交割的商品或證券之契約。

遠期／遠期（FORWARD/FORWARD） 1.在未來某時點起算，以約定利率貸款特定期間的協議，例如六個月後貸款六個月。
2.稍後日期交易的遠期外匯交易。

遠期匯率（FORWARD RATE） 於今日同意在未來買或賣特定貨幣的匯率。由兩貨幣的利率差異導出。

遠期利率協定（FRA） 交易對手同意自未來某時點起算，約定特定期間的名目本金與參考利率，例如六個月後的六個月。

浮動利率票券（FRN） 利率為浮動利率的發行。

前線部門（FRONT OFFICE） 負責促進買賣交易室系統的部門。

金融服務機構（FSA）	英國新成立的金融管制機構。
可互換的（FUNGIBLE）	例如，一期貨交易所的契約可能和其他交易所的相同。可以在一交易所購買，在另一交易所平倉（反之亦然）。也可以用在契約條件相同，發行時間一早一晚的債券。
期貨契約（FUTURES CONTRACT）	與遠期類似，但可以相反契約平倉而不用交割。
G7,G10,等等	各國財政部長召開的會議七大工業國、十大工業國等等。
海外存託憑證（GDR）	外國股票在原市場以外交易的方法。
連動（GEARING）	利用存款或借來的資金從事金融交易。美國用語為槓桿。
連動比率（GEARING RATIO）	權益與長期負債的比率。
GENERAL CLEARING	APACS的一部份──支票交換通常需3/4天（英國）。
公債（GILTS）	此用語適用於英國與愛爾蘭政府公債，意味著金邊或絕對保證的。自1930年代以來就是英國政府公債的通用語。
GLASS-STEAGALL ACT	美國在1933年通過的法案，用意是防止商業銀行從事特定的投資銀行業務（反之亦然）。此法即將廢除。
全球化（GLOBALISATION）	全球市場跨越國界的整合運動。
綠鞋法（GREENSHOE OPTION）	對新股份有超額需求時，發行者保留發行額外股票（15%）的權利。
灰市（GREY MARKET）	在官方市場開始前的證券銷售市場。
贖回毛收益率（GROSS REDEMPTION YIELD）	參見Redemption Yield。
擔保溢額（HAIRCUT）	在股票借貸的協議中，借方支付抵押品的價值高於股票市價（預防股價上漲），多出的部分稱為「haircut」。
避險（HEDGING）	防止風險的技術。例如，若價格波動會產生損失，就

可以購買提供反向保障的選擇權或期貨；如果利率上漲會造成損失，就可以買入利率選擇權/期貨，當利率上漲時可以得到獲利作爲保障。

自營商間經紀商（IDB）　　促進市場創造者之間的交易，讓市場創造者可以隱密、匿名地交易。

國際貨幣基金（IMF）　　成立於1946年，目的是協助國際收支帳困難的國家。

指數（INDICES）　　如S&P 500、CAC 40、DAX、FTSE 100等。

不合格匯票（INELIGIBLE BANK BILLS）　　由非央行名單的銀行承兌的匯票。

原始保證金（INITIAL MARGIN）　　結算所要求的原始存款（相對於變動保證金）。

保險（INSURANCE）　　相對於保證，這是壽險以外的業務。

銀行同業市場（INTERBANK MARKET）　　銀行之間的借貸。

利息收益（INTEREST YIELD）　　參見Flat Yield。

國際化（INTERNATIONALISATION）　　參見Globalisation。

內含價值（INTRINSIC VALUE）　　買權執行價低於市價的金額（或賣權執行價高於市價的金額）。

推薦（INTRODUCTION）　　得到證券交易所報價的方法。無須發行新股。通常是外國股票希望在國內市場掛牌。

投資銀行業（INVESTMENT BANKING）　　積極參與新證券發行、增資股發行、債券發行、投資管理等業務的銀行。同時也提供購併雙方建議。

投資等級（INVESTMENT GRADE）　　BBB（標準普爾）與Baa（穆迪）或更好的信用評等也就是高品質的債券。

投資信託（INVESTMENT TRUST）　　公司的業務就是經營投資組合計畫，也就是封閉型基金。

IPMA　　國際初級市場協會歐洲債券自營商組成之國際初級市場協會。

初次上市發行（IPO）　　公開發行的美國用語。

不可贖回（IRREDEEMABLE）	與永久性同義。
ISDA	國際證券與衍生性商品協會。
ISMA	國際證券市場協會。
首次發行（ISSUING）	權證首次在市場中發行。
合股（JOINT STOCK）	股份公司。
垃圾債券（JUNK BONDS）	專指信用評等為BB（標準普爾）或Ba（穆迪）以下的債券。高風險、高收益。
袋鼠債券（KANGAROO BOND）	由非澳洲人在澳洲發行的澳幣債券。
倫敦商品交易所（LCE）	倫敦商品交易所—交易可可、咖啡、砂糖等，現在屬於LIFFE。
低開發國家（LDC）	低度開發的國家。
主辦行（LEAD MANAGER）	在聯合貸款或如歐洲債券等權證發行時扮演主要角色的銀行。
槓桿（LEVERAGE）	連動的美國用語，也就是以小博大。
負債（LIABILITIES）	在銀行的資產負債表中處理借款的一方，也就是存款、向他人的借款，還有股東資本。
倫敦銀行同業拆借利率（LIBID）	倫敦銀行同業間之拆借利率，一銀行付給另一家銀行存款的利率。
倫敦銀行同業拆放利率（LIBOR）	倫敦銀行同業間之拆借利率，一銀行放款給另一家銀行收取的利率。
倫敦國際金融期貨與選擇權交易所	London International Financial Futures and Options Exchange.
LIMEAN	LIBOR與LIBID的平均。
流動比率（LIQUIDITY RATIO）	通常是銀行的流動資產與合格負債的比率。
LLOYD'S	勞伊茲公司透過集中個別會員的資源，提供保險。
勞伊茲經紀商（LLOYD'S BROKER）	勞伊茲只和勞伊茲經紀商交易。
LLOYD'S REGISTER	可回溯至1776年的運送分類協會。

倫敦金屬交易所（LME）　　　交易六種非鐵的金屬。

帽客（LOCALS）　　　　　自營商為了投機目的自行交易。

倫敦結算所　　　　　　　倫敦的衍生性商品之主要結算所。
(LONDON CLEARING HOUSE)

做多（LONG）　　　　　　因為看好股票、債券或外匯的未來而買入。

LORO　　　　　　　　　Vostro 的同義詞。

管理機構（MANAGING AGENTS）　代表記名人經營與管理勞伊茲辛迪加。

保證金（MARGIN）　　　　結算所要求的存款。

市場創造者（MARKET MAKER）　股市中的自營商，自行承擔風險。

MATADOR BOND MATIF　　由非西班牙人在西班牙發行的西幣債券。法國期貨交
　　　　　　　　　　　　易所（Marché à Terme International de France）。

中期票券（MEDIUM-TERM NOTES）　有各種到期日、貨幣與固定或浮動利率的彈性票券發
　　　　　　　　　　　　行—只要一份法律文件就可以完成。

MEFF　　　　　　　　　位於馬德里與巴塞隆納的西班牙期貨與選擇權交易所
　　　　　　　　　　　　(Mercado de Futuros Financieros)。

顧問會員（MEMBERS' AGENTS）　勞伊茲辛迪加中對於稅務、風險分散等的顧問會員。

商人銀行（MERCHANT BANKS）　投資銀行的英國用語。

夾層（MEZZANINE）　　　如同夾層是兩個樓層之間的樓層；夾層負債便是介在
　　　　　　　　　　　　權益證券與優先負債之間的次順位負債。

中間辦公室（MIDDLE OFFICE）　風險管理系統的一般用語。

強制流動性資產（MLA）　　英國強制要求英鎊貸款必須在英格蘭銀行存有無息存
　　　　　　　　　　　　款。

最低貸款利率（MLR）　　　英格蘭銀行貸款給其他銀行的利率。只有緊急情況時
　　　　　　　　　　　　才會提供，例如1985年1月英鎊重挫、1990年10月英
　　　　　　　　　　　　國加入ERM與1992年9月ERM危機時。現在稱為附買
　　　　　　　　　　　　回利率。

多重選擇貸款（MOF）　　　由銀行團提供的循環貸款，有各種融資選擇銀行貸

款、承兌匯票或是商業本票。

MONEP	法國選擇權交易所（March? des Options Negotiables de Paris）。
貨幣經紀商（MONEY BROKER）	收取小額手續費撮和借貸雙方的中間人。
貨幣市場（MONEY MARKET）	到期日低於一年的資金市場。
互助社（MUTUAL）	由會員互有的銀行或保險公司，非上市公司。
共同基金（MUTUAL FUNDS）	集合性投資資金的通稱，例如投資信託與單位信託。
記名人（NAMES）	勞伊茲的會員。
那斯達克（NASDAQ）	北美券商自動化報價系統—美國在交易所以外的店頭市場交易之電腦化交易系統。
國債（NATIONAL DEBT）	一國政府未清償的負債總數，特別是債券與國民儲蓄。
尚未繳款（NIL PAID）	在增資股發行後，股款尚未繳清前，認股權可以「尚未繳款」的方式出售。
標準市場規模（NMS）	取代阿法、貝他、迦瑪三大類的分類概念。根據平均每日交易量的百分比（目前是2.5%）。有十二項標準，用來決定最小報價單位與即時揭示的最大單位（英國）。
NOSTRO	一銀行在外國銀行開設的外幣帳戶。
OATS	Obligations Assimilable de Trésor。法國政府公債。
OFEX	英國的店頭市場。
資產負債表外風險（OFF BALANCE SHEET RISKS）	資產負債表中資產項以外之活動帶來的風險。例如備用貸款、擔保信用狀、衍生性商品等等。
公開發售（OFFER FOR SALE）	新公司上市的方法之一。可以是定約價或是競標價。
賣出價（OFFER RATE）	銀行同業放款利率。通常是自營商對權益證券、債券、外匯等的賣出價。也稱為Ask Rate。
人工喊價（OPEN OUTCRY）	面對面的交易。

未結會計年度（OPEN YEAR）	因為理賠金的不確定性，無法結束會計年度。
遠期交易日任選契約 （OPTION DATED FORWARD RATE）	屬於選擇權（外匯），但交易日較為彈性。
選擇權（OPTIONS）	以今日約定價格，在未來購買／出售權益證券、債券、外匯或利率契約的權利。交易式選擇權代表選擇權本身可以買賣。
店頭市場（OTC）	在交易所以外的交易市場，例如向銀行購買貨幣選擇權。
OVERFUNDING	債券或國庫券的發行並不是為了融通政府支出，而是當作貨幣控制工具。
反收購（PAC-MAN DEFENCE）	被收購的目標轉而收購對方。
面額（PAR）	證券的票面價值，例如，美國公債的1,000美元或英國公債的100英鎊。
本益比（P/E RATIO）	股價與稅後盈餘的比率。
永久性（PERPETUAL）	無贖回日期的權證。
交易場（PITS）	選擇權、期貨與商品交易所的交易場所。
配售（PLACING）	公司上市的方法之一。向法人與部分散戶配售股份，而未經公開發行。
廣場協議（PLAZA AGREEMENT）	國際合作的例子。在1975年10月於紐約的廣場飯店會談後，各國財政部長同意聯手壓低美元匯率。
毒丸法（POISON PILL）	擊退惡意收購的方法（美國）。
部位風險（POSITION RISK）	當相關利率／價格波動時，持有的金融市場工具（權益證券、債券、貨幣、選擇權、期貨等等）產生的風險。
優先股（PREFERENCE SHARES）	股利按固定百分比支付。在分配股利與公司清算時較普通股股東有優先權。通常沒有投票權（在美國稱為特別股）。

初級市場（PRIMARY MARKET）　證券首次發售的市場。

私人銀行業（PRIVATE BANKING）　爲高收入人士提供的特別銀行業務服務。

本票（PROMISSORY NOTE）　支付特定金額的具簽名承諾。

公共部門借款條件（PSBR）　公共部門的支出大於收入，公共部門需要借款。

公共部門負債償還（PSDR）　公共部門的收入大於支出，公共部門可以償還負債。

賣權（PUT OPTION）　以今日協議價格在稍後出售股票、債券、指數、利率契約的選擇權。

可贖回（REDEEMABLE）　適用於優先股或債券-發行者可依據發行時附加的條款贖回權證。

贖回（REDEMPTION）　對債券持有人的最後一筆付款。

贖回收益（REDEMPTION YIELD）　考量贖回時收入或損失的總贖回收益率。

再保（REINSURANCE）　將原始風險分散給他人。

RELIT　Règlement Livraison de Titres，法國的股市交割系統。

售後買回協議（附買回）(REPO)　證券出售，但之後必須買回。

零售資金（RETAIL MONEY）　一般民眾的存放款。

反向附買回（REVERSE REPO）　由證券買方開始的附買回交易。

逆收購（REVERSE TAKEOVER）　由未掛牌的公司收購上市公司，目標公司的規模通常較收購公司大上許多。新公司收購上市公司後掛上自己的名字。這是公開上市的另一種方法。

循環信用（REVOLVING CREDIT）　根據事先談好的條件，以循環基礎放款的承諾。

增資股發行（RIGHTS ISSUE）　爲了募集現金，按持股比例提供現有股東認股權。

展期（ROLLING OVER）　以協議公式，如LIBOR+1%，更改利率的銀行貸款展期。

循環交割（ROLLING SETTLEMENT）　例如五個工作日，星期二的交易在下週二交割；星期三個交易在下週三交割。另一種方法是付款期間內的所有交易在特定一天交割。

交易室（ROOM）　　　　　　勞伊茲的承保人員與經紀人碰面的地方。

144A規定（RULE 144A）　　美國證管會規定海外發行的證券最初只能銷售給合格的法人投資者。

期收益率（RUNNING YIELD）　參見Flat Yield。

武士債券（SAMURAI BONDS）　非日本人在日本發行的日圓債券。

以股代息（SCRIP DIVIDEND）　提供股票股利而非現金股利（可選擇）。

紅利股發行（SCRIP ISSUE）　與Bonus Issue相同。

交易所自動報價系統（SEAQ）　隨著金融大改革而來的系統（英國）。

交易所選擇式交易系統（SEATS）　小型公司股票的交易系統（英國）。

證管會（SEC）　　　　　　美國負責控制與規範市場的機構（Securities and Exchange Commission）。

次級市場（SECONDARY MARKETS）　股票在初次發行後的買賣。

證券化（SECURITISATION）　透過在國際市場上發行債券募集資金而非透過銀行貸款，以及將現有貸款轉換成證券，例如抵押債券（參見ABS）。

鑄幣收益（SEIGNORAGE）　央行印製鈔票時得到的特殊獲利，因為鈔票的面值遠超過印製成本。

序列產品（SERIES）　　　　類別、履約價與到期日均相同的選擇權。

交易所電子化交易系統（SETS）　新的英國委託單驅動系統，自1997年10月開始實施。

交割日（SETTLEMENT DAY）　交易後需要付款的日期（付款後就可以拿到權證）。

股份（SHARES）　　　　　公司的股份持有人可以得到股利做為報酬-通常稱為權益證券。

SHATZE　　　　　　　　　德國的短期國庫券。

空殼公司（SHELL COMPANY）　資產很少、獲利減少中或根本沒有獲利的公司，股價相當低。

做空（SHORT）　　　　　　因為看空所以賣出較實際擁有為多的股票、債券或外匯。

SICAV	Société d' Investissement de Capital Variable。法國的開放型共同基金。
即期匯票（SIGHT BILL）	承兌時即付款的匯票。
SOFFEX	之前的瑞士選擇權與期貨交易所，現在爲EUREX。
軟性商品（SOFT COMMODITIES）	砂糖、咖啡、可可等相對於金屬。
英鎊隔夜指數平均（SONIA）	隔夜利率的平均值。
分割（SPLIT）	現有股份重組（分割）成更多股份，例如一股價值50便士的股份，變成兩股價值25便士。
現貨或即期（SPOT）	兩天後交割的今日利率（匯率）。
價差（SPREAD）	買入與賣出價之間的差異。通常是兩利率的差異（利差）。
炒家（STAG）	購買新股票的原因是想要高價出售—對於股票本身並沒有興趣。
股票借貸（STOCK BORROWING/LENDING）	權益證券和債券交易商可能暫時地以擔保品交換股票，或利用股票交換擔保品—這對於空頭部位尤其有用。雖然名爲借貸，不過在英國法律上股票被視爲已售出，不過在其他地方沒有此項規定。
交易所股票借貸中間人（STOCK EXCHANGE BORROWING/LENDING）	撮合股票借貸的經紀商（英國）。
股票（INTERMEDIARY STOCKS）	固定收益證券，例如債券、信用債券、優先股。
跨式交易（STRADDLE）	選擇權策略，同時買入或是賣出相同股票、履約價與到期日的買權與賣權。
履約價（STRIKE PRICE）	選擇權的履約價格，參見Exercise Price（同義詞）。
息票分離債券（STRIPPED BONDS）	參見Coupon Stripping。
美國的分離政府公債（STRIPS）	「記名利息與證券本金之分離交易」
次順位負債（SUBORDINATED DEBT）	當公司遭到清算時，需先償還優先負債，然後才是次順位債券。

SUPERDOT	紐約證券交易所的自動執行系統。
交換（SWAPS）	兩個交易對手交換負債，可能是交換貨幣或是交換固定與浮動利率，有時是兩者均交換。後者使用名目本金作為依據，協議將持續特定期間。
交換選擇權（SWAPTION）	在未來某時點擁有交換的選擇權。
國際銀行同業金融通訊協會（SWIFT）	銀行的國際訊息交換系統。
銀行團（SYNDICATE）	在債券或銀行貸款中，由經理人、承銷商與行銷仲介組成的團體。
辛迪加（SYNDICATES）	勞伊茲中記名人的組織。每個辛迪加都有各自的專業承保人。
TALISMAN	Transfer Accounting Lodgement for Investors Stock Management for Principals-1997年以前的SE電腦化交割系統（英國）。
現成證券（TAP STOCK）	在債市中，進一步的發行過去已發行的債券。
TARGET	Trans-European Automated Real Time Gross Settlement Express Transfer-歐元區域的官方銀行同業歐元付款系統。
招標（TENDER）	自營商競價爭取銀行貸款或新證券。如果以訂約價基礎交割，所有人支付相同價格。如果以投標價為基礎，所有人支付各自的投標價。
檔（TICKS）	契約最小的價格波動，例如0.01或1/32。
時間價值（TIME VALUE）	選擇權權利金中不屬於內含價值的部分。
承銷廣告（TOMBSTONE）	聯合貸款、債券發行、商業本票計畫等在報章雜誌上的正式佈告。
電腦自動價格資訊輸出（TOPIC）	英國SEAQ資訊的標準顯示。
觸碰價（TOUCH PRICES）	特定股票的最高買入價與最低賣出價。

商業匯票（TRADE BILL）	未經銀行背書的匯票，央行不接受此種匯票的再貼現。
交易日（TRADE DATE）	達成交易的日期，相對於交割日。
交易式選擇權（TRADED OPTIONS）	以今日協議價格，在稍後購買股票、貨幣、指數、利率契約的選擇權。屬於標準化的市場，選擇權可以出售。
TRADEPOINT	使用電腦化委託單撮和之英國股票交易系統，自1996年9月開始。
TRANCHE	現有債券（較大額）的進一步發行以滿足市場需求。
TRANCHETTE	現有債券（較小額）的進一步發行以滿足市場需求。
國庫券（TREASURY BILL）	由政府發行以募集資金。通常為3、6、12個月。
未註日期（UNDATED）	與永久性同義。
承銷（UNDERWRITE）	一群金融機構同意認購部分比例的新股票。此名詞也使用在保險業。
保險人（UNDERWRITER）	收取保費後提供保險的人。
單位信託（UNIT TRUST）	持有各個公司股票的投資組合，分成許多可以直接買賣的單位。也就是開放型基金，如法國的SICAV。
綜合銀行（UNIVERSAL BANK）	同時從事商業銀行與投資銀行業務的銀行，例如德意志銀行、UBS等。
未上市證券市場（USM）	在1980年以後，無法達成掛牌要求的公司在此市場交易，在1996年底被AIM所取代（英國）。
變動保證金（VARIATION MARGIN）	結算所要求存入更多的存款。
創投資金（VENTURE CAPITAL）	投資於無法吸引一般融資方式的高風險之資金。
VOSTRO	外國銀行在本國銀行開設的本國貨幣帳戶。
變動利率票券（VRN）	票券與LIBOR的利差未固定，每段期間調整一次。

認購權證（WARRANT）	債券或權證附加的憑證，持有人享有稍後以約定價格購買權益／債券的權利。也可能獨立發行，例如公債認購權證、貨幣認購權證、CAC 40認購權證、英法隧道認購權證等等。
灰布（WHEN ISSUED）	在正式拍賣前，交易政府公債的灰市。
白色武士（WHITE KNIGHT）	當成為收購目標時，可能尋求較能接受的收購者，稱為白色武士。
善意第三人（WHITE SQUIRE）	在收購戰爭中，由善意第三人購入關鍵多數的股票。
批發資金（WHOLESALE MONEY）	金額龐大的資金借貸，通常介於銀行、大公司與法人之間。
加工委託單（WORKED PRINCIPAL AGREEMENT）	倫敦SETS系統使用的術語，交易所成員同意透過分批買／賣的方式，為法人處理鉅額交易。
世界銀行（WORLD BANK）	國際重整與發展銀行，設立於1945年。
賣出選擇權（WRITING AN OPTION）	需繳交保證金給結算所。
除息（XD）	若股票或債券被標為XD，意味者買方無法享有即將來臨的股利／利息，因為截止時間已過。
除權（XR）	在增資股發行時，若股票被標為XR，意味著買方無法享有權利，因為截止時間已過。
洋基債券（YANKEE BOND）	非美國公司在美國發行的美金債券。
碼（YARD）	1000百萬的外匯交易術語。
收益率（YIELD）	見Flat Yield。
收益率曲線或稱收益線（YIELD CURVE）	顯示特定證券或借款種類的短期與長期收益率之關係的圖表。上揚=正的收益率曲線；下降=負的收益率曲線。
零息債券（ZERO COUPON BOND）	債券不支付利息，因此發行時折價非常多。

全球的金融市場

原　　著／Stephen Valdez

譯　　者／陳國嘉・田美蕙・陳尙瑜

主　　編／黃雲龍

執行編輯／趙美惠

出 版 者／弘智文化事業有限公司

登 記 證／局版台業字第6263號

地　　址／台北市丹陽街39號1樓

E-mail:hurngchi@ms39.hinet.net

電　　話／（02）23959178・23671757

傳　　眞／（02）23959913・23629917

郵政劃撥／19467647　戶名：馮玉蘭

發 行 人／邱一文

總 經 銷／旭昇圖書有限公司

地　　址／台北縣中和市中山路2段352號2樓

電　　話／（02）22451480

傳　　眞／（02）22451479

製　　版／信利印製有限公司

版　　次／2001年11月初版一刷

定　　價／490元

ISBN　957-0453-40-0（平裝）

國家圖書館出版品預行編目資料

全球的金融市場 / Stephen Valdez著；陳國嘉，
田美蕙，陳尙瑜譯 · -- 初版 · -- 臺北市：
弘智文化，2001〔民90〕
　　面；　公分
譯自：An introduction to global financial markets
ISBN 957-0453-40-0 （平裝）

1.國際金融

　561　　　　　　　　　　　　　　90015122